财经
法治

浙江破产保护法治研究文库

总 主 编　蒋卫宇
执行主编　徐峻峰　王雄飞　任一民

浙江法院个人债务集中清理（类个人破产）工作探索

蒋卫宇/主编
徐峻峰　王雄飞　任一民/副主编

法律出版社
LAW PRESS·CHINA
北京

图书在版编目（CIP）数据

浙江法院个人债务集中清理(类个人破产)工作探索 / 蒋卫宇主编. -- 北京 : 法律出版社, 2025. -- (浙江破产保护法治研究文库 / 蒋卫宇总主编). -- ISBN 978 - 7 - 5244 - 0147 - 6

Ⅰ. D927.550.229.192.4

中国国家版本馆 CIP 数据核字第 202566BV16 号

浙江法院个人债务集中清理(类个人破产)工作探索
ZHEJIANG FAYUAN GEREN ZHAIWU JIZHONG QINGLI (LEI GEREN POCHAN) GONGZUO TANSUO

蒋卫宇 主编

策划编辑 沈小英
责任编辑 毛镜澄 鲁 安
装帧设计 李 瞻

出版发行 法律出版社
编辑统筹 法治与经济出版分社
责任校对 李慧艳 王晓萍
责任印制 吕亚莉
经 销 新华书店

开本 710 毫米×1000 毫米 1/16
印张 30.75 **字数** 568 千
版本 2025 年 5 月第 1 版
印次 2025 年 5 月第 1 次印刷
印刷 保定市中画美凯印刷有限公司

地址:北京市丰台区莲花池西里 7 号(100073)
网址:www.lawpress.com.cn
投稿邮箱:info@lawpress.com.cn
举报盗版邮箱:jbwq@lawpress.com.cn

销售电话:010 - 83938349
客服电话:010 - 83938350
咨询电话:010 - 63939796

书号:ISBN 978 - 7 - 5244 - 0147 - 6
定价:158.00 元

凡购买本社图书,如有印装错误,我社负责退换。电话:010 - 83938349

蒋卫宇

男，1970年生，浙江杭州人。中国政法大学民商法学博士。现任浙江省高级人民法院党组成员、副院长，一级高级法官。曾任浙江省高级人民法院民事审判第一庭庭长、丽水市中级人民法院院长、温州市中级人民法院院长。

长期从事司法实践探索和法学理论研究。结合法院工作实际，主持国家级重点课题“赌博犯罪法律适用问题研究”，省级重点课题“关于完善个人债务集中清理制度的调研”“数据产权法律问题研究”“关于以数字化改革为牵引深化行政争议诉源治理的调研”等。

徐峻峰

男，1977年生，浙江诸暨人。北京大学民商法学硕士、中国政法大学民商法学博士生。现任浙江省高级人民法院审判委员会委员、民事审判第五庭庭长，二级高级法官。兼任浙江省法学会破产法学研究会副会长。

长期从事民商事审判工作。主导制定多个金融破产相关业务指导文件；在《法律适用》《中国房地产法研究》等期刊发表论文多篇；主持浙江省法学会重点调研课题，参与浙江省高级人民法院重点调研课题。

王雄飞

男，1980年生，浙江建德人。华东政法大学经济法学硕士、上海财经大学法律金融学博士。现任浙江省高级人民法院民事审判第五庭副庭长、三级高级法官、第五届浙江省全省审判业务专家、浙江省法学会首席法律咨询专家。兼任浙江省法学会破产法学研究会秘书长。

长期从事破产、商事案件审判和调研工作。参与多份全国性破产业务文件的制定；在《环球法律评论》《法律适用》等核心期刊发表论文20余篇；参编《最高人民法院关于企业破产法司法解释（三）理解与适用》等著作多部；执笔多个破产相关全省法院重点调研课题。就个人债务集中清理（类个人破产）工作等，接受央视今日说法、21世纪经济报道等媒体采访。

任一民

男，1971年10月生，浙江宁海人。现任浙江省破产管理人协会会长、浙江省法学会破产法学研究会常务副会长、浙江省法学会首席法律咨询专家、浙江京衡律师事务所管理合伙人。兼任中国人民大学法学院硕士生导师、破产法研究中心研究员，上海交通大学破产保护法研究中心副主任、凯原法学院硕士生导师，浙江大学光华法学院硕士生导师。

研究领域为企业重整重组、房地产企业危机化解等破产法理论和实务疑难问题。在《法学》《法律适用》《人民司法》等期刊发表论文多篇。连续多年在《钱伯斯亚太法律指南》重整/破产领域获评第一级别律师。曾受国务院原法制办邀请参与中德法治国家对话第十七届法律研讨会并作主题发言，多次受邀在全国范围开展破产法律实务讲座。

目　录

一、工 作 报 告

二、工 作 指 引

三、工作调研

四、工作部署

五、个人债务集中清理管理人优秀履职案例

一、工作报告

2024年浙江法院个人债务集中清理(类个人破产)工作报告暨十大典型案例

浙江省高级人民法院

党的二十届三中全会明确提出“健全企业破产机制,探索建立个人破产制度”。个人破产制度对优化法治化营商环境、激发社会创新创造活力、促进民营经济发展具有重要意义。近年来,浙江法院认真贯彻中央部署,持续深入推进具备个人破产制度功能的个人债务集中清理(以下或称个债清理)工作,推动浙江省人大在全国率先以地方性法规明确规定具备个人破产制度功能的个人债务集中清理制度,不断丰富个人债务集中清理工作的浙江经验,社会反响良好,获得了浙江省委、省政府、最高人民法院和社会各界的高度关注和充分肯定;为浙江加快打造全国营商环境最优省和高质量发展建设共同富裕示范区贡献破产司法力量。

一、全省法院个人债务集中清理工作基本情况

(一)2024年全省法院个人债务集中清理案件情况

2024年全年,全省法院共受理个债清理案件1975件,审结1662件。其中,与企业破产案件一并受理的个

债清理案件共 59 件,审结 56 件。在 1662 件已审结的个债清理案件中,共完成清理 445 件,成功清理率约 26.77%,与往年基本持平。

在债务清偿方面,2024 年个债清理涉案债务总额共计约 76.16 亿元,其中担保债务额约 16.62 亿元,普通债务额约 59.54 亿元。共清偿约 4.28 亿元,其中担保债务共清偿约 1.16 亿元,普通债务共清偿约 3.12 亿元。

在债权人数层面,全省个债清理案件涉案债权人共计 8074 人,其中涉及金融债权人共 2589 人。共涉及执行案件 6629 件,涉执行标的金额约 67.21 亿元。(见表 1)

表 1 2024 年个人债务集中清理案件情况

项目		数量
案件受理量/件		1975
案件审结量/件		1662
清理成功的案件量/件		445
类型	与企业破产案件一并受理的案件受理/审结量/件	59/56
	单独个人债务集中清理类案件受理/审结量/件	1916/1606
债务总额	担保债务额/万元	166,225.06101
	普通债务额/万元	595,417.67702
	共计/万元	761,640.73804
清偿金额	担保债务额/万元	11,620.05
	普通债务额/万元	31,178.74542
	共计/万元	42,798.88542
清偿率	担保债务清偿率/%	6.99
	普通债务清偿率/%	5.24
	平均清偿率/%	5.62
债权人数	涉案债权人数/人	8074
	涉及金融债权人数/人	2589
涉及执行案件数/件		6629
涉及执行标的金额/万元		672,084.80869

(二)2024 年全省法院个人债务集中清理案件区域分布情况

2024 年全省法院个债清理案件受理、审结量前 3 位均为台州、温州、丽水,约占全省总量的 60%。全省成功清理案件量前 3 位为丽水、台州、温州。(见表 2)个债清理案件受理量增长前 3 位为绍兴、宁波、台州,审结量增长前 3 位为绍兴、金华、宁波。由于各地个债清理工作试点和起步时间不同,工作经验积累有差异等原因,各地受理、审结个债清理案件的数量区域不平衡的情况仍然存在。

表 2　2024 年个人债务集中清理案件受理、审结、成功清理数量

单位:件

地区	受理数	审结数	成功清理数
杭州	96	83	28
宁波	81	60	10
温州	344	261	40
嘉兴	47	55	1
湖州	102	101	31
绍兴	191	183	14
金华	115	119	32
衢州	87	91	14
台州	699	514	136
丽水	200	195	139
舟山	13	0	0
合计	1975	1662	445

(三)2024 年全省法院个人债务集中清理工作成效

一是债务清理功能有强化。2024 年,全省法院受理、审结个人债务集中清理案件较 2023 年分别增加 700 件、540 件,同比增长 54.9%、48.3%,案件受理、审结数量在原有基础上继续大幅提升,在全国居于领先地位。2024 年个债清理涉案债权人、金融债权人较 2023 年分别增加 2988 人、1255 人,债务总额、清偿总额较上年分别增加 43.27 亿元、2.13 亿元,均为历史新高。全省法院个人债务集中清理工作稳步拓面增量,在鼓励和宽容诚信债务人创业创新、维护债权人合法权益、实质性化解社会矛盾、防范化解金融风险等方面都提供了更加有力的司法保障。

二是债务人挽救、经济再生价值更加凸显。全省法院持续加大中小微企业破产与个债清理相结合的工作力度,重点探索债务人企业的实际控制人、股东或者为债务人企业提供担保的自然人的个债集中清理工作。对企业和个人债务高度混同的案件,做好债务人辅导、债务磋商、投资人引入等工作,引导符合条件的中小微企业家申请个债清理。东阳市人民法院一案件采用合并处置模式"一揽子"解决企业及经营者债务合计 8500 余万元,合并提升债权清偿率 10% 以上,成功保留首批"中华老字号"品牌和原经营团队。此外,2024 年全省法院个债清理成功率持续保持在 25% 以上,超 400 名债务人通过个债清理摆脱了债务泥潭,重获经济新生。还有部分未完成清理的债务人通过个债清理程序暂时解除执行强制措施,获得"喘息"的可能。如平阳县人民法院受理的陈某某个人债务集中清理案,虽然清理方案经二次表决未通过,但该案调查组成员一致同意法院强制执行案件退出,为当事人往返上海和平阳之间治疗癌症、照顾患病女儿提供方便,彰显个债清理人文价值。

三是凝聚社会共识有提升。社会公众对个债清理制度的性质、作用缺乏全面认识,始终是制约工作深入开展的重要因素。全省法院注重个债清理工作宣传普及和实践引导,积极争取政府和社会支持力量。浙江省高级人民法院(以下简称浙江高院)连续 4 年发布全省法院个人债务集中清理(类个人破产)工作报告及十大典型案例,台州一案例入选中央依法治国办全国法治建设典型案例,以案释法提升个债清理工作的社会认可度和接受度。杭州、衢州、温州、湖州等地探索设立个债清理辅导站、咨询专窗、咨询专线、破产文化展示馆等提升当事人对个债清理程序的认知和共识。温州、台州等地个债清理工作得到《浙江日报》头版、《人民法院报》、《浙江法治报》头版头条等媒体刊发报道,工作品牌效应初显,影响力进一步扩大。2024 年 5 月,最高人民法院咨询委员会第四调研组赴浙江专题调研个人破产审判试点工作情况并充分肯定工作成效。

二、全省法院个人债务集中清理工作重点举措

(一)动态调整重点突破法院,优化个债清理制度体系

动态调整工作格局。2024 年,浙江高院发布《关于调整重点突破法院范围继续稳妥有序推进个人债务集中清理工作的通知》,第四次动态调整重点突破法院,形成“4 + 15”个债清理试点工作格局,即温州、台州、丽水、湖州 4 个地区及余杭、东阳、柯城、常山、桐乡、龙游、海宁、永康、建德、宁海、上虞、临安、象山、奉化、嵊州 15 家基层法院作为个债清理工作重点推进法院,以点带面发挥辐射引领作用。截至 2024 年年底,“4 + 15”家重点突破法院均完成既定工作任务,共受理个人债务集中清理案件 1642 件,审结 1381 件,约占全省总量的 83%,与 2023 年持平,工作推进有效有序。

持续完善体系规范。各重点突破法院锚定浙江高院前期出台的《浙江法院个人债务集中清理(类个人破产)工作指引(试行)》,根据个债清理工作的新形势新情况,逐步建立和完善工作规范体系。如丽水制定《企业执转破及个人债务集中清理工作流程手册》及涉企自然人债务执行破产联动清理相关工作指引,对相关内容明确规范业务流程和操作细则。台州下发《关于深化执破融合、有序推进个人债务集中清理的通知》,以市内天台、路桥、三门为重点试点地区,在全市深化个债清理全链条办理机制,探索个债办理专班和联合办案团队两种模式。温州谋划出台《个人债务集中清理辅导站运行规则(试行)》《关于个人债务集中清理指定管理人的若干意见(试行)》,推动个债清理中管理人指定规则的规范化和便利化。

切实强化考核激励。浙江高院连续 4 年通过明传通知,根据各地个债清理工作推进情况,明确工作重点和任务。绍兴市中级人民法院连续下发工作交办单督导该市各基层法院加快个债集中清理工作速度,绍兴个债清理案件受理、审结分别同比增长 135.8%、190.48%。衢州市中级人民法院连续 3 年明确全市基层法院个债清理工作任务,通过每周或每月通报、专项督办等形式,促进相关部门及人员的责任落实。杭州继续将个人债务集中清理工作纳入优化营商环境区县办理破产指标考核,实行任务分解,层层落实责任,2024 年受理、审结案件分别同比增长 43.3%、59.6%。杭州市萧山区人民法院制定《关于强制清算与破产案

件单独绩效考核办法(试行)》,其中对个债清理案件单独规定办案量计算方法,对个债清理工作量予以肯定,确保个债清理工作良性运转。

(二)完善诚信审查机制,巩固个债清理工作基石

坚持开展全周期审查。个债清理机制的有效实施建立在诚信审查机制基础上。鼓励申请人主动申报财产是诚信审查的基础。例如,杭州市余杭区人民法院受理的杨某某个人债务集中清理案,债务人主动申报农村自建房即将被征用的财产变动情况,为完成清理创造可能。此外,我省大部分法院已设置贯穿"事前""事中""事后"3个阶段的个债清理诚信审查关卡,通过债务人申报、法院依职权调查核实、管理人调查核实、接受债权人质询、公告方式接受社会监督、代表委员等第三方参与听证等多种途径,有效甄别债务人的诚信度。温州等地法院还通过与金融机构及政府部门信息沟通和数据共享,提高诚信评估的全面性、准确性。台州个债清理工作起步较早,已建立债务人诚信管理名录,强化事后监管,将以未来收入偿还债务或设置考察期的诚信债务人纳入集中管理并向社会公开,要求债务人每半年向管理人报告家庭收入、财产状况并及时向债权人披露。

充分利用数字化手段。部分法院积极探索数字化审查手段,多维度采集数据,建立债务人诚信评分识别模型、绘制"债务人诚信画像",把好诚信审查"甄别关"。如杭州迭代升级个债清理智审系统2.0,打造线索查询、诚信监督等八大应用场景,全面掌握债务人信用情况,已生成债务人数据报告64份。遂昌县人民法院创新深化基层协作执行机制,发挥数据甄别功能,分析绘制2600余幅"当事人画像",已累计选定59名被申请执行人推进个人债务集中清理。温州正与互联网公司合作开发个人债务集中清理智审平台,完善个人诚信调查方式和债务人信息登记公示,精准筛选诚信债务人。

严厉打击"逃废债"行为。坚决打击利用个债清理"逃废债"的行为,对债务人存在严重失信行为的情况,及时终止个债清理程序并视情采取撤销"债务免除"、恢复强制执行乃至移送公安机关依法追究责任等措施。如衢州市衢江区人民法院受理的黄某某个人债务集中清理案,黄某某故意隐瞒其系某公司实际控制人的事实,企图逃避债务,该法院查实后裁定终止个债清理程序,并以涉嫌拒执犯罪将案件线索移送公安机关。台州各基层人民法院严查个债清理中的"逃废债”行为,如台州市路桥区人民法院向公安机关移送拒执线索5条,其中立案侦查2件,以拒执罪判处1件;天台县人民法院拘留7名申请个债清理后不配合清理的债务人,拘留2名达成重整计划后拒不履行计划的债务人,向公安机关移送拒执线索2条。丽水加大对债务人失信联合惩戒,提高失信债务人失信行为成本,如遂昌县人民法院执行“司法信用分热力图”,开展信用等级监管,对滥用个债清理程序的债务人记入“黑名单”并推送至金融、市场监管部门。

(三)创新债务清理模式,逐步突破纠纷化解瓶颈

大胆探索多样偿债方案。尊重债权人和债务人双方意思自治,根据债务人履行能力和债权人类型,制定灵活的个性化债务清偿方案,并赋予债权人选择清偿方案的权利。台州市路桥区人民法院以《债务人履行能力量化表》为基础分类处置个人债务,对债务人履行意愿高且具备一定履行能力的,实施“商定分期+部分免责和解”方案;对债务人具备履行意愿但是暂无固定收入来源的,实施中短期“执行保护+履行考察”,督促债务人积极筹资还债;对债务人履行能力极差、丧失劳动能力的,实行“债务免除+废债核销”,建议债权人同意放弃债权或者在必要观察期后放弃申请执行权。衢州市柯城区人民法院在部分案件中采取开放式清偿方案,赋予债权人多种偿债方案的选择权。天台县人民法院受理的丁某个人债务集中清理案引入次债权人参与个债清理程序,实现多纠纷“一揽子”化解。

重点突破金融债权处置。2024年个债清理涉及金融债权人共2589人,约占总债权人的32.07%,金融债权在个债清理中占比高,寻求金融机构支持是个债清理方案得以通过的关键。衢州、温州、金华、湖州等多地法院通过搭建银法对话平台、与商业银行签订合作框架协议、组织金融机构召开金融债权处置座谈会等方式,争取金融债权人对个债清理方案的支持,拓宽个人金融债务获免范围,鼓励金融机构同意个债清理方案“双重表决机制”,从而突破金融机构内部债务减免审批限制。温州地方商业银行在个债清理中获免债务人本金累计达188万元,在温州市中级人民法院审理的张某某个人债务集中清理案中,国有银行债权获免率达80.82%,帮助“诚实而不幸”的担保债务人重获新生。绍兴则参照破产和解自行达成协议的相关规定,针对金融债权单独协商,对金融债权和非金融债权的偿还方式、期限、本金利息减免等分类安排,达成个别清偿协议或全额非按比例清偿协议等,实现债务整体和解。

协调丰富债务清偿形式。各地法院积极践行善意文明的清理理念,因案施策灵活执行债务人财产,实现财产价值最大化。如湖州市南浔区人民法院审理的姚某某个人债务集中清理案,债务人名下车辆破旧且变现难度大,法院争取债权人支持将查封车辆发还债务人从事网约车服务,以网约车服务所得收益清偿债务,以“放车”实现“收款”的效果。多地法院与地方住房公积金管理中心达成合作方案,将债务人公积金提取用于偿还债务,如苍南县人民法院审理的陈某个人债务集中清理案、江山市人民法院审理的周某某个人债务集中清理案,债务人分别提取约43万元、72万元住房公积金用于偿债,盘活债务人“沉睡”资产。针对部分债务人长期无稳定工作的情况,多地法院协同人社部门及属地镇街村社,为债务人提供个性化的职业指导和岗位推荐,助力债务人尽快实现经济再生。如杭州市余杭区人民法院审理的潘某某个人债务集中清理案,该法院协同相关部门为债务人提供社区保育岗位推荐和保育员培训,助力潘某某重新走上工作岗位,恢复生活信心。

(四)加强内外融合协作,完善个债清理配套制度

加强执破融合衔接。随着个债清理工作的推进,大部分重点突破地区和法院都建立了破产审判部门与执行部门个债清理会商合作机制,充分发挥执行部门的“债务人筛选”优势和破产审判部门的专业能力优势,推行“执行筛选+会商甄别”双向联动工作模式,有效引导符合条件的债务人及时申请个人债务集中清理。武义县人民法院破产和执行部门共同制定被执行人申请个债清理的“负面清单”10条和“正面清单”5条;衢州法院建立完善执行和破产部门在案件移送、诚信审查、信用修复等环节信息交互共享机制;宁波市奉化区人民法院和宁海县人民法院在执行环节设置个债清理预审查机制,严把个债清理案件入口关。2024年个债清理涉执行案件和涉执行标的金额分别较上年度增长1523件、24.36亿元。各地法院还深入挖掘强制执行制度中的财产申报、生活必需品、参与分配和终结本次执行等具有个人破产属性的制度因素,既有效解决个债清理工作的合法合规问题,又推动强制执行工作回归“强制执行”制度本位。金华、湖州等地法院有效打通个债清理和执行和解,对个债清理未成功案件,将清偿方案转为执行和解协议,反向助推执行案件执结。

深化府院联动协作。温州市中级人民法院推动市委将“有序推进个人债务集中清理试点”纳入学习贯彻党的二十届三中全会精神进一步全面深化改革的实施意见并重点推进。多地法院与地方政府依托现有的破产府院联席会议机制等开展个债清理工作对接,制定出台个债清理联动机制文件,完善个债清理配套机制;持续深化与政府在管理人履职环境优化、破产援助资金保障、金融机构协调支持、债务人再就业帮扶与信用修复、公积金提取、打击“逃废债”和联合监督惩戒等领域的协调共治。如杭州市余杭区人民法院对接人社、公安、司法等部门制定《关于完善个人债务集中清理工作府院联动机制的若干举措》,明确府院联动协作重点并协力推进。多地法院还与金融监管部门、当地银行业协会协调建立“诚信履行贷”“重整贷”等低利息贷款,以市场化手段帮助债务人拓宽筹资渠道。如景宁畲族自治县人民法院与当地住房公积金管理中心、县农商行联合建立《关于涉案公职人员个人债务重整的合作备忘录》,有效化解个债清理案件 8 件,发放“重整贷”225 万余元。

培育专业管理人队伍。专业尽职的管理人队伍是个债清理工作得以顺利开展的重要基础。随着个债清理案件的不断增加,各地法院积极壮大管理人队伍,创新扩大管理人选任范围,加强管理人专业化建设。温州持续推进公职管理人制度,由司法行政机关中符合条件的人员担任公职管理人。丽水引入公证机构担任管理人并鼓励公证机构在个债清理中提供“赋强公证”。针对个债清理案件经济激励不足的问题,多地法院依托《浙江省优化营商环境条例》中关于“县级以上人民政府安排的企业破产启动援助资金,可以用于个人债务集中清理的启动援助”的规定,明确将个人债务集中清理案件纳入破产援助资金使用范畴,温州、金华、衢州等地协调地方破产管理人协会提供个债清理专项补贴,保障管理人报酬。多地法院持续聚焦管理人履职环境优化和队伍管理规范,宁海县人民法院推行管理人周报及反馈机制,定期听取管理人工作汇报、及时解决管理人履职困难;三门县人民法院对管理人实行档案式管理,建立全程留痕的履职监管台账。

三、推进个人债务集中清理工作中的难点堵点问题

对于进一步充分发挥个债清理制度功能,服务浙江省营商环境优化、民营经济促进和共同富裕示范区建设,还存在以下堵点、难点:

1. 个人破产法律缺失致破产核心制度无法适用。目前,我国尚未制定出台个人破产法。浙江省在个债清理实践中发现在现有法律框架内,“债权人会议的多数决制度”“法院依职权裁定通过方案豁免债务”这两项破产法核心制度无法确立适用,只能代之以“意思自治原则”,影响了个人债务集中清理的效率和效果。虽然《浙江法院个人债务集中清理(类个人破产)工作指引(试行)》规定,债权人会议可以探索采用双重表决规则等方式,即先由全体债权人一致同意通过一项表决规则,再根据通过的表决规则对财产分配方案等事项进行表决,以有效推进清理程序,但在实践中,债权人对债务人的谅解程度及对债务的豁免尺度不尽相同,个别债权人不同意表决规则或不同意财产分配方案致案件无法出清现象多发。以法院为主导,府院联动配合的个债清理机制存在其法律的固有边界和底线,更多深层次问题需在立法层面予以解决。

2. 社会认知差异明显致个债清理推进缓慢。近年来,大众对个债清理工作的了解逐步加深,接受度和配合度有所提高,但相当部分债务人和债权人对个债清理制度的性质、作用等尚缺乏全面认识,影响了个债清理推进效果。部分债务人寄希望于个债清理“零清偿”,以解除债务或借助“债务豁免”功能逃废债;部分债务人存在侥幸心理,主动隐瞒或被动遗漏关键信息,导致无法达成合理清理方案;还有债务人在执行立案后,意图通过个债清理拖延债务清偿时间。部分债权人则认为,个债清理程序只能给债务人豁免债务,债权人无法获得实际利益,还会影响强制执行程序,进而对债务清偿方案有消极抵抗情绪,甚至部分债权人坚决不参与申报债权。

3. 金融债权豁免受限致清理方案通过难度大。金融机构反对清理方案导致清理程序难以继续进行的情况较为普遍。金融债权人受制于内部审批制度而无权决定个债清理案件的债务豁免比例,大部分表决事项不能在债权人会议上当场作出决定,需会后逐级上报审批,流程烦琐、耗时长,直接影响债权人会议的效率。且金融机构对个人债务豁免和呆账核销受到财政、税务、审计及金融监管等方面的严格监督,在无更明确的法律制度保障情况下,大部分金融机构尤其是国有银行不愿意放弃债权,仅同意占比很小的利息减免。

4. 府院联动进展缓慢致个债配套机制建设薄弱。目前,个债清理工作仍主要由法院推动,尚未像企业破产那样形成较强大的社会合力,有关部门对个债清理支持较弱,对个人债务集中清理的价值理解不透,在部门配合上共识不强,故在争取资金支持、财产调查部门协作配合等方面进展较慢。例如,《浙江省优化营商环境条例》明确政府安排的企业破产启动援助资金可以用于个债清理的启动援助,但实践中随着地方财政支出进一步紧缩,援助资金拨付力度下降,有的地市 200 万元计划援助资金实际到位仅 20 万元。个债清理案件的费用严重依赖援助资金,多地法院个债清理资金缺口大,影响破产管理人履职积极性。又如,公积金管理部门不同意提取公积金用于分配,金融机构对于个人债务集中清理成功的信用修复以无总行文件为由拒绝,这些情况都实际影响个债清理工作开展。

四、浙江法院下一步推进个人债务集中清理工作重点内容

《浙江省优化营商环境条例》出台 1 年多以来,个人债务集中清理工作的关注度和支持力明显提升,该条例为这项工作持续深入推进奠定了坚实的基础。下一步,全省法院要围绕浙江省委、省政府工作部署,站在完善市场经济基础制度、优化营商环境、助力高质量发展与建设共同富裕示范区的高度,认识和继续推进个人债务集中清理工作。

一是提质增效,稳妥有序推进个人债务集中清理工作。近年来,全省法院个债清理受理、办结案件量稳步上升,2025 年,结合工作实际,明确浙江法院全域要实现受理、办结案件量继续全面稳步上升的年度任务目标。要进一步加大对“诚实而不幸”债务人集中清理案件的受理力度,尤其着重引导依法经营、诚实守信的债务人进入个债清理程序,规范债务人财产状况申报要求,逐步完善家庭成员债务共同清理的一般规则,探索明确个人债务与家庭成员、关联企业债务的区分规则。要进一步压实管理人责任,加强管理人履职保障管理,做好债务人诚信审查,特别是监督好债务人考察期内的行为。要进一步抓好执破融合,加强执行部门与破产审判部门在人员、财产申报、查控、处置等方面的配合衔接,提升个债清理工作的广度与深度。

二是建章立制,完善个人债务集中清理制度规范。个人债务集中清理规范化建设既是对当前工作的“全面体检”,也是对经验做法的“系统升级”。要及时将个债清理中可复制、可推广的经验上升为长效政策,重点加强规范法院和管理

人的工作流程、文书制作等,鼓励重点突破法院形成操作性强、可行性高的工作手册和业务指南。要完善法院内部、法院和政府单位间的常态化联络机制,推动个债清理工作从个案协调向制度化对接转变,积极推动信用平台建设、个债清理援助资金、提取公积金清偿债务等重点问题的协调机制落地见效。要继续积累个人债务集中清理工作经验,积极争取浙江省人大以《浙江法院个人债务集中清理(类个人破产)工作指引(试行)》为基础,制定出台既具备一定个人破产制度功能又具有鲜明地域特色的个人债务集中清理条例,为个人破产立法的出台提供浙江经验和浙江方案。

三是攻坚克难,探索突破个人债务集中清理工作难点。要注重及时厘清执行与破产的制度功能,继续深入挖掘强制执行中具有个人破产属性的制度因素,有效打通个债清理和执行和解,持续提升个人债务集中清理工作的司法能效。要继续加大中小微企业破产与个债清理相结合的工作力度,凸显个债清理工作企业家挽救和经济再生价值。大胆创新金融债权清理方式,通过加强与金融机构、金融监管部门个案对话和协调,依托银法对话平台和合作机制寻求支持,探索引入资产管理公司消化金融不良债权等方式,拓宽个人金融债务豁免范围,特别是债务人作为担保人承担的金融债务豁免。要继续深化府院联动协作,完善个人债务集中清理配套制度,特别是在债务人财产调查核实、金融债权实质豁免、管理人履职保障、债务人再就业帮扶与信用修复、打击逃废债等领域加强协作。持续推进数字赋能,发挥数字化手段在线索查询、诚信监督、债务人帮扶等方面的积极功能。

附件:

2024 年浙江法院个人债务集中清理十大典型案例

案例 1:杨某某个人债务集中清理案

【关键词】主动申报财产变动;审慎审查债权;诚信申报承诺;历史债务“一揽子”化解

【受理法院】杭州市余杭区人民法院

【合议庭成员】祝继萍、叶吉红、高雅

【债务人户籍地】杭州市余杭区××街道××村

【管理人】国浩律师(杭州)事务所

【基本案情】

债务人杨某某是一名“70 后”,自 1993 年起创业,陆续开办过冷饮店、家具厂、农家乐等项目,但因经营不善,回款周期长以致债台高筑,债权人纷纷诉至法院,共涉及执行案件 17 件、123 万余元。2023 年 8 月,杨某某主动向杭州市余杭区人民法院申报了农村自建房即将被征用的财产变动情况,在执行法官的引导下,杨某某向杭州市余杭区人民法院提出个人债务集中清理申请。2023 年 10 月 24 日,杭州市余杭区人民法院裁定受理杨某某个人债务集中清理案。

【清理情况】

案件受理后,共有 41 户债权人申报债权,申报总额达 4,807,639.15 元。杨某某积极配合法院、管理人,向债权人进行解释沟通,在各方努力下,《债权人会议表决规则》在第一次债权人会议召开前经全体债权人表决一致通过。2023 年 11 月 24 日,杨某某个人债务集中清理案召开第一次债权人会议,在管理人详细披露债务人陷入债务危机的原因、收入情况、资产负债情况后,债权人会议通过了以拆迁补偿款、安置费等合计 128 万余元用于清偿债务,余债全部豁免的还款方案。从案件受理到偿债方案通过仅用时 31 天。

因杨某某创业时间久远,债权类型多为民间借贷或运输费、挖机费等人工费用,多数债权人未经诉讼程序,如何审查确认 41 户债权人的债权真实性是一大难点。为确保债权审查结果客观准确,法院指导管理人统一审查尺度,对无生效法律文书确认的 31 户债权人的债权逐一开展背靠背调查,要求债务人、债权人分别作出诚信承诺,结合债权人提供的证据,及债务人对债权形成过程的陈述,审查确认其中 18 户债权人的债权。对无法提供证据证明,或提供证据不足且与债务人陈述不一致的 13 户债权人的债权,不予确认。后经债权人会议核查,最终确认 28 户债权人的债权,普通债权金额 2,147,054.70 元、劣后债权金额 219,274 元。

对不予确认的 13 户债权人的债权,因涉及债权人切身利益,明确在债权人会议后给予 6 个月补充证据、提起债权确认诉讼时间,并制定二次分配的方案,即首次针对已审查确认债权进行部分分配,并对不予确认的债权预留分配款,首次清偿比例为 30.26%;待期限届满后若无新增可确认债权则分配余款。2025 年

1月5日,预定时间届满,无一债权人提出异议或提起诉讼,本案顺利进行第二次分配,普通债权清偿比例约59.77%,豁免债务金额超100万元。

【典型意义】

本案系个人债务集中清理程序践行诚实信用原则、审慎审查确认债权的典型案例。本案涉及的债权人数多、债务形成时间久,为严厉打击虚假申报,防范“逃废债”行为,法院指导管理人在严格把握债权审查尺度、审慎确认债权的同时,通过二次分配方案的设计,充分保障债权人的异议权利,最终得到债权人、债务人的一致认可。在本案中,杨某某主动申报财产信息,偿债态度积极,沟通意愿强烈,最终获得债权人的谅解,为债务人“一揽子”化解长达10余年的40余笔债务,实现了彻底清理债务、纾困解绑的良好程序效果,生动诠释了个人债务集中清理制度对“诚实而不幸”债务人的挽救功能。

案例2:陈某某个人债务集中清理案

【关键词】社区调查;终本出清;强制裁定通过执行退出;联合调查组

【受理法院】平阳县人民法院

【合议庭成员】陈聪、林寿宾、钟文善

【债务人户籍地】温州市平阳县××镇××村

【管理人】平阳县公证处、浙江九州大众律师事务所

【基本案情】

陈某某原为村诊所医生,后因个人经商经营不善而负债,共有3件执行案件,合计金融债权本金约44万元。现在平阳某镇的居住地由其胞妹免费提供。配偶已故,有一子一女,其子定居上海工作生活,其女患三级精神残疾,长期在平阳某精神医院住院治疗,其费用大部分由其子负担,生活起居则由陈某某负责。2024年4月10日,陈某某被上海某医院确诊为右肺癌,需长期为照顾患病女儿和治疗癌症在上海和平阳之间奔波,但因为被限制高消费,生活极不方便。平阳县人民法院(以下简称平阳法院)在执行过程中,调查陈某某的个人生活、家庭情况,认为其基本符合个人债务集中清理条件,经平阳县公证处人员的耐心辅导,陈某某向平阳法院申请个人债务集中清理。

【清理情况】

2023年7月27日,平阳法院裁定受理陈某某的申请。本案有6户债权人,5

户金融债权人和 1 户自然人债权人,合计债权金额约 78 万元,金融债权额达 68 万元。之后管理人依据平阳法院执行查控的财产情况结合债务人陈某某个人申报情况,拟定了《债务人陈某某个人债务集中清理方案》,方案内容主要为保留 3000 元每月的自由财产及豁免全部债务。第一次审议和表决未获全体债权人表决通过。

2024 年 9 月 4 日,平阳法院向平阳县司法局发送委托社区调查函。9 月 5 日,平阳法院与平阳县司法局、县人民检察院、县妇联、温州市人大代表吴某某、本案管理人等组成联合调查组,前往陈某某居住地调查陈某某的个人财产、家庭情况、群众意见等。9 月 6 日,平阳县司法所向平阳法院提交《关于对陈某某个人债务集中清理程序调查评估的复函》,管理人据此结合本案实际情况,拟定《陈某某个人偿债能力报告》并告知全体债权人。同年 10 月 22 日,管理人第二次向全体债权人提请表决清理方案,内容为"执行退出"及行为考察期的设立,并请全体债权人对《自由财产方案》《失权复权方案》进行审议。全体债权人仍未表决通过执行退出方案,亦不认同《自由财产方案》《失权复权方案》。

因陈某某个人债务集中清理方案经二次表决未通过,故管理人向平阳法院提交《关于提请通过债务人陈某某个人债务集中清理方案的报告》,请求平阳法院裁定执行退出方案,并审议决定自由财产和失权复权方案。

之后,平阳法院通过线上召开"评议会",征集联合调查组成员意见,最终一致同意管理人"执行退出"方案,并审议认可了自由财产和失权复权方案。

2024 年 11 月 13 日,平阳法院综合考虑陈某某个人情况,作出《自由财产决定书》,确认债务人陈某某豁免财产金额为 2000 元/月及国家根据物价水平调整基本生活保障金额的基本待遇,并裁定《关于债务人陈某某个人债务集中清理的方案》。同时考虑陈某某现名下无其他财产可供执行处置,每月收入均处于豁免财产金额范围内,已无强制执行必要,且需要长期往返平阳、上海治病和照顾女儿,应当解除其除限制出入境以外的强制执行措施。设置 5 年行为考察期,考察期满符合条件的,终结其名下全部执行案件。在考察期内,由管理人对债务人进行年度考核和监管。

【典型意义】

本案是个人债务集中清理和执行退出联动的典型案件,既贯彻落实最高人民法院关于执行出清的工作要求,让执行案件能够实质终结;又在一定程度上突破金融债权的限制,依法为债务人保留自由财产并解除被执行人的限高、失信措施。本案表明,个人债务集中清理程序可以作为执行案件终本出清的重要途径,委托社区调查制度亦可作为执行退出的重要参考。个人债务集中清理可以在现有制度框架内实现对“诚实而不幸”债务人强制执行退出的制度目的。

案例3:陈某个人债务集中清理案

【关键词】公积金偿债;担保债务;金融债权处置;大额债务豁免

【受理法院】苍南县人民法院

【合议庭成员】李珊珊、张王荣、林秀微

【债务人户籍地】浙江省苍南县××镇××路

【管理人】温州诚达会计师事务所(普通合伙)

【基本案情】

陈某系苍南某学校的一名退休教师,自2014年起,其在婚姻关系存续期间为前夫创办的企业贷款提供担保。因经营不善,企业破产清算,随着时间推移,陈某也背负了本息共计约4600万元的巨额债务。陈某名下主要财产为位于苍南县××镇的一套老房子,评估价约为100万元,一直未处置成功,另有未提取公积金40余万元。因被强制执行,陈某退休金被冻结,仅能申请支取维持必要生计的一小部分。以陈某现有财产状况,终其一生也无法走出债务困境。2024年2月,陈某向苍南县人民法院提出个人债务集中清理申请。

【清理情况】

2024年2月5日,苍南县人民法院裁定受理陈某个人债务集中清理案,并指定温州诚达会计师事务所(普通合伙)担任管理人。在债权申报期间,管理人审查确认3户债权人(分别为小贷公司、资产管理公司、自然人)的6笔债权,债权本息合计约4619万元,债权性质均为普通债权,且大部分是为企业承担连带担保责任。

2024年4月2日,苍南县人民法院主持召开陈某个人债务集中清理案的第一次债权人会议。会后3户债权人一致表决同意陈某的清理方案,即以其名下所有资产处置所得,在扣除必要生活保障金后作为偿债资金,并同意自个人债务集中清理方案履行完毕之日起恢复陈某个人信用。同时设置5年考察期,若陈某在自个人债务集中清理方案履行完毕之日起5年期限内不存在欺诈、隐瞒、恶

意减少债务人财产或者有其他逃废债的行为,则债权人自愿放弃剩余债务追偿权。

2024 年 6 月,陈某名下房产以 100 万元网络拍卖成交。同时,根据温州市中级人民法院与温州市住房公积金管理中心出台的《关于建立协作联动机制的若干意见(试行)》的相关规定,被执行人确无其他可供执行的财产或其他财产不足以清偿债务的,“符合《住房公积金管理条例》第二十四条及《浙江省住房公积金条例》第二十一条的提取条件的”或“小额申请执行标的案件,经强制执行提取住房公积金账户余额即可案结事了的”,可以扣划其住房公积金,本案符合退休及提取公积金可案结事了两种情形,因此可以一次性提取全部公积金。最终本案用于清偿债务的财产金额约 200 万元,清偿比例为 4.3021%,豁免债务超 4400 万元。2024 年 7 月 18 日,苍南县人民法院裁定终结了陈某的个人债务集中清理程序。

【典型意义】

本案是以较低清偿率豁免大额担保债务的典型案例。现实中,许多担保人可能因人情或信息不对称提供担保,从而陷入长期债务困境。本案债务人因担保负债时间长,利息已超过本金,最终形成了 4600 余万元债务。而本案的转机在于原金融债权已转让给资产管理公司,按照以往实践来看,资产管理公司的债权豁免权限及表决意愿均高于金融机构。担保人债务豁免的意义在于构建更公平、可持续的债务风险分配机制,但需平衡债权人与担保人的权益。本案债务人详尽申报财产状况、积极配合管理人处置资产,无不诚信行为。在充分披露信息的基础上,债务人取得了债权人理解和支持,最终豁免了巨额担保债务,得以还给一名诚信债务人一个幸福安稳的晚年生活。

案例 4:黄某某个人债务集中清理案

【关键词】跨部门合议庭;诚信识别机制;打击“逃废债”

【受理法院】衢州市衢江区人民法院

【合议庭成员】方琦、徐宣文、徐忠东

【债务人户籍地】衢州市衢江区××镇××村

【管理人】浙江达正律师事务所

【基本案情】

债务人黄某某早年因投资经营失败，产生大量债务，在衢州市衢江区人民法院(以下简称衢江法院)共有21起执行案件，涉及未能执行到位金额4600余万元，后因提取到黄某某在其他法院的执行款530万元，衢江法院于2022年3月14日作出执行财产分配方案，在异议期内多名债权人提出异议。2022年5月6日，衢江法院收到黄某某个人债务集中清理申请，据其本人申报，除530万元执行款外，名下已无其他财产，年收入6万元左右。2022年5月11日，衢江法院裁定受理黄某某个人债务集中清理申请。

【清理情况】

鉴于本案所涉债务金额高、债权人数量多且涉及执行异议，衢江法院决定组成由破产、执行、刑事法官参与的“跨部门”合议庭进行审理。审理前期，衢江法院指导管理人对黄某某个人财产状况进行全面调查，实地走访其农村老家及位于杭州的工作单位和现住小区，并找到黄某某及10余名大额债权人就黄某某的家庭财产、生活工作等情况制作询问笔录，部分债权人表示黄某某一直在杭州做生意。在掌握初步信息后，法院依法调取黄某某、唐某某(系黄某某妻子)名下银行、微信、支付宝等账户流水，并根据调取的证据，初步确定3名与黄某某经济往来频繁且金额较大的案外人，并进一步查询3名案外人在本院的审判执行案件，发现王某某系未履行义务的被执行人。后破产法官与执行法官联合对王某某进行询问，王某某陈述其为某工程公司出纳，黄某某系该公司实际控制人，其帮黄某某代持公司股份，将代该公司收取的工程款通过自己的支付宝、微信转给黄某某实际使用的案外人支付宝、微信账户。随后，法院找到该公司法定代表人姜某某，其陈述黄某某以有偿方式让其担任某工程公司法定代表人。

黄某某在申报个人财产时，故意隐瞒其系某公司实际控制人的事实，意图借个人债务集中清理之名行“逃废债”之实，衢江法院将黄某某涉嫌拒执的犯罪线索移送公安机关。2024年7月25日，衢江法院以黄某某存在不诚信行为为由，裁定终止黄某某个人债务集中清理程序，原执行案件恢复执行。

【典型意义】

本案系个人债务集中清理程序打击“逃废债”的典型案例。通过组建破产、执行、刑事跨部门合议庭，跨领域协同，实现对“逃废债”行为的精准识别与打击。本案在债务人报告、债权人举报、管理人调查、法院评判的诚信识别机制基础上，强化了对债务人及其关联人员审执案件的一体化、穿透式审查,以判断债务人“诚实而不幸”身份的真实性。在发现债务人存在重大不诚信行为后,依法裁定终止其个人债务集中清理程序,并将拒执犯罪线索及时移送公安机关,有力打击了意图借助个人债务集中清理程序实施“逃废债”的行为。

案例 5:丁某个人债务集中清理案

【关键词】利息调整;优化债权人参与程序;“一揽子”化解纠纷

【受理法院】天台县人民法院

【独任法官】王卫

【债务人户籍地】浙江省天台县××街道××路

【管理人】浙江天城律师事务所

【基本案情】

债务人丁某为朋友借贷提供担保,后主债务人无力清偿,债权人起诉并申请强制执行,丁某被列入失信被执行人名单。自 2018 年起,天台县人民法院依法扣划丁某账户 50 余万元清偿债务。丁某家庭存在特殊困难情形,女儿及岳父母均患重大疾病需长期治疗,配偶专职承担家庭照护责任,其系家庭唯一经济来源。2024 年 3 月,丁某以不能清偿到期债务和明显缺乏清偿能力为由,向天台县人民法院申请进行个人债务集中清理。

【清理情况】

天台县人民法院于 2024 年 4 月 2 日依法裁定受理丁某个人债务集中清理申请,并指定管理人依法对丁某财产和债权债务进行调查。经调查,未发现丁某存在不诚信行为。截至申报期限届满,管理人共收到两笔债权申报:陈某某债权金额 15 万元;许某甲债权金额 167 万元。

许某甲申报债权后,向管理人作出放弃对丁某部分债权的意思表示。但核查发现,许某甲自身系被执行人(涉 2 件执行案件),其债权人之一许某乙亦为被执行人(涉 10 件执行案件)。本案难点在于作为同为被执行人的许某甲作出放弃丁某部分债权是否有效。由于本案债权人同时也为其他执行案件债务人,为充分保障各连环追偿债权人的利益并听取意见,经管理人申请,法院将共 12 名连环追偿的债权人纳入个人债务集中清理程序,纳入程序的债权人占总债权人数比例达 85.71%。2024 年 4 月 24 日,法院召开第一次债权人会议。因利率偏高且长期未完全支付,需清偿的本息金额与丁某预期存在较大差距,其未能提出可行的还款方案。

鉴于丁某多次表达清偿意愿,本案债务化解存在可行性,为继续推进个人债务集中清理程序,争取"一揽子"化解纠纷。第一次债权人会议后,综合考量丁某担保人身份、前期案件执行情况、还款能力,管理人制定"先本后息 + 分段计息"模式重新核查丁某债务:前期执行到位的 98 万元优先充抵本金,2020 年 8 月 20 日之前的一般债务利息按两分利计算,之后的一般债务利息按 4 倍贷款市场报价利率(Loan Prime Rate,LPR)计算。经核算,丁某总负债金额调整为 978, 846. 36 元,降幅达 46. 2% 。

2024 年 7 月 12 日,法院召开了丁某的第二次债权人会议。管理人将整理计划提交债权人会议表决,丁某的二级共 14 位债权人均表决同意,整理计划获得通过。之后,丁某按约履行付款义务。

【典型意义】

一是灵活计息破解僵局。本案采用"先本后息 + 分段计息"的利息计算方式,将丁某债务总额从 182 万余元降至 97 万余元。该种利息计算方式顺应了当前利率下行的趋势,经承办人多次耐心解释,取得全体债权人的理解,整理计划最终获全票通过。二是优化债权人参与程序。采取"主动纳入 + 简化核查",对两级债权人免去申报环节,直接依据生效文书确认债权。设定"本金参与分配"规则,缩短债权核查周期,最终实现各级债权人有序参与,保障其合法权益。三是通过"一次终结 + 多级清偿",助力诚信债务人成功脱保,家庭重获经济再生能力。债权人实现超出预期的债权回收,一级债权人受偿率为 10. 59% ,二级债权人受偿率为 3. 64% ,实现"债务人解困、各级债权人受偿、社会关系修复"的多赢格局。

案例 6:魏某个人债务集中清理案

【关键词】"二次重整";生存权保障;医疗费用豁免执行;重整计划监督

【受理法院】武义县人民法院

【合议庭成员】鲍圣锴、舒旭霞、顾晖

【债务人户籍地】金华市武义县 × × 镇 × × 村

【管理人】浙江前程律师事务所

【基本案情】

债务人魏某是一名在编教师,为朋友经营提供借款及担保,后因朋友经营失败,无力偿还债务。2020 年,魏某案件陆续进入执行程序。执行期间,魏某始终高度配合,包括主动报告收入明细、随时接受法院传唤调查、严格遵守限制高消费规定等,两年间陆续偿还债务 21.96 万元,但因债务利息持续增加,债务本金没有明显减少。2022 年 10 月,魏某以缺乏清偿能力为由向武义县人民法院申请个人债务集中清理。2022 年 11 月 22 日,武义县人民法院裁定受理该申请。2023 年 6 月 28 日,经第一次债权人会议表决通过了分期归还本金的重整计划。2023 年 9 月,魏某再次遭遇不幸,被确诊患滤泡性淋巴瘤。2023 年 11 月,在法院和管理人的支持和引导下,魏某提出"二次重整"申请,希望通过调整重整计划,努力战胜疾病,同时偿还债务。

【清理情况】

管理人接受指定后,依法开展财产调查和接受债权申报工作。债权申报期内,10 户债权人申报债权金额合计 1,332,700.17 元。经调查,债务人魏某于某小学任教,除工资收入和住房公积金外无其他任何财产,与魏某申报情况一致。法院指导管理人通过向债权人征集财产线索、调取魏某与相关人资金流水、走访所在单位和社区,对魏某诚信情况进行以点及面式的调查。详尽的财产调查报告取得债权人高度认可,全体债权人一致表决通过《议事机制和表决规则》,4 家金融机构债权人同意豁免金融借款的利息。2023 年 6 月 28 日,武义县人民法院主持召开第一次债权人会议,根据《议事机制和表决规则》表决通过了重整计划,债权人同意债务人 5 年内分期清偿 872,028.35 元,实质豁免 460,671.82 元。

2023 年 8 月 14 日,魏某在单位定期体检中检出患癌症风险,并在进一步检查中确诊为恶性淋巴瘤(滤泡性淋巴瘤)。魏某遭遇巨大打击。法院、管理人向债务人了解病情并咨询相关医务人员后,鼓励债务人积极面对并接受治疗,同时向债务人预支了一定生活费用。但前期治疗费用巨大,重整计划难以按期执行。

2023 年 12 月,结合债务人的治疗方案及预计治疗费用,管理人拟定了"二次重整"方案,具体包括以下内容:重整计划执行期限从 5 年延长至 7 年;医疗费用(包括医疗所需的交通费、住宿费)豁免执行;适当增加营养费用;医疗费用每季度报管理人审查。同时,法院指导管理人制定重整计划监督方案,包括债务人工资收入由管理人代管,定期审核债务人医疗费用,以清单方式向债权人公示债务人收支情况及治疗情况。2024 年 1 月 4 日,武义县人民法院召集债权人、债务人召开了第二次债权人会议,对调整后的重整计划进行表决,计划获高票通过。债务人在积极开展治疗的同时,重新投入工作、生活。重整计划执行至今,魏某共接受 6 次治疗,豁免执行医疗费用 67,814 元,累计清偿债务 201,000 元。

【典型意义】

本案是通过调整重整计划,破解不可归责于债务人原因导致计划难以执行的典型案例。通过“二次重整”帮助诚信债务人重生:第一次重整通过协商豁免利息,帮助债务人摆脱靠工资收入无法清偿债务的财务困境;第二次重整帮助债务人走出生存困境。本案债务人在履行重整计划过程中,遭遇严重疾病。面对重整计划如何执行的难题,武义县人民法院准许债务人收入先行用于治疗,并指导管理人根据债务人病情调整重整计划,引入医疗费用豁免执行条款,充分体现了生存权优先保障的理念,展现了个人债务集中清理制度对“诚实而不幸”债务人的拯救功能。同时,武义县人民法院坚持监督和公开两大要义,指导管理人制定重整计划监督方案,对医疗费用“审计式”审查,对债务人收支情况“清单式”公示,使调整后的重整计划获得债权人的广泛认同和支持,实现“二次重整”成功。

案例 7:严某个人债务集中清理案

【关键词】债务混同;企业破产与企业主个人债务集中清理衔接;协同联动清理

【受理法院】遂昌县人民法院

【合议庭成员】破产案件:周香琴、周惠平、卓君;执清案件:包丽红

【债务人户籍地】遂昌县××乡××村

【管理人】浙江君问律师事务所

【基本案情】

自 2015 年起,债务人严某便投资从事电子鞭炮、电子蜡烛生产销售业务。后收购某公司扩大经营,但因经营不善,债务人严某与某公司背负多笔债务并陆续被诉至法院,公司亦停止运营。2023 年,严某主动向法院寻求帮助“一揽子”化解个人与公司债务,并承诺以其个人财产对公司债务承担还款责任。法院经审查发现,严某虽已被列为失信被执行人,但一直积极面对、努力还债。且在某

公司破产清算过程中,法院发现该公司并未独立规范建立账册,公司财产与严某个人财产高度混同。在充分听取债权人意见的基础上,遂昌县人民法院研判决定将严某的个人债务集中清理与某公司的破产清算程序进行衔接,一并予以处理。

【清理情况】

经调查核实,严某与公司欠款本息合计 19 笔 44.6 万元,其中严某个人债务 27.2 万元,公司欠款 17.4 万元。严某名下并无房产、车辆,公司也已停业,名下亦无财产,严某的主要经济来源为在某电商平台打工的收入。此外,严某虽熟练掌握传统豆腐加工技艺并计划与某电商平台合作开展创业,但因其失信被执行人身份及债务压力最终未能实施。

结合严某向法院提交的相关市场调研材料及申请,遂昌县人民法院积极回应严某诉求,通过对其二次创业的可行性分析确认其偿债能力,依法认定严某“诚实而不幸”的债务人身份。根据与银行签订的“法银协议”,遂昌县人民法院主动向银行通报相关信息,协助严某向银行争取年利率 7.75% 分期 5 年归还的“重整贷”资金 30 万元。同时,严某全力自筹资金 11.75 万元,并以正在进行“企业破产 + 企业主个人债务集中清理”给某电商平台投资信心,说服其出资置办生产资料合作创办传统豆腐加工作坊,成功运用电商平台优势打开销售渠道。在此基础上,遂昌县人民法院为严某搭建债权人协商平台。经多轮协商,严某于 2024 年 3 月与个人债务集中清理程序中的债权人达成还款协议,在减免部分利息后,严某当场清偿剩余债务。此外,严某通过个人债务集中清理程序引入的纾困资金有效恢复了其公司基础运营能力,遂昌县人民法院依法裁定该公司破产清算转为破产和解。和解程序中,严某提出的一次性清偿全部职工债权 13.3 万元,部分清偿税收债权 9169.35 元、普通债权 5552.65 元,其余款项每月支付 2000 元直至款还清之日止的和解方案,获得全体债权人的认可。和解方案通过后,遂昌县人民法院立即开展信用修复工作,为严某及其公司解除失信人员限制措施。至 2024 年 5 月,严某和公司名下 19 件案件均得到实质性化解,严某二次创业成功搭上电商“快车”。严某创业项目豆腐加工作坊月销售额很快突破 5 万元。

【典型意义】

本案是运用多种破产制度工具,通过企业主个人债务集中清理与企业破产制度的衔接配合,将企业主个人债务与企业债务“一揽子”实质性化解的典型案例。遂昌法院及时回应企业主与企业需求,积极引导企业主申请个人债务集中清理,消除财务混同风险,同步推进3项核心举措:一是全面深化法银协作,为企业主争取银行“重整贷”盘活资金,提高债务清偿率,保障债权人利益;二是积极搭建协商平台,帮助企业与企业主获得债权人谅解并减免利息,降低企业主资金压力;三是及时开展信用修复,个人债务集中清理方案及企业破产和解方案一经通过立即为企业主与企业解除各项失信人员惩戒措施,为企业主二次创业松绑减负。通过“企业破产+企业主个人债务集中清理”的组合拳,有效解决了企业、企业主面临的债务困境,助力危困企业和“诚实而不幸”的企业主经济再生。

案例8:姚某某个人债务集中清理案

【关键词】网约车收益;善意文明;分期履行;“双赢”效果

【受理法院】湖州市南浔区人民法院

【合议庭成员】王彦刚、马新梁、闵杰

【债务人户籍地】嘉兴市秀洲区××街道××小区

【管理人】北京隆安(湖州)律师事务所

【基本案情】

债务人姚某某原系一家家用电器商行的经营者,后因商行经营不善资金链断裂,陷入债务危机。2023年,姚某某的债务纠纷陆续进入审理、执行阶段,案件类型均为与经营相关的合同类纠纷,涉案金额超10万元。执行中查证,姚某某名下除1辆马自达小型汽车外无其他可供执行财产,车辆破旧变现难度大且价值不高,姚某某无力一次性清偿全部到期债务,致使执行程序无法推进。后根据姚某某申请,将执行案件移送个人债务集中清理审查,2024年3月21日,湖州市南浔区人民法院裁定受理姚某某个人债务集中清理案。

【清理情况】

调查发现,姚某某在商行停止经营后,转而利用自有车辆从事网约车服务,后债务纠纷案件进入执行程序,车辆作为被执行人财产被法院查封并扣押,姚某某丧失收入来源,无力偿债,加之执行措施带来的不利影响,姚某某生活困难。基于上述情形,合议庭、管理人邀请执行员组成联合协调组,共同对案件进行综合研判,并积极听取债务人、债权人意见,最终确定了以“放车、创收、偿债、自救”为方针的清理方案,畅通个人债务集中清理路径。

债务人车辆破旧变现难度大,且评估价值远低于债权金额,但车辆却是债务人从事网约车服务的必备工具。故在争取债权人支持的前提下,本案并未采用拍卖、变卖等变价方式来处置债务人的车辆,而是将查封车辆发还给债务人继续从事网约车服务,每月将服务收益的固定金额用于清偿债务。通过个人债务集中清理程序将债务集中,并由管理人将固定收益金额按期统一分配。同时,为了保障方案的切实履行,车辆放行但不解除查封,并由债务人签署承诺书。

除债务人必需的生活开支外,车辆运营费用亦是债务人从事网约车服务的必需开支,经与债权人充分沟通,各债权人理解并同意将车辆运营费用一并纳入债务人“生活必需品”清单。保留债务人生活经营必需费用,一方面,维系了债务人的基本生活;另一方面,保障了债务人将来的收入来源,确保清偿方案的按期执行。

在上述方针指导下,联合协调组逐一与债权人沟通协调,因债权人大多系与债务人多年的合作伙伴,自愿豁免部分债务,进一步减轻债务人的偿债压力。最终认定需偿债金额为 63,000 元,结合姚某某前期网约车平均运营收入,确定每月支付 6000 元用于分期偿还债务,剩余收入留作生活运营开支。2024 年 4 月 17 日,上述“实质豁免 + 分期履行”的清偿方案在第一次债权人会议中,经全体债权人一致表决通过。

【典型意义】

本案是在善意文明理念下创新债务清偿方式实现债权人与债务人“双赢”的典型案例。现阶段网约车等新业态经济活跃,从事网约车服务具有门槛低、资金回笼快、灵活性强等特点,债务人通过从事网约车服务一般可以获得较为稳定的可预期收入。因此,在个人债务集中清理中,为债务人保留低价值车辆及必需运营费用等,通过网约车服务持续创造运营收入,并在法院和管理人的监督、管理下,将每月固定的运营收入分配给债权人。一方面,债权人的债权逐步实现;另一方面,债务人可从繁多的审理、执行程序中解脱,给予债务人继续生活的能力和希望。本案为执行程序与个人债务集中清理程序的衔接提供了有益借鉴。

案例 9:周某某个人债务集中清理案

【关键词】“失独”老人;平衡债权与生存权;基本生活需要;信用提前修复;管理人账户

【受理法院】江山市人民法院

【合议庭成员】姜涛、刘荣辉、张禹

【债务人户籍地】江山市××街道××小区

【管理人】浙江五正律师事务所

【基本案情】

周某某系公职单位退休人员,其妻子毛某某系社区退休工作人员,两人独子已因病去世。2010~2015年,周某某为帮助他人创业而大量举债,后因清偿不能被众多债权人陆续诉至法院。2015~2016年,江山市人民法院受理以周某某为被执行人的案件共26件,申请执行本金金额高达706万余元。经执行拍卖,周某某名下房屋及车辆获得变价款453万余元。上述款项分配后,周某某无其他可供执行的财产,无力清偿剩余债务。另查明,周某某每月有退休工资1万余元,名下公积金余额约72万元、退休金余额约8.5万元。2024年7月8日,周某某向江山市人民法院申请个人债务集中清理,江山市人民法院于2024年7月31日裁定受理,并依法指定管理人。

【清理情况】

案件受理后,共有27家债权人向管理人申报债权,管理人审查确定债权总额为441.74万元。考虑周某某具备良好的还款意愿与诚信记录,加之本人身患糖尿病,需要终身服药治疗,唯一住房也已被拍卖,须租房生活,无子女可对其进行赡养,配偶毛某某亦为法院被执行人,为平衡周某某的生存权益及债权人的债权利益,法院指导管理人设计以下偿债方案:(1)将银行账户余额及公积金账户余额合计81万余元用于首期清偿,剩余未偿还部分,在每月退休金保留5000元作为食、住、医等基本生活费用后,按季度支付2.7万元至管理人账户分期清偿,直至全部清偿完毕。(2)如按期履约,债权人同意对利息部分予以豁免,其中金融债权人对迟延履行利息予以豁免,26家民间借贷债权人对全部利息予以豁免。(3)在首次分配后,即可提请法院解除对债务人的限高、失信强制措施。(4)如未按期履约,债权人有权申请恢复强制执行,且利息豁免承诺作废。

2024年9月10日,上述偿债方案经全体债权人一致表决通过。2024年9月19日,江山市人民法院裁定认可偿债方案。2024年9月27日,第一期分配款按期足额支付给各债权人。法院依照管理人的申请,依法解除债务人的限高、失信措施,并解除对债务人的银行及公积金账户的冻结。

【典型意义】

本案有三方面典型意义。一是推动债权利息分类豁免,为债务清理"减负"。在本案中,26 家民间借贷债权人一致同意豁免全部利息,但唯一的金融债权人因在债务豁免方面权限不足,迟迟无法就偿债方案与债务人达成一致意见。为破解这一梗阻,法院指导管理人拟定利息"分类豁免"的处理方案,经多轮研判沟通,金融机构自愿放弃迟延履行期间的债务利息。二是助力信用修复,为晚年生活"松绑"。本案债务人周某某及其妻子系"失独"老人,身体较差。法院充分平衡债权人利益和债务人生存权益,指导管理人设计分期偿债方案,每月预留 5000 元基本生活费,并不设考察期,首期清偿款到位后,即可申请解除限高等各类强制执行措施,全面修复信用。三是开设定期自动付款账户,为按期履约"加压"。本案还款期限长达数 10 年,还款方案的落实是个人债务集中清理程序发挥实效的关键。法院参照企业破产案件管理人账户开设规程,指导管理人在债权银行开设个人债务集中清理管理人账户,并开通定期批量放款功能,实现还款一键办理,清偿进度实时更新。本案从案件受理到首期清偿款发放仅用时 57 日。

案例 10:张某某个人债务集中清理案

【关键词】公告通知;诚信审查;金融机构一致行动;国有金融债权实质豁免

【受理法院】温州市中级人民法院

【合议庭成员】张元华、李佩、赵章瑜

【债务人户籍地】温州市龙湾区××街道××路

【管理人】温州诚达会计师事务所(普通合伙)

【基本案情】

张某某为其父亲担任法定代表人的某公司提供担保,后该公司因经营不善被法院裁定进入破产程序。在主债务人无力清偿全部债务的情况下,作为保证人的张某某被债权人陆续诉至法院。张某某名下财产(含唯一住房)均被法院拍卖,张某某及其配偶、两个子女都生活在厂房。2024 年 8 月 6 日,张某某向温州市中级人民法院提交个人债务集中清理申请。2024 年 9 月 29 日,温州市中级人民法院裁定受理张某某个人债务集中清理案,并指定管理人。

【清理情况】

收到申请材料后,经办法官着手摸排张某某的资债状况,通过查阅申请材料、现场谈话等了解其债务形成原因及清理意图,初步判断其为“诚实而不幸”的债务人。在案件受理后,管理人对张某某财产状况开展全面排查,调查范围包括银行账户、工商信息、房产信息、车辆信息、住房公积金、保险、证券账户、微信和支付宝账户等,根据获取的资金交易流水逐笔判定,分析是否存在隐匿或转移资产的可能。除完成配偶、子女主动配合财产调查等规定动作外,债务人还主动申请管理人到其实际居住地张贴公告,全方位接受社会监督。经过多次的村居、厂房所在地实地走访和分析研判,确认张某某名下没有固定资产,仅有1张已无保险价值的寿险保单,夫妻俩唯一经济来源是在一家电商公司打工的收入,另有两名未成年子女需要抚养,债权人对此也予以认可。

经申报,共有2名债权人(1家国有银行、1家小额贷款公司)3笔债权进入清理程序,债权金额共计1740.44万元。法院积极搭建银法对话平台,认真听取金融机构债权人诉求,并充分考量债务人的实际偿债能力。在清理方案拟定过程中,在取得国有银行债权人81.54%债权比例同意的情况下,通过法院、管理人、债务人多方联动,成功获得另一债权人小额贷款公司的认可,最终2名债权人一致表决同意债务人张某某对债务本金按照19.1849%的比例进行清偿,剩余本金421.24万元及利息897.93万元均予以豁免,豁免率达80.82%,并同意自履行完毕之日起恢复张某某个人信用。

2024年12月12日,张某某将偿债资金一次性汇入管理人账户,并由管理人分配给债权人。债权人出具履行完毕通知书后,经办法官及时协调执行法院解除对债务人张某某的限高令及相关强制执行措施,高效恢复信用。

【典型意义】

本案系金融机构债权人一致行动破解表决难,国有银行实质参与个人债务集中清理助力“诚实而不幸”的担保债务人重获新生的典型案例。一是在诚信审查阶段,尊重债务人意愿,依法在其实际居住地进行公告。秉承不隐瞒、不躲藏、不回避“三不”原则,最大限度地公开清理信息,在为债务人诚信筛查加足砝码的同时,大力保障利害关系人知情权、监督权。二是在清理方案表决过程中,积极推行金融机构一致行动,获得小额贷款公司债权人的支持,形成了金融机构债权人由私力救济向公力救济转化的规范路径,以经过司法程序的债务人财产情况调查结果,为金融机构内部的免债程序提供助力,弥补当前个人破产法缺失情况下自然人债务难以退出的制度性缺失,是以司法救济途径处理国有金融机构“坏账”新模式的有益探索。三是在清理成功后及时恢复债务人信用,充分体现依法精准适用失信惩戒和限制消费措施、严格区分“失信”与“失能”的政策导向,助力营造“鼓励创业创新、宽容失败”的良好社会氛围。

2023年浙江法院个人债务集中清理(类个人破产)工作报告暨十大典型案例

浙江省高级人民法院

破产是解决企业深层次矛盾、优化资源配置、推进供给侧结构性改革的重要法治途径,个人破产制度对于促进市场主体有序退出、优化法治化营商环境、激发社会创新创造活力具有重要意义。近年来,浙江法院在全国率先探索具备个人破产制度功能的个人债务集中清理(以下或称个债清理)工作,总结实践经验出台《浙江法院个人债务集中清理(类个人破产)工作指引(试行)》(以下简称《工作指引》)等规范性文件,让依法经营、诚实守信的债务人可以"从头再来",社会反响良好,获得了浙江省委、省政府,以及最高人民法院和社会各界的高度关注和充分肯定。2024年1月26日,省第十四届人民代表大会通过《浙江省优化营商环境条例》,这是全国首次在地方性法规中明确规定个人债务集中清理(类个人破产)制度,为这些工作的开展提供了更加坚实的制度基础。

一、全省法院个人债务集中清理工作基本情况

(一)2023 年全省法院个人债务集中清理案件情况

2023 年,全省法院共受理个人债务集中清理案件 1275 件,审结 1122 件。其中,与企业破产案件一并受理的个人债务集中清理案件共 22 件,审结 16 件。在 1122 件已审结的个人债务集中清理案件中,共完成清理 352 件,成功清理率约 1/3。

在债务清偿方面,2023 年个人债务集中清理涉案债务总额共计约 32.9 亿元,其中担保债务额约 6.85 亿元,普通债务额约 26.05 亿元。共清偿 2.15 亿元左右,其中担保债务共清偿约 3327.1 万元,普通债务共清偿约 1.82 亿元。

在债权人数层面,全省个人债务集中清理案件涉案债权人共计 5086 人,其中涉及金融债权人共 1334 人。共涉及执行案件 4477 件,涉执行标的金额约为 42.85 亿元。(见表 1)

表 1　2023 年个人债务集中清理案件情况

项目		数量
案件受理量/件		1275
案件审结量/件		1122
清理成功的案件量/件		352
类型	与企业破产案件一并受理的案件受理/审结量/件	22/16
	单独个人债务集中清理类案件受理/审结量/件	1253/1106
债务总额	担保债务额/万元	68,458.02815
	普通债务额/万元	260,529.4421
	共计/万元	328,987.4703
清偿金额	担保债务额/万元	3327.106683
	普通债务额/万元	18,161.4366
	共计/万元	21,488.54328

续表

项目		数量
清偿率	担保债务清偿率/%	4.86
	普通债务清偿率/%	6.97
	平均清偿率/%	6.53
债权人数	涉案债权人数/人	5086
	涉及金融债权人数/人	1334
涉及执行案件数/件		4477
涉及执行标的金额/万元		428,515.4725

(二)2023年全省法院个人债务集中清理案件区域分布情况

2023年,全省法院个人债务集中清理案件受理、审结量前三位均为台州、温州、丽水,约占全省总量的60%。全省成功清理案件量前五位为丽水、台州、温州、湖州、杭州。丽水地区成功清理个人债务案件数列全省第一,成功清理率约为85%,成效良好。(见表2)

表2 2023年个人债务集中清理案件受理、审结、成功清理数量

单位:件

地区	受理数	审结数	成功清理数
杭州	67	52	23
宁波	38	31	1
温州	295	226	54
嘉兴	45	35	3
湖州	75	75	31
绍兴	81	63	4
金华	80	57	20
衢州	77	70	11
台州	367	377	90
丽水	150	136	115
舟山	0	0	0
合计	1275	1122	352

但各地受理、审结个债清理案件的数量区域不平衡的情况仍然存在,部分地区案件受理增速开始放缓。出现这种现象的原因,一方面是各地试点和起步时间不同,工作开展情况及积累的经验亦不同;另一方面是经过几年实践,债务人发现程序设计与其免债的本意有所出入,企图"逃废债"的债务人望而却步,债务人清理意愿逐渐趋稳,部分地区增速较个债清理工作起步阶段放缓。

(三)2023 年全省法院个人债务集中清理工作成效

一是债务清理功能逐步强化。(1)案件数量量变。2023 年全省法院受理个人债务集中清理案件较 2022 年增加 440 件,同比上升 52%;审结较 2022 年增加 434 件,同比上升 63%。个债清理案件受理、审结数量在原有基础上大幅提升,个人债务集中清理工作在面上稳步拓展。(2)案件质量质变。全省法院在案件审理过程中,更加注重工作方式方法适用的灵活性与适配性,在实质化解社会矛盾,维护债权人合法权益和鼓励创业创新等方面都提供了更加有力的司法保障,获得了社会各界的高度关注和充分肯定。

二是债权人配合程度增强。经过近年的个人债务集中清理工作实践和引导,债权人发现个债清理程序并不是一个帮助债务人逃避债务的程序,对这些工作持有的抵触情绪得到缓解,很多国有金融机构债权人也愿意从及时止损的角度参与清理程序。

三是助力执源治理作用凸显。在债务清理过程中,许多法院采"一揽子"化解纠纷指导思想,主动与涉债务人案件潜在执行申请人沟通、释明程序利弊,将经执行阶段债权、未进入执行阶段已经生效法律文书确认债权、未进入诉讼债权一同处理,将个人债务集中清理打造成执源治理新路径。

四是管理人履职能力提升。由于个债清理程序与企业破产程序在法律定性上的不同,决定了管理人在履职时与企业破产案件的履职调查、沟通协调必然存在不同。经过几年实践,管理人在履职意识、能力、水平等方面得到了锻炼,规范性更强,成效更为明显。

二、浙江法院个人债务集中清理工作重点举措

(一)统筹部署,扩面增量,有序深入推进

一是进一步完善个人债务集中清理工作制度体系。2020 年,浙江省高级人

民法院在前期实践调研的基础上出台《工作指引》,以指导全省法院进一步探索和开展个人债务集中清理的工作。各级法院根据《工作指引》,运用“债务人申报+接受债权人质询+人民法院依职权调查核实+管理人调查核实”方式甄别“诚实而不幸”的债务人,积极引导相关利害关系方开展个人债务集中清理工作,给予充分的制度激励,并在实践中逐步探索加强个人破产制度和强制执行制度的充分衔接,成效良好。全省多地法院在总结实践经验出台个债清理实施细则或指南后,根据个债清理工作的新形势新情况,进一步出台个债清理工作操作规程、标准文本等,建立和完善个债清理工作的规范体系。如丽水市中级人民法院对照浙江法院个人债务集中清理工作要求,围绕“出清执行案件终本库,提升司法公正感受度”专项行动,出台《优化“执破融合”机制助力打造最优营商环境行动方案》,全面落实部署全市法院 2023 年度个人债务重整工作任务指标,持续深入完善“立审执破”一体化工作运行机制。宁波市中级人民法院制定《个人债务集中清理工作的操作规程》,对相关内容作进一步的细化和明确,从适用范围、申请程序、审理方式等方面作出细化规定。

二是调整重点突破法院范围,深入推进个人债务集中清理工作。浙江省高级人民法院连续 3 年下发《重点突破、全面推进个人债务集中清理工作实施方案》《关于扩大重点突破法院范围继续稳妥有序推进个人债务集中清理工作的通知》《关于调整重点突破法院范围进一步积极稳妥推进个人债务集中清理工作的通知》,统筹谋划全面推进个债清理工作。优胜劣汰,形成“3+17”重点突破法院试点工作格局,即温州、台州、丽水 3 地区,以及建德、宁海、桐乡、长兴、永康、柯城、龙游、临安、余杭、奉化、象山、海宁、吴兴、上虞、常山、南浔、东阳 17 家基层法院作为个债清理工作重点推进法院,明确工作任务和举措。截至 2023 年年底,重点突破法院共受理个人债务集中清理案件 1049 件,约占全省总量的 82%,审结 957 件,约占全省总量的 85%,工作推进有效有序。

三是强化考核激励,定期晾晒工作。浙江省高级人民法院连续下发 3 年的明传通知,明确工作任务,重点突破的地区因具备较好的工作基础,应当在上一年工作基础上确保受理办结案件量的总体上升态势,并建立“个债联络群”,每月晾晒,针对个债清理案件办理过程中遇到的问题,及时沟通交流。杭州法院将个人债务集中清理工作纳入优化营商环境区县办理破产指标考核,实行任务分解,层层落实责任,2023 年受理数量较 2022 年增长 28.5%。宁海县人民法院发挥考核"指挥棒"作用,明确规定执行条线在完成任务数的基础上每成功移送 1 宗个人债务集中清理案件,可增加考核分数0.5 分。衢州法院连续3 年明确全市基层法院个人债务集中清理工作任务,通过每周或每月通报、专项督办等形式,促进相关部门及人员的责任落实。金华市中级人民法院将基层法院个债清理工作纳入基层法院目标责任考核,作为全市破产审判常态化的重点工作,每月分析督办,执行局也将执行案件移送个债清理的情况在每月执行信息中进行督办。

四是强化经费保障,提高履职积极性。2024 年 1 月 26 日,浙江省第十四届人民代表大会通过《浙江省优化营商环境条例》,该条例于 3 月 1 日起施行。为进一步支持优化浙江省营商环境,推动个人破产制度的探索和建立,该条例第 22 条第 3 款明确企业破产启动援助资金可以用于个人债务集中清理(类个人破产)启动援助,允许个人债务集中清理相关资金纳入原各地企业破产援助资金使用范围,在原资金规模内统筹安排。全省各地亦出台相应文件完善个债清理工作的经费保障制度。杭州市余杭区人民法院对接区防化处置办、区财政局修订《杭州市余杭区破产专项资金管理和使用暂行办法》,将个债清理案件纳入每年 200 万元破产专项资金援助范围,援助资金个案使用额度原则上控制在 20 万元以内,管理人报酬的援助金额按照履职情况和工作量,在个案不超过 10 万元的额度内确定。宁波法院推动个人债务集中清理案件纳入《宁波市破产援助专项资金管理和使用办法》的补助范围,提高管理人的履职积极性。

(二)聚焦诚信,攻坚克难,打通难点堵点

一是加强尽职调查,引导、激励和识别"诚实而不幸"的债务人。诚信债务人的识别是开展个债清理工作的基石,解决的是哪些人有资格通过合法的程序实现免债免责。通过近年来的实践,浙江法院严把"诚信关",紧紧围绕个人债务集中清理程序是"为陷入债务危机但诚实守信的债务人提供债务重组新出路"这一制度建设目标,严格甄别债务人诚信度,防范债务人"逃废债"。如衢州市柯城区人民法院、湖州市南浔区人民法院等依靠诚信审查,从制度机制上保障完成清理程序的确为"诚实而不幸"债务人,成效较好。诚信审查关卡如下:第一,执行局在移送前做好审查工作,充分发挥执行的查控优势,摸排债务人的财产情况。第二,充分发挥听证会作用,受理前召集债权人、债务人听证,宣讲该项程序制度优势,引导债权人、债务人积极配合,同时通过债权人、债务人面对面"对峙"初步判断诚信度,把好受理前的审查关。第三,通过公告方式接受社会监督。将个人债务集中清理案件的申请受理、债权人申报债权的内容通过法院官微等途径向社会公告,接受不特定的更为广泛的社会监督。第四,债务人自我申报与管理人调查相结合,要求债务人在提出个人债务集中清理申请时填报家庭财产申报表,签署诚信承诺书。管理人在后续财产调查中做好核实及摸排工作。第五,"逃废债"涉嫌犯罪的,移送公安。打击隐匿财产、逃避执行的行为,目前已有在个人债务集中清理工作中发现涉嫌犯罪而移送公安的情况。

二是探索金融债权实质性化解。在实践中,银行等金融机构坏账出表后债权追收管理成本高,在执行程序中跟踪执行比较困难,有时无法与自然人债权获得同等清偿。在此情况下,个人债务集中清理程序的"集中"优势充分体现,部分金融债权人对个人债务集中清理程序能够公平参与分配的做法予以认可,会积极配合报请上级批准。但是,由于政策依据不足、试点层级不够、内部审批权限限制、上级银行不理解不支持等因素,仍存在部分案件金融债权人投反对票或弃权票,导致方案表决无法通过,清理工作受阻的情况。对此,各地法院通过多种方式探索金融债权实质性化解。例如,衢州市柯城区人民法院参照破产和解自行达成协议的相关规定,针对有金融机构尤其是国有金融机构的案件进行单独协商,最终获得金融债权人的同意。龙游县人民法院搭建银法对话平台,积极探索金融监管部门一并参与下的银法良性对话机制,共计开展银法对话 3 次,参与金融机构 5 家,为金融机构参与个债清理程序并对"双重表决机制"表决同意、豁免金融利息债权提供实践样本。宁波市中级人民法院针对施行初期各地审理流程不够规范、推进不够迅速的问题,依法提级管辖、审结一起涉金融债权多、清理难度大、有典型意义的个人债务集中清理案件,在审理中会同管理人与各债权人特别是金融机构进行多次深入沟通,推动全体债权人一致通过债务清偿计划,为处理类似复杂案件提供了经验范本。湖州市南浔区人民法院通过与南浔区金融发展服务中心共建的信用信息共享平台,将债务人信用信息修复情况及时推送给辖区各金融机构,为其在信用信息修复后的金融活动提供有力支持,也为营造"鼓励创业创新、宽容失败"的社会氛围贡献司法力量。

三是探索"企业破产 + 个债清理"的"个破融合"模式。浙江法院持续加大企业破产与个人债务集中清理相结合的工作力度,重点探索合并审理企业破产案件及与之相关的债务人企业实际控制人、股东或者为债务人企业提供担保的自然人的个人债务集中清理工作。2023 年度共受理与企业破产案件一并开展的个债清理案件 22 件,审结 16 件,较 2022 年度有所增加。各级法院针对债务人为公司法定代表人或股东的个人债务集中清理案件,积极全面整合执行与破产资源,依法帮助为企业提供担保而负债的实际控制人、股东等卸下债务包袱,实现经济再生。如缙云县人民法院开展“涅槃”行动,同步制定《“涅槃”行动(破产企业出清、个人债务清理专项行动)实施方案》,在执行过程中配套开展个人债务集中清理。遂昌县人民法院出台《深化破产领域企业与个人综合配套实施意见》,明确规定在企业引入投资人进入清算转重整时,可依据企业优质资产一并办理企业主的个人债务重整,实现企业债务与个人债务问题“一揽子”解决。嘉兴市南湖区人民法院推动区委办、区府办联合印发《南湖区关于构建同步救治机制深入推进个人债务集中清理的实施意见(试行)》,将企业破产与企业家个人债务集中清理实行同步救治机制。杭州市临安区人民法院开发“债务人诚信评分识别模型”,结合企业家个人信用对小微企业的影响程度,开发“小微企业家信用价值估值模块”,提高对小微企业挽救价值的估值精准度,作为小微企业和企业家能否合并破产处置的判断标准之一,已成功实现两家小微企业和企业家的合并处置,并最终通过企业家自救实现企业和个人双和解。

(三)打造内部执破融合,外部府院联动新模式

一是着力推进执破融合机制建设。充分发挥执行部门的“债务人筛选”优势和破产审判部门的专业能力优势,实现个债清理与执行案件高效联动,推行“执行筛选+会商甄别”双向联动工作模式,有效引导符合条件的债务人及时申请进行债务集中清理。执行部门对系列案件的处理难度、银行债务数额、占比及可协商性等形成评估意见,与破产部门会商是否受理;在破产部门完成清理裁定终结后,执行部门及时完成对被执行人的信用修复等程序,进一步完善执行程序与破产程序的衔接,最大限度维护各方当事人合法权益。在机制建设方面,金华市婺城区人民法院、武义县人民法院出台了执破融合指引文件,解决包括个人债务集中清理案件的执破衔接中的堵点卡点。永康市人民法院专门制定了《个人债务集中清理执破联动机制工作规程》,在执行中重点排摸有相对固定职业的人员、企业已破产的经营负债人员等债务人,扩大个债清理规模。在具体案件办理方面,在上虞地区项目拆迁过程中,大量终本案件恢复执行,诉讼案件大量涌入,绍

兴市上虞区人民法院的个人债务审查专员主动对接执行部门,与执行部门协同筛选出债务人 5 人,涉案债权人 37 人,涉及执行案件 31 件,执行标的金额 900 余万元。宁波市奉化区人民法院对于个债清理未成功的案件,将清理过程中的会商结果及债务人与个别债权人达成的清偿方案移交执行法官,待强制执行措施恢复后转为执行和解协议,反向助推两起执行案件的执结,有效促进了执破融合。

二是持续深化府院联动。各地法院与地方政府及相关部门密切联系,保持良好沟通和互动,制定出台文件建立和完善个债清理工作配套机制,推进个人债务集中清理进程。如丽水市中级人民法院通过与市信用办、市银行业协会等建立“诚信履行贷”“重生贷”等合作机制,为诚信履行的个人在生产经营、创业创新方面提供充分的金融保障,释放债务人潜在能力,激励当事人自动履行。庆元县人民法院开发设计“联合惩戒”数字化项目,主动向组织部、宣传部、教育局等 9 家单位推送失信名单,形成“推送 + 惩戒 + 整合”的数据流转闭环,已推送失信人员 63 名并全部完成惩戒情况回流,100% 实现数据流转闭环。海宁市人民法院依托“破产一件事”改革、“企业风险智治”、“共享法庭”等智慧平台,主动联系市社保局、市市场监督管理局、市委金融办等政府部门,协商强化政府部门在个债清理工作的公共服务职能。

三是运用数字化、调解员、公证机构管理人团队等多种方式探索个人债务案件化解新模式。绍兴法院在偿债协商阶段创新引入资深调解员,借助其丰富的调解经验,有效引导债权人与债务人沟通协商、互谅互让,将以往单向的偿债方案提出表决转变为债权人与债务人双向奔赴的债务和解,提高个债清理成功率。丽水市莲都区人民法院引入公证机构管理人团队负责调查核实债务人的资产情况及债务重整的相关管理工作,打造“丽水特色”管理人队伍,进一步提升个人债务重整工作办案质效。义乌法院与市民政局合作,通过个债清理程序,建立个人遗产清理系统,拓展个债清理功能。

三、推进个人债务集中清理工作中的重点难点问题

2023 年,全省法院持续稳妥深入推进个人债务集中清理工作,取得积极成效。但毋庸置疑,当前仍存在制约个人债务集中清理工作深入开展的诸多因素。

从外部来讲,一是社会公众对个债清理制度的认知度、信任度有待进一步提高。现阶段,个人债务集中清理工作仍处于初步发展阶段,社会公众对于个人债务集中清理制度的性质、作用等缺乏充分全面的认识。一部分债务人寄希望于“零清偿”,以解除债务,无法达成合理的清理方案,或是对个人债务集中清理的程序、流程不了解。一部分债权人认为,该程序是帮助债务人逃避免除债务,进而产生消极抵抗情绪,存在抗拒心理;部分金融债权人主观上认为,债务的豁免与《贷款通则》等法规制度中“不得豁免贷款”的规定相悖,为规避风险,选择消极对待。实际上,当事人及破产程序参与人对相关制度的认知和理念,将极大程度影响个人债务集中清理程序各个环节的推进。二是落实诚信监督机制仍存在困难。债务人履行清偿方案及行为考察期内的监督主要由管理人负责,但目前缺乏统一的信用公示平台,管理人监督的手段、能力有限,尚未形成具有公信力的广泛监督。三是部门共识不强。个人债务集中清理工作虽然正式起步近 4 年,但目前仍主要由法院推动,尚未像企业破产那样形成较为强大的社会合力,故在争取资金支持、府院联动配合方面进展较慢。有关部门对个债清理支持较弱,对个人债务集中清理的价值理解不透,在部门配合上共识不强。如公积金管理部门不同意提取公积金用于分配,金融机构对于个人债务集中清理成功的信用修复以无总行文件为由拒绝,这些情况都实际影响个人债务集中清理工作开展。四是管理人履职内生动力不足。个人债务集中清理的公益性决定了其管理人报酬无法与普通破产案件办理齐肩,因此存在部分案件中,管理人付出的劳动与报酬不成正比,其报酬只能依靠援助基金。

从内部来讲,一是法院内部相关部门合力不足。存在法院内部诉讼服务中心及执行局人员对个人债务集中清理工作理解不够全面、不够到位的情况,进而使债务人、债权人产生认识误区。二是债权人表决机制仍存在局限。个人债务集中清理中的核心制度,如债务的免除等,因缺乏法律制度支撑,存在一定局限。不同债权人的诉求不同,存在个别债权人始终不同意双重表决规则及债务清理方案,影响个债清理案件效率、效果。三是审判力量不足,专业化建设面临“瓶颈”。个人债务集中清理具有较强专业性,但目前,浙江部分法院仍是由民商事或执行法官兼办个人债务集中清理案件,而在需要兼办其他民商事案件、个人债务集中清理等破产案件难度又相对较大的情况下,法官办案积极性普遍不高,与之匹配的审判力量不足,审判梯队培养有待加强。

四、浙江法院下一步推进个人债务集中清理工作重点内容

《浙江省优化营商环境条例》已经实施,全省"新春第一会"对全面加强"三支队伍"建设进行系统部署。个人债务集中清理工作与"三支队伍"特别是企业家队伍和劳动者队伍建设、鼓励创业创新、优化营商环境密切相关。下一步,全省法院将围绕省委、省政府工作部署,全面深入持续推进个人债务集中清理工作。

一是继续扩面增量,稳妥有序推进个人债务集中清理工作。当前,浙江法院个人债务集中清理工作初见成效,社会层面对个人债务集中清理的需求更加迫切。为此,浙江法院将通过更深层次、更广范围开展个人债务集中清理工作来回应社会关切,为形成可复制的个人债务集中清理"浙江模式"打下坚实实践基础。要规范入口,进一步规范债务人申请时应当提交的财产状况申报、诚信承诺等材料,要求债务人准确、详尽提交有关本人及其配偶、未成年子女以及其他共同生活的近亲属名下财产情况的书面报告。落实《浙江省优化营商环境条例》第22条规定的"对申请债务集中清理的个人,经审查后符合条件的,可以按照规定删除其失信信息"。个人债务集中清理工作开展期间,要求债务人定期及时申报财产变动情况,坚决防范"假清理,真逃债"。另外,引入管理人资源全面调查核实债务人财产情况,必要时,对近亲属的支付宝、微信等第三方支付平台有关情况进行调查核实。加大中小微企业破产与个人债务集中清理相结合的工作力度,重点探索合并审理企业破产案件及与之相关的债务人企业实际控制人、股东或者为债务人企业提供担保的自然人的个人债务集中清理工作。2024年,在确定新的重点突破法院的基础上,结合工作实际,明确浙江法院全域实现受理、办结案件量全面稳步上升的年度任务目标。

二是坚持守正创新,继续加强内部工作机制和制度建设。积极贯彻落实最高人民法院执破融合工作部署,深入构建立审执破一体化工作格局,持续抓好执行与个债清理的衔接工作,加强执行部门与破产审判部门在人员、财产申报、查控、处置等方面的配合衔接,提升个债清理的广度与深度,力争形成更多更好的实践经验。继续加大企业破产与个人债务集中清理程序的互联及合并处理力度。要配齐审判力量,优化个债清理业务审判队伍的年龄结构,重视破产团队的

学习培训,激发队伍的活力,不断提高破产审判人员的法律专业素养。加强个债清理案件专人办理、个债清理案件绩效考核等方面的专业化建设。在具体案件中,在确定债务人“诚实而不幸”的基础上,结合个案具体情况在债权人表决机制、债务豁免、信用修复、终结执行等方面加大探索力度,创新方式方法。加强法院与管理人的工作流程、文书制作等的规范化建设。

三是加大内外联动,持续推动外部配套制度完善。进一步推动落实府院联动机制,建立完善各部门间的常态化联络,推动个案协调向制度化转变,积极在债务人财产调查核实、金融债权实质豁免、信用平台建设等重点问题上与相关政府部门沟通协作。将个人债务集中清理工作与企业破产审判工作紧密结合,通过破产审判府院联席会议等方式,积极推动完善政府相关部门对个人债务集中清理管理人进行财产调查核实等的履职保障以及个人债务集中清理费用、管理人履职报酬等的财政支持,推动信用体系建设、债务人高消费和任职等行为限制、公职管理人等相关配套制度的建立完善。加强与公安机关等相关部门的工作对接,加大对债务人或有关人员隐匿或者故意销毁证据材料、转移资产逃避债务等违法行为的打击力度。

附件:

2023年浙江法院个人债务集中清理十大典型案例

案例1:周某某个人债务集中清理案

【关键词】第三方债权拍卖;市场化处置;信用修复

【受理法院】杭州市滨江区人民法院

【合议庭成员】蓝钦如、莫启荣、沈一伟

【债务人户籍地】杭州市滨江区××街道××小区

【管理人】浙江嘉瑞成律师事务所

【基本案情】

周某某是一名展会设计师,自2012年起,因其前夫投资失败而负担大量夫妻共同债务,多为民间借贷欠款,无法清偿并被强制执行。周某某名下主要财产为位于杭州市滨江区的1套房产,夫妻共同所有,该房产被省内外多家法院查封但未处置,案件受理前网络询价500余万元。因受执行强制措施的影响,周某某个人事业发展受阻,债务清偿能力有限。为恢复个人信用发展事业,增加收入赡养两位老人,周某某于2022年7月向杭州市滨江区人民法院(以下简称滨江法院)申请个人债务集中清理。

【清理情况】

2022年8月10日,滨江法院裁定受理周某某个人债务集中清理一案,并指定浙江嘉瑞成律师事务所担任管理人。

2022年9月20日,滨江法院召开第一次债权人会议。经会议核查,法院裁定确认5户债权人的5笔债权,合计9,904,585.5元。《周某某个人债务集中清理分配方案》等议案获得全票通过,该方案将债权拍卖与个人债务集中清理相结合,先拍卖周某某名下房产,综合其余财产确定可供清偿的财产价值总额;再以该金额为起拍价,打包拍卖5户债权人的全部债权。若债权成交,买受人成为新债权人,以债权成交价格清偿5户原债权人;若成交价高于起拍价,原债权人清偿率随之提高;若债权流拍,则以房屋变价款分配给债权人,清偿率不变。

大数据查明财产、异地执行解封等工作完成后,案涉房产于2023年4月以445万元成交,周某某取得其中222.5万元份额。2023年6月,管理人公开拍卖5位债权人对周某某享有的债权,最终以起拍价2,189,099.46元(综合债务人其他财产、扣除案件相关费用后的可供清偿财产价值总额)获得成交。债权买受人为债务人男友周某。2023年6月26日,管理人将债权拍卖所得价款及其他财产共计2,288,932.11元向全体债权人完成分配,清偿率约为23.11%。2023年7月10日,滨江法院裁定终结周某某个人债务集中清理一案,因全体债权人表决认可分配方案,同意免除剩余债务并终结执行,本案不设行为考察期。此后,省内外3家执行法院终结了对周某某的执行,删除其全部失信信息、解除限高措施。

【典型意义】

本案是全国首例个人债务债权网拍成交的案例。债权拍卖与个人债务集中清理结合的模式能够实现对债务人资产价值的再发现,通过市场化机制允许债务人或第三方进行债权收购或投资,既实现了原债权人利益最大化,也为新债权人提供了投资安全保障和额外收益,激励债务人的亲友或其他市场主体参与个人不良资产的投资。个人债务债权拍卖的市场尚不完善,成交与否还存在偶然性,本案债权的成交为这一个债清理模式作出了有益探索,市场化清理个人债务迈出了一小步,释放了全社会参与个体经济复苏和信用重建的信号。

本案债务人具有较强的创业能力,还具备独特的专业背景和技能,最终取得了债权人对其经济再生的支持和认可,豁免了剩余债务。终结执行后,债务人的失信、限高等措施成功解除,不仅帮助债务人解决了当前财务困境,更进一步释放了其商业潜能,充分体现了个债清理程序挽救价值。

案例 2:沈某个人债务集中清理案

【关键词】第三方融资;“体内清理 + 体外延伸”;信用修复

【受理法院】湖州市南浔区人民法院

【审判员】王彦刚

【债务人户籍地】湖州市南浔区 × × 镇 × × 村 × × 号

【管理人】浙江银湖律师事务所

【基本案情】

2006 年,债务人沈某因投资超市失败,陷入债务危机,累计从他人、银行处借款 200 余万元。沈某变卖家财偿还债务,但仍有 60 余万元债务未能清偿,妻子也因此与其离婚。后债权人纷纷诉至法院,在强制执行中因沈某名下已无财产可供执行,故相关执行案件均未执行完毕,且进入终本库已长达 10 余年。其间,沈某一直无稳定收入,无力偿债。近年来,沈某再婚并育有一女,在现任妻子的帮助下从事汽车贴膜工作,取得相对稳定的收入。在妻子的鼓励和支持下,沈某主动到法院请求协商处理相关债务,因沈某的资产不足以清偿全部债务,故向湖州市南浔区人民法院(以下简称南浔法院)申请个人债务集中清理。南浔法院经审查认为,沈某符合个人债务集中清理的条件,于 2023 年 6 月 25 日裁定受理其申请,并于同日指定浙江银湖律师事务所为管理人。

【清理情况】

案件受理后,南浔法院、管理人深入调查了沈某及其现任妻子的财产状况,并了解到现任妻子有自愿融资替夫偿债的意愿后,及时将上述情况告知了各债权人。大部分债权人对沈某主动要求偿债的做法予以肯定,并同意实质豁免部分债务。但仍有两家金融债权人因内部审批不同意适用个债清理程序未申报债权。为全面解决沈某的债务纠纷,承办法官启动执破融合机制,特邀负责沈某执行案件的执行法官与破产法官、管理人组成联合协调组(以下简称协调组)。经综合研判,协调组最终确立了“体内清理+体外延伸”的处理模式,即已申报的债权采用个人债务集中清理程序,结合债权人的需求,引入第三人即沈某现任妻子融资综合进行处理;未申报的债权则延伸启动恢复执行程序处理。2023 年 7 月 24 日召开了第一次债权人会议,债权人一致同意并表决通过了部分清偿债务并实质豁免剩余债务的财产分配方案,不设置考察期,债权清偿率为 51%。上述方案执行完毕后,南浔法院于 2023 年 8 月 7 日裁定终结沈某个人债务集中清理程序。针对未申报债权的两家金融债权人,协调组启动所涉案件的执行恢复程序,并就前期调查情况及债务清偿方案与债权人多次磋商,但因减免政策受限、内部审批烦琐及债权金额存在争议等清理进展不顺。为此协调组从金融债权本身再次寻找突破口,通过向债权人调取逾期款项计算明细表及相关案件卷宗材料等,发现债权人系统自行核算的利息远高于生效法律文书支持的金额,经协调组反复验算释明,债权人最终认可并采纳协调组的利息计算方式,两债权人也因此将主张的 40 万余元债权调整至 17 万余元,通过引入第三人即沈某现任妻子融资 14 万余元和部分债务免除相结合方式一次性清偿了金融债务。截至 2023 年 10 月 23 日,两起金融债权所涉执行案件顺利执行完毕。至此,沈某所涉债务得以全部清理,彻底从债务泥沼中解脱。

【典型意义】

本案是通过“体内清理+体外延伸”模式集中清理个人债务的典型案例。为帮助“诚实而不幸”的债务人全面清理债务,对已申报的债权通过个人债务集中清理程序予以处理,对未申报的已知债权,将清理延伸至个人债务集中清理程序外处理,体内清理与体外延伸同步进行,既全面清理了债务人的债务,又公平合理地维护了各债权人的权益。在沈某债务清理完毕后,南浔法院延伸司法服务,积极对接处理沈某所涉执行案件的其他法院,指导管理人正式向相关法院函告个人债务集中清理情况,有效化解牵连长达 10 余年的多起执行积案。同时借助与南浔区金融发展服务中心共建的信用信息共享平台等,顺利修复了沈某的相关信用信息,为沈某今后开展金融活动提供有力支持,也为营造“鼓励创业创新、宽容失败”的社会氛围贡献了强有力的司法力量。

案例 3:周某甲个人债务集中清理案

【关键词】拆迁利益分配;利益让渡部分;全体一次性解决方案

【受理法院】宁海县人民法院

【合议庭成员】贺小象、郑施佳、谷春燕

【债务人户籍地】宁海县××街道××村

【管理人】浙江海浩律师事务所

【基本案情】

从 2008 年开始,60 多岁的债务人周某甲陆续为其子开办的企业向亲朋好友借款,债务金额累计达 700 余万元。后因企业经营不善无法清偿债务,债权人从 2009 年开始诉讼至法院。此后,周某甲每月 4000 余元的退休金被冻结,并被纳入失信黑名单,无法正常生活长达 10 余年。近两年又身患癌症,生活愈加困难。2018 年,周某甲所在村社开始拆迁,周某甲家庭(周某甲、周某甲之妻、周某甲之子)可分得拆迁款 180 余万元。但拆迁款由于金额分配、周某甲及其子有大量执行案件等原因一直未领取。周某甲于 2022 年向宁海县人民法院提出个人债务集中清理申请。宁海县人民法院于 2022 年 3 月 23 日立案审查,并依法指定管理人。

【清理情况】

考虑到债务人已近 80 周岁且身患癌症,扣除预留的生活费用后可用于清偿债务的退休金数额极少;针对 180 余万元拆迁款部分,经法院指导管理人向有关部门调取拆迁合同、不动产信息等情况,确定拆迁款由 3 个家庭成员共同共有,周某甲个人可得金额仅有拆迁款的 1/3 即 60 余万元,债权人实现债权的时间漫长且具有不确定性。而本案的 23 名债权人均是债务人相熟或有亲戚关系的自然人,对债务人的身体状况、生活境地有所了解,也愿意减免部分债务。因周某甲之子另有执行案件无法支配拆迁款,故管理人动员周某甲妻子自愿拿出其名下的部分拆迁款一并用于清偿债务。最终,债务人拿出 107.79 万元(包括周某甲之妻应分得的拆迁款项)一次性清偿全部债务,清偿比例为 17.5%;全体债务人豁免周某甲剩余债务并不设行为考察期。周某甲的清偿方案表决通过后,法院、管理人、拆迁部门协调沟通后将用于清偿周某甲债务的拆迁款汇入管理人账户,属于周某甲之子的拆迁款汇入执行账户。目前,款项已全部分配完毕,针对周某甲的执行措施均已解除。

【典型意义】

本案债务人退休后,为子女背负高额债务、后又身患癌症,债权人可获清偿的也仅有债务人微薄的退休金,长达10余年的执行对债务人、债权人均是一种内耗。债务人家庭房产的拆迁利益虽无法全额清偿债务,但确是化解债权的良好契机。在本案中,拆迁款由家庭共有,经法院指导、管理人调查最终区分各自份额,并在周某甲个人可得拆迁款基础上由周某甲妻子让渡绝大部分拆迁利益,共同用于债权清偿;债权人同时免除全部剩余债务且不设行为考察期。如果按照周某甲个人份额,则需要再执行15年左右的退休金,债权人才能达到目前的清偿比例。剩余债务豁免程序的启动,促使债务人积极配合个人债务集中清理,以实现债权人利益最大化,从而换取债权人对剩余债务的"宽恕"。本案的成功清理,一方面,债权人得以高效率、高比例实现自身债权;另一方面,债务人从债务缠身的困境中解脱出来,获得了良好的法律效果和社会效果。

案例4:劳某某个人债务集中清理案

【关键词】严格审查;退休金;基本生活需要;免责考察期

【受理法院】桐乡市人民法院

【审判员】陈勇

【债务人户籍地】桐乡市乌镇镇××村

【管理人】嘉兴市嘉诚联合会计师事务所(普通合伙)

【基本案情】

劳某某系桐乡市事业单位退休人员,多次为朋友的银行贷款等债务提供担保,在主债务人资不抵债、无力清偿债务的情况下,作为保证人的劳某某被债权人陆续起诉至法院,要求其承担保证责任。判决生效后,桐乡市人民法院(以下简称桐乡法院)受理了以劳某某为被执行人的案件共5件,执行标的额总计349万余元,除已经执行到位的138万余元和法院扣划劳某某的银行存款15万余元外,劳某某无能力履行生效法律文书确定的其余付款义务,也未发现其他可供执行的财产。另查明,劳某某每月有1万余元的退休工资。

【清理情况】

2023年6月14日,劳某某以不能清偿到期债务,且明显缺乏清偿能力为由申请个人债务集中清理,桐乡法院执行局决定移送立案审查。桐乡法院于2023年6月29日裁定受理,指定并指导管理人依法开展清理工作。经债权申报、资产清查、债权人会议等流程,未发现劳某某存在隐匿、转移财产等逃避执行行为,也无债权人反映劳某某存在未如实申报或隐瞒收入情况等不诚信行为。债权申报期内,5 户债权人申报债权共计 3,742,441.90 元,均为劳某某作为保证人所负的担保债务。考虑到劳某某已是退休年纪,收入来源为退休金,无其他可供执行的财产,且案涉债务系基于劳某某为朋友担保而产生,前期通过自己的银行存款等财产已进行了部分偿还,整体表现较为诚信,偿债态度好,综合平衡劳某某的基本生活需要及债权人的权益后,管理人确定具体的清理方案:设置行为考察期 5 年,除每月留 2450 元作为劳某某生活所需外,剩余退休金用于偿还债务,预计每年可偿还 105,600 元,行为考察期满后,符合行为考察条件的,将依法终结强制执行程序,免除剩余债务。按照此方案,5 年可偿还债务 528,000 元,债权清偿比例将达到 14%。该分配方案经债权人会议表决,全体一致通过。

【典型意义】

本案的意义主要有两点:一是综合考虑债务人的财产状况、偿债能力,个性化制定清理方案,交由债权人表决。本案债务人劳某某偿债态度积极,但可供偿债的财产仅有退休金,故综合平衡下,管理人制定的分配方案为劳某某预留了基本的生活费用,保障其生存权益,剩余的退休金用于偿还债务,兼顾了对债务人和债权人的利益平衡。二是为劳某某设置 5 年的行为考察期,期满后符合条件的,将依法终结强制执行程序,帮助劳某某获得“重生”,契合了个人债务集中清理制度为“诚实而不幸”的当事人“松绑”的构建理念,既提高了债权人的清偿率,又有利于防范债务人通过个人债务集中清理制度恶意逃避债务。

案例 5:李某某个人债务集中清理案

【关键词】社区调查;检察监督;金融中心化解;执行退出

【受理法院】平阳县人民法院

【合议庭成员】陈聪、钟文善、林寿兵

【债务人户籍地】平阳县××镇××村

【管理人】平阳县公证处、浙江九州大众律师事务所

【基本案情】

李某某与蔡某某系离异夫妻关系。在婚姻关系存续期间,蔡某某以个人名义向浙江平阳农村商业银行股份有限公司(以下简称平阳农商行)借款 10 万元,陈某某系借款连带保证责任人。后蔡某某无力偿还借款,被平阳农商行诉至法

院。2017 年 3 月 10 日,平阳县人民法院(以下简称平阳法院)判决蔡某某、李某某共同偿还上述债务,陈某某承担连带还款责任。经多次执行,陈某某履行金额合计 47,847.45 元,李某某名下未发现可供执行的财产,蔡某某未履行还款义务。2023 年 8 月 17 日,李某某以自己未在借款合同上签字为由,前往平阳法院信访登记,要求撤销生效裁判文书,希望退出强制执行程序,恢复其信用。

【清理情况】

2023 年 8 月 23 日,平阳法院裁定受理李某某个人债务集中清理的申请,截至 2023 年 10 月 11 日,仅平阳农商行向管理人申报了债权,并经平阳法院裁定确认其债权为 85,250.68 元。

平阳法院通过委托社区调查机制,指定公职管理人及联合管理人组成联合调查小组,并邀请平阳县司法局共同参与调查,深入社区、村居详细了解李某某生活、家庭、财产情况。2023 年 9 月 22 日,联合调查小组前往鸣山村、下灶垟村,向当地村干部、邻居(原住房拍卖前)、寺庙(现借宿地)僧侣对李某某的情况进行了解,经调查,李某某名下无不动产、车辆、股权、公积金、保险等,仅有较少银行存款。其每月仅通过打散工的形式收入约 1200 元,现借住在昆阳镇下灶垟村的增慧禅寺中,无子女,个人生活较为困难。在调查过程中,全程邀请平阳县人民检察院参与并对本次调查活动进行法律监督,联合调查小组对李某某的个人财产、生活作风等情况出具评估调查报告。还进一步查明,案涉 10 万元贷款均系连带保证责任人陈某某实际使用,并未直接用于夫妻共同生活。

之后,平阳法院依托金融纠纷调处化解中心,通过线上“金融 e 调亭”的方式,指导公职管理人和联合管理人制定清理方案。经协调,最终银行同意“执行退出”的债务清理方案。内容为:(1)暂时停止对债务人采取强制执行的各项措施。(2)为债务人李某某设置 1 年的信用考察期,自 2023 年 11 月 28 日起至 2024 年 11 月 27 日止。考察期满未发现不诚信行为的,终结对债务人李某某的执行。(3)确认李某某豁免财产金额为 1500 元/月及根据物价水平调整基本生活保障金额的待遇。2024 年 3 月 5 日,平阳法院组织管理人对李某某进行信用考察期内回访,李某某写了感谢信“感谢法院通过个人破产程序让其重获新生”。

【典型意义】

平阳法院深化委托社区调查机制,创新引入检察监督。除了前期常规调查,还制作委托评估函及委托调查表,将个人债务集中清理的社区调查工作委托给司法局驻乡镇司法所,深入村居、社区了解个人财产、家庭经济、消费水平、生活作风等,并邀请检察院进行程序监督,形成制度化运作模式。自2019年上述机制建立以来,已帮助9名当事人"涅槃重生",本案是其中的典型案例之一。因社会效果好,得到了平阳县委、县政府支持,个债清理引入社区调查制度被列入"平阳县十大微改革项目"。平阳法院还在鳌江镇牵头打造了全省首家金融纠纷调处化解中心,构建金融纠纷实质性化解和一体化处置新模式。通过执行转个债清理促进金融机构启动不良呆账核销程序,提高不良资产市场化处置能力。本案在依法保证金融机构合法权益的同时,最大限度减少对被执行人的权益影响,依法合规开展工作,保障了各方当事人的合法权益。

案例6:王某、陆某某个人债务集中清理案

【关键词】公司债务与个人债务一并处理;夫妻债务共同清理;考察期;免除剩余债务

【受理法院】兰溪市人民法院

【合议庭成员】严义生、胡琴仙、金霞

【债务人户籍地】温岭市××镇××路××号

【管理人】浙江良友律师事务所

【基本案情】

王某、陆某某系夫妻关系,二人长期在兰溪市从事汽车零部件等经营业务,并投资创设成立多家公司。2021年6月至9月,王某、陆某某名下3家企业分别被兰溪市人民法院(以下简称兰溪法院)裁定进入破产清算程序。经审计分析,3家企业经营地、经营管理团队均一致,业务也相互关联,存在法人人格高度混同情况,且企业与企业之间,企业与王某、陆某某夫妻之间财务状况也高度混同。另外,在公司经营过程中,因公司经营融资及"互保"需要,王某、陆某某向外借款或提供担保,欠下巨额债务,2人债务本金约计1.3亿元。其中为自营公司或"互保"原因提供担保部分的本金高达1亿元左右,约占总债务比例81%。由此可见,由于为公司债务提供个人担保等原因,王某、陆某某个人被卷入公司外债之中,突破了股东原本的有限责任。2021年12月11日,王某、陆某某以不能清偿到期债务且资产不足以清偿全部债务为由向兰溪法院提交了个人债务集中清理申请书。管理人经初步审查发现主要资产在王某、陆某某个人名下,遂向法院申

请将王某、陆某某个人资产负债纳入其名下3家企业破产清算案件中一并清理。兰溪法院通过举行听证会方式在充分听取债权人意见后,于2021年12月28日裁定将王某、陆某某以及其名下的3家企业破产清算案件合并清理。

【清理情况】

2022年1月25日,3家企业合并破产清算案及王某、陆某某个人债务集中清理案第一次债权人会议以线上和线下相结合形式召开,并安排申请个债清理的当事人亲自向与会债权人陈述其陷入债务危机的原因,会议表决通过了《财产管理和变价方案》《财产分配方案》等方案。经债权申报,3家企业合并破产清算案及王某、陆某某个人债务集中清理案共计申报债权31笔,申报金额3.4亿余元。后经管理人对3家企业及王某、陆某某名下的不动产、车辆等财产通过淘宝网破产强清平台进行拍卖变价处置,最终变价总价值为4330.68万元。

因最终核定的债务总额高达3亿元,除去优先债权,普通债权清偿率仅为1.5116%。因此,管理人在拟定《债务人财产分配方案》前将表决的事项与债权人进行充分沟通,听取各债权人的意见,通过严格、详尽的调查手段,将债务人所有情况完整、详细地呈现在债权人面前,争取得到债权人的充分信任;并通过多轮沟通、破产账户开户激励等措施,争取7家金融机构债权人突破内部审批机制的制约。同时结合债权人提出的意见,设置了5年考察期作为同意免除剩余债务的条件,王某、陆某某承诺将考察期内的所有收入扣除基本生活保障费用均用于清偿债务。最后管理人通过面对面,向债权人详细说明要表决的事项,解答债权人的疑惑,尽最大的努力获得债权人的认可。最终除4位资产管理公司债权人(均为金融债权)由于内部管理制度原因未表示同意外,其余债权人均表示同意。

【典型意义】

本案是将公司债务与个人债务一并处理而取得"一揽子"化解效果的典型案例。现行企业破产法施行已久,但个人破产制度却仍"空场"。当企业发生破产时,企业法人应以自身财产承担的有限责任转嫁为特定自然人的无限责任,致使特定自然人承受"不能承受之重"。在本案中,兰溪法院创新性地将个人债务集中清理纳入企业合并破产清算中,提高了债务清偿率,避免了财务混同而可能导致的债权债务不明等问题,并通过执破联动,"一揽子"化解33件执行案件。同时,根据《工作指引》规定设置考察期,并以此为条件免除债务人剩余债务,助推债务人重获新生。

案例 7:周某乙个人债务集中清理案

【关键词】双重表决;银法对话;信用修复;最低限额浮动清偿;全面信息披露

【受理法院】龙游县人民法院

【审判员】李浙西

【债务人户籍地】衢州市龙游县××乡××村××号

【管理人】浙江论剑律师事务所

【基本案情】

债务人周某乙为退伍士兵,无配偶、子女,2014 年转业为乡政府事业编工作人员。2017～2020 年,为朋友担保经营性债务 200 余万元,因主债务人经营失败,债权人申请法院强制执行,要求周某乙承担连带清偿责任,周某乙陷入债务危机。案件执行期间,周某乙积极配合,将工资、奖金等收入用于清偿债务,3 年间共清偿 28 万余元。但在金融借款已逾期的情况下,除支付正常利息外,还有罚息、复利等高额费用,仅靠周某乙的工资收入,已无力清偿担保债务,工作生活受到严重影响。为此,周某乙提出个人债务集中清理申请。2023 年 8 月 7 日,龙游县人民法院(以下简称龙游法院)裁定受理该申请。共有 9 位债权人申报了 9 笔债权,申报债权总额为 2,347,318.81 元,其中金融债权 5 家,均为地方性商业银行,金融机构债权人经审查认定后的债权额为 1,732,236.49 元,约占债权总额的 73.8%。

【清理情况】

经调查,债务人周某乙年收入约 11 万元(含奖金、绩效),有 1 辆自用轿车,已被查封,住房公积金 10.3 万元,此外无其他财产。财产调查情况与周某乙申报情况一致。

金融机构债权人因内部层级审批制及核销政策限制缺乏参与个债清理程序的积极性一直是个债清理案件的堵点、痛点。为此,龙游法院指导管理人及时将债务人财产调查情况向全体债权人尤其是金融机构债权人进行准确、详尽披露,争取取得金融机构债权人的理解与支持。

在此基础上,龙游法院搭建银法对话平台强化沟通,会同原龙游县银保监监管组与多家金融机构座谈协商。一方面,强化金融机构对个人债务集中清理程序中“双重表决机制”的了解与认同;另一方面,就清偿方案中的豁免利息债权、先本后息的清偿方式及违约条款充分听取金融机构意见,为金融机构债权人积极参与个债清理程序夯实基础。综合债务人收入情况及债权类型,管理人提出5年清偿计划,每期设置最低清偿金额,债务人可根据自身收入浮动调整清偿金额。2023年11月15日,龙游法院召开周某乙个债清理第一次债权人会议,会上,债权人审议了会议表决规则、财产调查报告、偿债计划方案等。9位债权人对会议表决规则均表示同意,8名债权人对偿债计划方案表示同意,同意债权人所代表的债权额占无财产担保债权总额的89%,达到通过标准。2023年12月26日,龙游法院裁定认可偿债计划方案。为使债务人工作生活恢复如常,除提前删除其失信信息外,龙游法院依据债权人提交的同意取消对债务人周某乙的限制高消费申请书,解除对债务人的限高措施,真正实现对“诚实而不幸”债务人的信用修复。

【典型意义】

金融机构实质性豁免债务一直是个债清理案件的难点。本案通过积极探索,搭建金融监管部门参与下的银法对话平台。在和解方案上,充分考虑债务人的个人偿债能力,在偿债计划中设置最低还款限额,促使债权人达到豁免的心理预期和债务人努力偿债、积极履约的效果。在表决程序上,充分听取金融机构债权人对“双重表决机制”的建议意见,为金融机构参与个债清理程序提供实践样本。在办案效果上,通过提前删除失信信息、解除限高措施,鼓励更多“诚实而不幸”的债务人主动纠正失信行为,引导自然人在市场活动中恪守信用,助力社会信用价值体系建设。

案例8:章某某个人债务集中清理案

【关键词】债务人认同;国有金融债权和解

【受理法院】衢州市柯城区人民法院

【合议庭成员】徐荣华、雷震雲、王俪婧

【债务人户籍地】衢州市柯城区浮石路××苑×区×号

【管理人】浙江天赞律师事务所

【基本案情】

债务人章某某原系衢州某医院在编职工,因不能清偿到期债务且资产不足

以清偿全部债务,曾于 2021 年 5 月向衢州市柯城区人民法院(以下简称柯城法院)提出个人债务集中清理申请。柯城法院受理后,管理人经调查发现章某某有债权人 11 家。因未能形成合适的清理方案,章某某撤回了申请。撤回后,章某某陆续清偿了部分债权,但银行贷款无力偿还出现逾期,章某某担心被银行起诉主动向法院咨询重新申请个债清理的条件和流程,并于 2023 年 5 月再次向柯城法院提出个债清理申请。

【清理情况】

2023 年 5 月 16 日,柯城法院裁定受理章某某的个人债务集中清理申请并指定管理人。债权申报期内,1 名自然人以及 5 家金融机构(分别为 2 家农商银行、2 家国有金融机构、1 家商业银行)共 6 家债权人申报债权,其中 4 家金融机构尚未提起诉讼。经管理人审核认定的债权本金金额为 852,697.02 元、利息 250,881.75 元(清偿方案签订时)、其他损失 3531.56 元,合计 1,107,110.33 元。清理过程中,债务人章某某与 6 家债权人分别达成《债务清偿方案》,确定债务人用 2 年时间分 3 期 100%(前两期本金,第三期本金加利息)清偿债务。和解协议生效后,债权人同意立即解除对债务人所采取的财产保全、纳入失信名单、限制高消费等执行措施,对债务人不设行为考察期。管理人据此拟定《章某某个人债务集中清理案和解协议》,提请法院认可。2023 年 9 月 11 日,柯城法院裁定认可《和解协议》。随后管理人向法院申请解除了对章某某的执行措施。

【典型意义】

本案是探索金融机构尤其是国有金融机构参与个人债务集中清理程序并破解表决难问题的典型案例。债务人章某某通过一次失败的清理,认识到了个债清理程序的制度优势并主动申请通过该程序进行债务重组,解决债务困境。柯城法院在进行个人债务集中清理工作时,坚持从帮助债务人彻底摆脱债务困境的目的出发,以债权的全面、集中清理为原则,将所有已诉未诉债权一并纳入清理。本案债务人章某某的债权人基本是金融机构,除 2 家本地农商银行外,其他 3 家银行的审批权限均不在衢州本地。按照以往实践来看,但凡涉国有金融债权人的清偿方案均“一票否决”,无法清理成功。考虑到债务人清偿方案并未实质影响债权数额,为解决金融机构表决限制,本案未召开集中的债权人会议,而是参照破产和解自行达成协议的相关规定,探索“破产和解”模式下金融债权各自灵活协商机制,从而打破债权人会议对表决时间、方式的限制,最终获得所有金融机构的同意和支持。

案例9:俞某某、刘某某个人债务集中清理案

【关键词】夫妻债务“双轨交叉式”合并清理;金融债权一致决;分配提存;保留唯一住房;促成复婚

【受理法院】天台县人民法院

【审判员】陈中云

【债务人户籍地】天台县××街道××小区×幢×单元××室

【管理人】台州中衡会计师事务所有限公司

【基本案情】

债务人俞某某和刘某某原系夫妻,2人于2009年至2018年投资汽车用品店、足浴店和浴场亏损300余万元。以上资金来源为民间借款以及银行贷款,每月需支付高额利息,最终陷入债务困境。为尽早还清债务,俞某某除正常上班领取约5000元/月的工资外,还利用休息时间在外做水电工。已经退休的刘某某除每月领取约6000元的退休金外,仍在中医馆打工,月收入约为3000元。

【清理情况】

管理人接受指定后,依法开展财产调查和接受债权申报工作。债权申报期内,俞某某案共有12位债权人申报债权(包含6家金融机构债权人),确认的债权总额为1,390,319.82元。刘某某案共有11位债权人申报债权(包含4家金融机构债权人),确认的债权总额为1,445,862.17元。

管理人前期与金融机构进行沟通,了解到在未保证全额清偿本金的情况下,很难获取他们对清理方案的同意,而且国有银行囿于内部规定不能同意清理方案。因此,管理人设计了附条件免除方案,促成金融债权人达成全体一致决,即在债务人分期全额清偿本金的前提下,全体金融债权人均同意双重多数决的表决规则。

调查过程中,管理人发现债权人对刘某某意见较大,认为刘某某不配合处置其名下的3套拆迁安置房。经详细了解,刘某某名下的3套安置房属于刘某某兄妹3人所有,但因刘某某被申请强制执行,上述安置房均无法办理过户手续。考虑到俞某某在单位居住、刘某某在外租房且年纪均较大,需要一处住房,而且两人均有固定收入。因此,管理人制定了刘某某7年内偿还本金、俞某某5年内偿

还本金的清理方案,保留刘某某拆迁安置房。

因大量举债,两人已离婚多年。考虑到两人仍有感情基础,管理人劝说两人复婚,基于二者的婚姻关系及刘某某名下的安置房须支付房款来提取俞某某公积金,转变公积金的功能,用于偿还俞某某清理方案中的大部分首期款项。

2022年12月12日,各债权人和债务人俞某某、刘某某在天台县人民法院主持下召开第一次债权人会议,表决结果符合表决规则规定,债权人同意在债务人按期履行重整方案后免除全部利息,本案最终的清偿比例为本金100%。

【典型意义】

1. 预先设定最低清偿标准,达成金融债权一致决,以便顺利推进案件。管理人参照企业破产法和解方案的表决规则,在未全额清偿本金的情况下,给予金融机构一票否决权,最终6家金融机构均同意了管理人制作的表决规则,为后期表决事项的通过打下了坚实的基础。

2. 对未申报债权进行分类处理,平衡各方主体权益,节约司法资源。(1)已经申请执行的债权人、金融债权人若不申报债权,则根据本金金额占比进行分配留存,留存至最后一期履行完毕后1年。最终3名债权人补充申报。(2)对于不申报的亲属债权人,要求出具承诺书,承诺在履行期内不主张债权。

3. 夫妻共同债务"双轨交叉式"合并清理模式加快案件审理进程。俞某某、刘某某有许多债务重合,考虑到两人无共同财产且未来收入并非共同经营所得,本案采取程序合并的审理方式,即分别进行财产申报、制作整理方案,但财产调查、财产分配、债权人会议环节同时进行,仅用时4个月结案。

4. 妥善处置拆迁安置权益,债务人得以保留唯一住房,夫妻破镜重圆。有个人债务集中清理托底,对债务人刘某某申请强制执行措施的债权人均同意解除对刘某某的强制执行措施,便于安置房过户手续的办理,一家人今后将不再为此事忧虑。本案的顺利结案也促成了夫妻重修于好,如今俞某某与刘某某已住进拆迁安置房。

案例10:青田益某女鞋加工厂个人债务集中清理案

【关键词】个体工商户债务重整;执破融合;重整贷;活查封

【受理法院】青田县人民法院

【合议庭成员】刘瑾璐、杨忠俊、刘凯

【债务人所在地】青田县××镇××路

【管理人】无

【基本案情】

青田益某女鞋加工厂(以下简称加工厂)是一家以从事皮革以及制鞋业为主的个体工商户。2022年,加工厂受疫情影响资金周转不灵,经营陷入困境。同年11月因工资问题,48名工人向人民调解委员会申请调解,双方达成支付劳动工资协议并经青田县人民法院(以下简称青田法院)司法确认。后因加工厂未按约支付工资,48名工人申请强制执行,执行标的总额39.8万元。

执行过程中,青田法院现场调查发现该厂仍在正常生产经营,且大多数申请执行人也在岗工作。同时,该厂经营者冉某在之前的经营过程中,无论是工资支付还是货款结算都非常及时,继续经营加工厂清偿债务的意愿强烈。从2023年3月始,生产回暖,多数工人愿意留在加工厂继续工作,以开展生产自救,有20多名工人向法院提交联名信请求能对加工厂“放水养鱼”。经研判,青田法院认为,加工厂作为个体工商户符合个人债务集中清理条件,遂引导其提出申请。2023年4月,青田法院裁定受理加工厂个人债务集中清理案件。

【清理情况】

案件受理后,青田法院根据具体情况组建了由破产法官、执行法官共同参与的“执破融合”审判团队。先由执行法官摸排加工厂及经营者的财产、负债情况。经申报查询,加工厂仅有几套生产设备,经营者冉某名下也只有1辆价值不高的汽车,远不够清偿债务,冉某唯一经济来源就是该加工厂的经营收入,另还有两名未成年子女需要抚养,无其他有价值财产,属于“诚实而不幸”的经营户。另加工厂共欠48名工人工资39.8万元,工人虽然继续工作意愿强烈,但是每月的工资系其生活基本保障,无法拖延。

经过多次实地走访和分析研判,执行部门先决定对加工设备进行活查封,确保能够继续生产。针对加工厂资金暂时短缺的迫切问题,法院主动对接青田农村商业银行,借力金融机构,通过“个人债务重整贷款”方式,向经营者发放贷款30万元。另多次组织48名职工债权人与债务人逐一沟通清偿方案,最终所有债权人达成一致,放弃部分债权,30万元贷款用于一次性清偿工资,清偿比例超过70%,债务一次性出清。有30多名工人继续留在加工厂工作,加工厂也恢复了经营。

【典型意义】

个体工商户是百姓生活最直接的服务者。据统计,我国登记在册的个体工商户有 1.14 亿户,占市场主体总量的 2/3,带动近 3 亿人就业,在稳增长、促就业、惠民生等方面发挥着重要作用。但是按照现行的企业破产法律制度,个体工商户并没有破产的资格与权利,导致经营者难以走出债务困境。为打通个体工商户的市场退路,青田法院按照浙江省高级人民法院的相关规定,探索扩大“个人债务重整贷款”主体范围,主动对接金融机构,推动银行重整贷业务从单纯的个人债务升级到个体工商户,助力债务一次性出清,在保障劳动者稳定就业的同时帮助工厂纾困解难,实现多方共赢。

本案也是个人债务集中清理领域“执破融合”助力优化法治化营商环境的典型案例。通过“执破融合”专业团队的组建,前期执行法官充分发挥在查询、控制财产方面的优势,对被执行工厂诚信履行情况进行评估,通过“活查封”等手段,尽可能减少对被执行人的影响。中后期破产团队及时介入,发挥好个债清理特殊制度优势,与 48 名债权人逐一谈判制定出清化解方案,引入金融机构资金“活水”,“一揽子”化解,为诚信经营者提供新生。

2022年浙江法院个人债务集中清理(类个人破产)工作报告暨十大典型案例

浙江省高级人民法院

个人破产制度是破产法律制度的重要内容,也是共同富裕的保障性制度,与社会治理体系完善、治理能力提升、营商环境优化等都密切相关。探索个人破产制度对于构建高水平社会主义市场经济体制促进经济高质量发展具有重大意义。近年来,中共中央、国务院先后发布《关于新时代加快完善社会主义市场经济体制的意见》《关于加快建设全国统一大市场的意见》等文件,对推动个人破产立法实现市场主体有序退出提出要求。浙江省自2018年起便在全国率先试点探索具备个人破产制度功能的个人债务集中清理(以下或称个债清理)工作,总结实践经验出台《浙江法院个人债务集中清理(类个人破产)工作指引(试行)》(以下简称《工作指引》)等规范性文件。当前,浙江法院稳妥有序全面推进个人债务集中清理工作,为个人破产立法提供实践素材和浙江样本,为共同富裕示范区建设、社会治理体系和治理能力提升贡献司法力量。

一、全省法院个人债务集中清理工作基本情况

(一)2022 年全省法院个人债务集中清理案件情况

2022 年,全省法院共受理个债清理案件 835 件,审结 688 件。其中,与企业破产案件一并受理的个债清理案件共 14 件,审结 10 件。在 688 件已审结的个债清理案件中,共成功清理 216 件,成功清理率约 1/3。

在债务清偿方面,2022 年个债清理涉案债务总额共计约 59.53 亿元,其中担保债务额约 5.88 亿元,普通债务额约 53.65 亿元。共清偿约 1.53 亿元,其中担保债务共清偿约 1730.1 万元,普通债务共清偿约 1.36 亿元。

在债权人数层面,全省个债清理案件涉案债权人共计 5240 人,其中涉及金融债权人共 1788 人。共涉及执行案件 4185 件,涉执行标的金额约 56.23 亿元。(见表 1)

表 1 2022 年个人债务集中清理案件情况

项目		数量
案件受理量/件		835
案件审结量/件		688
清理成功的案件量/件		216
类型	与企业破产案件一并受理的案件受理/审结量/件	14/10
	单独个人债务集中清理类案件受理/审结量/件	821/678
债务总额	担保债务额/万元	58,759.57102
	普通债务额/万元	536,501.6232
	共计/万元	595,261.19422
清偿金额	担保债务额/万元	1730.108563
	普通债务额/万元	13,608.98659
	共计/万元	15,339.095153
债权人数	涉案债权人数/人	5240
	涉及金融债权人数/人	1788

续表

项目	数量
涉及执行案件数/件	4185
涉及执行标的金额/万元	562,327.8204

(二)2022年全省法院个人债务集中清理案件区域分布情况

2022年,全省法院个债清理案件受理、审结量前三位均为台州、温州、丽水,约占全省总量的60%。全省成功清理案件量前五位为丽水、台州、温州、杭州、金华。(见表2)丽水地区成功清理个人债务案件数列全省第一,主要是因为丽水法院于2022年已在丽水全域全面铺开个人债务重整工作,建立健全个人债务重整及相关配套机制。

表2 2022年个人债务集中清理案件受理、审结、成功清理数量

单位:件

地区	受理数	审结数	成功清理数
杭州	51	51	29
宁波	31	38	5
温州	164	130	32
嘉兴	23	24	2
湖州	57	61	14
绍兴	20	18	3
金华	47	31	17
衢州	68	68	12
台州	275	192	46
丽水	95	71	52
舟山	4	4	4
合计	835	688	216

(三)近3年各地区法院受理审结个人债务集中清理案件变化情况

近3年,全省各地法院受理审结个人债务集中清理案件情况如表3所示。

表 3 近 3 年个人债务集中清理案件受理、审结数量

单位:件

地区	2020 年受理数	2020 年审结数	2021 年受理数	2021 年审结数	2022 年受理数	2022 年审结数
温州	80	42	164	110	164	130
台州	137	86	199	133	275	192
丽水	44	41	28	28	95	71
杭州	30	0	25	20	51	51
宁波	30	0	35	20	31	38
嘉兴	30	1	15	12	23	24
湖州	30	1	35	20	57	61
绍兴	30	18	35	33	20	18
金华	30	1	15	8	47	31
衢州	30	0	58	55	68	68
舟山	30	0	1	0	4	4
合计	291	190	610	439	835	688

各地受理、审结个债清理案件的数量区域不平衡的情况仍较为明显,但差距逐渐缩小。这主要是由于自 2018 年起温州、台州、丽水试点探索具备个人破产制度功能的个人债务集中清理工作,三地法院先行先试,积累了较为丰富的实践经验。其他地区虽起步稍晚,但在浙江省高级人民法院(以下简称浙江高院)2020 年年底出台《工作指引》并作出专项部署后,各地积极探索,受理、审结量在近两年有成倍增长,地域差距逐渐缩小。

浙江法院高度重视个人债务集中清理工作,将其作为社会治理体系和治理能力提升、营商环境优化的重要内容。当前,浙江法院个人债务集中清理工作已由点到面,稳妥有序全面开展,获得了全国人大常委会、最高人民法院、省委、省政府和社会各界的高度关注和充分肯定。2021 年 3 月,《最高人民法院工作报告》中专门提到“浙江法院探索个人债务集中清理,为诚信的创业失利者提供重生机会”。2021 年 8 月,全国人大常委会企业破产法执法检查组在检查报告中专门提及“浙江省温州市、台州市等地开展个人债务清理试点,挽救因提供担保陷入困境的个人,推动化解企业债务连带风险”。

二、浙江法院个人债务集中清理工作重点举措

2022年,浙江法院坚持依法合规、鼓励探索、府院联动三项基本原则,全面稳妥有序推进个债清理工作。

(一)守正:依法合规建立、完善个人债务集中清理工作机制

一是建立和完善个人债务集中清理工作指引体系。在总结试点地区实践经验的基础上,经深入调研,浙江高院于2020年出台《工作指引》,共61条,基本建立了一套流程,主要目的在于将债务人区分为两种,一种是“有履行能力而拒不履行生效法律文书确定义务的”债务人,也就是我们通常说的“老赖”;另一种是“诚实而不幸”的债务人,确实不具备履行能力,主要的甄别措施概括来说就是“债务人申报+接受债权人质询+人民法院依职权调查核实+管理人调查核实”。《工作指引》将依法合规确定为第一项基本原则,该指引中既有个人破产制度的因素,如债权申报、管理人、债权人会议、财产处置和分配等;也有很多强制执行制度中的个人破产因素,如财产申报、失信和限制高消费、参与分配等。《工作指引》内容严格在法律框架内制定,同时结合实践开展的情况,进行最大限度的探索创新,如双重表决规则的设立等。杭州、宁波、温州、湖州、绍兴、衢州等地法院主要参照《工作指引》,总结实践经验出台了个债清理实施细则或指南,进一步明确管辖范围、申请人资格、管理人指定、豁免财产范围、债权人会议表决机制、终止清理程序等内容,建立和完善个债清理工作的规范体系。如杭州市中级人民法院制定《个人债务集中清理工作操作指南》,宁波市中级人民法院形成《个人债务集中清理基本规范标准文本》《个人债务集中清理(个人破产)文件汇编》,丽水缙云、云和、景宁等法院制定个人债务重整实施意见,地域特色鲜明。

二是统筹部署,制定实施方案全面推进个债清理工作。浙江高院对个债清理工作特别是《工作指引》出台后的情况进行专题调研,并先后下发《重点突破、全面推进个人债务集中清理工作实施方案》《关于扩大重点突破法院范围继续稳妥有序推进个人债务集中清理工作的通知》,统筹谋划全面推进个债清理工作。形成“2+20”重点突破法院试点工作格局,即温州、台州2地区及建德、宁海、桐乡、长兴、柯桥、新昌、永康、柯城、龙游、遂昌、临安、余杭、奉化、象山、海宁、吴兴、

上虞、常山、莲都、缙云 20 家基层法院为个债清理工作重点推进法院,明确工作任务和举措。截至 2022 年年底,重点突破法院工作推进情况良好。

三是推进个人债务集中清理专业化建设。(1)探索专门部门、专人办理个债清理案件。一些法院探索成立破产审判中心或明确专门法庭审理个债清理案件,并打造专家型团队,开展“一站式”服务,通过定期工作会议,细化团队分工,制订有重点、分步骤的工作计划,通过债权人会议观摩、每周例会、案件分析会等方式提升团队业务能力。如温州两级法院个债清理工作常态化由专人办理,及时梳理和总结前期实践经验,扩大清理规模,提升工作效果;湖州市南浔区人民法院成立破产审判中心;台州市椒江区人民法院由台州湾新区人民法庭专门办理辖区的个债清理案件。(2)探索“债务人主动申请 + 执行筛选 + 个人债务审理团队审核”模式。将个债清理与执行案件联动,创设“执破”双向联动模式,充分发挥执行部门在人员、财产查控、前期接触等方面的优势,由执行部门对目标群体、案件开展初筛并形成清单,及时向个人债务审理团队移送案件线索与情况,个人债务审理团队经审核后,依据申请及时受理相关个债清理案件,推动建立“互联互通、信息共享、合力处置”的长效联动工作机制。如海宁市人民法院探索梳理涉诉涉执较多的债务人,主动甄别,与个人债务审理团队沟通会商后及时引导债务人申请个债清理。(3)建立激励机制,完善考核制度。浙江高院下发的实施方案中明确,将个人债务集中清理工作与年度考核工作挂钩,对个债清理工作开展较好的法院,在评先评优中予以优先考虑。对于办理个债清理案件的法官,鼓励各法院根据具体情况按照一定的比例折算办案量,强化法官的绩效考核激励。湖州市中级人民法院出台《2022 年度湖州市基层人民法院工作考核办法》,衢州市中级人民法院下发《2022 年执行工作要点》,以累计计分方式设置个人债务集中清理工作的考核内容。

(二)创新:案件办理中创新方式方法深入推进个人债务集中清理

一是探索以“双轨运行法”逆向助推破解执行难。将执行程序与个债清理程序进行有序衔接,在办理个债清理案件的同时,逆向助推破解执行难。对于个债清理成功的案件,及时反馈给执行法官,对执行案件依法终结执行;对个人债务未完全清理的案件,将会商成功并与债权人签订的清偿方案移交执行法官,待恢复执行程序后,将前期的会商成果转化为执行和解协议,逆向助推执行案件的执结。如湖州市南浔区人民法院受理的朱某某个人债务集中清理案,因未能与金融债权人达成清偿方案,最终个人债务未完全清理,但针对已签署清偿方案的全部已诉债权,债权人、债务人均同意确认方案效力并继续履行,破产法官及时将已达成的清偿方案移交执行法官,顺利将前期的协商成果转化为执行和解协议。

二是探索金融债权实质性化解。金融机构债权人参与个债清理程序表决权限受限、积极性不高,成为影响个债清理工作成效的重要因素。为了取得金融机构债权人的支持,突破金融机构债权人在豁免债务方面的困境,温州市中级人民法院与华夏银行温州分行签订《个债清理合作框架协议》,就个债清理的债务人名单提供、债务豁免、个人重整贷、企业重整融资等事项达成协议,引导金融债权人主动参与个债清理工作,拓宽个人债务金融豁免范围。

三是探索建立事前"预先观察期"机制。衢州等地法院探索对债权债务关系复杂、争议较大或有案件尚在法院审理过程中的债务人设定3~12个月的"预先观察期"。观察期内引入临时管理人对个人行为、财产进行监管,定期向法院申报财产并严禁出现欺诈性转让、奢侈浪费等恶意减损财产的行为,通过观察期审查后方可申请个债务集中清理。

四是探索"公证员+管理人"模式。温州地区探索"公证员+管理人"模式,共同完成财产调查核实。普通律师管理人调查财产较公职管理人具有更大的职业优势,而公职管理人由于具备公证员资格等原因又更容易获得债权人信赖,因此取两者之长,针对普通律师管理人调查债务人财产形成的财产报告,引入公证程序,提升债权人的信任度。

(三)配套:完善配套机制强化个债清理工作保障

一是持续深化府院联动。各地法院联合地方政府制定出台文件建立和完善个债清理工作配套机制。温州市中级人民法院联合温州市司法局推进公职管理人试点工作,2022年温州全市指定16名公职管理人承办29件个债清理案件,已办结13件,成功清理4件。台州市中级人民法院与中国人民银行台州市中心支行等共同出台《关于探索个人破产制度推进金融消费者债务清理创新工作的纪要》,探索金融消费者债务清理和不良贷款核销新模式。仙居县人民法院联合中国人民银行仙居县支行出台《关于进一步优化营商环境保障管理人依法履职的实施意见》,建立法院与金融机构"互联互通、信息共享"的长效联动机制。长兴县人民法院与县司法局建立公职律师参与个债清理的协作机制,具体包括案件研讨、纠纷诉前化解、联合调研、专人对接等内容。

二是建立个债清理援助资金奖补机制。按照《关于建立浙江省企业破产援助奖补机制的通知》,浙江高院争取财政部门支持,将办结的个债清理案件作为确定奖补资金的要素之一。各级法院新出台或修订破产援助资金文件,将个债清理工作纳入管理人基金援助范围。如台州出台《台州市市级破产援助资金管理和使用暂行办法》,将个债清理费用纳入财政专项援助资金列支,破除无财产可供清理案件程序推进障碍,一定程度上保证了管理人办理个债清理案件的积极性。

三是设立个债清理共享法庭。瑞安、余杭等地法院积极探索设立以"个人债务集中清理"为主题的特色共享法庭,搭建集"咨询答疑、申报辅导、方案拟定"等功能于一体的个债清理辅导站。债务人可以通过个债清理共享法庭,接受专业管理人免费的咨询服务,视频联系破产法官答疑解惑。

四是推动管理人有效履职,提升专业素养。各地法院组织召开个债清理工作推进会、个债清理研究沙龙等,通过经验介绍、交流讨论、案例研讨等形式,及时总结经验,提升管理人个债清理的履职能力和执业水平,推动个债清理工作高效有序进行。例如,宁波市中级人民法院召开全市法院个人债务集中清理推进会,湖州市中级人民法院举办个债清理事务研究沙龙,金华全市法院参照破产案件管理人选定机制确定管理人。

(四)赋能:以数字化为抓手为个债清理工作赋能

立足浙江全域数字法院建设,依托破产智审平台,浙江高院统筹部署,各地法院积极推进个人债务集中清理案件办理的数字化建设。浙江高院批复同意杭州市中级人民法院、杭州市余杭区人民法院作为"办理破产一件事"个人债务集中清理智审系统改革试点法院。杭州市余杭区人民法院依托大数据、区块链等信息技术,打造"个人债务集中清理智审平台",取得债务人授权后,通过大数据分析甄别债务人诚信情况,具备线索查询、债权申报审核、债权人会议、诚信监督、智能问答、资产处置六大应用场景。杭州市临安区人民法院开发"债务人诚信评分识别模型",从债务原因、个人意愿、资产情况等5个主客观方面,综合研判影响个债清理成功率因素。天台县人民法院建立个人债务整理名录,在法院网站公开债务人信息,接受社会监督。

三、推进个人债务集中清理工作中的重点难点问题

(一)社会共识有待强化

当前,债权人与债务人对个债清理工作的知晓度、配合度虽有提升,但总体水平仍然不高,社会接受程度及普及范围还有待提高,社会认识有待深化。"欠债还钱,天经地义""人不死,债不烂"等传统观念还比较牢固。在债权人方面,对个债清理工作还存在一些误解和担心,认为会帮助债务人"逃废债"。在法院已受理的个债清理案件中,债权人基于各种原因不愿意参与个债清理程序,导致程序推进效果难以保障。在债务人方面,个债清理结果的不确定性导致债务人担心无法与债权人达成一致的还款方案,从而无法清理既有债务,反而还可能面临未起诉的债权人集中提起诉讼、申请执行的不利后果等。

实际上,个人债务集中清理(类个人破产)制度就是一个集中公平清偿、概括执行制度,有利于债务人摆脱债务泥淖,有利于债权人调查债务人财产情况实现债权,有利于社会创业创新,有利于营商环境优化。

(二)配套机制有待完善

目前,个债清理工作还起步不久,仍主要由人民法院推动,尚未像企业破产那样形成较为强大的社会合力。一是财产调查核实难,管理人履职保障难。管理人是个债清理事务的具体执行者,但有的部门在管理人依法对债务人相关情况进行调查核实时配合度较低,有的部门需要法院开具调查令,有的部门则明确表示相关事项属于债务人的个人隐私无法供管理人查询。二是诚信监督机制尚不健全。目前,债务人履行清偿方案及行为考察期内的监督主要由管理人负责,但尚缺乏统一的信用公示平台,管理人监督手段、能力有限,而其他主体如社区、街道能否作为监督主体,尚待进一步探索。三是跨省诉讼、执行程序协调困难。个债清理程序启动后,对于债务人在外省法院已经开始但尚未终结的诉讼、执行案件等,跨省协调难度大,管理人难以全面接管债务人财产。如长兴县人民法院审理的章某某个人债务集中清理案,债务人在上海、江苏、四川、浙江等多地法院有24件诉讼案件和43件执行案件,协调难度很大。四是金融债权处置程序与个

债清理程序衔接不畅。金融债权人由于政策依据不足、试点层级不够、内部审批权限限制、上级银行不理解不支持等因素,投反对票或弃权票,导致方案表决无法通过,清理工作受阻。如龙游县人民法院受理的梅某某个人债务集中清理案,金融债权本金高达 170 余万元,超过债务总额 90%,债务人愿举全家之力以未来 10 年收入偿还本金,偿债期间债权人放弃利息,但金融债权人受制于内部管理制度反对清理方案,导致程序难以继续进行。

(三)履职能力有待提升

个债清理工作目前仍处于探索推进阶段,承办法官对于个债清理制度功能、操作流程等业务问题的认识还有待深化,对债权人会议表决机制、程序效力等法律问题的研究需要加强。部分法院对于个债清理案件不计入破产案件或诉讼案件统计案量,影响了对承办法官的绩效考核。管理人履职依据及待遇保障等尚无明确规定,多数管理人办理个债清理案件还不多,经验积累不够。个债清理程序对债务人财产核查要求高,涉及银行、金融机构、村居委会等各地各类型财产的全面核查,一些管理人反映第一次债权人会议召开时间紧,个债清理案件的受偿财产有限,管理人报酬低,在一定程度上影响履职积极性。

四、浙江法院下一步推进个人债务集中清理工作重点内容

在 2023 年浙江省两会上,政府工作报告提出,要实施优化营商环境“一号改革工程”,加快打造全国营商环境最优省。推进个人债务集中清理工作,给予因为经营失败或其他原因承担债务又确实没有履行能力的“诚实而不幸”的债务人一个相对宽容的制度出路,是优化营商环境的重要内容。下一步,浙江法院将继续积极全面稳妥推进个人债务集中清理工作,在公平处理债务、依法保护债权人利益前提下,为诚信债务人纾难解困,为促进经济高质量发展谱写中国式现代化浙江篇章贡献司法力量。

一是加强统筹部署,“扩面增量”积极稳妥推进个人债务集中清理工作。当前浙江社会信用体系建设、个人财产登记制度等配套制度初步具备,社会治理体系较为完善,社会层面对个人破产的需求更加迫切。因此,浙江法院将通过更深层次、更广范围开展个债清理工作来回应社会关切,为形成可复制的省域经验打

下实践基础。在2022年确定“2 +20”重点突破法院的基础上,结合开展工作的情况,对列入“2 +20”重点突破法院进行动态调整,对2023年工作进行整体谋划,下发实施方案,明确工作任务和工作举措,加强监督落实。

二是加强内部机制建设,继续推进“立审执破”一体化格局。围绕“当事人一件事”,将个人债务集中清理与实质性纠纷化解等相结合,提升司法整体效能。对于同一被执行人的多个执行案件,监督落实浙江高院《关于关联案件集中执行工作的指引(试行)》的要求,加强执行、破产两个程序在个人债务集中清理工作中的衔接及成果运用,积极探索执行条线和破产条线在办案人员、强制措施、管理人等方面的资源整合。继续加大企业破产与个人债务集中清理的程序互联及合并处理力度。加强个债清理共享法庭、个债清理案件专人办理、个债清理案件绩效考核等方面的专业化建设。加强法院与管理人的工作流程、文书制作等的规范化建设。

三是推动配套机制完善,持续营造“鼓励创业创新、宽容失败”的社会氛围。加强对相关制度文件及典型案例的宣传解读,积极选育个债清理精品案例,增强政策指引和案例引领作用,提升人民群众对个人债务集中清理工作的认知度和接受度,营造良好的外部环境。积极推动完善政府相关部门对个债清理管理人进行财产调查核实等的履职保障,推动个债清理费用、管理人履职报酬等的财政支持,鼓励各级法院尤其是基层法院在债务人财产调查核实、金融债权实质豁免、信用平台建设等重点问题上与相关政府部门先行先试,积极推动个人破产立法的地方探索。

附件:

2022年浙江法院个人债务集中清理十大典型案例

案例1:崔某某个人债务集中清理案

【关键词】债务重整;全额清偿;公司债务与个人债务一并处理

【受理法院】杭州市余杭区人民法院

【合议庭成员】孔政、祝继萍、叶吉红

【债务人户籍地】杭州市余杭区××村××号

【管理人】浙江诺力亚律师事务所

【基本案情】

债务人崔某某自主创业经营1家门窗公司,由崔某某夫妻2人各持股50%。受疫情影响工期延误,导致公司资金链断裂,崔某某陆续向亲朋好友借款,以维持日常经营,但公司持续处于亏损状态并于2022年9月停止经营。债权人诉至法院后,由于崔某某无能力履行生效法律文书确定的付款义务,其名下主要资产福克斯牌小型汽车被司法拍卖后成交价为27,300元,也不足以清偿全部债务。崔某某的家庭成员为其配偶及两名年幼孩子,配偶因长期全职在家照顾孩子无任何收入,入不敷出。

【清理情况】

2022年10月10日,崔某某向杭州市余杭区人民法院申请个人债务集中清理,杭州市余杭区人民法院于2022年10月18日裁定受理。债权申报期内,共计14户债权人向管理人申报债权,申报债权总额509,420.93元,其中7笔债权系门窗公司对外所欠租金、货款及人工费。对该7笔债权,崔某某予以认可并表示愿意由其个人清偿,其希望通过个人清偿债务,公司能够继续经营。

2022年11月17日,杭州市余杭区人民法院通过网络会议的方式主持召开第一次债权人会议,债权人一致表决通过《议事机制和表决规则》。考虑到崔某某作为一名“80后”,偿债意愿强,创业积极性高,其将公司在经营过程中所欠债务在个人债务集中清理程序中一并解决的意愿强烈。为此,法院指导管理人组织崔某某与全体债权人进行沟通说明,若径行清理,崔某某无其他收入,车辆拍卖款无法清偿全部债务,崔某某亦无法继续创业,债权人的受偿率将极低,债权人、债务人将面临“双输”局面。而通过合并处理,由崔某某自行经营公司,以其未来收入为主要偿债资金来源,分期清偿债务,则能实现“双赢”。经充分释明引导,并征求全体债权人一致同意后,本案将公司债务纳入个人债务集中清理程序一并处理,债权人同意崔某某在亲友资助下购买1辆二手面包车用于公司继续经营,崔某某表示其将在业余时间兼职网约货车司机来提高未来收入,5年内全额清偿债务。后管理人以个人债务与公司债务合并重整为原则制定了债务清偿方案,分期5年,首期分配资金3万元,后每年清偿10万元,于2027年年底清偿完毕,普通债权清偿率为100%。该方案获出席会议的全体债权人一致同意。

【典型意义】

本案的典型意义在于遵循意思自治,将公司债务纳入个人债务集中清理程序一并处理。鉴于崔某某有清偿债务、继续创业的强烈意愿,通过充分释明,引导争取债权人的理解与支持,将公司债务与个人债务一并处理,"一揽子"化解2件执行案件和20余项债务,且避免了门窗公司因短期经营困难而进入破产程序。最终确定以债务人未来收入为主要偿债资金来源,分期全额清偿债务,保留债务人继续经营公司的可能性,激励债务人努力偿债、继续创业,以实现经济重生。

案例2:郑某某个人债务集中清理案

【关键词】和解方式结案;删除失信;"一揽子"化解20件执行案件

【受理法院】象山县人民法院

【合议庭成员】陈忠武、励芝燕、马旭东

【债务人户籍地】象山县××街道××村

【管理人】浙江波宁律师事务所

【基本案情】

家住象山县的郑某某系建筑从业人员。因经营所需,郑某某经常举债承包工地,但近些年来因出现亏损无力偿债,部分债权人向法院起诉。经调查,债务人郑某某在象山县人民法院(以下简称象山法院)的执行案件共计10件,执行标的为172万元(不含利息),上述款项均未履行;在宁波市海曙区人民法院的执行案件共计7件,未履行执行标的金额150万左右;在宁波市鄞州区人民法院的执行案件共计3件,未履行执行标的近276万元。但债务人郑某某名下资产无法清偿上述巨额债务。郑某某名下土地拆迁款被法院查封,账户被冻结,个人被列入失信、限高名单。郑某某一度对生活失去了希望,在得知象山法院受理个人债务集中清理的消息后,郑某某及时向法院提交了个人债务集中清理的申请。2021年12月29日,象山法院裁定受理郑某某的个人债务集中清理申请。

【清理情况】

本案债权人共计20余户,债权人申报金额高达1100多万元,最终审查确认金额为8,475,871.73元,郑某某名下可供债权人分配的资金除冻结在象山法院的拆迁补偿款1,937,826.06元,无其他可供执行的财产。个别案件年限较长,债权人对债务人的信任度不高,积怨较深,给法院执行工作带来一定的压力。案件审理期间,在法院全面协调下,管理人制定了"一揽子"解决20余件执行案件的

方案,促成债务人与各债权人达成和解。具体和解方案为:对已确认的 20 户债权人,采取本金 4,155,165.20 元按照 46.636% 比例清偿,本金之外的利息全部予以豁免。按照上述方式清偿债务后,尚有未获得清偿的本金,郑某某承诺从朋友处筹借 30 万元对于上述未受偿的金额按照 13.529% 的比例予以清偿。上述《债务清偿和解方案》经全体债权人审议表决并得到全票通过,象山法院于 2022 年 9 月 8 日作出民事裁定,批准郑某某《债务清偿和解方案》,终结个人债务集中清理程序,删除其失信被执行人名单并取消限高。

【典型意义】

本案高效审结,充分考量和平衡各方当事人的利益,确保债务免除的合法性、适度性和合理性,"一揽子"化解 20 件执行案件,以债务人与全体债权人达成和解的方式结案,将债务人的现有财产及未来收入纳入分配,首次清偿比例达 46.636%,第二次清偿比例达 13.529%,同时运用数字赋能,进行线上会议、无纸化表决、实时统计。郑某某通过本次个人债务集中清理减免了部分债务,并从失信被执行人名单中提前删除,得以以正常状态参与社会经营活动,用其自身从事建筑行业的经验,继续为社会创造价值。

案例 3:朱某某个人债务集中清理案

【关键词】金融机构一致行动;金融债权实质性豁免

【受理法院】瑞安市人民法院

【合议庭成员】陈金春、王建群、杨伟荣

【债务人户籍地】瑞安市××街道××村××路

【管理人】浙江玉海律师事务所

【基本案情】

债务人朱某某是一名在编教师。2012~2016 年,因投资失败,陷入债务危机,被法院强制执行。案件执行期间,朱某某积极配合法院处置财产,定期申报财产动态,大到有无房产、各类账户,小到手头现金存款。同时,朱某某主动报告工作调动情况,并申请法院扣划工作调动前后单位的工资奖金等收入,3 年间陆续偿还案款 31 万元。但因债务利息持续增加,仅进入执行程序的债务本息仍有 71 万余元。2022 年 1 月,朱某某以不能清偿到期债务且资产不足以清偿全部债务为由向瑞安市人民法院(以下简称瑞安法院)申请个人债务集中清理。2022

年2月26日,瑞安法院裁定受理并指定管理人。

【清理情况】

经调查,债务人朱某某于瑞安市某小学任教,年收入约15万元,住房公积金余额29万余元,除此之外无其他任何财产。财产调查情况与朱某某申报情况一致。

2022年4月13日,瑞安法院召开第一次债权人会议,经债权人会议核查,法院裁定确认7户债权人的9笔债权,合计1,444,096.7元。其中3位债权人已取得执行依据,另4位债权人的债权未进入司法程序,系朱某某主动申报。

金融债权的实质性豁免一直是困扰个债清理的痛点、难点,本案共有4位金融机构债权人,均为商业银行,普通债权金额为777,058.7元。为此,瑞安法院与管理人多次逐一与金融机构沟通,让金融机构债权人了解个人债务集中清理程序在保证清偿率的同时,亦能高效兑现其债权。瑞安法院鼓励金融机构一致行动,促成4家金融机构债权人一致同意豁免金融借款利息债权。另外,本案有3位债权人的债权已经进入执行程序,4位债权人的债权未经过司法程序,管理人提出在清偿方式的设置上区分予以平衡:对于3笔已进入执行程序债权一次性偿还;对于4笔未经过司法程序的债权人分期偿还。

经过债权人两次表决,最终全体债权人一致表决通过清理方案。2022年5月7日,瑞安法院裁定认可朱某某个人债务集中清理方案,本案普通债权合计1,444,096.7元,清偿839,363.22元,清偿比例高达58%,其中金融债权实质豁免240,945.48元。2022年6月1日,瑞安法院裁定终结朱某某个人债务集中清理程序,并对其进行信用修复,朱某某自此摆脱“黑名单”的束缚。

【典型意义】

本案债权人有4家金融机构,其能实质性豁免利息债权,对突破金融债权豁免难题具有探索价值。4家金融机构一致行动,对涉案利息债权予以实质性豁免,豁免债权合计24万余元,是以司法救济途径处理“坏账”新模式的探索。区分是否已取得执行依据,采取一次性或分期偿还的方式,对各债权人予以平衡。充分发挥诚信示范作用,经充分调查确定债务人朱某某系“诚实而不幸”的债务人,多年来如实申报财产、努力筹措资金还款、认真工作并得到亲友支持。朱某某虽被列入失信名单,但通过转换工作岗位等,提升个人还款能力、获得债权人谅解。

案例 4:朱某甲个人债务集中清理案

【关键词】双轨运行法;逆向助推破解执行难;执破融合

【受理法院】湖州市南浔区人民法院

【审判员】王彦刚

【债务人户籍地】湖州市南浔区××镇××村××号

【管理人】浙江泽大(湖州)律师事务所

【基本案情】

朱某甲原经营一家服装厂,由于资金链断裂,结欠多户加工费无法清偿,服装厂也随之倒闭关停,多起案件进入诉讼执行程序。执行过程中查明,朱某甲名下财产仅 1 处宅基地和 1 台已使用近 10 年的旧汽车,资产难以处置或价值不高,案款一时无法全部执行到位。同时查明朱某甲在服装厂关停后入职某公司工作,从而取得相对稳定的工资收入,且有意愿在保障基本生活的前提下,将工资收入用于逐步清偿债务。湖州市南浔区人民法院(以下简称南浔法院)认为,朱某甲符合申请个人债务集中清理的条件,遂引导朱某甲提出申请。2022 年 8 月 18 日,南浔法院裁定受理朱某甲个人债务集中清理一案。

【清理情况】

案件受理后,南浔法院因案制宜地制定了以和解谈判推动个债清理的办理思路,并组建由破产法官、执行员、管理人共同参与的联合调解组。在管理人详尽核查债务人财产负债等情况的基础上,联合调解组第一时间约谈债务人锁定和解意向,同时在接受债权申报时即组织债务人、债权人充分沟通清偿方案。联合调解组与债权人、债务人边协调边修正清偿方案,在第一次债权人会议前逐步形成了包含全部已诉债权的整体清偿方案,并经相关各方签署确认。

但后经管理人调查发现,债务人另负若干未诉小额金融债务,随着金融债权人的介入,本案处理难度大大增加。各方虽不懈努力,但仍未能与金融债权人达成清偿方案,最终致使未能完全清理债务。但针对已签署清偿方案的全部已诉债权,债权人、债务人均同意确认方案效力并继续履行,破产法官及时将已达成的清偿方案移交执行员,顺利将前期的协商成果转化为执行和解协议,不仅使前期的协商成果重新发挥功效,还大大节约了司法资源。

【典型意义】

本案是执破融合,逆向助推破解执行难的典型案例。南浔法院探索个债清理“双轨运行法”,在办理个人债务集中清理案件的同时,逆向助推破解执行难。通过积极对接执行部门,邀请执行员加入由破产法官、管理人共同组成的联合调解组,运用前期执行成果助推和解协商,前置清偿方案会商机制,实行边申报、边协商、边调整,将单一的清偿方案逐步修正为整体的清偿方案,最终在第一次债权人会议前确定正式债务清偿方案。执行员的参与大大提升了个债清理的成功率。虽然案件最终未清理所有债务,但将各方已达成的清偿方案及时移交执行部门,待恢复执行程序后,将前期的会商成果积极转化为执行和解协议,逆向助推执行案件的执结。“双轨运行法”实现了执行程序与个人债务集中清理程序的有序衔接,打破了就同一案件各行其是的单一处理模式,司法资源有效整合,大大提升了办案质效。

案例5:魏某个人债务集中清理案

【关键词】严格审查;意思自治;检察监督

【受理法院】嵊州市人民法院

【合议庭成员】章国松、吴校军、王樱

【债务人户籍地】嵊州市××街道××村×号

【管理人】浙江世纪方正律师事务所

【基本案情】

债务人魏某与陈某原系夫妻,魏某因替陈某借款及担保欠下巨额债务。自2009年起就陆续有债权人向法院提起诉讼及执行,因魏某名下仅有1套农村房产无法执行而终结程序,魏某被法院限制消费并纳入失信被执行人名单。2021年,魏某名下房产纳入“城中村”改造,开始不断有债权人向法院申请恢复执行或提起诉讼,截至2021年8月,魏某涉及执行案件13件,涉案金额115万余元,另有较多债权人正在起诉或准备起诉,仅本金就达238万余元。2021年9月,魏某以不能清偿到期债务且资产不足以清偿全部债务为由,向法院申请个人债务集中清理,并主动向法院申报了财产情况。经初步审查,魏某离异带两孩且无固定工作,儿子未成年且身患渐冻症,需要巨额治疗费;女儿大学在读,无收入来源。

【清理情况】

案件受理后,嵊州市人民法院(以下简称嵊州法院)联合管理人依法开展清理工作,并邀请嵊州市人民检察院全程监督。经债权申报、资产清查、两次债权人会议等流程,未发现魏某存在隐匿、转移财产等逃避执行行为,且无债权人反映魏某存在未如实申报或隐瞒收入情况等不诚信行为。针对清理过程中存在较大争议的问题,如陈某、魏某案是否合并清理,共同债务是否各半清理,魏某可得拆迁款份额等问题均提交债权人会议表决,并根据债权人会议的表决结果,确定具体的清理方案。同时,嵊州法院充分考虑魏某工作不稳定、儿子身患渐冻症、女儿尚大学在读的现状,在债权人会议上对魏某情况进行说明。最终经债权人投票表决通过魏某个人债务集中清理方案,由魏某清偿 26 名债权人 110 万余元,对剩余 120 万余元债务予以免除。在完成债权人款项支付后,嵊州法院依法裁定终结魏某个人债务集中清理程序。同时为魏某设置 5 年的行为考察期,在考察期满后,符合行为考察条件的,将依法终结强制执行程序。

【典型意义】

严格审查,严防逃债。嵊州法院严格遵循“诚实而不幸”的制度设计,严把“诚信”关,依法调查债务人的基本信息、核实财产申报情况。充分尊重债权人意见,对于清理过程中存在较大争议的问题均提交债权人会议表决,并根据债权人会议的表决结果,确定具体的清理方案。检察监督,规范流程。嵊州法院主动邀请嵊州市人民检察院对清理债务的全流程进行监督,提升清理结果的公信度。

案例 6:毛某、陈某某个人债务集中清理案

【关键词】夫妻共同债务;本金分配;合并办理

【受理法院】金华市婺城区人民法院

【合议庭成员】应岚、傅聪颖、施媛

【债务人户籍地】婺城区××街道××街×号×幢×单元×室、婺城区××街道××街×号×室

【管理人】浙江良友律师事务所

【基本案情】

毛某与陈某某原系夫妻关系。毛某原经营家私公司,2008 年公司陷入债务危机。2013 年毛某突发脑梗死,经治疗留有严重后遗症,被评定为肢体残疾三

级,彻底丧失偿还能力。陈某某因婚姻关系存续期间的共同债务一并陷入困境,且2人有一未成年子女需要抚养,唯一收入来源为退休金,唯一资产系55平方米的住房,由陈某某和儿子居住,如此困局导致十几件执行案件长期无法执结。2022年1月25日,两申请人分别向金华市婺城区人民法院(以下简称婺城法院)提出申请,该院于同年3月8日分别裁定受理毛某、陈某某个人债务集中清理申请(以下简称两案)。

【清理情况】

婺城法院受理后,指定管理人对毛某和陈某某的财产状况进行了深入调查,并向债权人全面披露。毛某案共计申报债权12笔,金额16,993,798.31元,核定12笔,金额12,294,109.22元;陈某某案共计申报债权8笔,金额9,770,482.09元,核定6笔,金额4,624,500.93元。2022年5月12日,以网络和书面相结合形式召开第一次债权人会议,《债权人会议组织及表决方式方案》《财产管理和变价方案》《生活必需品(财产豁免)清单》《管理人报酬方案》等均获全票通过。后管理人通过网络平台进行拍卖变价处置,将毛某名下房产予以变价,成交价为1,995,000元。结合债权情况,制定本金参与分配的方案,经过充分沟通,获债权人全票表决通过。其中,毛某案本金清偿率为15.541%,对其设置行为考察期3年;陈某某案本金清偿率高达97.441%,债权人免除陈某某的剩余债务,并不设行为考察期。2022年9月28日,管理人在财产分配方案执行完毕后,向婺城法院提出申请终结两案的清理程序。2022年9月29日,婺城法院终结两案的个人债务集中清理程序。

【典型意义】

一是严控清理对象,助力守信者重生。上述两案债务人因经营不善和疾病陷入债务危机,案件的成功审结给予一个破碎家庭人生重启的机会,充分体现了个人债务集中清理制度推行的初衷,具有典型性。

二是引导主动清偿,化解执行困境。在清理程序中,债务人主动腾空房屋,并放弃安置补偿,提高债权清偿比例,获得全体债权人的谅解,涉及总额1000余万元的11件长期未结执行案件得以终结,有效化解执行难之僵局。

三是尊重债权人意思,实行一案一策。综合考量两位债务人债务形成原因、资产等情况,采取分别立案,合并审理的模式,既节约司法资源、节省破产费用,又能量身定制方案。

四是灵活财产分配,制定个性化方案。两案金融债权多,涉及 4 家银行 5 家分行;资产严重低于负债;本金占确认债权比例低,其中毛某案约 55%,陈某某案约 30%,且两案债权性质不同、形成时间不同,利息计算标准差异大。基于以上情况制定的分配方案剔除利息,仅本金参与分配,得到了全体债权人的认同。

案例 7:衢州市柯城某贸易商行、郑某债务合并清理案

【关键词】个体工商户;合并清理

【受理法院】衢州市柯城区人民法院

【合议庭成员】徐荣华、雷震雲、王俪婧

【债务人户籍地】衢州市柯城区××乡××村××号

【管理人】浙江诚源律师事务所

【基本案情】

债务人郑某原从事餐饮服务行业,2020 年 2 月关停餐饮店后,开始从事海鲜、水果贩卖生意。自 2016 年起,郑某开始涉诉涉执,基本为民间借贷和买卖合同货款。截至 2022 年,尚有未执行完毕的执行案件 16 件,执行标的 45 万余元,均终本处理。因郑某自营生意,失信执行信息对其经营存在较大影响,故向法院申请个人债务集中清理。2022 年 5 月 26 日,衢州市柯城区人民法院(以下简称柯城法院)受理申请。清理过程中,管理人发现郑某曾经营的个体工商户衢州市柯城某贸易商行尚存在欠缴税款的情况。2022 年 11 月 22 日,该商行提出债务清理申请,柯城法院于 11 月 24 日裁定受理并于 12 月 9 日根据管理人的申请裁定合并审理。

【清理情况】

2022 年 6 月 24 日,柯城法院召开第一次债权人会议,审议了郑某生活必需品清单、债务人财产情况报告等方案以及偿债计划草案。郑某提出分 3 年清偿本金,债权人豁免全部利息的计划草案,但债权人对清偿周期提出意见。第一次债权人会议后,税务部门向管理人申报债权,管理人发现该笔税收债权系郑某经营的个体工商户在 2019 年产生。据向郑某了解,该个体工商户成立后基本未开展经营,目前名下并无财产,为“一揽子”解决债务,一并纳入清理。债权申报期内,未有其他债权人申报债权。2022 年 12 月 10 日,柯城法院召开合并清理债权人会议,管理人审核认定 21 位债权人 22 笔债权,其中税收债权 1 笔,债权总额

29,638.84元;普通债权21笔,除税收滞纳金15,121.05元外,其他普通债权698,904.61元(本金698,279元、利息625.61元)。债权人一致表决通过了《债务人偿债计划方案》,由郑某分两期于2023年9月30日前清偿完毕税收债权本金及滞纳金以及其他债权本金部分,利息予以豁免,表决通过后债权人向法院书面申请对郑某进行信用修复。2022年12月29日,柯城法院裁定认可偿债计划方案。

【典型意义】

本案是个人债务与个体工商户债务合并清理进而取得“一揽子”化解效果的典型案例。根据民法典的规定,个体工商户的债务,个人经营的,以个人财产承担。衢州市柯城某贸易商行系郑某经营的个体工商户,已拖欠税款3年之久,如不一并清理,将影响国家税款清缴的时间和效率,且对于郑某来说仍将面临欠债问题。参照《工作指引》对个体工商户进行债务集中清理,虽然增加了郑某的清偿负担,但将郑某历史所有负债问题“一揽子”解决。本案清理过程中,郑某参加两次债权人会议,会议上均诚恳向债权人道歉并承诺会按期履行,希望债权人给予机会。债权人也给予了郑某最大限度的谅解,多数债权人申报阶段就放弃了利息主张,并同意分期还款方案以及履行期内信用修复,这也极大鼓舞了郑某的还款信心。

案例8:徐某某、庞某个人债务集中清理案

【关键词】跨区域协作联动;管理人报酬市场化;企业债务连带责任;夫妻债务共同清理

【受理法院】天台县人民法院

【合议庭成员】陈中云、施林鸟、王其委

【债务人户籍地】天台县××镇××村××号

【管理人】浙江众安律师事务所

【基本案情】

徐某某、庞某夫妇经营一家数码技术公司,因经营需要,作为保证人为公司进行担保而大量负债。早期借款用于公司经营,后期借款大部分用于归还借款本息,另一部分用于生活所需。2021年下半年,无力支撑的徐某某、庞某夫妇,向天台县人民法院(以下简称天台法院)提出个人债务集中清理申请。截至申请

时,夫妻双方共负债3000余万元;20余名债权人,共有12名债权人在浙江、上海、四川等地申请执行。

【清理情况】

管理人接受指定后,依法开展财产调查和接受债权申报工作。经调查,债务人主要财产为位于杭州西湖区的商品房。截至申报期限届满,管理人共接受22名债权人申报,经审核,最终确认21名债权人共计3000余万元债权。为统一处置分配财产,天台法院向房产首封法院发函,商请将房屋处置权移交至天台法院。处置权移交至天台法院后,便通过执行程序查询债务人财产以及启动对杭州市西湖区的商品房拍卖,并将财产查询情况以及拍卖款600余万元进行移交。天台法院组织召开了多次债权人会议,在听取各方意见的基础上,由管理人提出整理方案,方案中载明,徐某某、庞某将房屋拍卖款用于清偿(普通债权清偿比例为5.411%,抵押债权的清偿率为100%),另承诺在7年内再偿还35万元,故普通债权最终清偿率为6.115%。自方案通过后,各债权人同意解除徐某某、庞某民事强制措施。此外,根据案件的复杂性和管理人对个人债务集中清理工作的实际贡献,按企业破产法标准的一半,确定管理人报酬8万余元。2022年9月,天台法院裁定终结个人债务集中清理程序,同时发函通知其他法院不再实施强制执行措施,解除了对徐某某、庞某银行卡的冻结、纳入失信名单、采取限制高消费等民事强制措施。

【典型意义】

本案是多方联动合力化解债务纠纷,让为企业担保而承担连带责任的债务人重获新生的典型案例。一是化解夫妻共同债务。在本案中,徐某某、庞某的大部分借款均用于夫妻共同生产经营活动,且区分成本过大。因此经管理人释明后,所有债权人均同意共同清理。二是执破联动,提高了处置效率。通过执行总对总、点对点系统查询徐某某、庞某最新的财产状况,为查明债务人财产状况提供有力保障。由天台法院房产拍卖组对该房产进行拍卖,仅用时2个月。三是跨区域协作联动。通过执行系统关联案件查询以及结合债务人提供的债务清册,管理人联系到所有在执和非执债权人,确保彻底清理。此外,整理计划通过后,天台法院及时通知各地法院解除对债务人的民事强制措施。目前,债务人已经"松绑",轻装上阵重回正常生活。

案例9:叶某个人债务重整案

【关键词】跨域个人债务重整;引入第三方融资;矛盾纠纷“一揽子”解决

【受理法院】遂昌县人民法院

【合议庭成员】卓君、徐春伟、吕凯楠

【债务人户籍地】遂昌县××街道××路××号

【管理人】浙江开弘律师事务所

【基本案情】

债务人叶某系遂昌某中学教师,其妻长年经商,自2016年12月以来,因经营失败,夫妻2人负债累累。由于债务多、金额大,逾期利息逐年增加,为尽快偿还欠款,叶某开始借贷,逐步陷入高利漩涡,最终欠下200余万元巨额债务,先后被多个债权人诉至遂昌县人民法院(以下简称遂昌法院)和丽水市莲都区人民法院(以下简称莲都法院)。执行过程中,遂昌法院通过线上“总对总”“点对点”查控、线下实地走访等方式调查后发现,除叶某每月5000元工资外,夫妻二人无其他可供执行的财产。2017年3月至2021年年底,遂昌法院、莲都法院先后将叶某及其妻子纳入失信被执行人名单,12件相关执行案件均以终结本次执行方式结案进入案件终本库。2022年9月,叶某在其单位主管部门遂昌县教育局的鼓励下主动向遂昌法院提交了个人债务重整申请。

【重整情况】

在重整过程中,经债权申报,遂昌法院最终审查确认叶某对外欠债共15笔,本息合计218万余元,剩余未偿还本息合计171万余元,其中4笔欠款的债权人为遂昌县3家银行,1笔欠款的债权人为杭州某担保公司且案件尚在莲都法院办理,其余均为民间借贷。经多次协调,杭州某担保公司以内部规定不得放弃债权为由不接受重整方案,重整工作一度陷入僵局。为此,遂昌法院多次与莲都法院协商并赶赴杭州与该担保公司沟通,向其释明重整的目的和意义,并提供典型案例参考,最终该担保公司作出让步,同意减免部分本金及利息。与此同时,遂昌法院积极与浙江遂昌农村商业银行股份有限公司沟通,帮助叶某通过“重整贷”“诚信履行贷”等形式加大筹款力度,最大可能一次性履行债务,取得所有债权人的谅解。2022年11月,各方债权人正式达成按一定比例受偿的重整方案,叶某一次性履行66万余元,累计归还本息113万余元,债务本息清偿率达51.96%。

遂昌法院作出终结裁定,并第一时间函告莲都法院,共同解除了对叶某的所有强制执行措施。

【典型意义】

人无信不立,国无信不强。在本案中,遂昌法院抓住各债权方利益的平衡点,以市场化手段,通过第三方金融机构对债务人叶某信用能力进行判断,灵活运用“重整贷”“诚信履行贷”等银行商业贷款,帮助债务人拓宽筹款渠道,提升其一次性履行能力;积极协调“跨法院执行”,实践“跨域个人债务重整”,相关矛盾纠纷“一揽子”解决。在保障 15 名债权人胜诉利益的同时,给了债务人重生的机会,使其摆脱债务困境、重拾生活信心。

案例 10:王某、蒋某个人债务集中清理案

【关键词】隐瞒申报;债务人诚信度表决;恶意逃债

【受理法院】龙游县人民法院

【审判员】徐宇娟

【债务人户籍地】浙江省龙游县××街道××路××号

【管理人】浙江护龙律师事务所

【基本案情】

债务人王某、蒋某系夫妻,均已退休在家,经济收入来源仅为每月的退休金。早年因 2 人投资经营失败,欠下巨额债务。随着债权人陆续起诉至法院,并申请强制执行,2 人成为被执行人,养老金也被冻结。在强制执行程序中,王某、蒋某夫妇名下的房产被依法查封并腾空。2021 年 10 月 12 日,王某、蒋某以不能清偿到期债务,并且资产不足以清偿全部债务为由,向龙游县人民法院(以下简称龙游法院)申请进行个人债务集中清理。2022 年 10 月 30 日,龙游法院裁定受理并指定管理人。

【清理情况】

管理人经指定后,开展债权申报和审查工作,经统计,共有 18 户债权人向管理人申报了 18 笔债权,确认债权总金额为 4,253,169.33 元。同时,根据债务人填写的财产申报表中的相关情况,管理人多方开展调查核实工作。管理人在调查中发现,申请人在退休后曾作为洗扫车驾驶员入职某环境卫生管理有限公司,但经核查其名下银行账户流水,未显示收到入职公司的工资。经管理人实地走

访公司调查,该公司发放的工资被申请人指定发放至其子女银行账号内。法院多次向其释明"诚实而不幸"的含义并对其进行引导,但债务人未如实向管理人作出解释和说明。2022 年 11 月 30 日,龙游法院召开债权人会议,根据会上债权人对债务人诚信度表决,近 2/3 的债权人对申请人夫妻投不诚信票。管理人根据调查结果,认为债务人未向人民法院及管理人如实申报全部的财产及收入情况,无法认定其属于"诚实而不幸"的债务人。据此,管理人于会后提请龙游法院终止 2 人个人债务集中清理程序,并建议恢复强制执行措施。龙游法院于 2022 年 12 月 7 日作出裁定,终止王某、蒋某的个人债务集中清理程序,并交由执行部门恢复执行措施。

【典型意义】

个人债务集中清理程序使"诚实而不幸"的债务人能够通过制度解绑债务,重新参与社会经济活动。少数债务人试图通过个人债务集中清理程序达到恶意逃债目的,对此应当予以终止程序并恢复强制执行。本案除通过债务人申报财产、管理人深入核查外,还创设债权人会议对申请人的诚信度进行评议表决等方式全面评估债务人的诚信度。一方面,将表决结果作为判断申请人是否"诚实而不幸"的重要参考,增加债权人对清理程序的认同感;另一方面,对其他的债务人起到震慑引导作用,确保个人债务集中清理程序可以帮助真正"诚实而不幸"的债务人。

2021 年浙江法院个人债务集中清理(类个人破产)工作报告暨十大典型案例

浙江省高级人民法院*

我国从 1986 年《中华人民共和国企业破产法(试行)》到 2007 年施行新的《中华人民共和国企业破产法》后,企业破产法律制度已经逐步构建,在推动市场出清、优化资源配置中发挥了积极作用。但目前,自然人还不具有破产资格,个人破产法尚付阙如。现实中,一部分“诚实而不幸”的债务人陷入困境,丧失再融资、再创业能力,这在一定程度上遏制了社会投资活力,制约了大众创业、万众创新迈上新水平,阻碍了社会经济发展。在此背景下,自 2019 年以来,中共中央、国务院、国家发展和改革委员会、最高人民法院等先后发布《关于新时代加快完善社会主义市场经济体制的意见》《加快完善市场主体退出制度改革方案》《关于深化人民法院司法体制综合配套改革的意见》等,要求推动个人破产立法,实现市场主体有序退出。2021 年 3 月《最高人民法院工作报告》中专门提到浙江探索个人债务集中清理,对浙江法院为诚信的创业失利者提供重生机会的做法表示肯定。

自 2018 年起,浙江在温州、台州、丽水遂昌等地进行

---

* 报告起草组成员:徐亚农、徐峻峰、王雄飞、徐萃文。

试点,探索具备个人破产制度功能的个人债务集中清理工作,为陷入严重财务困境但诚实守信的自然人提供债务重组的机会,同时加强对债权人的教育和风险警示,促进债权人公平受偿。2020年12月,在总结前期试点经验的基础上,浙江省高级人民法院出台《浙江法院个人债务集中清理(类个人破产)工作指引(试行)》(以下简称《指引》)。当前,浙江法院个人债务集中清理工作已由点到面,积极稳妥有序全面开展,成效良好,不仅为个人破产制度立法提供实践素材和浙江样本,也为浙江建设"重要窗口"贡献司法力量,获得全国人大常委会、最高人民法院、浙江省委、浙江省政府和社会各界的关注和肯定。

一、全省法院个人债务集中清理工作基本情况

(一)受理、审结个人债务集中清理案件数量及债务清偿等情况分析

2021年全年,全省共受理个人债务集中清理案件610件,共审结个人债务集中清理案件439件。在所有受理与审结的案件中,全省与企业破产案件一并受理的个人债务集中清理案件共受理19件,审结11件。

在439件已审结的个人债务集中清理案件中,共成功清理141件,成功清理率约1/3。这些成功审结的个人债务集中清理案件类型主要为诚信债务人并免除剩余债务、终结执行程序的,或是债权人与债务人达成债务重整、和解计划的。未能完全清理的个人债务集中清理案件类型更加多样,有债务人确无财产可供分配,以裁定终结个人债务集中清理程序的方式结案;也有债务人在个人债务集中清理过程中存在未在规定期限内向管理人移交财产或文书资料、未向管理人如实全面申报财产及债权债务等不诚信行为而终止个人债务集中清理程序的方式结案等。

关于债务清偿情况,2021年全年全省个人债务集中清理涉案债务总额共计约18.51亿元,其中担保债务额约3.34亿元,普通债务额约15.17亿元。其中,温州、嘉兴、绍兴、台州四地涉案金额较大,债务总额均过亿元,四地债务总额约占全省涉案债务总额的85%。共清偿9608.33万元,平均清偿率为5.19%。担保债务共清偿1063.25万元,清偿率为3.19%;普通债务共清偿8545.08万元,清偿率为5.63%。丽水、杭州、金华的清偿率较高,均超过30%。

在债权人数层面,全省个人债务集中清理案件涉案债权人共计3254人,其

中涉及金融债权人共678人。在涉及执行案件层面,全省个人债务集中清理案件共涉及执行案件数2728件,涉及执行标的金额约16.59亿元。(见表1)

表1 全省法院个人债务集中清理案件情况

项目		数量
案件受理量/件		610
案件审结量/件		439
清理成功的案件量/件		141
类型	与企业破产案件一并受理的案件受理/审结量/件	19/11
	单独个人债务清理类案件受理/审结量/件	591/428
债务总额	担保债务额/万元	33,378.98
	普通债务额/万元	151,678.07
	共计/万元	185,057.05
清偿金额	担保债务额/万元	1063.25
	普通债务额/万元	8545.08
	共计/万元	9608.33
平均清偿率	担保债务清偿率/%	3.19
	普通债务清偿率/%	5.63
	平均清偿率/%	5.19
债权人数	涉案债权人数/人	3254
	涉及金融债权人数/人	678
涉及执行案件数/件		2728
涉及执行标的金额/万元		165,900.43

(二)受理、审结个人债务集中清理案件的区域分布情况分析

2021年全省法院个人债务集中清理案件受理量前三位为台州、温州、衢州,其中台州、温州两地占全省总受理量过半,宁波、绍兴、湖州均为35件,其余地区案件受理量相对较少。审结量前三位为台州、温州、衢州,三地继续领跑全省,占全省总审结量近70%。

全省成功清理案件量前五位为台州、丽水、杭州、温州、衢州。其中杭州的成

功清理率为100%,审结的20件案件均成功清理,反映出杭州法院对于个人债务集中清理在入口上把握更加严格。丽水虽然受理审结的量不大,但28件审结案件中共成功清理22件,成功清理率约为78%。(见表2)

表2 2021年全省法院个人债务集中清理案件受理、审结、成功清理数量

单位:件

地区	受理数	审结数	成功清理数
杭州	25	20	20
宁波	35	20	8
温州	164	110	19
嘉兴	15	12	7
湖州	35	20	6
绍兴	35	33	9
金华	15	8	6
衢州	58	55	14
台州	199	133	30
丽水	28	28	22
舟山	1	0	0
合计	610	439	141

从横向区域分布情况来看,各地受理、审结个人债务集中清理案件的数量区域不平衡的情况还比较明显,这主要是由于前期浙江省在温州、台州等地法院已开展了个人债务集中清理试点工作,试点地区法院个人债务集中清理的程序、方式路径和实体法律问题的把握等已相对成熟,经验更加丰富。其他地区相对前期试点地区来说起步稍晚,于2020年年底或2021年年初开始逐步稳妥有序推进并选取部分基层法院重点突破。但相比2020年全省法院案件受理、审结量均有明显上升,地域之间也更加均衡,个人债务集中清理工作在全省全面铺开的局面初步形成。

(三)个人债务集中清理工作取得阶段性成效

全省法院坚持稳妥有序推进的工作步调,妥善审理个人债务集中清理案件,不仅给诚实而不幸的债务人东山再起的机会,也向社会传递正确的破产保护理念。

1. 稳妥推进个人债务集中清理工作,帮助诚信债务人摆脱债务困境,切实防范“逃废债”。《指引》在总体推进个人债务集中清理工作程序框架中针对债务人“逃废债”行为进行了重点制度防范。首先,通过个人债务集中清理程序将债务人区分成两类,针对“诚实而不幸”的债务人,给予一个区别于强制执行的相对宽容的制度出路,2021 年浙江法院共给予 150 余名债务人宽容出路,令其重获新生;针对“有履行能力而拒不履行生效法律文书确定义务”的债务人,则坚决通过强制执行制度实现债权。其次,通过 5 个步骤,即依法审查申请、法院依职权进一步调查核实、债务人接受债权人会议质询并定期报告、引入管理人资源调查核实财产、依法追究责任,切实防范“逃废债”。浙江法院在稳妥有序推进个人债务集中清理工作的过程中,总体秩序平稳,自试点工作开展以来在免债案件中尚未发现债权人或其他主体反映并经查实的债务人“逃废债”行为。

2. 加强当事人诚信自律,助推社会诚信体系建设。个人债务清理的过程就是甄别、发现债务人是否诚信的过程。个人债务集中清理程序对失信行为进行监督,当部分债务人不配合债务清理,出现隐瞒财产等不诚信行为时,将退出债务清理恢复强制执行措施。当债务人足够诚信时,一方面,能够予以债务免除;另一方面,向社会传递“守信激励、失信惩罚”的司法政策导向,为促进社会诚信创造条件。浙江法院通过个人债务集中清理程序,倒逼债务人诚信参与清理程序,加强当事人诚信自律,助推社会诚信体系建设。在施某某个人债务集中清理案中,在全体债权人对债务人申报的财产均无异议并经过协商后,平阳县人民法院依照《最高人民法院关于公布失信被执行人名单信息的若干规定》提前删除债务人失信信息,让债务人走出了债务阴影,恢复了个人信用。

3. 个人债务集中清理工作社会影响力明显提升。个人债务集中清理工作具有创新意义,相关试点情况和案例宣传引起全社会广泛关注,影响力不断扩大。2021 年,全国人大常委会企业破产法执法检查组在浙江开展执法检查,对浙江法院探索个人债务集中清理工作予以充分肯定,在报告中专门提及“浙江省温州市、台州市等地开展个人债务清理试点,挽救因提供担保陷入困境的个人,推动化解企业债务连带风险”。

二、浙江法院个人债务集中清理工作重点举措

浙江省高级人民法院高度重视个人债务集中清理工作,将其作为社会治理体系和治理能力提升、营商环境优化的重要内容。2020 年 12 月,浙江省高级人民法院印发《指引》,杭州、宁波、温州、湖州、绍兴、衢州、丽水等地先后出台关于个人债务集中清理的实施意见、操作规程。

(一)制定实施方案,统筹谋划全面推进个人债务集中清理工作

2021 年年初,浙江省领导多次作出批示,要求对个人债务集中清理工作继续深化探索。同年 5 月,浙江省高级人民法院对个人债务集中清理工作特别是《指引》出台后的探索情况进行专题调研,下发《浙江省高级人民法院重点突破、全面推进个人债务集中清理工作实施方案》,对推进个人债务集中清理工作进行部署。(1)确定重点推进法院,以点带面压实责任。结合前期工作开展情况和各地实际,研究确定"2 + 10"法院作为个人债务集中清理工作重点推进法院。2 个地区为:温州地区、台州地区,要求全域推进。10 家基层人民法院为:建德、宁海、桐乡、长兴、柯桥、新昌、永康、柯城、龙游、遂昌,具体工作要求是 10 家基层人民法院 2021 年全年至少受理并办结 10 件个人债务集中清理案件。温州、台州地区因具备较好的工作基础,具体案件数量不以此为限,应当在 2020 年工作基础上确保受理办结案件量的总体上升态势。截至 2021 年年底,温州、台州地区远远超出既定任务且完成情况较好,10 家基层人民法院基本完成既定任务。(2)明确工作任务,深化探索内容。鼓励重点突破法院探索企业破产案件的受理法院开展与企业破产案件相关的债务人企业实际控制人、股东或者为债务人企业提供担保的自然人的个人债务集中清理工作,探索执行和破产联合合议庭,研究制定格式化法律文书样式,结合个案的具体情况在债权人表决机制、债务豁免、信用修复等方面加大探索力度。(3)建立激励机制,加强宣传引导。在财政经费奖补方面,办结的个人债务集中清理案件与企业破产案件享受同等奖补待遇;在业绩考核方面,将个人债务集中清理工作与 8 个排头兵指标体系中的"执转破"工作相挂钩,对个人债务集中清理工作开展较好的法院,在评先评优中予以优先考虑。对于办理个人债务集中清理案件的法官,鼓励各法院根据具体情况按照一

定的比例折算办案量,强化法官的绩效考核激励。

(二)优化内部工作机制,强化"诚信"审查

一是探索个人债务集中清理专业化工作机制,强化"诚信"审查。各地法院通过组建新型工作团队等方式提升个人债务集中清理专业化水平。温州市两级人民法院要求指定专人负责个人债务集中清理案件的办理与统筹推进工作,并建立常态化通报机制,目前已形成18人的个人债务集中清理工作专人队伍。衢州市柯城区人民法院注重个人债务集中清理团队年龄结构的合理分布,组建了以分管院领导担任组长,"80后""90后"为主力军的专业化审判团队,由审判经验丰富的院领导把控全局,发挥青年干警敢闯敢试、善于学习的优势,为改革工作注入活力。

"诚信"审查是个人债务集中清理工作的基础和生命线,各地法院在个人债务集中清理案件的受理、审理、监管等各环节、全流程强化"诚信"审查。(1)湖州市南浔区人民法院在案件立案之前实行三段式尽职调查,即对接执行局、属地政府相关部门、基层组织查询核实债务人基本情况,对债务人进行面对面调查,推动在立案审查阶段提前制定具体清理方案和工作推进任务表。(2)各地法院在实践中重点关注受理之后的诚信调查,通过法院依职权调查、债务人接受债权人会议质询并定期报告、引入管理人调查核实、执行案件财产查控等多种途径,有效甄别债务人的诚信度,作出区分处理。如建德市人民法院在审理3起个人债务集中清理案件中,因债务人存在失信行为,决定终结个人债务集中清理程序,恢复强制执行。桐乡市人民、衢州市柯城区人民法院借助"网格+法院"模式,由村(居)委会及网格员对债务人日常行为、生活状况提供调查报告。天台县人民法院由法官、律所、专业审计机构组建债务整理团队,全面审计债务人清偿能力、是否转移隐匿财产等情况,2021年累计出具审计报告23份。(3)清理完毕还要进行"诚信"监管,如丽水地区通过设置"中端+末端"双重监管期,既考察债务人是否确实符合"诚实而不幸"的要求,也缓和了债务人与债权人之间的矛盾。

二是建立立审执破协同机制。一些法院探索将个人债务集中清理与执行案件联动,将"债务人主动申请"单向启动模式优化为"债务人主动申请+执行局筛选、破产业务庭审核"双向联动模式。执行部门对系列案件的处理难度、银行债

务数额、占比及可协商性等形成评估意见,与破产部门会商;执行部门依法高效查询、核实债务人相关财产信息;在破产部门裁定终结后,执行部门及时完成对被执行人的信用修复与执行结案。如绍兴市柯桥区人民法院通过该机制共计梳理被执行人名册845份,并向符合申请条件的被执行人发送31份个人债务集中清理程序告知书,截至目前已有15人提交申请材料。

三是探索企业破产与个人债务集中清理同步救治机制。部分地区法院将企业破产与个人债务集中清理案件联办,明确将为破产企业提供担保而承担巨额债务的企业股东、法定代表人等作为重点目标群体,同时成立个人债务集中清理与在办企业破产案件联办专班,确定执行、审判部门具体人员的工作职责与分工,明确由企业破产案件办理团队负责办理个人债务集中清理案件。如龙游县人民法院办理的个人债务集中清理与企业破产案即浙江奥翔包装有限公司破产和解与企业主刘某某夫妇个人债务集中清理案,帮扶企业和企业主脱困"重生"。

四是探索管理人指定工作机制。个人债务集中清理案件债务人普遍应诉能力较弱,而该制度对债务人在申请时的各方面要求又较高,因此管理人在个人债务集中清理过程中承担重要职责。各地法院尊重债权人与债务人的意思自治,探索多种方式指定管理人。湖州市吴兴区人民法院探索管理人预选机制,在进入个人债务集中清理程序之前,通过与执行局衔接,预先指定管理人,对债务人的申请进行指导,协助指导债务人与债权人预先进行沟通,提高债务清理工作效率;新昌县人民法院在指定管理人时根据债务人与各债权人的协商确定管理人;衢州法院探索"邀请+随机"的双向互选机制,向在册管理人发送邀请函,通过随机方式在报名机构中指定管理人。

(三)加强外部府院联动,深入推进个人债务集中清理工作

浙江法院在个人债务集中清理工作中加大府院联动力度,强化政府部门在个人债务集中清理工作中的公共服务职能。(1)为提高管理人履职调查的便利性和全面性,衢州法院主动与人民银行、司法局、大数据中心沟通协调,畅通信息查询渠道,提高管理人履职效率。台州市黄岩区人民法院依托金融共享法庭平台,与地方性商业银行共同探索"金融多元解纷一件事"机制,引导违约1年以上的金融消费者直接进入个人债务集中清理程序。仙居县人民法院联合中国人民银行仙居县支行出台《关于进一步优化营商环境保障管理人依法履职的实施意

见》,建立法院与金融机构“互联互通、信息共享”的长效联动机制。(2)探索公职管理人机制。温州市中级人民法院联合温州市司法局,推进公职管理人试点工作,完善公职管理人制度,并加强与市银保监分局联动,持续推进涉金融债权债务清理工作。截至2022年2月,温州全市已指定23名公职管理人承办56件个人债务集中清理案件,已办结19件,成功清理8件。临海市人民法院推动临海市政府出台《关于建立个人债务清理工作府院联动的实施意见》,明确职责、规范流程,解决个人债务清理工作难点问题。

(四)强化宣传引导,营造个人债务集中清理良好社会氛围

浙江省高级人民法院积极推动个人债务集中清理工作宣传引导,2021年5月举办全省个人债务集中清理工作专题培训,11月依托浙江省法学会破产法学研究会2021年年会,以“浙江省个人破产实践和总结”为主题进行研讨,成效良好。温州、台州、衢州等多地法院通过开展个人债务集中清理实务沙龙、组织法官参加论坛等方式推进工作。依靠微信公众号、微博、新闻媒体等媒介,通过新闻发布会等形式,发布“诚信免债”正面引导案例和“不诚信受罚”反面典型案例,多渠道加强社会宣传,增强全社会尤其是债权人对于个人债务集中清理工作的认同感,如杭州等地法院通过官方公众号发布债务人个人债务集中清理的公告,向社会告知第一次债权人会议时间并要求依法申报债权。新华社,央视综合频道、财经频道,中新网,央视网,《法制日报》及《人民法院报》等媒体对浙江法院个人债务集中清理工作进行报道,为深入推进个人债务集中清理工作营造了良好的社会氛围。

三、推进个人债务集中清理工作中的重点难点问题

综合分析自试点起已受理、审结的近千件个人债务集中清理案件的情况,可以发现当前推进个人债务集中清理工作存在诸多重点难点问题。

(一)社会认知不足

一部分债务人寄希望于零清偿解除债务,不能拿出合理的清理方案,或者对个人债务集中清理的程序、流程不了解,对结果走向预期不清晰;一部分债权人

则认为,该程序帮助债务人逃避债务而消极对抗,金融机构债权人表决权受到限制;甚至是政府部门工作人员也尚不清楚该程序的实际内容与法律后果。制度宣传和法律释明工作在个人债务集中清理过程中耗费了法院工作人员大量精力。

在此,还是要强调,《指引》主要制度设计是要给予相关当事人以制度激励:(1)对“诚实而不幸”的债务人来说,一是给予破产保护,如债务人如实申报个人财产,可以免予被纳入失信被执行人名单,免予人民法院的拘留、罚款等强制执行措施;二是适当予以财政补贴,清理费用等可以从破产专项资金中列支;三是“生活必需品”保留,结合债权人会议审议意见,人民法院可以依法决定债务人生活必需品的保留,而不需要再到处“躲债”;四是债务的集中清理。(2)对债权人来说,一是在个人债务集中清理工作中,债务人的配合度能够得到有效保障,这项工作的开展以债务人的“诚信”配合为基础;二是有更多的调查、核实债务人财产的手段,主要是引入管理人资源和破产专项资金,可以更加全面、彻底调查、核实债务人财产状况;三是为金融机构债权人提供更加丰富、便捷的不良资产核销手段。(3)对案件受理法院来说,一是可以通过个人债务集中清理,对自然人执行案件进行“合并同类项”;二是引入管理人等社会资源到执行程序中,缓解人民法院“案多人少”的压力。

(二)制度供给不足

自由财产、债务豁免、失权复权等系个人破产制度的基本要素。自由财产制度是个人破产中,基于维持债务人及其抚养的家属的生活等基本需要,而保留部分财产给该债务人继续支配的制度。债务豁免制度是个人破产制度中的核心内容,对债务人承担能力之外的债务给予免除,给债务人提供了重新开始的机会。失权复权制度,也是针对个人破产的一项制度,在形成个人债务集中清理方案后的一定期限内,对被执行人进行一定范围的行为限制和资格限制。但这些核心要素尚缺乏法律依据。

因为缺少立法的制度支撑,这些个人破产的核心要素只能在现行的法律框架内探索,如通过《中华人民共和国民事诉讼法》关于执行程序保留“生活必需品”的规定部分实现“自由财产”的制度功能。债务豁免原则上只能按照意思自治原则,取决于债权人的同意,但可以通过终结执行的方式部分实现债务清理的目的,当然,债务人应当符合“诚信”要求。

(三)财产状况调查困难

债务人财产、诚信状况的调查是个人债务集中清理工作的基础和核心。由于当前财产形态日益多元,支付手段多样,个人财产申报制度不健全,信用信息不够全面,债务人不配合,个人财产收入支出碎片化等原因,债务人财产调查核实存在困难,同时部分案件里诸多家庭成员共同居住生活,难以准确认定和区分债务人个人财产。具体来说,主要有以下工作难点:一是如何全面调查、核实债务人及其所扶养人的真实财产情况;二是管理人调查权如何充分保障,实践中管理人调查权被限制的问题较为突出;三是管理人一般由中级人民法院从辖区内的管理人名录里抽选,较大概率抽选到跨地区管理人,但因个人债务集中清理案件的调查事项繁杂,跨地区管理人履职存在不便。另外,温州地区的公职管理人一般是司法行政机关、公证处等单位的工作人员,其履职时依据法院协查函以个体名义进行,除依据法院执行查控系统提供财产信息外,在开展调查、银行开户等方面缺乏法律法规的明确授权,难度较大。

(四)后续监管困难

当有债权人不同意免除债务人剩余债务或者将设置行为考察期作为同意免除剩余债务的条件的,《指引》提出,行为考察期为裁定终结个人债务集中清理程序后的5年,债务人在行为考察期内应当继续履行人民法院作出的限制行为决定规定的义务。对于不同意免除剩余债务的执行案件,在符合设置行为考察期等条件的情况下,可以裁定终结执行。这样,能够部分解决有债权人不同意的问题,也符合强化债务人“诚信”审查的要求。但带来的问题是,考察期如何对债务人进行有效监管?涉及监管主体、债务人个人债务集中清理情况的信息披露、考察期各方主体的职责、权利义务等问题。天台县人民法院探索通过网站公开正在履行债务整理方案的债务人信息,设置举报电话。在实践中,对该问题需要进一步研究解决。

当前个人债务集中清理工作还刚刚起步,如果要大范围铺开,还需要配套制度的建立健全和完善,如财产登记、信用体系、府院联动等。

四、浙江法院下一步个人债务集中清理工作重点

破产法修改工作正在紧锣密鼓地进行,浙江省委召开了高质量发展建设共同富裕示范区推进大会。个人破产制度是破产法的重要内容,也是共同富裕的底线制度。下一步,浙江法院将紧紧围绕浙江省委、省政府中心工作,继续全面深入推进个人债务集中清理工作,为个人破产立法提供更多浙江素材和浙江经验。

一是统筹谋划,继续全面深入推进个人债务集中清理工作。浙江是民营经济、中小企业大省,具备较好的破产审判工作基础及初步具备财产登记、信用体系建设等配套制度,社会层面对个人破产的接受度比较高,需求更加迫切,从省域范围来讲对全国也具有更强的可复制性。因此,要有更高站位,放在共同富裕示范区建设和社会治理体系和治理能力提升的视野中谋划推进;要有更加积极的担当作为,在 2021 年确定“2 + 10”重点突破法院的基础上,研究扩大重点突破法院的范围,明确 2022 年的总体工作要求;要有更扎实的工作举措,内引外联,全面深入推进个人债务集中清理工作。

二是守正创新,继续加强内部工作机制和制度建设。准确定位执行与破产的制度功能,在个人债务集中清理工作中充分考虑执行程序与破产程序在人员、措施等方面的衔接,探索细化列入失信名单的情形,不能均“一刀切”列入失信名单。针对被执行人确实没有能力清偿全部债务的,要及时移送个人债务集中清理。通过实施个人债务集中清理,反向助推执行制度回归“强制执行”本位,强调是对“有履行能力而拒不履行生效法律文书确定义务的”当事人采取强制执行措施,“没有履行能力”的诚信债务人进行个人债务集中清理。推进法院工作流程、管理人工作流程、法律文书制作“三个规范化”。

三是内外联动,继续推动外部配套制度完善。要继续加强各种途径和方式的宣传引导,提升个人债务集中清理工作的社会认知度和接受度。要将个人债务集中清理工作与企业破产审判工作紧密结合起来,通过破产审判府院联席会议等方式积极推动自然人财产登记和调查、信用体系建设、债务人监管、高消费和任职等行为限制、打击“逃废债”、公职管理人等相关配套制度的建立健全。

附件:

2021 年浙江法院个人债务集中清理十大典型案例

案例 1:金某甲个人债务集中清理案

【关键词】专业化审判团队;“一揽子”解决方案;信访化解

【受理法院】建德市人民法院

【合议庭成员】仇盛、鲁军、廖明军

【债务人户籍地】建德市××街道××村×号

【管理人】浙江智仁律师事务所

【基本案情】

债务人金某甲因投资经营失败,自 2009 年开始借贷,逐步陷入高利贷的旋涡中,最终导致债务规模难以承受。截至申请个人债务集中清理日前,欠款本金就达 300 余万元,且与各债权人的矛盾积怨近 10 年。2021 年 6 月,62 岁的金某甲向建德市人民法院申请个人债务集中清理,并将其名下的拆迁安置房处置款用于清偿部分债务。

【清理情况】

建德市人民法院考虑案件的复杂性,决定由执行局员额法官担任审判长并主审,破产庭法官参与合议庭,同时指定浙江智仁律师事务所担任管理人,对金某甲的资产状况进行详尽调查。管理人对接金某甲及其直系亲属,详细了解其负债的原因及过程,确定将所有债权人一并纳入清理范围,制定“一揽子”化解矛盾方案。2021 年 7 月 20 日,建德市人民法院主持召开第一次债权人会议,12 位债权人申报债权金额 630 万余元,到会债权人对表决规则进行审议表决并得到全票通过。随后,管理人着手拟定《个人债务清理方案暨债务人财产分配方案》,并积极听取债权人意见。由于各债权年数较长,债权人对金某甲积怨颇深、意见较大,部分债权人对个人债务集中清理存在抵触情绪,合议庭成员会同管理人与各债权人逐一进行协商,释明个人债务集中清理程序的目的和意义,做好疏导工作,得到了债权人的理解与支持。

在拟定分配方案过程中查明,金某甲现有的财产为其拆迁安置房,均被查封,其中两套房产已被拍卖,拍卖款可用于偿债资金;另外一套房产因存在权属

争议,未能启动拍卖程序。该房产由案外人居住,因被查封而无法办理过户手续,案外人先后提起多起诉讼均被驳回,为此案外人持续信访。现该房产登记在金某甲的名下,若不对其进行处置,则分配方案难以获得债权人支持,个人债务集中清理程序也不彻底;若对其进行处置,对案外人权益进行搁置,则房屋腾退将非常困难。合议庭法官会同管理人多次召开线上、线下专题会议,就案涉房产处置进行研讨会商,确定将案外人的购房款作为债务人的偿债资金,其自身权益转化为对债务人的债权,与其他债权人一起参与分配的方案。这样一方面保护了案外人的合法权益,避免了腾房压力;另一方面提高了全体债权人的受偿比例。经数次协商,案外人将购房款缴纳至法院,作为偿债资金的组成部分供全体债权人分配,案外人作为债权人参与分配。至此,分配方案在债权人会议上顺利表决通过,债权人的本金受偿率达到90%。随后,建德市人民法院对案涉房产解除查封,案外人顺利地办理了过户手续,一场多年的信访纠纷得以彻底化解。

【典型意义】

一是组建专业化审判团队,提高审理效果。明确执行局和破产庭的职责分工与合作,确定个人债务集中清理案件由执行局员额法官主审,破产庭法官参与合议庭审理,完善"执""破"合作机制,形成"执""破"衔接合力。二是个人债务集中清理与和信访矛盾化解相结合,确定"一揽子"化解矛盾方案,发挥管理人作用,通过多方努力,使债权人获得公平清偿;让债务人从沉重的债务负担中得以解脱,回归正常生活秩序,重燃生活希望,充分体现个人债务集中清理程序概括执行、高效的特点。

案例2:傅某个人债务集中清理案

【关键词】债权转让方式促成一致决

【受理法院】宁海县人民法院

【合议庭成员】娄焕晓、严慧慧、卢娜

【债务人户籍地】宁海县××街道××村

【管理人】浙江合创律师事务所

【基本案情】

傅某在2005年开办了一家橡塑模具厂,为了扩大生产规模,傅某从2008年开始对外借款,因融资成本较高,最终资金链断裂,无法清偿借款本息,橡塑模具

厂也倒闭关停。之后,傅某及配偶外出打工,现傅某从事土特产零售工作,其配偶从事仓库管理工作,家庭年收入不足 9 万元,家庭资产仅有拆迁可获得的房屋及少量拆迁款,因尚未补足购房款,也一直未能拿到房屋并对外出售偿债。2019 年有 1 名债权人起诉傅某偿还借款并进入执行程序,后陆续有 10 余名债权人向宁海县人民法院起诉。经了解,傅某尚未进入诉讼程序的债务本金达 300 万元,涉及债权人近 30 人,基本为债务人的同学、朋友以及同村人,对债务人的品格、家庭、资产等都较了解,具备尝试个人债务集中清理的现实基础。后傅某向宁海县人民法院提出个人债务集中清理申请,宁海县人民法院于 2021 年 5 月 29 日立案审查,并依法指定管理人。

【清理情况】

截至申报期满,管理人共接受 32 名债权人共计 500 余万元债权申报,除拆迁公司外均为自然人。经审核,管理人最终确认 27 名债权人共计 350 余万元债权,不予确认的包括未约定利息等。经管理人调查,傅某尚有一孩在上大学以及母亲需要赡养,傅某及配偶的收入与日常经营、开支、信用卡还款等基本持平。名下有位于非主城区的拆迁房屋 1 套,尚欠拆迁公司购房款 30 余万元;拆迁款 10 余万元,资产不足以清偿全部债务。傅某名下有其他土地和房屋,但经管理人核查,部分是挂名,部分早已出售用于归还债务。上述情况也向债权人会议进行通报,无债权人提出异议。

2021 年 10 月,宁海县人民法院召开第二次债权人会议,通报了债权审核结果以及傅某债务清偿方案,清偿方案主要内容为:(1)拆迁获得的房屋通过拍卖,优先偿还购房款后,剩余款项按照管理人审核的债权金额按比例分配;(2)在前述分配比例基础上,傅某承诺在 5 年内提高 10% 比例并保证债权最终清偿比例不低于 35%。经表决,2 名债权人不同意清偿方案,要求清偿比例不低于 50%,清理程序一度陷入僵局。考虑不同意的 2 名债权人债权金额不大,仅为 15 万余元,相差比例也仅为 15%。其他债权人主动提出债权转让方式,不同意的债权人将债权转让给其他债权人,由受让的债权人支付差额。最终全体债权人一致通过债务清偿方案。宁海县人民法院裁定认可清偿方案,并进入实施阶段。

【典型意义】

本案的个人债务集中清理工作具有典型意义,一是探索全体一致决原则的灵活适用。经管理审核确认的债权人数有 27 名,除拆迁公司申报的购房款外,其余债权人均为自然人;经第一次表决,通过率即达到人数的74%以上、金额的95%以上。同时,对于不同意的债权人,主要考虑债权金额不大、相差不多,若因此导致个人债务清理程序无法进行,则其他债权人需要通过诉讼程序实现债权的成本也远高于受让债权支出的费用,进而通过其他债权人补足差额方式受让不同意债权人的债权,以达到全体债权人一致通过清偿方案。另外,债务人现经营期间产生的债务如信用卡债务不作申报,由债务人的经营收入自行偿还,避免金融债权表决困境。二是"一揽子"化解纠纷。债务人仅有1件执行案件,若通过诉讼程序实现债权,预计产生64件诉讼、执行案件;另外,以管理人最终确认的金额计算,也将产生诉讼费、执行费15万余元,这将直接影响资产处置后的可分配金额,降低了清偿率。通过个人债务集中清理程序"一揽子"化解纠纷,取得了很好的成效。

案例3:金某乙个人债务集中清理案

【关键词】金融债权;实质豁免担保债务;不设考察期;公职管理人

【受理法院】温州市中级人民法院

【合议庭成员】方飞潮、叶飞、何士锋

【债务人户籍地】温州市鹿城区××街道××路××号××室

【管理人】温州市华东公证处公证员林成丽(公职管理人)

【基本案情】

债务人金某乙之父经营某家具公司,因经营需要,向中国民生银行股份有限公司温州分行(以下简称民生银行温州分行)借款200万元用于企业经营。债务人金某乙作为保证人之一,为其父的上述借款提供连带责任保证。因企业经营不善,借款后其父未能按约还款,民生银行温州分行遂向温州市瓯海区人民法院提起诉讼。经温州市瓯海区人民法院判决,金某乙之父需偿付借款本金1,448,904.43元、期内利息918.7元及逾期利息,金某乙等3名保证人承担连带责任。

判决生效后,金某乙之父等人未能履行该判决,民生银行温州分行遂向温州市瓯海区人民法院申请强制执行。经强制执行,被执行人名下无其他可供执行财产,温州市瓯海区人民法院裁定终结该次执行程序。经执行,债务人金某乙仍需连带偿还债务100余万元。

2020 年 10 月 10 日,债务人金某乙以不能履行生效法律文书确定的金额给付义务,且资产不足以清偿全部债务或者明显缺乏清偿能力为由,向法院申请个人债务集中清理。2020 年 11 月 2 日,温州市中级人民法院裁定受理。次日,根据温州市人民政府办公室印发的《在个人债务集中清理工作中探索建立公职管理人制度的府院联席会议纪要》,指定温州市华东公证处公证员林成丽担任公职管理人。

【清理情况】

管理人接管后,利用其公证员和管理人的双重身份优势,同时借助法院执行系统和公证系统双管齐下,全面调查债务人金某乙及其亲属名下财产。通过对浙江法院执行查控系统和浙江省公证业务中的温州市不动产信息查询接口和温州市个人车辆信息查询接口等系统的细致查询,均未发现债务人名下有任何财产。

经管理人调查。债务人金某乙目前在某公司上班,月薪约 4000 元,除工资收入外无其他收入。债务人本人及其父母、前妻、儿子名下均无车辆和不动产,亦无对外债权、投资等其他财产。金某乙与前妻的儿子未成年,离婚判决由金某乙抚养至成年。除申请人自身的生活费用外,金某乙还需承担儿子的抚养费、父母的赡养费等。

2020 年 12 月 18 日,温州市中级人民法院主持召开第一次债权人会议。经债权人会议核查、法院裁定确认的债权金额为 1,052,905.36 元。2020 年 12 月 23 日,管理人向法院申请裁定认可经债权人会议通过的个人债务集中清理方案,方案确定:金某乙于 2021 年 3 月 15 日之前一次性归还人民币 34 万元,免除其剩余债务,并同意不设行为考察期。若不按上述约定归还款项,民生银行温州分行将按原判决书确定的债务继续向法院申请执行。2020 年 12 月 24 日,温州市中级人民法院裁定认可个人债务集中清理方案。2021 年 2 月 25 日,因债务人金某乙的亲朋好友代其清偿 34 万元,个人债务集中清理方案实际履行完毕。

【典型意义】

本案债权人系总行不在本地的金融机构,其能实质性豁免部分担保债务,对实现金融债权豁免难题的突破,具有探索意义。(1)消除金融债权实质性豁免主观障碍。为推动金融机构债权人积极参与个人债务集中清理,温州破产法庭专门赴温州市银保监会调研,并召集各金融机构代表参会,听取各银行的顾虑。例如,部分金融机构简单地认为,个人债务集中清理是为借款人或担保人减免债务,甚至认为,破产制度可能帮助债务人逃废债务,未能认识到此项工作对深化、规范风险处置和提升信用环境建设的重要作用。会上,法院对金融机构的顾虑进行了逐一回应和解答。(2)打通金融机构内部免债机制与司法程序的客观壁垒。金融机构内部存在系统的债务减免机制,如呆账核销、不良资产转让等。通过个人债务集中清理,形成金融机构债权人由私力救济转向公力救济的规范化路径。以经过司法程序的债务人财产情况调查结果,为金融机构内部的免债程序提供助力,弥补当前个人破产法缺失情况下自然人债务难以退出的制度性缺失,同时使金融机构债权人的债务豁免决策更加规范。(3)强化府院联动,引入公职管理人制度提升金融债权人认可度。为解决个人债务集中清理中出现的管理人报酬难、失权期间监管困难等问题,温州创设公职管理人制度,降低了个人债务集中清理程序的成本,提高了管理人的履职行为公信力。本案公职管理人充分利用其公证员的职业优势,通过公证系统辅助法院执行查控系统,更加全面地调查债务人的财产状况。

案例4:施某某个人债务集中清理案

【关键词】确无财产可供执行;自由财产;删除失信

【受理法院】平阳县人民法院

【合议庭成员】林寿兵、张朝晖、林安民

【债务人户籍地】平阳县××镇××路××号

【管理人】温州诚达会计师事务所

【基本案情】

2020年4月,申请人施某某以其资产不足以清偿全部债务,明显缺乏清偿能力为由,向平阳县人民法院申请对个人债务集中进行清理。平阳县人民法院裁定受理后指定了管理人。截至2020年6月,共计4户债权人(其中3户为金融机构)向管理人申报债权,申报债权总额1,125,464.64元。经审查,确认债权总额1,050,853.82元。2020年10月,管理人向平阳县人民法院提出申请,称施某某的个人债务集中清理方案经二次提请全体债权人表决,均无法通过。因此,请求法院裁定终结施某某的个人债务集中清理程序。

【清理情况】

平阳县人民法院受理本案后,经调查,发现债务人名下开立有1家平阳县某美容店的个体工商户店铺,店铺登记的房产坐落于平阳县水头镇××路××号,系其与前夫共有,已于2019年1月被执行拍卖。债务人名下无任何房产、车辆、存款、保险、股权、债权、住房公积金、知识产权及其他财产,无固定工作,每月收入不稳定,平均月收入3500元,2019年7月经法院调解与其前夫离婚。其女儿17岁,是初三学生,处于义务教育阶段,每年伙食费约2000元。其母亲71岁,在当地敬老院帮工,生活基本能自理,其父亲78岁,身体较健康,父母皆无养老保险,无退休金。截至目前,债务人无不诚信行为。

对此,平阳县人民法院召集债权人听证会,向债权人释明个人债务集中清理程序在引入管理人进行财产调查、债务人财产申报等方面的程序利益。经过协商,全体债权人对个人债务集中清理程序中债务人申报的财产均无异议,同意每月留存3060元作为施某某的自由财产。经查,施某某确属无财产可供执行的债务人。平阳县人民法院依照《最高人民法院关于公布失信被执行人名单信息的若干规定》第10条第4款规定,决定提前删除施某某失信信息。经平阳县人民法院审判委员会讨论决定,参照《浙江法院个人债务集中清理(类个人破产)工作指引(试行)》第57条的规定,裁定:自2020年10月23日起至2025年10月23日止为施某某5年行为考察期。在考察期满后,符合行为考察条件的,终结施某某名下强制执行案件的执行程序。同日,平阳县人民法院向施某某送达了行为限制令。

【典型意义】

法律的功能,不仅在于提供一套行为规范,还在于促进人民实现对公平、正义、自由、秩序等法律价值的诉求。自由财产制度是个人破产中基于维持债务人及其抚养家属的生活等基本需要,而保留部分财产给该债务人继续支配的制度。债务人可以向人民法院申请对某些财产不作为破产财产偿还债务。在本案中,考虑债务人租房、家庭成员教育支出等基本生活保障需要,债权人在清理方案中同意为债务人保留必要的生活费和医疗费,就是对个人破产中自由财产理念的体现。经过充分调查债务人的财产状况,在确无财产可供执行的情况下,重新进行个人信用评价。债务人申请个人债务集中清理属于主动纠正失信行为,本案适用失权复权,提前删除被执行人的失信信息,也体现了依法精准适用失信惩戒和限制消费措施、严格区分失信与丧失履行能力的政策导向。

案例5:沈某个人债务集中清理案

【关键词】创新表决规则;预留分配份额;金融机构债权人认同;和解方式结案

【受理法院】长兴县人民法院

【合议庭成员】臧峻月、张新江、臧丽娟

【债务人户籍地】长兴县××街道××村××小区×号

【管理人】浙江浙杭(长兴)律师事务所

【基本案情】

2011年9月,债务人沈某及妻子借款经营家具店,由于经营不善,亏损50多万元。沈某还为其朋友姚某提供担保,姚某借款到期未还,沈某又借款代为清偿债务。自2016年7月起,沈某的债务高达230余万元,无力归还,导致多位债权人诉至法院。在执行中,沈某名下除公积金20万元及退休工资外,无其他可供执行的财产。2021年8月9日,沈某以不能清偿到期债务且资产不足以清偿全部债务为由,向长兴县人民法院申请个人债务集中清理。2021年8月23日,长兴县人民法院裁定受理沈某个人债务集中清理案,并指定管理人。

【清理情况】

在债权申报期间,共有14名债权人申报债权2,385,347元。管理人确认普通债权为2,282,199元,优先债权为40,000元。参照《企业破产法》《浙江法院个人债务集中清理(类个人破产)工作指引(试行)》等,长兴县人民法院指导管理人制定《债权人会议表决规则方案》。在债权申报期间,管理人积极引导债权人,全部同意签署《债权人会议表决规则方案》,简化后续流程,提高个人债务集中清理案件的效率。

本案有3名债权人共计119,323元的债权已经生效法律文书确认,该3名债权人因已向法院申请执行而不愿意向管理人申报债权。管理人在积极沟通做好引导工作的同时,将该3名债权人的未申报债权在和解协议方案中设置与申报债权同等清偿比例的方案予以平衡。本案涉及4家金融机构债权人,普通债权金额为1,002,344元。法院和管理人多次分别与各金融机构债权人沟通磋商,使其理解个人债务集中清理程序相较于执行程序有更高的清偿率和更快的执行

力。最终,4 家金融机构债权人打消疑虑,均同意和解协议方案中普通债权的清偿比例为 21.45%,其余作为坏账进行核销。

管理人在债务人沈某主动申报财产后,对其名下财产进行了详尽的核实。综合考虑债务人现有财产和未来退休工资收入等情况,管理人提出清偿期限为 6 年,优先债权 40,000 元全额清偿,普通债权清偿比例为 21.45% 的和解方案,并制定了和解协议方案。将和解协议方案提交债权人会议表决,最终获得全体债权人一致通过。2021 年 9 月 28 日,法院裁定认可该和解协议,并终结沈某个人债务集中清理程序。

【典型意义】

沈某个人债务集中清理案的典型意义在于:一是在和解协议方案中为已申请执行但不申报债权的债权人预留财产分配份额。灵活创设预留份额的方案机制,使各方债权人的利益均得以保障和平衡。二是金融机构债权人认同和解协议。法院和管理人相互配合,与金融机构进行充分沟通和磋商,取得金融机构的支持,认可和解协议方案,对债务人的债务进行了部分豁免,积极探索以公力救济途径处理"坏账"的新模式。三是以和解方式结案,全体债权人一致通过和解协议。债务人承诺将按照和解协议的规定,对债权如约分期清偿,既减轻了债权人的损失,又使诚信债务人摆脱债务困境,实现多方利益的共赢。

案例 6:章某某个人债务重整案

【关键词】金融机构融资;第三人担保;劣后承诺;债权本息全额清偿;"枫桥经验"

【受理法院】诸暨市人民法院

【合议庭成员】斯丽英、周超、徐龙华

【债务人户籍地】诸暨市××乡××号

【管理人】浙江浣纱律师事务所

【基本案情】

章某某系在职公务员。2016 年前后,其因炒股失利而债台高筑,债权人起诉至法院并执行后,其账户被冻结,且被列入失信被执行人名单。2021 年 7 月 9 日,章某某向诸暨市人民法院申请进行个人债务集中清理,诸暨市人民法院裁定受理并指定管理人。

【清理情况】

章某某自行申报现有可供分配财产总额约为18.2万元,暂无其他财产权益。另外,债务人已离异,婚生子与前妻共同生活。诸暨市人民法院指定管理人后指导管理人参照《浙江法院个人债务集中清理(类个人破产)工作指引(试行)》(以下简称《指引》)及《诸暨法院个债清理规程(试行)》进行债务人个人债务集中清理工作。主要包括以下事项:

一是核查并通知已知债权人申报债权。结合诸暨市人民法院审判执行系统、银行征信查询及债务人提供的已知债权信息,本案已知债权人共15户,主要包括多户金融债权以及部分具备特定身份关系的债权,如赡养费、抚养费及亲戚借贷等。管理人共接收6户债权人(其中5户为金融债权人)向管理人申报债权。另外,部分具备特定身份关系的债权,经管理人释明后,均放弃申报。

二是详尽资产核查,并对债务人在临界期内是否存在偏颇清偿、不合理交易等行为予以核查。经查,债务人不存在《指引》第30条列明的偏颇清偿等不诚信行为。另查明,债务人公积金账户内尚存余额合计182,325.94元,经诸暨市人民法院多次沟通,通过执行划扣方式进行划付,最大限度归集可供清偿财产。

三是引入投资人进行"重整贷"融资。根据债务人现有资产情况,若通过执行程序,清理周期较长,且不足以清偿所有债务。考虑债务人系在职公务员,有稳定的收入,可以进行个人债务重整,债务人本人的意愿也很明确。在法院指导下,管理人与多家金融机构联系,最终浙江稠州商业银行绍兴分行作为投资人参与债务人重整程序,并提供不超出20万元额度的重整融资。

通过重整融资,债务人合计共有可供清偿财产648,275.52元,6户申报的债权本息清偿率均达到100%。全体债权人亦决议通过《章某某个人债务重整方案》,现该方案已分配执行完毕。

【典型意义】

(1)金融机构提供市场化融资。由浙江稠州商业银行股份有限公司绍兴分行作为投资人提供"重整贷",该行也与诸暨市人民法院签订合作协议。较之于债务人自筹款项而言,金融机构利率相对较低,且债权人能够尽快实现债权回收的目的。另外,为保障金融机构重整融资能够顺利实现债权,在债务人与金融机构签订重整融资协议的同时,管理人也与金融机构签订四方协议,监督重整融资款项的发放、分配、偿还等一系列事宜。(2)部分债权人作劣后承诺。在债权申报过程中,经释明、沟通,债务人章某某前妻的抚养费债权、其父母的赡养费债权以及其多名亲属的借贷债权,均向管理人书面承诺,“在金融机构重整融资、金融债权未获清偿之前,不向债务人章某某主张权利”。(3)债权本息全额清偿,100%表决通过《个人债务重整方案》。6 户债权人合计申报债权 719,244.12 元,其中债权本息合计 648,275.52 元,迟延履行债务利息 70,968.6 元。通过重整融资及公积金划扣,除迟延履行债务利息外(相关金融机构最终承诺放弃该部分债权),申报的 6 户债权本息均获得全额清偿,实现债务人、债权人的“双赢”结果。

案例 7:杨某个人债务集中清理案

【关键词】诚实信用;金融机构助力;社会示范效果

【受理法院】衢州市柯城区人民法院

【合议庭成员】徐荣华、刘道平、王俪婧

【债务人户籍地】柯城区××府×幢×单元×室

【管理人】浙江南孔律师事务所

【基本案情】

债务人杨某系某建筑工程国企员工。2012 年,因与前夫经商失败,杨某负债 300 余万元,被法院强制执行。2013 年,夫妻离婚,前夫远走他乡,留下杨某独自抚养女儿和偿还债务,每月 5000 余元工资中的 3000 元用于还款。但杨某仍积极向上,相继考取了一级、二级建造师证。自 2016 年起,杨某父母为减轻女儿负担,自愿每月为杨某还款 3000 元。截至 2021 年 6 月申请之日,8 年多时间杨某一家清偿债务 120 余万元。但因债务利息持续增加,剩余债务本息仍有 180 余万元。父母日渐年迈多病,面对巨额债务,杨某一家不堪重负,生活陷入绝望。2021 年 6 月 16 日,衢州市柯城区人民法院(以下简称柯城法院)受理杨某的个人债务集中清理申请,并指定管理人。

【清理情况】

法院受理后在报纸、法院外网同步发布债权申报公告,共有 5 位债权人向管理人申报 5 笔债权,审核认定债权总额 1,804,145.31 元,其中本金 1,115,091.29 元。2021 年 7 月 13 日,柯城法院召开第一次债权人会议,管理人将杨某一家多年来积极还款的行为整理成图片并通过 PPT 的形式予以展示,同时提出了 3 种备选清理方案如下:(1)由杨某分 5 年清偿 50% 债权本金,剩余债务由债权人向

共同债务人(杨某前夫)主张;(2)由杨某一次性清偿25%债权本金,剩余债务由债权人向共同债务人主张;(3)杨某一次性清偿50%本金,债权人免除剩余全部债务,放弃向共同债务人主张权利。债权人有感于杨某的诚信,初步接受第三种方案。为畅通杨某“解困松绑”有效渠道,柯城法院与金融机构多次沟通协调,于2021年9月29日与稠州银行衢州分行达成了“个人债务集中清理重整贷”战略合作。杨某以父母房产作为抵押担保,向该银行申请贷款557,545元,款项专项用于清理本案债务。2021年10月8日,柯城法院召开第二次债权人会议,管理人向债权人分配了债权本金的50%,债权人放弃剩余50%本金及全部利息,放弃向其他共同债务人主张还款的权利,并不对杨某设置行为考察期,至此杨某所有债务清理完毕。值得一提的是,法院在回访中得知,其中一位债权人被杨某的诚信打动,欲高薪聘请其就职,而原单位也承诺一次性预支5年薪资帮助杨某提前清偿部分银行贷款,最终杨某感念于原单位选择留下。无“债”一身轻的杨某积极工作,2022年1月被评选为衢州市工程建设综合评标专家,实现了更大的人生价值。

【典型意义】

本案是针对“诚实而不幸”的债务人,通过亲人、金融机构贷款的帮助获得债权人谅解、实现社会价值的典型案例。一是严格限定清理对象,防止程序滥用。本案经充分调查确定杨某确系“诚实而不幸”债务人,首先,负债原因是经营失败;其次,多年来积极还款并得到亲人的支持;最后,在被列入失信名单后,仍努力提升个人还款能力。本案既向“诚实而不幸”的债务人释放了“诚信可期”的积极信号,也体现了对被执行人宽严相济的原则,对诚信、有积极偿债意愿及行动的被执行人,法院、债权人、全社会将给予其帮助及宽容。二是打破融资难壁垒,搭建清理新路径。本案“个人债务集中清理重整贷”是专门为诚信债务人量身定制的贷款业务,是对被执行人现实需求的回应,为债务人快速筹集清理资金提供了支持与助力。三是发挥诚信示范作用。本案杨某清理成功后,不仅回归正常生活,还在单位、社会实现了更大人生价值。其亲身经历就是诚信教育的有力载体,激励和鼓舞所有被执行人诚实守信,积极主动清偿债务,重新为社会创造价值。

案例 8:陈某个人债务集中清理案

【关键词】执破融合;房产处置

【受理法院】天台县人民法院

【合议庭成员】施林鸟、王其委、忻鹏宇

【债务人户籍地】天台县××街道××花园×幢×单元

【管理人】无

【基本案情】

陈某本来拥有一个幸福的家庭,夫妻双方均有稳定的工作,但是由于前夫炒股失败对外负债,陈某不得不承担共同还款责任。2021 年,天台县人民法院拍卖了陈某的房屋后,陈某在天台县人民法院共有 3 件执行案件未履行完毕,涉案普通债权标的共计 113.5 万元。执行法官发现陈某符合申请个人债务集中清理的条件,引导陈某提出申请。陈某以不能清偿到期债务和明显缺乏清偿能力为由,提出申请并提交财产申报表、征信报告、近 5 年流水,签署无不诚信行为承诺书。2021 年 9 月 22 日,天台县人民法院受理陈某个人债务集中清理案。

【清理情况】

案件受理后,陈某提出债务重整方案,即通过第三人代偿以及放弃领取安置费而将拍卖款全部用于清偿的方式一次性清偿 52.3 万元。

在清理过程中,天台县人民法院积极宣传个人债务集中清理的目的及意义,并向债权人释明个人债务集中清理程序对于债务人诚实而不幸的基本要求,各债权人均对陈某背负夫妻共同债务表示同情,但是认为清偿金额过低。事后,陈某亲属表示愿意再替陈某清偿 3 万元,后 3 位债权人因考虑陈某已经退休,如果按正常执行,需要 15 年才能清偿 55.3 万元,经沟通协商,最终同意了该债务清理方案。

【典型意义】

对 2021 年天台县人民法院涉房产处置的执行案件进行分析,房产被拍卖后仍然不能清偿全部债务的债务人有 212 人,共有 739 件执行案件因无财产可供执行而以终结本次执行程序的方式结案。如果能够有效解决此类案件,不但能够畅通这类执行不能案件的退出路径,而且能让诚实而不幸的债务人获得“重生”。为此,天台县人民法院推进执破融合工作,出台《关于个人债务清理“立审执破”

预立案审查的实施意见》,实现从“被动受理”向“主动筛选”转变。对执行中拟处置被执行人房产的执行案件,在资产处置后由执行案件承办法官引导债务人申请个人债务集中清理,再由执行局员额法官进行审理,通过对部分安置费用的调整和引入第三方代偿的方式来提高清偿率,从而实现成功清理。本案由执行局员额法官办理,能有效发挥执行部门在财产调查、解除强制措施等协助工作上的优势。

个人债务集中清理具备了个人破产的制度要素,与一般执行程序相比,个人债务集中清理具有概括执行的特点,能够一次性解决所有纠纷。本案为涉及房产处置的执行终本案件提供了有效退出机制,为推进执破融合工作提供了新的思路。

案例9:王某某个人债务重整案

【关键词】个人债务重整;涉执信访矛盾化解;整体共赢

【受理法院】遂昌县人民法院

【合议庭成员】张建华、唐春萍、杨全保

【债务人户籍地】遂昌县××街道××街××弄××号

【管理人】浙江开弘律师事务所

【基本案情】

2014年12月24日,遂昌县人民法院立案执行申请执行人叶某某和被执行人王某某民间借贷案,执行标的额190,000元。执行过程中,法院通过“点对点”财产查询、线下调查等方式,均未发现被执行人王某某有可供执行的财产。2015年6月9日,法院将王某某纳入失信被执行人名单,并对该案予以程序终结。此后,法院又陆续立案王某某为被执行人的案件10件,累计执行标的额达260余万元,均以程序终结结案。

遂昌县人民法院在王某某系列案件执行过程中发现,王某某早年因做工程失败而背负300余万元巨额债务,拖欠至今已长达20余年。由于债务多、金额大,尤其是逾期利息逐年增加,加之,自2002年起王某某母亲生病瘫痪在床需要人照顾,长期以来王某某一边照顾母亲,一边靠打零工维持基本生活,根本无力清偿巨额债务。每当债权人上门讨债时,他就四处逃避,因此多次遭到债权人的威胁甚至殴打。

2020 年下半年,遂昌县人民法院被浙江省高级人民法院确定为全省个人债务集中清理重点突破法院,开展个人债务集中清理工作。2021 年 4 月,因王某某父亲(已故)的房产被征迁,王某某继承了 237 万元拆迁款。2021 年 4 月 21 日,王某某在得知遂昌县人民法院正在试行通过个人债务重整"一揽子"解决债务的做法后,为了彻底解决自己长达 20 多年的债务问题,不再过四处躲债、担惊受怕的日子,便主动向法院提交了个人债务重整申请书。

【重整情况】

在王某某向遂昌县人民法院申请个人债务重整后,除已进入执行程序的 11 件案件外,王某某还主动申报了未进入司法程序的 32 笔债务。重整过程中,遂昌县人民法院审查确认王某某对外欠债 355 万余元,可分配款项为 237 万元,由于债权人之一的遂昌县某商业银行以内部规定不允许为由不愿作出让步,重整陷入僵局。为妥善化解矛盾,法院多次与银行等债权人进行沟通协调,最终促成遂昌县某商业银行修改内部规定,并组织各方债权人就债权受偿比例达成一致。成功达成协议后,遂昌县某商业银行表示该行将以本案为起点,依托遂昌县人民法院个人债务重整制度对其个人不良贷款处置机制进行改革,最大限度实现其自身不良贷款回收的同时,帮助更多债务人摆脱债务危机过上正常生活,实现整体共赢。

2021 年 6 月 21 日,各方债权人正式达成按一定比例受偿的重整方案。2021 年 6 月 24 日,遂昌县人民法院将全部执行款项汇至各债权人银行账户。2021 年 6 月 25 日,该院作出终结申请人王某某的个人债务重整程序的裁定,对王某某为被执行人的 11 件案件全部以执行完毕方式结案,并解除对王某某的所有强制执行措施。

【典型意义】

涉执信访化解工作是法院执行工作的延伸和重要组成部分,也是体现司法和谐、公平公正的"晴雨表"。涉执信访案件如果不及时解决,不仅会造成当事人的诉累,破坏社会和谐稳定,而且会损害法律尊严和司法权威。本案系遂昌县人民法院积极引入个人债务重整制度成功化解涉执信访矛盾纠纷的典型案例,畅通此类"执行不能"案件依法退出路径,充分考量和平衡各方当事人的利益,确保债务免除的合法性、适度性和合理性,积极开展具有个人破产制度实质功能的"个人债务重整"工作。

案例10:胡某、吴某个人债务集中清理案

【关键词】财产申报不实;诚信度表决;恶意逃债

【受理法院】龙游县人民法院

【合议庭成员】李浙西、周煜恒、童昱

【债务人户籍地】龙游县××街道××路××号

【管理人】浙江论剑律师事务所

【基本案情】

债务人胡某、吴某系夫妻,二人多年经营外贸生意,并投资设立多家贸易公司。因经营不善,欠下巨额债务。随着债权人陆续起诉至法院,并申请强制执行,二人成为被执行人,涉及执行案件22件,金额380万余元。在强制执行程序中,二人名下房产与车辆被依法处置,用于偿还债务。2021年10月22日,胡某、吴某以不能清偿到期债务,并且资产不足以清偿全部债务为由,向法院申请进行个人债务集中清理。

【清理情况】

2021年11月1日,龙游县人民法院裁定受理申请,并于同日指定浙江论剑律师事务所为管理人。管理人经指定后,开展债权申报和审查工作,经统计,共有7户债权人向管理人申报了7笔债权,确认债权总金额为9,939,718.84元。同时,根据债务人填写的财产申报表载明的信息,管理人实地前往安徽蒙城、浙江兰溪等地开展调查核实工作。

管理人在调查中发现,申请人对外投资多家公司却未如实申报,更有证据指向申请人有收入未用于清偿执行债务。面对管理人的质询,申请人辩称,上述公司系多年前投资,公司名下无财产,也不具有任何价值。在调查中,债权人还提供债务人有不少收入未用于清偿债务的线索,经调查发现债务人隐瞒以现金方式领取工资的事实,与其申报的财产状况明显不符。对此,债务人未如实向管理人作出解释和说明。在个人债务集中清理程序推进过程中,二人配合度低,态度变得消极,影响清理程序的正常推进。

2021年12月3日,龙游县人民法院召开胡某、吴某个人债务集中清理程序债权人会议,两债务人无正当理由未出席接受债权人质询,且根据会上债权人对债务人诚信度表决,无一债权人对二人投诚信票。管理人根据调查结果,认为债

务人未向人民法院及管理人如实申报全部财产及收入情况,无法认定其属于“诚实而不幸”的债务人,据此,管理人于会后提请龙游县人民法院终止二人个人债务集中清理程序,并建议恢复强制执行措施。龙游县人民法院于 2021 年 12 月 14 日作出裁定,终止胡某、吴某的个人债务集中清理程序,并交由执行部门恢复执行措施。

【典型意义】

在个人债务集中清理程序中,将有履行能力而拒不履行生效法律文书确定义务的债务人与“诚实而不幸”的债务人予以区分尤为关键。除通过财产申报等方式确定是否有需要终止个人债务集中清理程序的情形外,通过创设债权人会议对申请人的诚信度表决等程序,将表决结果作为判断申请人是否“诚实而不幸”的一项重要参考,既体现了对债权人意愿的充分尊重,也是关乎此后和解协议能否顺利达成的“先期测验”。本案经对债务人进行债务清理,发现债务人存在未如实申报全部财产收入的不当行为,并未作出合理解释及说明,导致无法取得债权人的谅解,不宜认定其为诚信债务人。少数债务人瞄准了该项制度的人性化特点,试图通过该程序达到恶意逃债目的,本案正是给部分心存侥幸心理的申请人敲响警钟,若其故意隐瞒或者未如实申报,则个人债务集中清理程序是很好的“照妖镜”,让隐匿财产、逃避执行等行为显形,更不会让“假清理、真逃债”的图谋得逞。

2020年浙江法院个人债务集中清理(类个人破产)工作报告暨典型案例

浙江省高级人民法院*

前　言

2019年2月27日,最高人民法院发布《关于深化人民法院司法体制综合配套改革的意见》,首次提出研究推动建立个人破产制度,并将其作为解决针对个人执行不能案件的重要举措列入"五五改革纲要"(2019—2023)之中。同年6月3日,最高人民法院出台《人民法院执行工作纲要》(2019—2023),明确指出要开展与个人破产制度功能相当的试点工作,为建立个人破产制度打下实践基础。7月16日,国家发展和改革委员会等13部门印发《加快完善市场主体退出制度改革方案》,明确要研究建立个人破产制度,重点解决企业破产产生的自然人连带责任担保债务问题。7月26日,国家发展和改革委员会财金司有关负责人就《加快完善市场主体退出制度改革方案》答记者问时表示,该改革方案提出分步推进建立自然人破产制度,需要强调两点:首先,个人破产制度是为陷入严重财务困境但诚实守信的个人提供债务重组机

---

* 报告起草组成员:徐建新、鞠海亭、王雄飞、徐萃文、陈斌、钱为民、陈裕琨。

会,促进债务人继续创业创新,同时起到防范居民部门债务风险、维护社会稳定的作用,前提是任何人不得恶意逃废债;其次,建立个人破产制度是一项涉及面广、复杂程度高的系统性工作,需立法先行而后逐步推开,当前重点任务是在充分建立社会共识基础上推动个人破产立法。2020 年 5 月 11 日,中共中央、国务院印发《关于新时代加快完善社会主义市场经济体制的意见》,要求“健全破产制度,改革完善企业破产法律制度,推动个人破产立法,建立健全金融机构市场化退出法规,实现市场主体有序退出”。

目前,我国尚未制定出台个人破产法。[①] 现实中,一部分“诚实而不幸”的债务人陷入困境,丧失再融资、再创业能力,这在一定程度上遏制了社会投资活力,阻碍了社会经济发展。个人破产制度能够为陷入严重财务困境但诚实守信的自然人提供债务重组的机会,有利于债务人的“新生”。此外,通过个人破产,还可以保护破产人的自由财产,对债务人个人进行拯救,恢复其生产经营的能力。

在这样的背景下,浙江法院以“研究推动建立个人破产制度”为目标,对个人破产制度进行地区试点以及有益探索,在提炼总结实践经验的基础上,先行建立个人债务集中清理(以下或称个债清理)的相关工作机制,推动具有个人破产制度功能的个人债务集中清理工作,为个人破产制度立法提供实践素材和浙江样本,助推社会治理体系和治理能力现代化,为浙江建设“重要窗口”贡献司法力量。

一、全省法院个人债务集中清理工作概况

自 2018 年年底起,以温州、台州、丽水遂昌为代表的浙江法院个人破产制度的探索逐步展开。温州、台州等地法院积极开展个人破产制度试点工作,在具有个人破产实质功能的个人债务集中清理案件办理方面实现破冰。丽水市中级人民法院(以下简称丽水中院)联合遂昌县人民法院(以下简称遂昌法院)为畅通

---

① 世界银行在全球开展了关于各国现行有效的自然人破产的法律的初步调查,目的是收集处理该问题的有关法律信息。该调查报告覆盖了 59 个国家,其中 25 个是高收入国家,34 个是中等收入或者低收入国家,调查人数占全球总人口的 67.5%。调查结果表明,一半以上的中等收入和低收入国家没有任何关于自然人破产的法律制度。参见自然人破产处理工作小组起草:《世界银行自然人破产问题处理报告》,殷慧芬、张达译,中国政法大学出版社 2016 年版,第 2 页。

执行不能案件依法退出路径而开展的“个人债务重整”工作,探索出个人债务重整的遂昌样式。当前,浙江法院个人破产制度的探索正由点到面,积极而稳妥有序地展开。杭州、温州、嘉兴、湖州、绍兴、金华、衢州、台州、丽水均已逐渐开展这项工作。

截至2020年9月30日,全省共受理个人债务集中清理案件237件,其中台州地区137件,占比过半,温州地区56件,丽水地区41件,其他地区案件受理量较少。共计审结个人债务集中清理案件147件,其中台州地区80件,温州、丽水地区均各为33件,绍兴地区1件。在所有受理与审结的案件中,全省与企业破产案件一并受理的个人债务集中清理案件的受理量为5件,审结量为4件,均在温州地区。

在债务及清偿层面,据不完全统计,截至2020年9月30日,全省个人债务集中清理涉案债务总额共计约2.027亿元,其中担保债务额约2573.251万元,普通债务额约1.77亿元。共清偿约3350.349万元,平均清偿率为16.53%,其中担保债务共清偿约264.364万元,清偿率为10.27%;普通债务共清偿约3085.986万元,清偿率为17.44%。值得注意的是,温州地区涉案金额较大,其个人债务集中清理涉案债务金额为1.0094亿元,约占全省总额的50%,清偿金额为2309.492万元,约占全省清偿金额的68.93%。

在债权人数层面,全省个人债务集中清理案件涉案债权人共计685人,其中涉及金融债权人共138人。在涉及执行案件层面,全省个人债务集中清理案件共涉及执行案件数712件,涉及执行标的金额约2.481789亿元。(见表1)

表1 全省法院个人债务集中清理案件情况

项目		数量
案件受理量/件		237
案件审结量/件		147
类型	与企业破产案件一并受理的案件受理/审结量/件	5/4
	单独个人债务集中清理类案件受理/审结量/件	232/143
债务总额	担保债务额/万元	2573.2512
	普通债务额/万元	17,697.22208
	共计/万元	20,270.47331

续表

项目		数量
清偿金额	担保债务额/万元	264.3638
	普通债务额/万元	3085.9854
	共计/万元	3350.3492
清偿率	担保债务清偿率/%	10.27
	普通债务清偿率/%	17.44
	平均清偿率/%	16.53
债权人数	涉案债权人数/人	685
	涉及金融债权人数/人	138
涉及执行案件数/件		712
涉及执行标的金额/万元		24,817.89768

在出台文件方面,温州、绍兴、金华、丽水、台州等地根据实践情况,并配合府院联动,出台了相关文件。其中,2019 年 8 月 13 日,温州市中级人民法院(以下简称温州中院)出台《关于个人债务集中清理的实施意见(试行)》,并在前期充分调研沟通的基础上,通过召开府院联席会议形成《企业金融风险处置工作府院联席会议纪要》,明确各相关部门要协助做好个人债务集中清理程序有关事项。2020 年 4 月,温州通过召开府院联席会议形成《在个人债务集中清理工作中探索建立公职管理人制度的府院联席会议纪要》。2019 年 4 月 26 日,台州法院出台《执行程序转个人债务清理程序审理规程(暂行)》,并与人民银行台州中心支行等联合出台《关于探索个人破产制度推进金融消费者债务清理创新工作的纪要》,积极探索"执行不能"案件制度性退出和金融呆账处置新路径。2020 年 10 月 12 日,丽水中院出台《关于个人债务重整程序的实施意见(试行)》,稳妥、有序推进个人债务重整,促进债务人的经济再生。另外,绍兴新昌、金华永康、丽水遂昌、缙云、景宁、龙泉、松阳等多地基层法院均出台有关个人债务集中清理的相关实施意见。

浙江法院的相关试点和实践探索工作起到了星星之火的作用。目前,全国各地陆续试水"个人破产",以不同方式探索债务清理工作,已经形成一定的声势。①

二、浙江法院的具体工作实践

(一)温州个人债务集中清理相关工作情况

根据浙江省高级人民法院(以下简称浙江高院)和温州市委的部署要求,温州市扎实推进个人债务集中清理试点,先行先试,取得了良好的成效。相关试点经验获央视《经济半小时》报道,并得到省委书记批示肯定。

1. 实践情况

自2018年以来,温州法院根据部署要求,先行先试,从简要设想到配套机制出台,再从制度设计到实务运用的落地,取得了阶段性进展。

"党委领导、人大监督、府院联动、法院主办、试点先行",是温州市个人债务集中清理工作的重要特点和工作模式。争取授权试点建议得到初步回应、府院联动形成个人债务集中清理的工作合力、法院先行先试开展实践取得阶段性进展,则是温州法院的三个阶段性进展情况。

(1)争取授权试点建议得到初步回应

2018年11月7日,温州市委、市政府印发《关于创建新时代"两个健康"先行区加快民营经济高质量发展的实施意见》,提出"探索个人破产制度改革",要求相关部门研究推进试点工作。根据温州市委的部署要求,温州市扎实推进个人

---

① 这些文件分别是:2019年8月13日,温州市中级人民法院印发的《关于个人债务集中清理的实施意见(试行)》(温中法〔2019〕45号);2019年7月10日,温州市人民政府办公室印发的《企业金融风险处置工作府院联席会议纪要》;2020年4月,温州市人民政府办公室印发的《在个人债务集中清理工作中探索建立公职管理人制度的府院联席会议纪要》;2019年4月26日,台州市中级人民法院出台的《执行程序转个人债务清理程序审理规程(暂行)》(台中法〔2019〕73号);遂昌县人民法院出台的《关于个人债务重整的实施意见(试行)》;2020年4月28日,龙泉市人民法院印发的《关于个人债务集中清理的实施意见(试行)》(龙法〔2020〕16号);2020年4月30日,缙云县人民法院出台的《关于个人债务集中清理的实施意见(试行)》(缙法〔2020〕33号);2020年5月22日,景宁畲族自治县人民法院印发的《关于执行程序转个人债务清理程序审理规程(试行)》(景法〔2020〕32号);2020年10月12日,丽水市中级人民法院出台的《关于个人债务重整程序的实施意见(试行)》(丽中法〔2020〕119号);2020年8月31日,深圳市人民代表大会常务委员会印发的《深圳经济特区个人破产条例》;2020年6月16日,泸州市龙马潭区人民法院出台的《个人破产和解实施办法(试行)》;2020年3月5日,山东省高青县人民法院出台的《关于企业破产中对有关个人债务一并集中清理的意见(试行)》(高法发〔2020〕8号);2019年10月21日,苏州市吴江区人民法院印发的《关于个人债务清理的若干规定(试行)》(吴法〔2019〕101号);等等。

债务集中清理试点,在具有个人破产实质功能的个人债务集中清理案件办理方面实现破冰。

通过先后书面层报请示、赴京专题汇报、人大代表建议等形式,温州法院向全国人大、最高人民法院争取支持,要求“授权温州开展个人破产制度试点”。2019 年 7 月 17 日,最高人民法院民二庭专程派员赴温就此建议与全国人大代表会商并作调研。后最高人民法院函件答复,明确已启动相关工作,争取全国人大授权批准开展个人破产制度试点,并希望温州为我国个人破产制度的建立贡献温州智慧和经验。

(2)府院联动形成个人债务集中清理的工作合力

2019 年 6 月 18 日,在前期充分调研沟通的基础上,温州法院通过召开府院联席会议形成《企业金融风险处置工作府院联席会议纪要》,明确各相关部门要协助做好个人债务集中清理程序有关事项。

2019 年 8 月 13 日,温州中院出台《关于个人债务集中清理的实施意见(试行)》,对个人债务集中清理程序的具体制度安排和操作规范进行了明确和细化,温州全市 11 家基层法院全面铺开个债清理试点工作。

2020 年 4 月 2 日,温州市政府副市长、温州中院院长共同组织召开府院联席会议,就在个人债务集中清理工作中探索建立公职管理人制度达成共识,形成《在个人债务集中清理工作中探索建立公职管理人制度的府院联席会议纪要》。

(3)法院先行先试开展实践取得阶段性进展

自温州中院出台《关于个人债务集中清理的实施意见(试行)》以来,温州全市法院全面铺开个债清理工作。2019 年 9 月 27 日,平阳县人民法院顺利办结蔡某个人债务集中清理案。该案被媒体称为“全国首例具备个人破产实质功能和相当程序的个人债务集中清理案件”。同年 12 月 18 日,温州市瓯海区人民法院引导金融债权人以同意采取双重多数决表决规则的方式,变通性表决通过清理方案。

2. 温州地区个人债务集中清理制度的主要内容

(1)性质及核心特征

温州地区的个人债务集中清理制度是借助现有的执行和解和参与分配等执行制度和理论,参照个人破产的原则和精神进行程序设计,以执行的手段达到个人破产的效果而形成的制度规范。

首先,性质上的执行性是温州法院试行的个人债务集中清理制度合法性的基础。温州模式的个人债务集中清理,在本质上是借助现有法律框架内的一系列执行制度完成的。在个人债务集中清理制度的构建和实施过程中,必须要明确个人债务集中清理制度的执行性。一是法律性质和制度依据上的执行性。温州模式的个人债务集中清理制度,在构建时要严格遵守现有执行制度的基本要求,不得损害相关债权人的合法权益,否则存在滥用职权、枉法裁判的法律风险。在个人债务集中清理工作中作出的具体措施,必须严格把握其合法性,找到法理、法律依据。二是措施手段上的执行性。温州模式的个人债务集中清理制度首先要求债务人需要在法院有执行案件,以借助执行程序开展工作。关于限制债务人的一系列制度设计,如行为限制令等源于执行制度的限制被执行人高消费措施;以执行中"和解长期履行"的方式结案,可以为将来恢复程序留有法律途径等。三是操作模式上的执行性。温州模式的个人债务集中清理案件在执行系统中立"执清"字号,在执行系统中流转,并借助执行手段开展工作。在案件办理上,根据债务人的情况不同,分为执行部门办理、破产审判部门办理,并推进执破深度融合,推动执行、破产法官组成联合合议庭审理案件。

其次,功能上的破产性是温州法院试行的个人债务集中清理制度的制度价值。在价值选择上,执行制度仅保障生效判决的强制力和实现申请执行人的合法权益;而破产的内涵不仅包括对债权人利益的保护,也包括对债务人的救济。在制度外观上,个人债务集中清理制度借鉴和采用了诸多破产程序,尤其是个人破产程序中的特色内容,如自由财产制度、债务豁免制度、管理人制度、失权复权制度等。在制度功能上,不同于个别执行程序,个人债务集中清理是对债务人多个债权债务关系的集中性、概括性的清理、执行,其结果是多个债权能获得公平、有效的清偿,"诚实而不幸"的债务人能获得重新开始的机会,不诚信的债务人能得到应有的惩罚。因此,个人债务集中清理制度区别于个别执行程序,更具有破产法色彩。

最后,温州法院试行的个人债务集中清理制度还有区别于破产、执行的特殊性。一是意思自治取代依法裁决。在现有的执行、破产制度中,法院拥有依法裁决的权力,在破产程序中尤为显著,如在法定条件下裁定批准通过分配方案、重整计划草案等,但在个人债务集中清理制度中,要严格遵守意思自治的原则。二是表决机制上的特殊性。在破产程序中,债权人会议表决采取多数决,只需达到一定的比例即可认为债权人会议决议通过。但是在温州地区的个人债务集中清理模式中,债权人会议的表决应当采取全票决的表决机制,这是个人债务集中清理制度合法性的核心,也是其局限性的重要缘由。

(2)适用具体对象和原则

温州法院从尽可能避免逃废债及制度效力范围等因素出发,对个人债务集中清理实践的适用对象进行了较为严格的把握。(见表2)

表2 温州法院试行的个人债务集中清理制度适用对象

适用对象	内容
适用主体:自然人	个人债务集中清理制度是解决个人破产制度供给缺位的情况下的权宜之策,其适用主体只能是自然人
适用原则:属人管辖原则	个人债务集中清理的适用对象限于具有温州户籍,或者在温州缴纳社会保险满1年,或者在温州有实际经营业务的自然人
主要适用对象:以商个人为主要对象,但不排除消费者	个人债务集中清理的适用对象主要限于商个人,如企业法人已进入破产程序,对该企业法人负保证责任的自然人,因股东人格或者财产与公司混同而承担清偿责任的自然人,对非法人组织的债务负清偿责任的自然人经营者。但在特殊情况下,对于因生活困难无力偿还债务的自然人和其他自愿提出还款安排并征得全部申请执行人同意的自然人,也可以进行个人债务集中清理

对适用对象进行严格把握的原因,一方面,是个人债务集中清理制度还在试行阶段,适用对象范围过宽容易引起对逃废债的失控局面;另一方面,则是温州地区的个人债务集中清理在效力上仅适用于温州辖区,对涉温州市外的债权人及政府机构,较难作出有效的协调。

另外,温州法院试行的个人债务集中清理制度适用自愿原则及诚信原则。(见表3)

表3 温州法院试行的个人债务集中清理制度适用原则

适用原则	内容
自愿原则	依申请:被执行人申请且申请执行人同意
	全体决:重大事项均由债权人会议全体表决通过

续表

适用原则	内容
诚信原则	事前诚信:进行全面如实的财产申报、承诺不进行高消费、没有因拒执行为而被处罚等
	事中诚信:出现或者发现被执行人不诚信行为,立即终止个债清理程序,或者驳回申请。并且,若个人债务集中清理方案经过两次债权人会议表决未通过,也应当终止个债清理程序
	事后诚信:个人债务集中清理方案履行完毕之后,除非债务全部履行,否则被执行人仍应当承受一定年限的信用限制

自愿原则遵循意思自治,主要体现在两个方面:一是依申请。在温州个人债务集中清理制度中体现为被执行人申请且申请执行人同意。一方面,是考虑到申请执行人没有申请债务清理的动力,并且个人债务集中清理参照个人破产制度,实际上是对被执行人的一种救济制度,是被执行人在强制执行制度下实现重生和获得东山再起的机会。另一方面,是由于个人债务集中清理往往意味着对债务人更严苛的诚信要求,甚至需要主动申报相关家属的经济状况,对债务人而言是负担的加重。因此,在程序的启动上,应由债务人提出申请更为适宜。二是全体决。对于个人债务集中清理程序中涉及的重大事项均由债权人会议全体表决通过,而不采用多数决制度,这体现了当事人的高度自治,对当事人权利的高度尊重。但也存在例外情形下可以多数决,如债权人会议通过全体决,决定特定事项由2/3以上参与个人债务集中清理程序的无担保债权人同意的,依其约定。这在本质上也是对于当事人意思自治的尊重。

个人债务集中清理参照个人破产制度,其目的是为“诚实而不幸”的被执行人提供救济,申请债务清理的被执行人应当是诚信的。因此,诚信原则由个人债务集中清理制度的破产属性决定。诚信原则解决的问题主要是,在给予被执行人救济的同时,也要保护债权人利益,避免被执行人利用个人债务集中清理程序进行逃废债。诚信原则主要体现在三个方面:一是事前诚信。被执行人如果想通过个人债务集中清理程序寻求救济,实现重生,那么应当进行全面如实的财产申报,承诺不进行高消费,没有因拒执行为而被处罚,没有曾经为逃避或者拖延执行而与债权人达成执行和解且因自身原因和解协议没有或者不能履行等。二是事中诚信。这主要是对终止个人债务集中清理程序的制度设计,一旦出现或者发现被执行人有不诚信行为,立即终止个债清理程序,或者驳回申请。并且,如果个人债务集中清理方案经过两次债权人会议表决未通过,也应当终止个债清理程序,以避免被执行人滥用该程序拖延执行。三是事后诚信。个人债务集中清理方案履行完毕之后,除非债务全部履行,否则被执行人仍应当承受一定年限的信用限制,包括行为限制和资格限制,以体现其对之前所做承诺的诚意和债权人对其债务免除的对价。

(3)相关特色制度

一是通过金融债权一致性行动制度,激活对银行债权人的债务减免。一方面,金融机构在个人债务集中清理程序中扮演着重要角色,如果没有金融机构的参与,个债清理程序适用范围将受到极大限制。另一方面,由于对被执行人免除一定债务,金融机构需要承担一定的职业风险,同时存在较大的“寻租”空间。为了使个人债务集中清理程序能够真正发挥其重要作用,鼓励金融债权案件的债权人采取一致行动,积极参与个人债务集中清理程序。金融债权案件的申请执行人在个人债务集中清理程序中可以根据法律、法规和人民法院或者债务清理管理人的建议,对债务减免的幅度、条件等相关事项采取一致性行动,以此激活银行债务减免制度。

二是通过债务减免制度,化解“担保链”危机。为能实质性化解“担保链”危机,为有创业创新能力的企业家解困松绑,为“诚信而不幸”的债务人获得重生创造机会,个人债务集中清理制度给债务人一定的债务减免,使其在诚信履行的前提下能够从“担保链”中解脱,避免了“一损俱损”。

三是通过终结执行制度,完善执行不能案件的退出机制。个人债务集中清理方案履行完毕的,参与个人债务集中清理程序的执行案件可以根据不同情形分别以执行完毕、终结执行等方式结案。执行完毕的事由可以是和解协议履行完毕,终结执行的事由可以是和解撤回执行申请或者和解长期履行。其法律依据在于,个人债务集中清理程序的构建立足于执行和解,是一种集中的执行和解,个人债务集中清理方案在法律性质上可以作为一种集中的执行和解协议。和解协议履行完毕的,可以依执行完毕结案,也可以撤回执行申请。对于个人债务集中清理方案是分期清偿计划的,可以按照和解长期履行结案。

通过这种方式,执行不能案件可以有序退出执行程序。但执行案件退出并不等于给予被执行人逃废债的机会,在个人债务集中清理方案全部履行完毕之日起5年内,发现其在提交清理方案之前有未申报的重大财产,或者存在欺诈、恶意减少债务人财产或者有其他逃废债行为的,债权人可以另行主张撤销自己所作的债务减免约定,请求恢复按照原债务额进行清偿。在个人债务集中清理方案履行期间发现或者出现上述情形的,债权人可以请求终止个人债务集中清理程序,并恢复原判决的执行。人民法院将根据情节依法采取罚款、拘留等措施,情节严重的,依法追究刑事责任。

四是通过债权人参与制度,提升债权人获得感和参与感。为了提升债权人在个人债务集中清理程序中的获得感,赋予和强化其四项基本权利。第一,知情权。从程序启动、进行到终止的整个程序,从债务人财产、债务到清偿方案的全部信息,从债务人、债权人、管理人到人民法院的全部措施和行为,均向债权人公开,债权人享有充分的知情权,一旦发现有任何虚假,债权人可以立即要求终止个债清理程序。第二,质询权。债权人不仅享有对债务人的质询权,而且可以根据要求向债务人的配偶及其他直系亲属进行质询,以了解债务人的财产状况、债务状况及清偿能力等。第三,表决权。债权人享有对个债清理程序中的重大事项的表决权,并且表决意见以全体决为基本原则,以多数决为例外。第四,监督权。债权人对整个过程有监督的权利,并且在个人债务集中清理方案履行完毕之后,还享有对债务人信用限制的监督权,对债务人在提交清理方案之前是否有未申报的重大财产,或者存在欺诈、恶意减少债务人财产或其他逃废债行为的监督权。

五是通过债务人权利让渡和义务扩张制度,防止债务人逃废债行为。债务人义务的扩张与其最终享受债务免除的利益相关,具体表现为:不仅债务人在执行程序负有容忍执行的义务,而且债务人的配偶和直系亲属也负有容忍债权人及人民法院质询和询问并如实陈述的义务。债务人的配偶应当同意接受人民法院对其财产情况的调查,包括视情对其一定年限的银行流水进行调查;必要时人民法院可要求债务人直系亲属提交承诺书承诺配合或者同意配合财产调查。通过债务人义务的扩张和让渡,人民法院能够对其个人及家庭财产状况进行调查,最大限度地防范逃废债行为。为此,债务人需在申请启动个人债务集中清理时,取得配偶、直系亲属的同意。

六是通过失权与复权制度、公示与监督机制,促进社会公平和诚信体系建设。在被执行人履行完毕个人债务集中清理方案后的一定期限内,对其进行一定范围的行为限制和资格限制,是对债务免除的一种对价,也是对被执行人的一种惩戒。温州个人债务集中清理制度中采用的行为限制令和资格限制令源于现有执行制度,但在某些方面进行了适当突破。例如,为便利债务人出于工作和生活目的所必需的出行需要,对债务人乘坐飞机经济舱,动车二等座及高铁二等座视情况予以允许。

七是通过管理人制度,解决管理人指定及报酬问题。管理人作为参与个人债务集中清理程序,接管、追收和分配破产财产的主体,在个人债务集中清理程序推进过程中扮演着极为重要的角色。因此,为明确管理人的主体地位,温州个人债务集中清理制度规定,由人民法院根据具体情况,直接指定入选人民法院管理人名册中的中介机构负责具体工作,并明确管理人报酬及公告费等必要费用在个人债务集中清理程序中未受清偿部分,参照《温州市市级企业破产援助资金管理和使用办法》规定,从破产援助资金中支出。

八是探索建立公职管理人制度。为进一步减少指定管理人的成本,同时响应最高人民法院关于探索建立公职管理人制度的号召,温州中院联合温州市司法局等单位探索建立公职管理人制度,并推动出台了全国首个关于公职管理人制度的府院联席会议纪要。

在温州公职管理人制度的构建中,主要有以下几个方面的内容:第一,确定公职管理人"个人担任,机构管理"的模式,由司法行政机关公共法律服务部门作为公职管理人的管理机构。从可类比的制度设计情况来看,我国香港特别行政区由破产管理署负责破产管理人工作,以个人破产为例,署长在法院作出破产令后担任暂行受托人,破产管理署的工作人员参与完成相关工作,后续可以视情况由署长担任受托人,或者委任1名或多名受托人。美国设联邦托管人,主要负责管理人的指定、监督等工作。浙江高院出台的《关于深化执行与破产程序衔接推进破产清算案件简易审理若干问题的会议纪要(二)》规定,对规模较小、债权债务关系又比较简单的企业破产案件,鼓励指定个人担任管理人。个人债务集中清理的法律关系通常不太复杂,财产规模不大,有些甚至无法支付必要费用,因此由个人担任公职管理人参与其中,是繁简分流的体现,也符合经济原则。同时,还明确担任公职管理人的资格身份,首先,必须是公职人员;其次,还要考虑管理人的法律专业素养要求。第二,规范公职管理人的指定与更换程序。其一,明确公职管理人的适用范围。目前没有对适用公职管理人的案件范围作出限定,而是由法院根据个人债务集中清理案件的具体情况来决定是否指定公职管理人。在由政府预清理时,也可以由公职管理人协助完成事务性工作。其二,允许公职管理人聘用必要工作人员。对聘用必要工作人员的程序,按照是否会给债务人增加费用的不同情形,设置了不同的决定程序。其三,规定公职管理人的更换程序。除参照企业破产案件中管理人更换的相关程序作出规定外,还增加了债务人可以申请的事由。《关于个人债务集中清理实施意见(试行)》规定了债务人可以和债权人协商一致推选债权人代表履行管理人职责。在实务中,管理人侵害债务人利益的情形也偶有发生,因此有必要赋予债务人申请更换管理人的权利。第三,公职管理人的职责。按照《关于个人债务集中清理实施意见(试行)》的内容,公职管理人制度对公职管理人职责作出了规定,同时指出公职管理人应当勤勉尽责,及时向人民法院报告工作,并接受债权人的监督。结合企业破产工作起步阶段的管理人履职过程中较为普遍的问题,公职管理人制度明确规定了公职管理人履职过程中相关单位的协助义务。此外,公职管理人原则上不收取报酬;对个人债务集中清理过程中产生的必要费用,其在个人债务集中清理程序中未受清偿的部分,从企业破产援助资金支出。

九是引入预清理制度,探索推行庭外重组与庭内重整的衔接。近几年,温州地区积极开展企业破产预重整工作,实现法院司法权与政府行政权在危机企业帮扶救助中的相互配合,有效化解企业担保链风险,缓解当地政府维稳压力,实现企业自我拯救。为借鉴企业破产预重整工作方面的成熟经验,温州在其试行的个人债务集中清理程序中引入预清理机制。明确个人债务集中清理程序中的个案问题,由属地政府处置办牵头协调。对于债权人数众多、金额较大、案情复杂的个人债务集中清理工作,属地政府可进行预清理,并指定入选人民法院管理人名册的中介机构负责具体工作。在预清理期间,人民法院立“引调”案号,对预清理阶段工作进行法律指导和监督。

3. 主要成效

截至 2020 年 9 月底,温州全市法院共计受理“执清”字号案件 56 件,审结 33 件,涉案债务总额达 1.0094 亿元,共清偿 2309.4917 万元,平均清偿率超过全省平均达 22.84%。涉及执行案件 218 件,涉及执行标的总额达 1.3523 亿元。相关试点情况和案例宣传引起了全社会的热议关注。

一是通过“党委领导、人大监督、府院联动、法院主办、试点先行”的模式,充分发挥府院联动机制作用。温州在个人债务集中清理试点过程中,充分发挥府院联动机制的效能,与党政机关密切联动、形成合力,整个试点工作紧紧依靠党委的坚强领导、人大的支持推动和府院持续联动。这一机制可谓温州破产审判工作的一个重要保障。

二是深化了与相关行政部门的协作和沟通。温州法院在个人债务集中清理过程中,与市司法局等部门密切协作,保持良好的沟通和互动。温州法院在公职管理人领域与温州市司法局进行多次调研、讨论,形成《在个人债务集中清理工作中探索建立公职管理人制度的府院联席会议纪要》,拟定了一批公职管理人名单,并已积极在个债清理案件中实践。目前,在个债清理的案件中指定公职管理人的案件已有 10 余件。就实践中发现的金融债权清理难题,与原温州市银保监分局联合调研,通过召开座谈会、制作调研提纲、收集案例听取意见等多种形式,充分听取银行业金融债权人的意见。另外,温州各基层法院在个债清理实践中也根据案件需求积极探索与各相关职能部门的合作和创新。如平阳县人民法院参照刑事案件委托社区调查制度,探索在个债清理案件中开展社区调查。

三是注重财产调查,扩大债务人配合义务。个人不同于企业,不具备财务账册等可以直观反映财产动向的书面材料,在财产调查上相对更难。这就需要与债务人有财产密切往来的其他相关人员的配合,而该配合义务需要通过立法加以调整。温州个人债务集中清理的实践表明,债务人在多大程度上配合管理人的调查,向债权人披露自身财产状况,会直接影响债权人对是否同意清理方案的判断。因此,温州法院在制度设计上将债务人相关家庭成员的配合义务纳入考量范围,这是债务人申请启动程序时就需考虑好的问题。

四是兼顾合法性和创新性。温州法院的个人债务集中清理实践的一大重要特征便是基于现有的执行制度构建,以保证试点工作的合法性。在保证依法进行的同时,还要注重创新性,让试点工作取得更多有意义的成果。例如,温州市瓯海区人民法院在案件中通过全体债权人表决同意变更表决机制的形式变通通过清理方案等。

(二)台州个人债务集中清理相关工作情况

1. 实践情况

台州法院于 2012 年通过浙江银象生物工程有限公司破产清算案的实践,开始了对个人破产制度的探索。自2016年以来,台州法院根据《最高人民法院关于落实“用两到三年时间基本解决执行难问题”的工作纲要》,在强化执行手段、建立财产查控体系、出台联合惩戒机制、加强执行力量配置等方面做出了卓有成效的工作。2016~2018年,执行案件年结案数分别是4.9万件、6.9万件、6.8万件,顺利通过第三方评估,基本解决执行难取得阶段性成果。但是,仍然有相当数量的案件,在通过财产查控并穷尽了执行手段后,仍然处于“执行不能”状态,其中约80%是涉个人执行案件,如果涉个人执行案件不能建立有效的退出机制,不仅无助于化解债权债务纠纷,整个社会和司法机关也将因此背负沉重的负担。为此,台州法院开始探索建立制度化的“执行不能”退出长效机制,适当调整个人债务人与债权人之间的债权债务关系,保障债权人公平清偿、集中受偿,给予诚信债务人基本经济生活保障及重生机会,推动社会诚信体系建立,严厉打击虚假破产、欺诈、逃避执行等违法行为。

2016年,台州市中级人民法院(以下简称台州中院)出台《“无财产可供执行”案件退出机制实施办法(试行)》,在全国首次创新建立执行义务宣誓退出机制,该机制通过甄别债务人诚信,对诚信债务人在义务宣誓保证后给予退出强制执行程序,同时借鉴“自由财产”制度,对被执行人八类生活基本需求财产不予查封冻结,已具有个人破产制度雏形。台州市黄岩区人民法院共对37件被执行人案件予以执行宣誓退出并获得了申请执行人谅解。2018年5月,台州中院出台《在执行程序中引入管理人清算机制操作规程》,探索在执行程序中由管理人对被执行人财产及债务状况进行全面调查和清理,在执行中形成法院强制执行与管理人财产及债务状况调查相结合的工作机制。2019年4月,台州中院出台《执行程序转个人债务清理程序审理规程(暂行)》,通过建立强制执行程序与债务清理程序衔接机制,进一步优化营商环境,释放社会经济活力。同年9月,台州中院与3家城商银行达成共识,探索金融消费者债务清理。同年12月,台州中院与人民银行台州中心支行等联合出台会议纪要,在金融领域开展金融消费者债务清理。

2. 台州地区个人债务集中清理制度的主要内容

台州法院在总结过去8年来的经验基础上,于2019年4月出台《执行程序转个人债务清理程序审理规程(暂行)》,在全国首次建立具有个人破产制度功能的执行程序转个人债务集中清理程序审理机制,并确立了两种债务处理模式:个人债务清理机制和个人债务整理机制。

一是明确个人债务集中清理程序适用条件。即财产不足以清偿全部债务或明显缺乏清偿能力的自然人、有字号的个体工商户、个人独资企业、合伙企业,均可申请进行债务清理。

二是以解决执行难为切入点,创设执转个人债务集中清理衔接程序。经过强制执行程序,仍无财产或财产不足清偿债务的个人债务人,经审查,其遵守强制执行相关要求,能够如实申报财产的,启动对该债务人进行债务清理或债务整理程序;对于未进入执行程序的债务,符合规定的也可申请债务清理。

三是执行系统提供查控便利,明确规范管理人债务清理职责。依法指定管理人,由管理人在执行程序查找财产的基础上,对债务人在一定时期内的财产和债权债务进行全面调查,并根据案件审理需要决定是否实施或解除执行强制措施,包括"限高"、"失信名单"和罚款拘留等强制措施,管理人的调查报告将作为法院判断是否予以执行程序终结的依据。

四是拟定两种债务清理方式,最大限度维护债权人利益。一为债务清理程序,即债务人无财产或财产不足以清偿债务,且未来没有预期收入的,法院依法指定管理人,对债务人财产和债权债务进行全面、公平的清理和偿还;二为债务整理程序,即目前债务人财产不足以清偿债务,但未来有预期收入的,由法院指定管理人,对债务人与债权人之间的债权债务予以调整并达成还债计划,债务人按照还债计划执行。

五是规定"自由财产"范围,保障债务人基本生存权利。具言之,为保障债务人基本生活,规定了"自由财产"范围,准予债务人保留。

六是建立债务人宣誓和行为保全制度,对债务人不诚信行为加强民事制裁和刑事追究力度。裁定终结执行后,由法院作出行为保全令,限制债务人在债务清理结束后的4~6年实施相关行为,其间如果债务人有收入所得,在扣除其基本生活费用后,剩余所得部分的60%应用于清偿债权人,40%归债务人。债务人在上述诚信考验期内遵守行为保全令和法律的相关规定,保全令期限届满后,债务人回归正常的生活、工作和社会活动。若违反保全令,则恢复执行程序。同时,加大对逃废债的打击。另外,为了防止债务人借助债务清理程序逃避债务,规定对于债务形成有赌博挥霍消费原因、不如实申报财产、不能合理说明财产去向、不配合债务清理工作、未经报告擅自离开住所地、转移隐匿财产或提供虚假信息行为的,法院不受理债务人债务清理的申请。对于已经进入债务清理程序的债务人有以上行为的,法院裁定终结债务清理程序,恢复对债务人的强制执行措施。同时对债务人上述违规违法行为,加大民事制裁措施和刑事追究力度。在债务清理结束后,法院编制债务人债务清理名册向社会公开债务人债务清理信息,条件成熟时与相关征信系统信息互联。

3. 主要成效

截至 2019 年 9 月 30 日,台州两级法院共受理个人债务集中清理案件 137 件,其中债权人申请 108 件,债务人申请 31 件;在类型上,遗产债务清理案件 9 件,其余均为普通的债务清理案件。共审结案件 80 件,类型上主要为以下 3 类:一是经管理人调查,认定债务人无失信、无转移财产、如实配合调查,提请法院终结个人债务集中清理程序,并建议法院终结执行程序的;二是经管理人审查,无法联系、不配合调查,提请法院终结债务清理程序并建议恢复对债务人强制执行措施的;三是管理人调查清楚并进行和解努力,达成债务整理计划的。另外,由于台州法院受理的大部分案件无财产可清理,因探索期间没有相应的个人债务集中清理管理人报酬的规定,台州地区以管理人援助资金予以部分补贴。其余部分包括遗产债务清理案件,还有相当的财产可供清理,并能支付管理人报酬。涉案债务总额达 8749.59087 万元,共清偿 383.93393 万元。涉及执行案件 395 件,涉及执行标的总额达 9867.845208 万元。

就目前工作进展来看,台州法院出台的债务清理机制成效良好。对于诚信债务人而言,可以帮助其摆脱过度负债的困境,重新规划工作与生活。对债权人而言,通过债务清理程序全面调查债务人财产及债权债务状况,可以防止债务人转移、隐匿财产,惩罚不诚信债务人,同时防止债务人对个别债权人进行单方面偏颇清偿,损害大多数债权人的利益,从而实现债权人公平受偿;也能警示债权人在经济活动中可能面临的风险和代价,防止纵容过度负债的情况发生。对社会而言,该制度能为大量的“执行不能”案件提供一个制度性退出路径,与强制执行制度配合形成一个“惩罚失信债务人、宽容诚实债务人”的债务处理新模式,从而有效化解久拖不决的债务纠纷对社会所造成的风险和隐患,维护稳定的社会关系,达到一举“多赢”的效果。

一是通过管理人财产调查有效弥补执行程序在查找被执行人财产方面存在的不足。台州法院在案件办理过程中,如果发现存在债务人夫妻通过离婚协议将在外地的财产转移到子女名下的情况以及债务人存在信用卡使用频繁的情况等,均移送执行部门进一步查证处理。

二是通过个人债务集中清理程序有效甄别债务人的诚信度。台州法院在办理的案件中,对于有失信行为及不配合债务清理行为的,均终结清理程序,交回执行部门恢复强制执行措施,加大打击逃避债务清偿的力度。

三是通过个人债务集中清理程序,给予因债陷入生活困境的债务人重新生活的出路。台州民营经济比较发达,通过前期的案件筛选工作,发现仍然有部分人群处于因债贫困之中。这部分小额债务人无法清偿债务,原因并非单纯地逃避债务,而是其经营和生活失败,又无相应的劳动技能,只能依靠打零工维持基本生活。这部分债务人,债务发生并不频繁,前期申请贷款时,也经过银行相当细致的信贷调查。对于这部分债务人实施债务清理,让其回归正常生活,符合国家脱贫扶贫政策。在现实中,社会上还存在因病贫困、因灾贫困情况。通过个人债务集中清理,免除其剩余债务,有助于债务人回归正常生活。

四是有效解决债务人死亡后的遗产债务清理问题。在实务中,有相当一部分债务人死亡后,其遗产不足以清偿债务,在此情况下,债务人的继承人往往放弃继承遗产,导致债权人在主张权利时存在"三无"状况,即无交涉对方、无诉讼对方、无法查明遗产范围和价值。根据当前法律规定,继承人放弃继承,遗产即成为无主财产,可以按照无主财产制度来处理,但当前无主财产的归属、管理和处理均有待制度的具体化。在债权人无法通过无主财产制度来处理遗产债务的情况下,其往往将放弃继承的继承人作为被告提起诉讼,有些法院以继承人在一定时期内有管理遗产的职责而判决其在遗产范围内承担责任,不仅与继承法相关规定不符,其判决及执行也往往损害继承人的合法权益。台州法院探索遗产债务清理,从个案效果来讲,既有助于查明和处置遗产,保护债权人利益,又保障放弃继承的继承人的合法权益。

五是通过个人债务集中清理宣传个人破产制度,逐步营造"鼓励创新、宽容失败、惩罚失信"的社会氛围。目前通过个人债务集中清理案件审理及媒体报道,该机制在台州地区已引起一定程度的关注,部分债务人专门咨询债务清理机制,表明其在台州已开始产生一定的影响。

(三)丽水遂昌个人债务集中清理相关工作情况

自2019年9月以来,遂昌法院积极落实上级法院的工作部署和文件精神,将个人破产制度探索与执行工作相结合,对个人破产进行充分调研论证,探索出了一套独具一格的个人破产制度——"个人债务重整",该制度的设立与实践,为个人债务集中清理提供了新的样本和经验。

1. 实践情况

为贯彻落实《最高人民法院关于深化人民法院司法体制综合配套改革的意见》中关于"建立全面的个人破产制度"的精神,遂昌法院全力以赴展开研究论证,将个人破产制度探索与执行工作相结合,在全国其他兄弟法院探索建立的与"个人债务集中清理"功能相当的个人破产制度样式的基础上,经半年多的努力,探索出了与"个人破产重整"功能相当的个人破产制度样式(以下简称个人债务重整遂昌样式),为我国个人破产立法提供了新的样本和经验,并因打通了执行不能案件退出通道而为有效破解执行难提供了新路径。

从目前办结的个人债务重整案件的情况看,完全由市场主导、引入第三方战略投资者的个人债务重整遂昌样式在破解法院执行难、优化营商环境、促进资源优化配置、修复和增进市场诚信、维护市场经济健康运行等方面,均显示出了明显实效。

2. 遂昌地区个人债务集中清理制度的主要内容

(1)性质及核心特征

个人债务重整遂昌样式通过一系列制度设计和引入第三方战略投资者对债务人进行融资,债权人在实现其利益最大化的基础上,自愿接受债务人诚信提出的债务重整方案,从而通过市场的方式(而非法院裁定的方式)打开"互不相让"的债务僵局,既让债权人早日实现债权,又拯救了"诚实而不幸"的债务人,并且在第三方战略投资者的市场运作下,盘活闲置在债务人手中的"僵尸资产"。

个人债务重整遂昌样式的突出特征是引入第三方战略投资者的融资来让有履行意愿但暂时缺乏履行能力的债务人恢复履行能力,促使债权人在实现其利益最大化的基础上接受债务重整方案而免除债务人部分债务。目前遂昌法院已与作为第三方战略投资者的稠州银行丽水遂昌支行、遂昌农商银行签订服务合作协议,推出"重整贷"项目,专门为个人债务重整提供融资服务。

(2)具体适用做法

以遂昌法院蔡某宝个人债务重整案为例,个人债务重整遂昌样式的具体适用做法(见图1)基本有八个步骤。

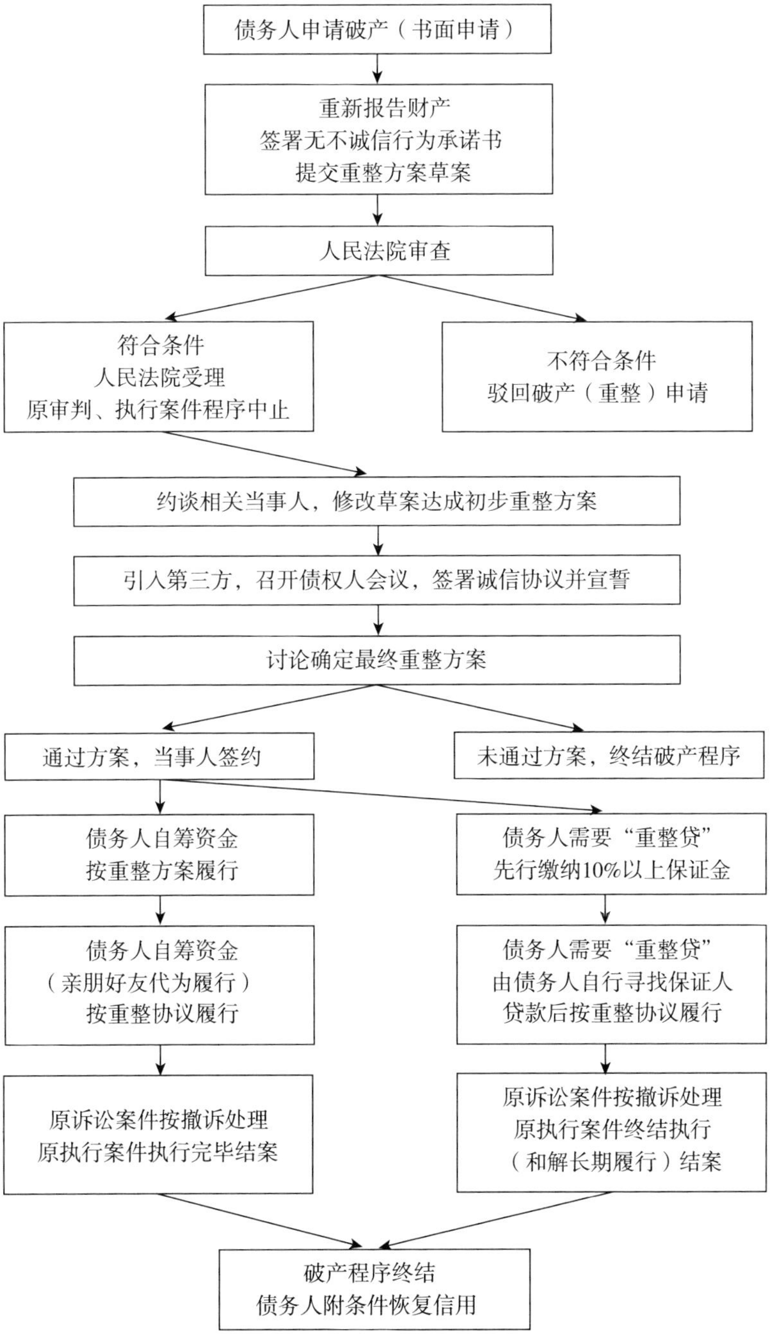

图1　个人债务重整遂昌样式的具体适用做法

一是提出申请。5年前,蔡某宝因前妻经商失败欠下巨额债务,总标的额达到235.6万余元,共涉及6件执行案件。法院穷尽执行措施后,仅执行到位16.9万元,其他均因无财产可执行而程序终结。2019年11月,蔡某宝主动向法院提出书面申请,并重新申报个人财产。

二是资格审查。法院受理蔡某宝的债务重整申请后,对其涉诉涉执案件进行全面审核,确定其在诉讼、执行程序中没有规避执行行为后,将蔡某宝申请债务重整的相关情况通知各债权人。

三是启动个人债务重整程序。在债权人接受蔡某宝的债务重整申请后,个人债务重整程序启动。蔡某宝与各债权人达成初步重整方案,即2名亲友债权人免除其全部债务,另4名债权人要求蔡某宝归还剩余本金的50%计40.8万元。

四是引入第三方融资。由第三方对蔡某宝的信用及未来预期收入进行评估,其中与法院签订"重整贷"合作协议的稠州银行向蔡某宝融资30万元,亲友向其融资10.8万元。

五是召开债权人会议。由债权人会议自行评估风险并自主决定是否接受蔡某宝提出的债务重整方案。

六是债务人签署诚信协议。在法院充分警示失信后果后,蔡某宝当众宣誓承诺:若违反诚信协议,将终止重整程序并接受相应的民事违约责任和刑事责任制裁。

七是签订重整协议。经债权人会议一致同意后,蔡某宝与债权人、第三方正式签订重整协议。蔡某宝将融资所得一次性清偿4名债权人,其余债权无偿让与稠州银行。

八是信用修复和惩戒。若蔡某宝按约履行协议,经过协议约定的5年信用限制期,法院即可对信用进行修复;若发现蔡某宝存在虚假申报、规避执行或违反协议约定等行为,债权人和第三方均有权申请恢复原执行案件的执行,并由法院根据情节依法采取罚款、拘留等措施,直至追究刑事责任。

3. 主要成效

为推行该制度,遂昌法院成立了专门工作小组,并在遂昌法院执行案件终本库中筛选案件进行首轮测试。截至2020年9月,遂昌法院共对27名债务人进行了个人债务重整,通过"执转破""执转破附带审转破"的形式,共化解了65件执行案件和3件诉讼案件。其中,6名债务人通过"重整贷"向金融机构融资102万元用于清偿债务,2名债务人通过向房产中介融资54万元用于清偿债务,其他债务人通过向亲友融资152.6万元用于清偿债务。清偿标的额共448.8万元(其中94.4万元在执行程序中已清偿),共免除27名债务人债务本息539.3万元,平均清偿率45.41%,其中本金清偿率87.1%(见表4),64名债权人得以实现债权。

表4　遂昌法院个人债务重整案件融资和清偿情况

融资情况	清偿情况
向金融机构融资102万元	清偿标的额448.8万元
向亲友融资152.6万元	平均清偿率45.41%
向房产中介融资54万元	本金清偿率87.1%

一是有效化解大批执行不能案件,畅通执行不能案件依法退出通道,为切实解决执行难提供新路径。以遂昌法院为例,依照现有的情况来看,预计每年可有效化解300~400件不涉及金融债权的终本案件,"终本案件同期化解率"①可达到30%~40%,从而实现终本案件增幅明显下降的良好效果。如果地方金融机构能够获得不良贷款处置权,则涉金融债权的执行不能案件有望通过个人债务重整遂昌样式得到基本化解,按遂昌法院情况,执行不能案件总量最终可以下降30%~40%。并且,个人债务重整遂昌样式在拯救因连带担保责任而陷入债务困境的公司股东的同时,还进一步畅通了企业"执转破"的市场退出通道,从而实现了企业破产制度与个人破产制度的有效衔接,破解了股东承担连带责任导致企业名义上可以破产而实质上难以真正破产的难题,弥补了我国企业破产法的制度缺陷。

二是拯救"不幸",优化营商环境,助推社会经济发展。个人债务重整遂昌样式能够帮助提供一种市场容错机制,通过宽容失败、拯救"不幸"和医治创业创伤来保护社会大众创新创业积极性,故对于优化营商环境、吸引和留住创业创新者具有显著作用。对那些在新冠疫情中陷入债务困境的"诚实而不幸"的人,个人债务重整遂昌样式亦能够及时施以援手,为其尽快摆脱困境"回归市场、复工复产"提供有力的司法服务和保障。

① 终本案件同期化解率,是指报告期内通过个人债务重整等方式执行完毕的终本案件数占报告期新增终本案件数的比例。

三是盘活“僵尸资产”,优化资源配置,提高资源使用效率。个人债务重整遂昌样式引入的第三方战略投资者并不仅限于银行,凡是对闲置在债务僵局(法院终本库)中的债务人资产资源有需求的企业、投资机构、房产中介以及亲朋好友等都可以成为第三方战略投资者。对于第三方战略投资者而言,困在债务僵局(法院终本库)中的债务人并非一无所有,这些闲置在债务人手中的有市场需求的“僵尸资产”包括未来可持续获得的收入、订单、难以上市交易或变现但仍有投资价值的生产设备、不动产、知识产权、特种行业经营许可证以及债务人的特殊专业技能、各种劳动能力等,以及通过市场融资处置比通过执行拍卖更有利于实现债权人利益的查封财产。第三方战略投资者为债务人提供融资的真正目的,其实就是投资债务人手中的“僵尸资产”并通过最大限度地盘活这些资产的潜力来获取足够的收益和回报,进而在客观上促进了资源优化配置,提高了资源使用效率。

四是打开债务僵局,释放市场风险,维护市场经济的健康运行。个人债务重整遂昌样式通过引入第三方战略投资者,用市场化的方式打开了“互不相让”的债务僵局和“连环担保”的债务困局,债权债务双方以及相关联的利益共同体都能尽快从债务的僵局和链条中解脱出来,重新回归到各自正常的生产、生活,从而既实现了整体共赢,又释放了市场风险,维护了市场经济的健康运行。并且,重整的对象必须是有履行意愿但暂时丧失履行和融资能力的仍有市场诚信度的债务人,故为避免将来因难以重整而陷入“债务僵局”,债权人就必须谨慎选择那些将来至少可以重整的对象进行放贷,故个人债务重整遂昌样式还能够倒逼债权人加强债务风险管理,从而规范民间借贷市场,引导民间借贷资本流向有市场诚信度、真正干事创业的市场主体。

五是拯救不幸,严惩老赖,修复和增进市场诚信。在个人债务重整遂昌样式的制度框架下,债务人如果愿意诚信地选择债务重整,就有望获得债权人宽容并修复信用走出“债务泥潭”,否则,就会被视为“真正的老赖”而受到信用联合惩戒机制以及刑事责任的严厉惩戒。个人债务重整遂昌样式让债务人知道,只有诚实而尽最大努力去偿债才能获得宽容和拯救,不诚实、不努力偿债不仅得不到宽容和拯救,而且会受到严惩,即“良币能获宽容、劣币必受严惩”。个人债务重整遂昌样式通过持续不断地“拯救不幸、严惩老赖”而不断挤压“老赖”的生存空间,进而越来越多的债务人告别“老赖”而选择债务重整,从而产生“良币驱逐劣币”的制度效果,增进了市场诚信。

六是推动我国个人破产立法进程。首先,个人债务重整遂昌样式为我国个人破产立法破除了“欠债还钱、天经地义”的观念障碍,让债权人知道,最大限度宽容债务人失败就是最大限度保护债权人自身利益。其次,个人债务重整遂昌样式通过一系列“激励重整、严惩逃债”的制度设计,由市场(债权人和融资方)自主筛选出有履行意愿、渴望获得拯救但暂时缺乏履行能力的债务人,而排除那些试图逃废债务的老赖,从而为“个人破产法”避免沦为“逃债法”提供了破解思路。最后,个人债务重整遂昌样式还在全国其他兄弟法院提供的与“个人破产清算”功能相当的个人破产制度样本(个人债务集中清理)之外,为我国个人破产立法又提供了一个“个人破产重整”的样本和经验,进一步推动了立法进程。

(四)浙江高院个人债务集中清理工作的总体部署

浙江高院高度重视个人债务集中清理工作,将个人债务集中清理作为社会治理体系和治理能力提升和营商环境优化的重要内容。

2019年8月30日,浙江高院会同浙江省委改革办、省发展和改革委员会等10余家部门联合制定《浙江省优化营商环境办理破产便利化行动方案》,其中明确将积极探索个人破产的试点工作列为主要工作任务之一。2019年年底,浙江高院专门负责金融、破产案件审理、调研的民五庭(金融审判庭)实体化运作,并将个人债务集中清理工作作为一项重要工作内容。2020年3月,浙江高院确定“关于深化破产审判及个人债务集中清理体制机制改革”为全省法院重点调研课题,温州、台州、丽水等地法院成立专题调研小组。同年5月,下发关于深入开展个人债务集中清理及相关课题调研的通知,明确课题参与法院的子课题调研主题及分工任务安排,要求各子课题单位充分关注个人破产制度的理论和各地实践动态,并注意将这些理论研究成果吸纳课题调研及工作实践中。与此同时,浙江高院积极对接、参与最高人民法院牵头的自然人破产的立法工作,总结实践经验,提出立法建议。同年9月,收集各地子课题调研报告及温州、台州、丽水遂昌三地实践报告及各地典型案例,并汇总整理形成本课题报告。

另外,2020年8月底,浙江高院民五庭完成“个人债务清理工作指引”的资料收集等准备工作,并于9月13日依托浙江省破产管理人协会召开“个人债务清理”研讨沙龙,研讨浙江省个人债务清理工作指引(讨论稿)。10月,形成《浙江法院个人债务集中清理(类个人破产)工作指引(试行)》(讨论稿),并征求浙江高院相关部门及全省各中院破产条线意见,目前,根据各方意见,已形成《浙江法院个人债务集中清理(类个人破产)工作指引(试行)》。

三、浙江法院个人债务集中清理工作中重点难点问题

浙江法院结合已受理、审结的个人债务集中清理案件,发现当前仍存在诸多重点难点问题。

(一)试点创新层级权限不足

温州、台州个人债务集中清理制度是在党政的大力支持下逐渐展开的,但是对于该试点工作的政策支持力度有限,不能完全满足审判需求。最高人民法院明确,已启动相关工作,支持争取全国人大授权批准开展个人破产制度试点。但目前个人债务集中清理工作与依法授权试点或授权地方立法,还有不小的差距。

遂昌地区个人债务重整遂昌样式在浙江高院、丽水中院的指导以及遂昌县委的领导和支持下已取得较好成效,但随着全面"量产"工作的铺开,个人债务重整遂昌样式在逐步释放出制度红利的同时,必然会遇到各种各样的问题,有些问题仅靠一个基层法院的力量往往难以解决。

(二)表决机制存在局限性

在现有法律框架内,"债权人会议的多数决制度""法院依职权裁定通过清算方案"这两项破产法核心制度无法确立适用,只能代之以"意识自治原则",这必然会影响个人债务集中清理的效率和效果。从目前实践的反馈看,主要有以下两个问题较为突出:

一是金融债权人的表决困境。自然人由于担保等原因而承担与生产经营活动相关的负债,已经成为比较突出的社会问题,影响和制约了民营经济高质量发展和民营企业家的健康成长,也是个人债务集中清理工作首先希望突破的方向。但是,因涉及债务减免,一般需由全体债权人表决通过个人债务集中清理方案,而金融债权人由于审批机制等原因,通常会投反对票或弃权票,因此如何争取金融债权人的支持是目前碰到的最大难点问题。在遂昌法院审理的案件中发现,

民营企业在向金融机构贷款时,金融机构不仅要求企业提供抵押等物权担保,而且要求企业的老板、股东、亲属等相关自然人提供连带责任担保。在这种情况下,当企业陷入破产危机时,即使通过破产重整程序进行挽救,也是救得了企业救不了老板,同时会牵连提供担保的其他自然人。在具体案件办理中,相关法院曾多次与地方金融机构债权人沟通,希望能通过让破产债务人承担相应份额的债务来豁免其剩余的保证责任,对此得到的答复是:“我们宁愿让这债权挂账挂着,一分钱拿不到也不能豁免债务人的保证责任,按照内部管理制度我们没有权力作出这样的决定。”可见,由于地方金融机构无不良资产处置权,无法通过与债务人协商的方式直接豁免债务人的部分债务,这导致但凡涉1笔金融债权的终本案件都无法通过个人债务重整制度予以化解。

二是债权结构复杂时的表决困境。在债权人较少以及债权额较小的债权债务关系较为简单的案件中,个人债务集中清理方案相对容易通过。但是在债权人数多、债权种类复杂的案件中,由于全体决规则的限制,个人债务集中清理方案很难获得通过。在夫妻联合清理的案件中,债务关系往往更为复杂。

(三)监督机制和逃废债打击有待进一步加强

在当前监督体制和法律规范下,对于债务人逃废债的行为仍不能完全杜绝,导致债权人对个人债务集中清理案件中债务人的诚信情况不能完全信任,甚至多有抵触。尤其在债务清理方案通过后,对债务人后续的监督机制能否到位、监督措施是否有效,债务人对此无法做到完全放心。另外,在个人债务重整层面,由于地方金融机构的制度限制,现阶段的个人债务重整只能由无金融债务的债务人向法院申请。然而,此类债务人大多是因信用较差而无法通过正常渠道向银行融资的低收入人群,其中还有部分人是因为严重透支消费、赌博等恶习而向社会人士借贷最终被法院执行的,其主观上缺少努力归还债务的能动性和积极性,企图通过个人债务重整程序去逃废债务。这些都在很大程度上影响了个人债务集中清理工作的效果。

同时,目前对于个人债务集中清理程序中出现或发现的逃废债行为,主要是通过“拒不执行判决、裁定罪”进行规制,但是该罪名的法定刑较低,对债务人的威慑作用有限。

(四)社会接受度有待进一步提高

就个人债务集中清理工作的实践而言,目前社会接受程度以及普及程度仍有待进一步提高。

一方面,债权人与债务人的配合意愿不高。从债权人群体角度看,防止无序抢夺、避免重复追债、公平参与分配,将使收益增加而成本减少。但对于个案的债权人来说,个人债务集中清理机制并不能带来直接的利益,债权人不舍得放弃利益也是本性使然。在目前没有法定余债免除制度的情况下,终结执行程序不能有效替代余债免除制度,无法有效建立符合个人破产制度的博弈机制,导致债权人不愿意配合债务清理。同时,债权人尤其是银行业金融机构债权人,对个人债务集中清理乃至个人破产制度仍较为抵触,其中不乏对破产制度的误解和排斥。从债务人角度看,部分债务人不了解个人债务集中清理机制的好处,同时债务人或多或少存在失信问题,甚至存在逃避债务清偿的行为,这与当前法律制度没有给客观上无法清偿债务的债务人提供制度出路也有一定关系。以台州地区的统计数据为例,恢复执行程序的案件高达56件,占已审结案件数的77%,其中大部分案件是债务人不配合管理人清算工作,导致无法正常进行债务清理。

另一方面,熟人社会中的人情关系对个人债务集中清理也有一定的影响。实践中发现,许多债务人的亲朋好友容忍债务人负债状况持续,尽管债务也许无法清偿,但均未通过诉讼向债务人主张。而一旦启动个人债务集中清理,债权人和债务人将面临债务是否免除问题,这将影响债务人与债权人之间的人情关系,导致债务人不愿意提供全部债务清册,部分债权人不愿意参加债务清理。

(五)强制执行在一定程度上过于刚性影响个人债务集中清理

个人破产制度与强制执行制度具有千丝万缕的联系,尤其是在我国尚未建立个人破产制度的情况下,执行程序在某种程度上承担了破产替代制度的功能。在我国,执行程序承担破产制度的功能是两个相互联系因素作用的结果。一方面,由于破产制度进入门槛高、当事人使用制度成本高,因此对破产制度的需求低。另一方面,国家对执行制度大力投入,使执行程序进入门槛低、效率相对较高,并且许多协调和组织及制度运行的成本由法院承担而不是由当事人承担。这些特点大大降低了当事人使用执行程序的成本,刺激了当事人通过执行程序解决事实上是破产问题的动机。① 国际上对个人破产法律制度的考察也表明,也许最直接的解决个人破产问题的制度本质是一种延伸,尤其是在执行债权和财产权的程序体系中,是执行制度的最后阶段。②

在实务中,会出现强制执行措施不当实施情况。例如,不区分执行不能的原因,一概将没有履行债务的被执行人列入失信名单。同时,执行程序无法解决财产去向和债务清理问题,只能以强制措施来促使债务人履行义务。更值得关注的是,过度的强制执行至少会对债权人在心理上造成过分依赖强制执行程序的"幻觉",影响债权人对债权回收风险的正确认识。

(六)相关实务问题需要进一步明确

一是夫妻一方债务清理问题。夫妻一方申请债务清理,对家庭共有财产与个人财产的区分,夫妻双方是否都负有区分财产的责任,未申请债务清理的另一方配偶是否负有配合清算的义务,均无法律明确规定。另外,夫妻共同破产抑或夫妻共同财产破产,与婚姻法有关共同财产、共同债务的规定有密切关联,需要进一步厘清。

二是农村承包经营户的个人债务集中清理问题。由于我国的土地所有权二元制及客观上存在的城乡差别,在自由财产保留方面,涉及宅基地及地上房屋、承包经营中的生产投入等是否保留、如何保留、保留额度,以及农作物收成处置等问题,均需要作出特别规定。

三是个人债务集中清理的管理账户设立问题。目前银行只允许设立企业破产管理人账户,尚无法开立个人债务集中清理管理人账户,也无法刻制印章,给管理人履职带来一定障碍。

理论上的重点问题在于,自然人破产与拟制主体破产的区分问题,在自然人作为债务人的破产案件中,与其中固有的"人的因素"密切相关,这一问题需要从自然人破产的独特视角和他们特定的需求、动机以及其他特点出发,进行深入研究。而且,这里的"人的因素",必须置于中国背景,来研究中国人,甚至是浙江人

① 参见唐应茂:《为什么执行程序处理破产问题?》,载《北京大学学报(哲学社会科学版)》2008 年第 6 期。

② 参见自然人破产处理工作小组起草:《世界银行自然人破产问题处理报告》,殷慧芬、张达译,中国政法大学出版社 2016 年版,第 10 页。

在个人破产制度构建中的财产豁免、免责、行为保全等具体问题。

四、浙江法院个人债务集中清理机制的实然路径

在设计和实施自然人破产法律制度的过程中,并非所有情况都能适用同一模式。不同地区、国家,甚至个人,对债务处理、市场风险、免责的宗教、道德、文化及经济意义等方面的看法存在很大差异。目前,浙江法院具有个人破产制度功能的个人债务集中清理机制的试点工作已经发挥了一些作用。一方面,债权人在个人债务集中清理机制中能够获得公平清偿,而非执行程序中的"先到先得";另一方面,个人债务集中清理机制为债权人提供集中受偿的程序,①即"优化集体破产制度的最简方式是消除在众多个别执行诉讼和债务人财产减价出售过程中固有的浪费。如果没有集体破产制度,每个债权人则须调查债务人的财产并自己负担调查费用"②。通过集中受偿,集中进行财产调查、处置,增加破产财产价值,降低追债成本,全面了结所有债务。下一步,需要完善制度设计,以形成带有更多浙江特色的个人债务集中清理机制。

(一)通过执行程序与清理程序的衔接进行财产处置

根据《中华人民共和国民事诉讼法》(2017 年修正)第 241 条、第 242 条、第 244 条的规定,债务人需要主动申报财产,法院有权查询被执行人的存款、债券、股票、基金份额等财产情况并有权查封、扣押、冻结、拍卖、变卖被执行人应当履行义务部分的财产。在财产处置方面,通常利用公共平台进行网络拍卖。2019 年浙江全省法院网拍破产标的 7323 个,成交 240 亿元,平均溢价率为 62.6%。据此,当前我国的执行财产查控处置已经能够实现清理过程中的基本功能。另

① 程序设计的制度激励功能非常重要。以美国破产法为例,其第 13 章是关于个人消费债务人的再生的主要一章。对于亟须破产救济的个人,最终的选择一般是第 7 章清算与第 13 章债务整理,而非第 11 章重整与第 13 章债务整理。在美国国会看来,第 13 章程序对债务人与其债权人双方都是有利的。对于债权人,第 13 章的吸引力主要在于其债权将获得更高的清偿预期。对于债务人而言,可以留存其非豁免财产,且由于对债权人的清偿比例更高,债务人在破产程序终结后将拥有更好的信用评级。参见[美]查尔斯 · J. 泰步:《美国破产法新论》(第 3 版)(下册),韩长印、何欢、王之洲译,中国政法大学出版社 2017 年版,第 1322 页。

② 自然人破产处理工作小组起草:《世界银行自然人破产问题处理报告》,殷慧芬、张达译,中国政法大学出版社 2016 年版,第 26 页。

外,对于难以变价的财产,若债务人原有执行案件,也可以通过执行法院进行财产变价处置,在债务清理程序中分配。稳妥有序在全省推进个人债务集中清理工作,在人民法院内部加强执行部门与破产审判部门在人员、财产申报、查控、处置等方面的衔接配合。

(二)充分关注财产申报、调查、核实等强制执行制度中的个人破产因素

由于当前许多破产债务人很可能会通过转移、藏匿财产等形式来逃避债务,因此,个人债务集中清理制度中的财产申报、调查、核实过程显得尤为重要。在实践操作中,强化人民法院依职权调查、管理人多途径现场调查等方式,通过债务人工作单位、居住地村(居)委会等社会力量进行必要查证,同时要求债务人自愿接受债权人质询等,对债务人的诚信情况、财产情况等进行全方位的核实。

以执行程序中的财产申报制度为例,这原本属于典型的破产制度。财产申报制度作为一项强制执行制度,存在自身的逻辑问题。其一,按照强制执行的制度设计,应当根本无须报告,直接强制执行即可。其二,作为一项强制执行制度,债务人财产申报义务如何确定,报告多少?执行标的1000元、1万元甚或几十万元、几千万元,被执行人的报告义务是否相同?还是只需要报告与执行金额相匹配的财产数额,即执行金额为10万元,被执行人只需要申报10万元的财产?类似于财产申报制度,强制执行制度中至少还有“生活必需品”制度①、参与分配制度②、终结本次执行制度等,系具有个人破产制度因素的执行制度,也是中国个人破产制度建立和实施的本土资源,应当予以充分关注。这 ·内容在作为本课题调研成果之一的《浙江法院个人债务集中清理(类个人破产)工作指引(试行)》中有充分体现。

---

① 《中华人民共和国民事诉讼法》(2017年修正)第244条规定,被执行人未按执行通知履行法律文书确定的义务,人民法院有权查封、扣押、冻结、拍卖、变卖被执行人应当履行义务部分的财产。但应当保留被执行人及其所扶养家属的生活必需品。这项制度有点类似于个人破产制度中的“豁免财产”制度。

② 进行参与分配的被执行人须为公民或其他组织,从各国立法例上观之,对参与分配的被执行人并无此种限制,因为破产与参与分配毕竟是两种不同的制度。我国作如此规定,是因为参与分配和破产的适用条件之一都是资不抵债。确定被执行人只有公民或其他组织才具有参与分配义务主体资格,还因为在目前我国尚无调整公民或其他组织资不抵债时清偿数个债务问题的法律规定,在实务中无法处理。参见杨立新:《民事执行程序中的参与分配制度》,载《法律科学(西北政法学院学报)》1994年第1期。

(三)加大信用惩戒力度

《中华人民共和国民事诉讼法》(2017年修正)第255条规定,被执行人不履行法律文书确定的义务的,人民法院可以对其采取或者通知有关单位协助采取限制出境,在征信系统记录、通过媒体公布不履行义务信息以及法律规定的其他措施。另外,《最高人民法院关于限制被执行人高消费及有关消费的若干规定》和《最高人民法院关于公布失信被执行人名单信息的若干规定》,以及由国家发展和改革委员会牵头,最高人民法院、中国人民银行、中共中央组织部等44家单位联合签署的《关于对失信被执行人实施联合惩戒的合作备忘录》均加强了信用惩戒,虽然此处使用的措辞均为"失信被执行人",但由于此类文件出台背景为执行语境下,因此此处应当可以理解为无法履行债务且未主动申报财产情况等的债务人。根据实际惩戒履行情况来看,截至2019年年底,实际落实的基本为限制乘坐飞机与限制乘坐高铁,其他类型的落实仍然较少甚至没有。因此,在个人债务集中清理制度中,针对相关消费行为,可以从适用对象、启动程序、监管方式、惩戒内容等方面进一步作出限制。

(四)探索合理的附条件债务免除制度和信用限制制度

对于诚信的、主动诚实申报的债务人,应当探索相对合理的债务免除制度,也可以将债权人附条件的债务免除承诺作为启动个人债务集中清理工作的条件之一,通过执行案件的终结来实质性地达到破产制度中债务免责的法律效果。对于信用限制,以美国的实践为例,破产记录会跟随个人长达7年之久,在此期限内,当信用机构查询到相应记录时,都会因此"前科"拒绝或限制与债务人的交易,时限到期后,再根据相应情况进行信用修复。

无论如何,浙江法院的实践只是刚刚开始的探索。① 在探索的过程中,浙江

---

① 历史因素是个人破产制度,同时也是几乎所有制度建立和有效运行的重要因素。以英国的个人破产制度为例,其是在近500年的历史演进中逐步确立起来的。因此,个人破产制度中的每一个具体的制度规则,都有着历史的渊源,其虽然经常会根据经济发展变化作出调整,但背后的原理和逻辑是要受到历史发展过程约束的。不仅如此,历史积淀下来的个人破产制度非常注重细节规则的设计。以破产限制措施为例,经年累月的立法积累,让破产限制令和破产限制承诺约束下的债务人在各个重要的方面都会受到任职资格的限制,这些不是破产法的逐项规定,而是体现在各个行业领域的立法之中。参见徐阳光:《英国个人破产与债务清理制度》,法律出版社2020年版,第12、13页。

法院希望能够为中国个人破产制度的建立、运行提供一些实践素材和经验的积累。下一步,针对工作实践中出现的问题,浙江法院将强化“三地一窗口”的使命担当,充分发挥审判职能,为化解个人债务危机、优化营商环境、加强社会诚信体系建设提供更强有力的司法保障。一是稳妥有序在全省推进个人债务集中清理工作,在人民法院内部加强执行部门与破产审判部门在人员、财产申报、查控、处置等方面的衔接配合。二是推动配套制度的完善,通过府院联动机制平台,探索发挥政府相关部门在个人债务集中清理中的公共服务职能作用,如公职管理人、专项资金、财产信息查询、信用联合惩戒等。三是积极推动个人破产的地方立法。

附件:

浙江法院个人债务集中清理典型案例

案例1:蔡某个人债务集中清理案

【关键词】破产企业股东连带责任;具备个人破产实质功能和相当程序

【受理法院】平阳县人民法院

【债务人户籍地】瑞安市××街道××路××幢××号

【管理人】温州诚达会计师事务所

【基本案情】

债务人蔡某原系温州某机械公司持股30%及负责销售的股东,该公司因经营不善,不能清偿到期债务,于2016年5月3日被平阳县人民法院裁定破产清算。清算过程中,担任执行董事、法定代表人的控股股东躲避送达,没有向管理人提供完整的账本账册,导致该破产企业最终未能完成清算义务。经生效裁判文书认定,蔡某与控股股东均应对该破产企业原债务214万元承担连带清偿责任。经查,蔡某和其配偶胡某每月各自的收入约4000元,蔡某在其现就职的另一家企业瑞安市某机械有限公司持有1%的股权(实际出资额5800元),还有1辆已报废的摩托车及零星存款。蔡某被列为被执行人之后,因其长期患有高血压和肾脏疾病,且其孩子正就读于某大学,整个家庭入不敷出,花销巨大,确无能力清偿上述巨额债务。平阳县人民法院于2019年8月12日裁定受理蔡某个人债务集中清理案,本案债权申报确认共有4名债权人有表决权,均是涉及上述破产企业的债权人进入清理程序,其主要债权构成为货款、租金损失赔偿、违约金、借款等。

【清理情况】

2019年9月24日,平阳县人民法院主持召开第一次债权人会议。蔡某宣读了《无不诚信行为承诺书》,同时提出在18个月内一次性按1.5%的清偿比例即3.2万余元清偿214万元的方案。各债权人详细查阅了债务人病历和财产明细清单,在充分了解债务人身体和经济状况后,针对债务人债务和财产数量、去向及是否有隐瞒财产的问题提出质询,由管理人和债务人一一答复。会议上,对于债权人提出债务人"是否有财产","又赚钱了"能否偿还欠款,以及若有"逃废债如何处置"的问题,一时无法解决。经法院主持,最终调整和完善了债务集中清理方案。第一,"破产财产"如何核查?除了执行部门的前期常规调查,本案债务人配偶署名同意接受财产调查,法院另出具协助调查函给管理人,对债务人家庭保险、股票、基金、支付宝予以查询,如发现蔡某在支付宝"借呗"中以借还借,确实经济困难。在债权人会议中,法院充分赋予债权人知情权、质询权、表决权、监督权四项权利,全方位核查债务人个人及家庭财产状况。第二,"赚钱了"怎么分?本案创新运用激励创业的理念,得到了各方理解支持。即在清偿3.2万元之日起6年内,若债务人家庭年收入超过12万元,超过部分的50%将用于清偿全体债权人未受清偿的债务。自清偿3.2万元之日起满3年后,恢复债务人蔡某个人信用。第三,"逃废债"如何处置?本案设计了附条件债务豁免的清理方案,即若发现债务人有未申报的重大财产,或有不诚信的逃废债行为,则放弃债权的承诺失效。在6年信用考察期中,债务人必须接受持续的行为限制和监督,于每年的12月30日前向法院或管理人申报家庭年收入和债务偿还情况,并接受债权人与社会各界的监督与核查。同时,法院向债务人蔡某发出"行为限制令",主要内容是限制高消费行为等。以上措施消除了债权人的顾虑,最终清理方案得到全体通过。

【典型意义】

本案在办理过程中,参照企业破产制度,引入破产管理人,由管理人对债务人个人及家庭财产状况进行核查,发布债权申报公告,向债权人会议报告财产核查情况。表决机制上参考《中华人民共和国企业破产法》第97条规定,清理方案中融入了自由财产(为债务人保留必要的生活费和医疗费)、债务豁免、失权复权、免责考察期等个人破产制度理念。本案初步实现了与个人破产制度相当的功能和价值取向,被评为“2019 年度温州市优化营商环境十大典型案例”,是较为全面地体现温州法院个人债务集中清理试点方案多项特色功能的典型案例。经省委政法委微信公众号“平安鼎”、省高院微信公众号“浙江天平”转发,微博相关话题浏览量达 8000 多万。本案被各大媒体称为“全国‘个人破产’第一案”,经新华社、《人民日报》、央视网、《法治日报》等媒体纷纷报道后,本案被新华社《国内动态清样》刊用,央视《经济半小时》专题栏目进行了播出。

案例 2:李某成个人债务集中清理案

【关键词】双重多数决规则;金融债权

【受理法院】温州市瓯海区人民法院

【债务人户籍地】温州市瓯海区××街道××村××巷××号

【管理人】浙江泽商律师事务所

【基本案情】

债务人李某成在温州市瓯海区连续经营多家企业,并以个人名义借款用于公司经营,后因经营不善欠下巨额债务,自 2012 年起,共有 21 位债权人(其中 2 家为金融机构)陆续向温州市瓯海区人民法院(以下简称瓯海法院)提起诉讼,涉及债权金额达 20,565,060 元。上述判决生效后,各债权人依法向人民法院申请强制执行,法院执行过程中发现李某成名下有房屋 1 处,经组织对房产进行拍卖,3 次均流拍,也无债权人同意进行抵债,后上述执行案件均因无法执行而终结程序。2018 年,李某成名下的房屋被当地政府征收。2019 年,当地政府确认债务人李某成可得安置补偿款 9,462,228 元。为此,多名债权人于 2019 年陆续向人民法院申请对李某成恢复强制执行。同时,债务人李某成向人民法院申请进行个人债务集中清理。2019 年 8 月 7 日,瓯海法院受理李某成个人债务集中清理案,并参照企业破产法规定,从管理人名册中摇号指定管理人。

【清理情况】

瓯海法院受理本案后,经财产调查,查明债务人名下所有财产:(1)房屋 1 处,该房屋已经被温州市瓯海区人民政府×街道办事处征收,债务人李某成可得安置补偿款 9,462,228 元;(2)街道×村委会发放的退二进三指标款 157,161 元;

(3)初始登记于2001年的小轿车1辆;(4)银行存款41,023元。通过前往广州实地了解,债务人李某成与其妻子现在广州一家商铺从事销售工作,主要收入为工资加提成,月收入为六七千元。家有67岁的母亲需要赡养,有11岁未成年子女需要抚养。

在清理中,瓯海法院注重宣传个人债务集中清理的目的及债务人诚信的基本要求,促使债务人主动向管理人反映其持有的公司股权及应收款项。

2019年9月30日,瓯海法院主持召开第一次债权人会议,经查明的21户债权人全部到会。其中有2户金融机构债权人,债权金额2,295,408元,均系普通债权,占全部债权金额的11.16%。会上通报了债务人的财产、债权债务、家庭、工作等情况;全体债权人100%表决通过了表决规则:由参与债权人会议的半数以上人数通过,且该债权额需占无财产担保债权额2/3以上,表决即为通过。后债权人会议依据表决规则对李某成的个人债务集中清理方案进行表决,其中银行等几位债权人要求延后表决,最终同意清理方案的债权人人数占90.48%,其所代表的无财产担保债权总额占88.84%,该清理方案表决通过。在该清理方案中,李某成除将9,660,412元款项用于清偿外,另承诺再向全体债权人增加清偿率2%,即411,301.2元,故清偿率由46.455%增加至48.455%。债权人同意李某成按约清偿后,自愿放弃对其剩余债务主张权利,同时李某成亦承诺个人债务集中清理方案全部履行完毕之日起5年内,若存在未申报的重大财产,或者存在欺诈、恶意减少债务人财产或者有其他逃废债行为,或者严重违反行为限制令,债权人可以请求恢复按照原债务额进行清偿。2019年12月18日,瓯海法院依法向债务人李某成发出行为限制令,同时裁定认可李某成的个人债务集中清理方案,终结对李某成在本次清理所涉案件中的执行。

本案的办结,集中清理了李某成的全部债务,在个人债务集中清理方案履行完毕满3年,且不存在法院限制令中的行为的条件下,可以申请法院恢复信用,免除了李某成的后顾之忧,给予其重新进入市场经营的机会。

【典型意义】

本案是基于当前金融机构债权人内部层级审批制度和核销政策限制所做的表决规则创新,实现对金融债权豁免难题的突破,具有较强的路径探索和实践复制价值。因金融机构债权人内部层级审批制度和核销政策限制,金融机构债权人即使明知通过个人债务集中清理程序相较于执行程序可以获得更高的清偿率,也不敢随意表决豁免债务人部分债权。

在本案清理过程中,瓯海法院探索适用依债权人约定确定表决规则,引导金融债权人以同意采取双重多数决表决规则的方式,变通性表决通过清理方案,促成债权人、债务人及社会效益共赢。瓯海法院为此设定了个人债务集中清理的表决规则:由参与个人债务集中清理债权人会议的半数以上人数通过,且该债权额占无财产担保债权总额 2/3 以上,表决通过即为通过,但该表决规则需全体债权人 100% 表决通过。金融机构债权人同意该表决规则,上述规则经全体债权人 100% 通过。虽然金融机构债权人后续表决弃权,但个人债务集中清理方案按规则仍可以通过。本案各债权人均获得了 46.455% 的清偿,同时债务人承诺在原清偿基础上再向全体债权人增加清偿率 2%,金融机构的债权按比例清偿完毕后,可通过相应程序进行核销。同时,本案个人债务的成功清理,有效化解 21 件执行案件,涉及债权金额 2000 余万元,实现了原本"执行不能"案件的有序退出,为被执行人为自然人的"执行不能"退出机制提供了有效路径。

案例 3:金某义个人债务集中清理案

【关键词】第三人代偿

【受理法院】永嘉县人民法院

【债务人户籍地】永嘉县××镇××村

【管理人】无

【基本案情】

债务人金某义因经营不善而资不抵债,经生效裁判文书认定的债务共计 4 笔,本金合计 1,857,000 元,4 起案件均立案执行。在执行过程中,永嘉县人民法院通过全国法院网络执行查控系统依法向全国各金融机构、不动产登记服务中心、车辆管理部门、市场监督管理部门等相关部门查询被执行人的财产情况,并向被执行人住所地调查了解被执行人的财产线索及去向。发现金某义名下的财产如下:坐落于永嘉县上塘×村联建×单元×室的房屋,因权证瑕疵,经发函给永嘉县自然资源规划局征询处置意见,该局复函建议暂不予处置;另有位于×村的老屋 1 间;被执行人无其他可供执行财产及固定收入,难以清偿债务本息。

【清理情况】

在个人债务集中清理中,金某义提出由其亲戚(第三人)一次性代为清偿部分本金,债权人放弃部分本金及全部利息的方案。经协商,最终由金某义偿还债权人之一的谷某业35万元(本金清偿率58.34%),余款全部放弃;其余3位债权人清偿本金20%,余款全部放弃。债权人一方经表决通过上述清理方案,同时明确自清理方案全部履行完毕之日起5年内,若发现债务人有未申报的重大财产,或者存在欺诈、恶意减少债务人财产或者其他逃废债行为,债权人可以请求恢复按照原债务额进行清偿。现第三人代偿内容已履行完毕。

【典型意义】

因个人债务集中清理申请人还款能力不足,由其亲属作为第三人代偿部分款项,是本案债务人和债权人能达成清理方案的关键,也是个债清理能够顺利开展的有效推动力。个人债务集中清理方案可以约定由第三人直接向债权人支付款项或者以第三人财产履行。在本案清理过程中,永嘉县人民法院积极引导当事人,通过第三人代偿的方式,既能为债权人挽回部分损失,也能促成债务人重启生活。

案例4:钱某柱、杨某秋个人债务集中清理案

【关键词】夫妻债务联合清理;清偿率调节难度大;清理失败

【受理法院】乐清市人民法院

【债务人户籍地】乐清市××街道××村

【管理人】浙江震瓯律师事务所

【基本案情】

钱某柱、杨某秋原系夫妻关系,在两人债务纠纷陆续进入诉讼及执行程序后于2016年10月离婚。两人均系2017年已宣告破产的温州××电器有限公司的股东,其作为被执行人被申请立案强制执行的夫妻共同债务案件共11件,因企业经营亏损,无力履行11件案件的金钱给付义务,其资产不足以清偿全部债务,仅曾于2018年12月将提取的杨某秋工资55,349.33元按照各债权本金比例进行了分配、受偿。

钱某柱、杨某秋分别向乐清市人民法院(以下简称乐清法院)提出个人债务集中清理申请,乐清法院先后于2019年9月9日、11月23日裁定受理并指定管理人。因系共同债务,(2019)浙0382执清3号、4号两案合并清理。

【清理情况】

两案债权申报公告分别于 2019 年 11 月 24 日、26 日刊登在《温州商报》《法制日报》,债权申报期限截至 2019 年 12 月 25 日,并公告于 2019 年 12 月 26 日在乐清法院召开第一次债权人会议。截至到期日,管理人收到经乐清法院司法确认的 11 位债权人的申报材料;债权孳息暂算至 2019 年 12 月 26 日,审核确认申报的债权额合计 2,311,805.2 元,其中债权本金合计 1,949,234.75 元。经管理人调查,申请人钱某柱名下有坐落于乐清市××街道××村的旧房,且为集体土地使用权单证;钱某柱名下有长安牌轻型普通货车 1 辆、帕萨特牌小型轿车 1 辆,均在 2017 年左右被交警部门扣押;钱某柱无存款,现无固定工资无固定经济收入。杨某秋为××中学教师,法院保留其每月 1500 元基本生活保障费用,其余工资收入均由法院扣留、提取。目前尚未发现两人有其他财产。

2019 年 12 月 26 日上午,乐清法院召开两案第一次债权人会议,全体债权人到场,当场对温州××电器有限公司厂房被政府部门拆除的赔偿款项、设备去向、应收款去向等向两申请人发问,两申请人予以答复。之后,管理人宣读基于申请人实际履行能力及方案的可行性而制定的个人债务集中清理方案,主要内容为:此为一次性清理方案;11 笔债权孳息暂算至 2019 年 12 月 26 日的债权总额为 2,311,805.2 元,拟定清偿率为 10%;两申请人配合处置乐清市××街道××村的单证不动产,变现款与法院已经扣划尚未分配的杨某秋工资用于清偿全体债权人,各债权人按债权比例受偿;若不动产在清理方案通过之日起 6 个月内未处置成功,两申请人承诺自行筹集不少于 10% 清偿率的资金用于清偿债权人;若不动产变现款及扣划的工资款不足以清偿 10% 债权,两申请人承诺自行筹集资金补足 10% 的清偿率。在债权人会议上,全体债权人均不同意 10% 的清偿率,各债权人提出的清偿率在分期付款的情况下最高达 75%。后经过商议,债权人提出方案:在长期分期付款的前提下清偿率为 50%,半年内清偿 10% 的债务(其间主要处置不动产),之后 8 年内每年清偿 5% 的债务。对此方案,两申请人答复尚需考虑。

在债权人会议后,经过管理人多次沟通,两申请人明确表示不同意总清偿率 50% 的分期付款方案,同时表示愿意继续配合法院处置不动产。至此,因双方就清理方案无法达成一致,本案债务清理失败,清理程序终结。

【典型意义】

本案清理过程反映了当前个人债务集中清理试点工作存在的难点问题:

1. 不同类型债权的清偿率难以协调一致。各项债权因其发生的基础法律关系不同,款项性质不同,如本案各债权涉民间借贷关系产生的借款、劳动关系产生的劳动报酬、买卖合同关系产生的货款等,各债权人对清偿比例的心理预期、接受能力均不同,为最终达成清理方案增加了难度。

2. 全体表决难以取得一致。在实践中,多个债权人对债务人的谅解程度及其对债务的豁免尺度不尽相同,只要个别债权人不同意清理方案或清偿比例就意味着全盘否定,至于能否实现不同债权人不同清偿率进而实现集中清理债务,因人而异、因案而异。在本案债权人会议现场,要求高清偿率的债权人直接游说同意低清偿率的债权人改变意向。

3. 债权人对债务人信任度较低。本案中,债权人对两申请人关于厂房拆除赔偿款、设备、应收款去向的说法表示不认同,因此提出较高的清偿率要求;而此前两申请人对于债务清偿不积极不端正的态度亦是导致丧失债权人信任和同情的重要原因。在债权人不信任不理解的情况下,如果能够赋予管理人一定的职权调查债务人及其近亲属的财产情况,包括银行账户明细等,可进一步防止债务人隐瞒、转移财产,亦能让债权人认同债务人的实际财产情况,对债务人清偿能力有清醒的认识。

4. 未经司法确认债权存在清偿难点。个人债务集中清理机制对未经司法确认债权的清偿尚无程序上的设计,缺乏法律制度支撑。债务人容易误认为"个人破产"后再起诉的或未诉的债务都无须清偿,本案中两申请人在明确了解到未纳入清理程序的其他债权仍然要偿还后,明显降低了集中清理本次债务的意愿。

综上,本案虽清理失败,但从中反映出一些普遍性问题,需要进一步研究、分析论证并寻找对策,积累实践经验推进个人债务集中清理工作。

案例 5:蔡某宝个人债务重整案

【关键词】市场化;引入第三方战略投资;恢复履行能力;切实解决执行难

【受理法院】遂昌县人民法院

【债务人户籍地】遂昌县××街道××路××弄××号

【管理人】无

【基本案情】

蔡某宝系遂昌县政府公务员。因前妻经商失败欠下巨额债务,离婚后前妻一走了之杳无音信,于是债权人纷纷找上蔡某宝。前妻借钱经商是经过蔡某宝同意的,蔡某宝觉得,无论如何也得将这些债务还掉,于是四处借款还债。蔡某宝虽然通过变卖家产还清了部分欠款,但还是剩下 129.91 万元借款本金没有还清。债权人看蔡某宝再也没有能力还款,于是纷纷诉至遂昌县人民法院。2015 年 3 月 ~2016 年 5 月,法院作出 5 份判决和 1 份调解。由于蔡某宝没有能力履行生效裁判文书确定的义务,债权人全部向法院申请执行。2015 年 4 月 ~2016 年 7 月,法院受理蔡某宝执行案件 6 件。在执行程序中,法院查明,蔡某宝除工资外没有其他可供执行的财产。在保留必要的生活费后,对其收入予以扣留用于清偿债务,全部执行案件以终结本次执行程序方式结案。

【清理情况】

2019 年 11 月 25 日,蔡某宝向遂昌县人民法院申请进行个人债务重整,申报了财产、债务、婚姻等情况,并签署诚信重整承诺书。经审查,法院未发现蔡某宝有隐匿财产等规避执行行为,决定受理蔡某宝个人债务重整申请。截至当日,蔡某宝在遂昌县人民法院共有 6 起未履行完毕的执行案件,债务总额为 2,356,039.24 元(其中本金 1,299,100 元,利息 1,056,939.24 元),蔡某宝在申请个人债务重整之前,已被法院扣留工资收入 168,629 元用于清偿债务,尚有 2,187,410.24 元债务未归还。

当日,法院将蔡某宝申请个人债务重整的相关情况及债权人在个人债务重整程序中的权利义务告知债权人。经债权人对债务人的充分调查、了解,双方当事人达成初步重整方案,其中 2 名债权人自愿放弃所有债权[唐某财(债务人同事)放弃 425,421.97 元本息,蔡某甲(债务人侄女)放弃 188,479.73 元本息],其余 4 名债权人同意蔡某宝支付剩余本金 81 万余元的 50% 即 40.5 万余元。

由于蔡某宝在进入诉讼程序前已自行处置财产用于清偿债务,且被法院执行多年,除工资外无其他任何财产可供执行。2019 年 12 月 10 日,遂昌县人民法院将蔡某宝的情况通报相关金融机构。稠州银行经过对蔡某宝及其担保人的审核后,同意通过“重整贷”融资 30 万元给蔡某宝。同年 12 月 11 日,蔡某宝向亲友融资 10 万余元,并缴纳到法院执行账户,作为其履行债务的“首付款”。

2019 年 12 月 12 日,遂昌县人民法院召开债权人会议,债权人和蔡某宝、稠州银行代表、蔡某宝的3名保证人均参加会议。会上,蔡某宝签订诚信协议,并当场进行宣誓,承诺没有隐匿财产、规避执行并诚信履约,否则依法承担罚款、拘留、刑事等法律责任。最终,债权人、债务人、稠州银行、保证人四方达成《债务重整协议》,同意蔡某宝自行筹集107,557.04元,银行融资30万元,共计407,557.04元用于清偿债务;4名债权人将债权无偿让予给稠州银行。同年12月27日,蔡某宝及其保证人根据《债务重整协议》的约定,与银行签订"重整贷"借款合同,约定借款金额为30万元,年利率9.0045%,借款期限自2019年12月27日至2024年12月19日,借款用途为用于偿还其被执行债务。同年12月31日,遂昌县人民法院解除对蔡某宝工资收入的扣留。

2020年1月2日,30万元贷款按约支付至遂昌县人民法院账户。同年1月3日,遂昌县人民法院按照《债务重整协议》中约定的清偿方案,将407,557.04元款项支付给4名债权人。同年1月15日,遂昌县人民法院将蔡某宝作为被执行人的终本案件报执行完毕2件、终结执行4件结案,6个终本案件全部化解。遂昌县人民法院还向蔡某宝送达了行为限制令,限制其在信用恢复前的部分行为。至此,蔡某宝个人债务重整案办结。

蔡某宝按约归还贷款,并经过协议约定的信用限制期(本案为5年)后,如未发现其有虚假申报、规避执行等违法行为,法院将对蔡某宝的信用修复至其相当于履行完毕状态,并解除行为限制。

【典型意义】

本案是坚持市场化、法治化理念,充分发挥第三方作用,让有履行意愿但暂时缺乏履行能力的被执行人恢复履行能力,有效化解终本案件的典型案例。

1. 坚持市场理念,突破个人债务重整的"瓶颈"。蔡某宝能否通过债务重整而被"拯救",交由相关主体即债权人、担保人和融资方等自主判断,人民法院通过个人债务重整为各方提供协商谈判的平台。在本案中,有两名债权人是蔡某宝的亲友,出于私人感情,同意免除债务。另4名债权人,也是蔡某宝的熟人,对蔡某宝的情况非常了解,知道其确实没有履行能力,更没有规避执行行为。4年多来的强制执行,蔡某宝只履行了本金的12.98%,即16万多元,每年清偿率不到3%。现在蔡某宝一次性清偿40万余元,占该4名债权人本金的43.91%。债权人通过个人债务重整,拿到了"现钱",实现了债权人利益最大化。

2. 通过引入第三方,让有履行意愿但暂时缺乏履行能力的被执行人恢复履行能力。在本案中,蔡某宝原来负债近 130 万元,而且都是年利率 24% 的高利息借款。还了 4 年半,蔡某宝的债务从 130 万元上升到 235 万元。根据蔡某宝的收入,一辈子也还不清债务。经过债务重整,蔡某宝的债务下降到 40 万余元,而且其中 10 万余元是向亲友融资的,不用支付利息也不着急还,其真正需要尽快偿还的是年利率 9% 的银行融资款。遂昌县人民法院的个人债务重整,不仅让债务人恢复履行能力,还增强了其履行债务的主动性、积极性。

3. 畅通执行不能退出通道,有效解决执行难题。通过个人债务重整,共化解 6 件终本案件,其中 2 件以执行完毕结案,另 4 件以终结方式结案,待其重整协议履行完毕后,再以执行完毕方式结案。本案将个人债务集中清理的工作探索与破解执行难目标相结合,畅通了执行不能退出通道,有效解决执行难题。

案例 6:杨某清、潘某珠个人债务重整案

【关键词】夫妻共同债务;房产中介;盘活资产;“执转破附带审转破”

【受理法院】遂昌县人民法院

【债务人户籍地】遂昌县 × × 乡 × × 村 × × 号

【管理人】无

【基本案情】

杨某清与潘某珠 2 人系夫妻关系,因经营大排档不善欠下多笔债务,2 人名下仅有的 1 处房产处于抵押状态,并被法院查封。杨某清与潘某珠 2 人在遂昌县人民法院共有 7 件未履行完毕的执行案件及 1 件诉讼案件,涉案普通债权标的共计 337,982.48 元,其中本金 270,000 元,利息 67,982.48 元,在执行程序只清偿了 6177.7 元。

【清理情况】

2020 年 1 月 19 日,杨某清与潘某珠向遂昌县人民法院申请个人债务重整,并申报财产、债务、婚姻等情况,签署无规避执行诚信参加债务重整的承诺书。同时,提出重整方案(草案),主要内容如下:将唯一住房自行处置后,首先用于清偿优先债权及处置费用(中介佣金),然后给全体普通债权人分配,不足部分请债权人免除。经法院审查,未发现债务人有隐匿财产等规避执行行为,决定受理杨某清、潘某珠个人债务重整申请。

债权人同意杨某清与潘某珠提出的重整方案(草案)。如果对 2 人的房产进

行司法拍卖,不仅周期长,所得价款还可能无法清偿所有债务。于是,法院组织召开债权人会议。经协商,债权人同意债务人自行委托中介公司出售房屋,但出售价需得到债权人代表的同意,并要求法院在收到款项后,再解除查封。抵押银行代表列席债权人会议,同意债务人提出的方案,表示在收到还款后立即解除抵押权。债务人遂与房屋中介公司联系出售事宜,双方约定,由房屋中介公司向两债务人融资,清偿重整协议约定的债务后,房产中介公司获得债务人的房产处置权。通过房产中介公司的融资,杨某清与潘某珠的债务得以清偿。本案共执行247,437.7元,清偿率约为73.21%,豁免了当事人90,544.78元的债务,本金清偿率约为91.64%。

2020年3月4日,遂昌县人民法院将杨某清与潘某珠作为被执行人的7件终本案件报执行完毕结案,1件诉讼案件以撤诉方式结案。遂昌县人民法院按协议约定,对杨某清与潘某珠的信用修复至其相当于履行完毕状态,并解除行为限制。

【典型意义】

本案是夫妻共同债务一并处理,通过第三方的市场化运作盘活查封资产,切实解决执行难的典型案例。

1.坚持夫妻共同债务一并进行个人债务重整原则。杨某清与潘某珠所负的债务均是在夫妻共同经营中产生的债务,依法属于夫妻共同债务。在个人债务重整中,强调的是“个人”即自然人,但是当债务属于夫妻共同债务时,应当将夫妻双方作为一个整体来对待,将“自然人”扩大解释为“夫妻”双方。如果是家庭成员共同参加经营的个体工商户等主体进入个人债务重整程序时,因债务属于家庭共同债务,故还可以将“自然人”的概念扩大解释为全体“家庭成员”。这样对“夫妻”双方、“家庭成员”一并进行债务重整,有利于纠纷的整体化解,达到“案结事了人和”的目的。

2.通过第三方的市场化运作盘活查封资产,切实解决执行难。在本案中,杨某清与潘某珠的唯一可执行财产系其房屋,而该房屋已经被法院查封,还有抵押权。如果通过正常司法程序处置,进入评估、拍卖程序,不仅周期长,而且成交价不确定。对债务人来说,不仅成交价不能自己掌握,还增加了交易费用和处置期间新增的利息。对债权人来说,由于拍卖的不确定性,其对债权清偿率和清偿时间也无法掌握。因此,引入第三方通过市场化运作盘活查封资产,对双方当事人都实现了利益最大化。债务人的有市场需求的财产资源包括未来可持续获得的收入、难以变现或上市交易但仍有投资价值的生产设备、不动产、知识产权、特种行业经营许可资质以及债务人的特殊专业技能等。

3. 实现“执转破附带审转破”。在本案中,杨某清与潘某珠 2 人通过个人债务的“一揽子”重整,实现 7 件执行终本案件的“执转破”和 1 件诉讼案件的“审转破”,真正实现了个人债务集中清理的制度目的。

案例 7:黄某华个人债务集中清理案

【关键词】偏颇性清偿;未如实申报;恢复强制执行

【受理法院】台州市中级人民法院

【债务人户籍地】台州市黄岩区××街道××村××号

【管理人】浙江利群律师事务所

【基本案情】

黄某华原从事羊毛衫制作、销售行业,由于经营不善、大额货款无法收回等原因,经营状况恶化,加之债务人身体健康状况不佳,逐渐丧失劳动、工作能力,最终陷入债务困境,无法清偿债务。

【清理情况】

2019 年 3 月 29 日,债权人以债务人黄某华不能清偿到期债务和明显缺乏清偿能力为由,以执行程序转破产程序方式,申请对债务人进行个人债务集中清理。2019 年 4 月 1 日,台州市中级人民法院裁定受理申请,在媒体上发布受理和债权申报公告,并指定管理人。管理人经指定后,对黄某华的财产及债权债务进行了调查。经对债权审核,共有 3 户债权人向管理人申报了 4 笔债权,确认债权总金额为 419,331 元,债权性质均为普通债权。管理人向债务人了解其财产和债务情况,债务人表示除了申报的债权人,其还有众多同村的债权人,但这些债权人出于各种考虑,始终未提起诉讼,也不申报债权。管理人在债务人的配合下调查了其微信、支付宝的款项进出情况。法院通过“点对点”查控系统结合管理人实地走访等手段调查债务人的财产情况,并未发现债务人存在明确的财产。但是,根据债权人反映,债务人隐瞒了村中分红的情况。管理人根据债权人提供的线索,调查发现债务人所在的村集体存在不定期发放村民分红的情况,但对于该分红的金额及去向问题,债务人未如实向管理人作出解释和说明。同时,根据债务人自身的陈述,其对于未起诉的债权人还存在偏颇清偿的情况。管理人根据调查结果,认为债务人未向人民法院及管理人如实申报全部的财产及收入情况,无法认定其诚信处置和清偿债务,且债务人还存在偏颇清偿等不当行为。据此,管理人于2019年5月5日提请台州市中级人民法院终结个人债务集中清理程序,并建议不终结执行程序。台州市中级人民法院于2019年5月6日作出裁定,终结黄某华债务清理程序,并交由执行部门恢复执行措施。

【典型意义】

在本案中,经对债务人进行债务清理,发现债务人存在未如实申报全部财产收入及存在偏颇清偿等不当行为,导致无法取得债权人谅解,不宜认定其为诚信债务人,最终人民法院终结债务清理程序后,交由执行部门对其恢复执行。对于个人债务集中清理程序而言,本案是一个很好的反面例证,给那些心存侥幸的债务人敲响警钟,也向社会传递出非常明确的信号:只要债务人确实属于“诚实而不幸”的债务人,在通过个人债务集中清理程序后,债务人就可以免于强制执行;但是如果债务人心存侥幸,故意隐瞒或者未如实报告财产和债务情况,甚至对部分债权人进行偏颇清偿,损害其他债权人利益,那么个人债务集中清理就是很好的“照妖镜”,让隐匿财产、偏颇清偿等行为显形,严厉打击躲避债务清偿的行为。

案例8:柯某文个人债务集中清理案

【关键词】经营失败;诚信债务人;终结执行程序;首例债务免除

【受理法院】台州市中级人民法院

【债务人户籍地】台州市黄岩区××街道××路××号

【管理人】浙江鼎联律师事务所

【基本案情】

柯某文自16岁开始一直从事木制工艺品代加工,为生产经营所需向3家银行借款,后因生意亏损无力偿还,沉重的债务也使柯某文的生活陷入困境,2011年柯某文与妻子许某协议离婚。后债权人将其诉至法院,2013年柯某文被法院纳入失信人员名单并被实施限制高消费等强制执行措施,银行账户被冻结,出行不能乘坐飞机、高铁,无法再从事木制工艺品代加工业务,只能靠打零工维持生计。柯某文目前居住的房屋为立地3层楼房1间。上述房屋的宅基地登记在柯某文名下,建筑占地面积45平方米,权属性质为集体建设用地使用权,为家庭共有,因涉及农村集体土地,目前无法处置。柯某文所欠债务未予清偿。

【清理情况】

2019年3月29日,债权人台州银行股份有限公司(以下简称台州银行)以柯某文不能清偿到期债务和明显缺乏清偿能力为由,以执行程序转破产程序方式,申请对柯某文进行个人债务集中清理。2019年4月1日,台州市中级人民法院裁定受理台州银行对柯某文的个人债务集中清理申请,同日指定管理人,并在媒体上发布债务清理和债权申报公告。管理人接受指定后,对柯某文的家庭背景、工作情况、银行账户、不动产等进行调查,并多次走访当地村委会、村民。管理人了解到,柯某文的负债确系因生意亏损造成,没有赌博等不良嗜好,目前无固定工作,靠打零工和女儿的资助维持基本生活。在管理人调查期间,柯某文积极配合管理人团队对其展开的财产调查工作,如实陈述债务发生和亏损原因,以及家庭情况和财产状况。经管理人财产调查,柯某文名下仅有农村房屋的一半产权及生活用品,无其他财产。债权人有3家,合计申报债权金额为480,410.43元。管理人经调查认为柯某文系诚信债务人,不存在失信行为。本案债权债务清楚,3家债权人对管理人提交的财产调查报告和财产处置方案及保留自由财产未提出异议。管理人于2019年4月29日提请台州市中级人民法院终结个人债务集中清理程序,并建议终结对柯某文的执行程序。台州市中级人民法院于2019年4月29日裁定终结柯某文个人债务集中清理程序,并向柯某文签发行为保全令,保全令保留当前无法处置的农村住房在将来可处置时应清偿债务的要求。执行部门据此组织柯某文进行义务保证宣誓。管理人、债权人均出席并见证债务人的宣誓仪式。柯某文宣誓:承诺自己将严格遵守保全令所规定的行为限制,保证诚实做人,诚信做事。随后,管理人向债权人发送监督告知书,向柯某文住所地村民委员会寄送协助监督柯某文行为保全令的函,告知各方在行为保全令期间有权监督,同时对柯某文执行案件予以终结。

【典型意义】

本案在债务清理后终结执行程序,以终结执行程序替代发挥个人破产免责制度的功能。

1. 诚实而不幸的债务人因经营亏损陷入债务危机,背负沉重债务,看不见生活的希望。通过引入具有个人破产要素的“个人债务集中清理”概念,参照破产法律制度,指定管理人对部分执行程序中的债务人财产进行全面清查。在完成执行退出义务宣誓和遵守行为保全令的前提下,终结对债务人的执行程序,并接受管理人和债权人的共同监督。

2. 人民法院强制执行案件的办理也面临案多人少的困境,导致执行员未能及时、全面查清被执行人财产状况。在个人债务集中清理程序中,管理人可以协助人民法院更加及时、全面调查被执行人财产线索。

3. 保留债务人基本生活财产,保障债务人生存权利和尊严。通过个人债务集中清理,给诚信债务人重新生活的机会,在全社会营造“鼓励创业,宽容失败”的氛围,为净化信用环境,推动诚信社会创造条件。

二、工作指引

《浙江省优化营商环境条例》第22条解读

主题：便利企业退出

涉及条款

《浙江省优化营商环境条例》第22条　县级以上人民政府、人民法院应当建立企业破产处置协调联动机制，统筹协调解决企业破产过程中涉及的资产处置、风险防范、职工和债权人权益保护等问题。

人民法院应当探索建立重整识别、预重整等破产拯救机制，完善破产案件繁简分流、简易破产案件快速审理机制。

县级以上人民政府安排的企业破产启动援助资金，可以用于个人债务集中清理的启动援助。

对申请债务集中清理的个人，经审查后符合条件的，可以按照规定删除其失信信息。

具体解读

企业退出即企业市场退出，在现行法律制度中，企业退出主要有两条路径：一是非破产退出路径，即企业依据章程或决议、行政决定、司法裁判等原因解散，进行清算并注销后退出市场；二是破产退出路径，即以《中华人民共和国企业破产法》为依据,通过企业破产清算、重整、和解等制度安排实现市场退出。企业破产制度是社会主义市场经济体系的一项基础性法律制度,不仅能够促进债权人公平受偿,还能推进市场资源要素有效流转,助力优化营商环境。对于不能清偿到期债务,并且资产不足以清偿全部债务或者明显缺乏清偿能力的企业,应当给予一个规范化的市场退出路径,这也是优化营商环境的基本内容。

债务人企业依法进入破产程序后,由人民法院依法推进指定管理人、发布公告、召开债权人会议等破产程序;由地方政府提供职工安置、信用修复等配套制度和公共服务保障;由破产管理人办理接受债权申报、审查、资产核查等具体破产事务,在"法院主导程序+管理人办理破产事务+政府提供公共服务"的企业破产处置协调联动机制的框架中,人民法院、地方政府和破产管理人各负其责,统筹协调解决企业破产处置工作中的民生保障、社会稳定、财产接管、税收申报、资产处置、金融协调、信用修复、打击"逃废债"、变更注销、中介管理、费用保障等问题,以提升破产处置便利度和破产工作质效,实现市场主体有序退出。当前,部分企业破产配套制度问题得以完善,但相关政策文件出台后的贯彻落实仍有待加强,部分破产案件中存在虽有文件,但仍需要法院反复对外协调的情况,在一定程度上影响了当地的营商环境优化。这些文件还有赖于通过深化企业破产处置协调联动机制予以监督落实。本条第1款即明确县级以上人民政府、人民法院"应当"建立企业破产处置协调联动机制,统筹协调解决破产审判中资产处置等配套问题。

探索建立预重整、重整识别等破产拯救机制,能够充分发挥破产预重整和重整识别的救治功能,帮助更多的危困企业涅槃重生。浙江是中小企业、民营经济大省,完善破产案件繁简分流、简易破产案件快速审理机制具有意义。2020年,最高人民法院发布《关于推进破产案件依法高效审理的意见》,浙江省高级人民法院发布《关于深化执行与破产程序衔接推进破产清算案件简易审理若干问题的会议纪要(二)》,进一步深化执行和破产程序衔接,推进破产案件审理繁简分流,提高企业破产案件审理效率,破产审判实践应加以贯彻落实。

个人债务集中清理,是指在现有法律框架内,参照个人破产的原则和精神,依债务人申请,通过财产申报、调查、核实和清理,债权人表决等程序,在充分调查清楚债务人财产情况的基础上形成个人债务清偿方案,以达到执行程序有效退出、债务人信用修复的目的，体现“宽容失败鼓励创业创新”的价值导向。浙江法院个人债务集中清理(类个人破产)是介于强制执行制度与正式的个人破产之间的一项制度安排，参照个人破产基本规则引入强制执行制度中财产申报、参与分配、终结本次执行程序等制度因素，实现强制执行制度与个人破产制度的充分衔接。通过个人债务集中清理，虽然在债权人不同意的情况下，不产生法定破产免责的法律后果，但对“诚实而不幸”的债务人可以达到免于被强制执行的效果。自 2018 年起，浙江在全国率先探索试点个人债务集中清理工作，并在试点基础上于 2020 年出台《浙江法院个人债务集中清理(类个人破产)工作指引》，通过“债务人申报 + 接受债权人质询 + 法院依职权调查核实 + 管理人调查核实”等措施，有效识别“诚实而不幸”的债务人和失信人员，给“诚实而不幸”的债务人以相对宽松的制度出路，不再纳入失信人名单，因市场风险而创业失败的人有机会解除债务枷锁，重新创业和生活，推动形成鼓励创业、宽容失败的社会导向。

本条第 3 款明确企业破产启动援助资金可以用于个人债务集中清理(类个人破产)的启动援助。目前，浙江省各市县政府均设立了企业破产援助资金，主要用于解决无产可破或缺乏启动资金的企业破产程序启动和推进问题，有效解决“无产可破”“僵尸企业”的破产费用问题。省级建立了浙江省企业破产援助奖补机制，对设立破产援助资金且使用规范的市、县(市、区)给予奖补。各地已逐步形成了较为完善的资金管理使用办法。为进一步优化营商环境，推动个人破产制度的探索和建立，允许个人债务集中清理相关资金纳入原各地企业破产援助资金使用范围，在原资金规模内统筹安排。通过增用途、调结构的方式，支持个人债务集中清理工作，提升各地企业破产援助资金使用绩效和社会效益。

对申请债务集中清理的个人，经审查后符合条件的，可以按照规定删除其失信信息，推动创业失败经营者恢复经营能力，有效激励“诚实而不幸”的债务人主动申请个人债务集中清理。

本条文系全国首次在地方性法规中明确规定个人债务集中清理(类个人破产)制度，具有浙江法院 6 年多、共受理的 3000 余件个人债务集中清理案件的实践基础，以及对个人债务集中清理工作的全面深入推进和个人破产立法的地方经验积累，具有重要意义。

浙江法院个人债务集中清理(类个人破产)工作指引(试行)

(2020年12月2日)

一、基本原则

1. 依法合规,开展个人债务集中清理工作,应当坚持法治思维和法治方式,在现行法律框架内,依法合规开展工作,保障各方当事人的合法权益。

2. 鼓励探索,积极探索通过附条件的债务免除、诚信财产申报、合理确定“生活必需品”以实现破产制度中豁免财产的制度目的等途径,在个人债务集中清理工作中充分探索个人破产的制度因素。

3. 府院联动,积极推动政府相关部门在财产登记、公职管理人、专项资金、信用体系建设等方面优化个人破产的制度环境。

二、管　　辖

4. 符合以下条件的基层人民法院可以开展个人债务集中清理工作:

(一)自然人债务人住所地、经常居住地或主要财产所在地在该基层人民法院辖区内;

(二)该基层人民法院有以该自然人作为被执行人的强制执行案件。

5. 债务人向两个以上符合条件的人民法院申请的,由最先立案的人民法院开展个人债务集中清理工作。

三、申请和受理

6. 具有浙江省户籍,在浙江省内居住并参加浙江省内社会保险或缴纳个人所得税连续满三年的自然人不能清偿到期债务,资产不足以清偿全部债务或者明显缺乏清偿能力,可以依照本指引申请开展个人债务集中清理工作。

个体工商户可以参照本指引进行债务集中清理。

7. 债务人申请个人债务集中清理的,应当由本人提交下列材料,并现场签名:

(一)个人债务集中清理申请书;

(二)财产状况申报;

(三)债权人清册;

(四)债务方面的证据、收入和支出的证据;

(五)诚信承诺书;

(六)法院认为需要的其他材料。

8. 人民法院可以在诉讼服务中心引入管理人工作人员,就个人债务集中清理工作的受理条件、程序、法律后果等事项向债务人进行释明和引导。

9. 人民法院在个人债务集中清理案件审查受理阶段,可以召集已知债权人听证会,向债权人释明个人债务集中清理程序在引入管理人进行财产调查、债务人财产申报等方面的程序利益,引导债权人作出附条件的债务免除承诺。

人民法院可以将债权人附条件的债务免除承诺作为启动个人债务集中清理工作的条件之一。

10. 人民法院在收到符合条件的个人债务集中清理申请之日起三十日内裁定是否受理。

11. 人民法院可以自裁定受理个人债务集中清理申请之日起二十日内发布受理公告。公告可以载明下列事项:

(一)债务人姓名;

(二)人民法院裁定受理个人债务集中清理申请的时间;

(三)限制债务人行为的决定;

(四)管理人姓名或者名称及地址;

(五)债权人会议召开的时间、地点和方式;

(六)人民法院认为需要公告的其他事项。

12. 债务人申请个人债务集中清理属于主动纠正失信行为,人民法院裁定受理个人债务集中清理申请的,可以依照《最高人民法院关于公布失信被执行人名单信息的若干规定》决定提前删除失信信息。

13. 人民法院受理后,对于以进行个人债务集中清理的自然人作为被执行人的执行案件,受理个人债务集中清理申请的人民法院在浙江省范围内可以向执行案件的共同上级法院申请集中指定执行。

共同上级法院一般应当集中指定执行。

14. 自人民法院受理个人债务集中清理申请之日起至程序终结之日或者债务人行为考察期满之日止,债务人不得有以下消费行为:

(一)乘坐交通工具时,选择飞机商务舱、头等舱、列车软卧、轮船二等以上舱位、G 字头高速动车组旅客列车二等及其他动车组一等以上座位;

(二)在三星级以上宾馆、酒店、夜总会、高尔夫球场等场所进行消费;

(三)购买不动产或者新建、扩建、高档装修房屋;

(四)租赁高档写字楼、宾馆、公寓等场所办公;

(五)购买机动车辆;

(六)旅游、度假;

(七)子女就读高收费私立学校;

(八)支付高额保费购买保险理财产品;

(九)其他非生活和工作必须的消费行为。

15. 债务人在依本指引进行债务清理期间,应当履行下列义务:

(一)妥善保管其占有和管理的财产、文书资料,并根据管理人要求及时完整移交,不得擅自处分其所有的财产;

(二)接受人民法院或者管理人的调查询问,如实全面申报财产及债权债务;

(三)出席债权人会议、听证会,接受债权人的质询;

(四)未经人民法院许可,不得出境;

(五)姓名、联系方式、住址等个人信息发生变动或者需要离开住所地时,及时向人民法院、管理人报告;

(六)遵守本指引第14条有关限制高消费的规定;

(七)不得对债权人进行个别清偿,但个别清偿使债务人财产受益的除外;

(八)人民法院认为需要履行的其他义务。

上述第(一)至第(三)项的规定,适用于与债务人共同生活的近亲属或者其他利害关系人。

16. 人民法院受理个人债务集中清理申请后,发现债务人不符合本指引第6条规定情形的,应当裁定驳回申请。

17. 申请个人债务集中清理,人民法院暂不收取申请费用。

有执行案件的,执行案件的申请费由债务人负担。

18. 个人债务集中清理工作中管理人执行职务的费用、报酬和聘用工作人员的费用等可以从各地设立的破产专项资金中列支。

四、财产申报

19. 债务人应当在申请时向人民法院书面报告本人及其配偶、未成年子女以及其他共同生活的近亲属名下的财产情况:

(一)收入、银行存款、现金、支付宝等第三方支付工具中的财产、理财产品、有价证券等;

(二)土地使用权、房屋等不动产;

(三)交通运输工具、机器设备、产品、原材料、个人收藏的文玩字画等动产;

(四)债权、股权、投资权益、基金份额、信托受益权、知识产权等财产性权利;

(五)其他具有处置价值的财产。

债务人的财产已出租、已设立担保物权等权利负担,或者存在共有、权属争议等情形的,应当一并申报;债务人的动产由第三人占有,债务人的不动产、特定动产、其他财产权等登记在第三人名下的,应当一并申报。

20. 自人民法院裁定受理个人债务集中清理申请之日前两年内,债务人财产发生下列变动的,债务人应当一并如实申报:

(一)赠与、转让、出租财产;

(二)在财产上设立担保物权、地役权等权利负担;

(三)放弃债权或者延长债权清偿期限;

(四)一次性支出五万元以上大额资金;

(五)因离婚、继承而分割共同财产;

(六)提前清偿未到期债务;

(七)其他重大财产变动情况。

21. 人民法院开展个人债务集中清理工作期间,债务人应当定期向人民法院申报财产变动情况。

22. 人民法院应当保留债务人及所扶养的家属的生活必需费用和必需品不受执行,人民法院可以依照《中华人民共和国民事诉讼法》第二百四十四条规定认定下列财产属于"生活必需品":

(一)债务人及其所需要抚养、赡养和扶养的家庭成员生活、学习、医疗的必需品和合理费用;

(二)因债务人职业发展需要必须保留的物品和合理费用;

(三)对债务人有特殊纪念意义的物品;

(四)无现金价值的人身保险;

(五)勋章或者其他表彰荣誉的物品;

(六)专属于债务人的人身损害赔偿金、社会保险金以及最低生活保障金;

(七)根据法律规定或者基于公序良俗不应当用于清偿债务的其他财产。

前款规定的财产,价值较大、不用于清偿债务明显违反公平原则的,不认定为生活必需品。

23. 债务人应当自人民法院受理裁定送达之日起十五日内向管理人提交"生活必需品"清单,并列明财产对应的价值或者金额。

五、管　理　人

24. 个人债务集中清理工作中,可以指定列入破产管理人名册的社会中介机构及其执业律师、执业注册会计师,或者政府部门的公职管理人,担任个人债务集中清理工作的管理人。

也可以由债权人及债务人共同协商在列入名册的机构及其执业律师、执业注册会计师,或政府部门的公职人员中选定管理人。

企业破产案件中,将实际控制人、股东等的个人债务集中清理工作一并纳入的,由破产案件管理人担任个人债务集中清理工作的管理人。

25. 管理人应当勤勉尽责,忠实执行职务。

26. 管理人履行下列职责:

(一)调查核实债务人的基本情况;

(二)通知已知债权人申报债权;

(三)审查债权,并制作债权表;

(四)调查核实债务人财产申报情况,并制作债务人财产报告;

(五)提出对债务人生活必需品(豁免财产)清单的意见;

(六)拟定财产分配方案并实施分配;

(七)提议、协调召开债权人会议;

(八)管理、监督债务人在考察期的行为;

(九)人民法院认为管理人应当履行的其他职责。

27. 公职管理人原则上不另行收取报酬。

执业律师、执业注册会计师被指定为管理人的,可以在各地设立的破产专项资金中支付报酬。

企业破产案件中,将实际控制人、股东等的个人债务集中清理工作一并纳入的,管理人报酬可以按照《最高人民法院关于审理企业破产案件确定管理人报酬的规定》一并确定。

六、财产调查、核实

28. 对债务人申报的财产情况,人民法院应当及时调查核实,必要时可以组织当事人进行听证。

(一)人民法院应当通过网络执行查控系统对被执行人的存款、车辆及其他交通运输工具、不动产、有价证券等财产情况进行查询、核实;

(二)经债权人申请,根据案件实际情况,可以依法采取审计调查、公告悬赏等调查、核实措施;

(三)其他必要的调查核实措施。

29. 管理人可采取询问、查询、走访等多种方式,对债务人的财产进行全面调查核实,其中债务人居住地及存放个人财产情况应当进行调查核实。

管理人应向公安、民政、村(居)委会、工作单位、人民银行、金融机构、信息查询平台、不动产登记、车辆管理、知识产权、公积金、社会保障、市场监督管理、税务、法院执行等部门和机构调取债务人必要信息资料,具体调查工作包括但不限于以下方面:

(一)通过公安部门调查债务人家庭人口信息,包括其父母、子女、配偶、兄弟姐妹等;如与父母分户的,则进一步查询户籍的原始档案,了解当时的家庭成员情况;

(二)通过公安部门调查债务人住宿登记及出入境记录,必要时,对债务人直系亲属的住宿登记及出入境记录情况进行调查;

(三)通过民政部门调查债务人婚姻存续情况,如涉离婚,则需了解子女抚养及财产分割情况;

(四)通过村(居)委会调查债务人家庭常住人口情况、村集体经济分红情况以及拆迁补偿情况等;

(五)通过债务人工作单位调查债务人工作情况、工资水平及其福利等情况;

(六)通过人民银行调查债务人征信情况、银行开户、信用卡办理、贷款、担保、被担保情况;

(七)通过金融机构调查债务人开户情况、资金存取记录及账户余额;

(八)通过市场监督管理部门、信息查询平台调查债务人持股情况以及担任企业职务等情况;

(九)通过不动产登记部门调查债务人名下不动产情况;

(十)通过车辆管理部门调查债务人名下车辆情况;

(十一)通过知识产权部门调查债务人名下专利权、商标权、著作权等知识产权情况;

(十二)通过公积金管理部门调查债务人公积金存取记录及账户余额;

(十三)通过社会保障部门调查债务人养老保险、医疗保险缴存、领取情况;

(十四)通过税务部门调查债务人税款缴纳及欠税情况;

(十五)通过法院调查债务人涉诉案件及其执行情况;

(十六)通过上海证券交易所、深圳证券交易所调查债务人股票交易情况;

(十七)调查债务人使用支付宝、微信等第三方支付平台有关情况。必要时,对债务人近亲属的支付宝、微信等第三方支付平台有关情况进行调查。

30. 管理人需对调查获取的有关信息、资料进行全面、综合分析,重点审查以下事项,包括但不限于:

(一)根据债务人日常开支情况,审查债务人名下银行对账单、第三方支付平台账户是否存在异常收支记录;

(二)审查债务人住房公积金账户支取记录与债务人购房、装修记录是否匹配;

(三)审查财产权益状况及财产权益处置资金去向;

(四)审查债务人配偶、父母、子女等近亲属名下资产与其收入是否匹配;

(五)审查是否存在挥霍消费行为;

(六)审查是否存在未履行完毕合同;

(七)审查是否存在放弃债权、放弃债权担保、无偿转让财产等方式无偿处分财产权益,或者恶意延长其到期债权的履行期限,影响债权人利益情况;

(八)审查是否存在以明显不合理的低价转让财产、以明显不合理的高价受让他人财产或者为他人的债务提供担保,影响债权人的债权实现情况;

(九)审查是否存在虚构债务或承认不真实的债务情况;

(十)审查是否存在恶意串通,签订合同损害债权人利益情况;

(十一)审查是否存在虚假诉讼,损害债权人利益情况;

(十二)审查是否存在其他违反法律、行政法规强制性规定,损害债权人利益的行为。

31. 因管理人自身客观原因,无法调查或核实债务人财产的,可以申请由人民法院依职权调查核实或签发调查令,有关部门和机构应当配合管理人的调查。

管理人为调查事实,就债权、财产等争议,可以通知相关人员到指定场所接受询问或者提交书面陈述意见。

32. 管理人应当及时完成债务人财产状况调查报告,并对生活必需品(豁免财产)清单提出意见,财产状况调查报告提交债权人会议审查。

七、债权申报

33. 债权人申报债权时,应当书面说明债权的数额和有无财产担保,并提交有关证据。申报的债权是连带债权的,应当予以说明。

连带债权人可以由其中一人代表全体连带债权人申报债权,也可以共同申报债权。

附条件、附期限的债权和诉讼、仲裁未决的债权,债权人可以申报。

债务人的保证人或者其他连带债务人已经代替债务人清偿债务的,以其对债务人的求偿权申报债权。债务人的保证人或者其他连带债务人尚未代替债务人清偿债务的,以其对债务人的将来求偿权申报债权。但是,债权人已经向管理人申报全部债权的除外。

34. 管理人收到债权申报材料后,应当登记造册,对申报的债权进行审查,并编制债权表。

根据债权性质可分为享有特定财产担保债权,赡养费、抚养费、扶养费请求权,雇用人员债权、税收债权、普通债权。管理人应在债权表对每笔债权性质进行列示。

35. 管理人编制的债权表,应当提交债权人会议核查。

八、债权人会议

36. 第一次债权人会议由人民法院召集,以后的债权人会议,在人民法院认为必要时,或者管理人、所代表债权额占债权总额四分之一以上的债权人提议时召开。

召开债权人会议,管理人应当提前十五日通知已知债权人,并提前三日告知会议内容。

37. 第一次债权人会议自人民法院裁定受理个人债务集中清理申请之日起三十日内召开,重点对申请执行人和其他已知债权人释明以下内容:

(一)执行程序的功能主要在于对“有履行能力而拒不履行生效法律文书确定义务”的被执行人进行强制执行;

(二)债务人无履行能力的,属于市场交易风险或者是由于债务人意志以外的特定原因;

(三)个人债务集中清理程序在债务人配合、财产调查、专项资金援助等方面的优势;

(四)人民法院认为需要释明的其他事项。

38. 经过债权人会议释明,尽可能引导债权人同意或者附条件同意免除债务人的剩余债务,所附条件主要是“个人债务集中清理期间债务人如实申报财产并经处置分配”。

39. 债权人会议行使下列职权:

(一)核查债权;

(二)监督管理人;

(三)申请人民法院更换管理人,审查管理人的费用和报酬;

(四)审议生活必需品(豁免财产)清单;

(五)审议债务人财产情况报告;

(六)审议财产调查情况;

(七)审议财产分配方案;

(八)人民法院认为应当由债权人会议行使的其他职权。

债权人会议应当对所议事项的审议情况作成会议记录。

40. 债权人会议可以探索采用双重表决规则等方式,即首先由全体债权人一致同意通过一项表决规则,然后再根据通过的表决规则对财产分配方案等事项进行表决,以有效推进清理程序。

41. 债权人会议对债务人生活必需品(豁免财产)清单的审议结果,作为人民法院依据《中华人民共和国民事诉讼法》第二百四十四条确定“被执行人及其所扶养家属的生活必需品”范围、金额的重要依据。

42. 债务人应当出席债权人会议并接受质询。

债权人可以在债权人会议召开十日前,以书面方式陈述具体理由,要求管理人通知债务人的配偶及成年直系亲属列席债权人会议并接受质询。

债务人、债务人配偶及成年直系亲属经管理人通知无正当理由拒绝接受质询的,视为其具有不诚信行为,人民法院可以视情况终结个人债务集中清理程序。

九、债务清理

43. 管理人应当及时拟订债务人财产变价方案,提交债权人会议审议。变价出售债务人财产应当以价值最大化为原则,兼顾处置效率。

44. 执行案件移送个人债务集中清理的,可在执行程序中先行进行财产变价处置,但财产分配应在个人债务集中清理程序中依法进行。

债务人财产因变现费用高于财产价值等原因,不宜进行处置和分配的,管理人经报告人民法院,可以放弃处置并归还债务人。

45. 管理人通过网络拍卖的方式处置债务人财产,应当参照人民法院关于拍卖和变价的有关规定,在公开的交易平台进行。

财产拍卖底价应当参照市场价格确定,也可以通过定向询价、网络询价确定。网络拍卖两次流拍的,管理人可以通过网络变价等方式进行处置。但是,债权人会议另有决议或者法律、行政法规另有规定的除外。

46. 对债务人的特定财产享有担保权的权利人,对该特定财产享有优先受偿的权利。

债权人行使优先受偿权利未能完全受偿的,其未受偿的债权作为普通债权;放弃优先受偿权利的,其债权作为普通债权。

47. 人民法院受理个人债务集中清理申请后发生的下列费用,为清理费用:

(一)个人债务集中清理案件的申请费;

(二)管理、变价和分配债务人财产的费用;

(三)管理人执行职务的费用、报酬和聘用工作人员的费用。

48. 人民法院受理个人债务集中清理申请后发生的下列债务,为共益债务:

(一)因管理人或者债务人请求对方当事人履行双方均未履行完毕的合同所产生的债务;

(二)债务人财产受无因管理所产生的债务;

(三)因债务人不当得利所产生的债务;

(四)为债务人继续营业或者生活必需而应支付的他人的劳动报酬或者应缴纳的社会保险费用,以及由此产生的其他债务;

(五)管理人或者相关人员执行职务致人损害所产生的债务;

(六)债务人财产或者行为致人损害所产生的债务,以及其他必须由债务人承担的侵权损害赔偿债务;

(七)债务人因紧急避险所产生的债务。

49. 债务人财产在优先清偿清理费用和共益债务后,其他债务依照下列顺序清偿：

(一)债务人欠付的赡养费、抚养费、扶养费；

(二)债务人所欠雇用人员的工资和医疗、伤残补助、抚恤等费用,应当缴入雇用人员个人账户的基本养老保险、基本医疗保险等社会保险费用,以及依法应当支付给雇用人员的补偿金；

(三)债务人所欠税款；

(四)普通债权,其中债务人的配偶以及前配偶、共同生活的近亲属以及成年子女不得在其他普通债权人未受完全清偿前,以普通债权人身份获得清偿。

债务人财产不足以清偿同一顺序债权的,按照比例分配。

50. 管理人应当及时拟订债务人财产分配方案,提交债权人会议审议。债务人财产分配方案应当载明下列事项：

(一)参加债务人财产分配的债权人名称或者姓名、住所；

(二)参加债务人财产分配的债权额；

(三)可供分配的债务人财产数额,包括现有的债务人财产以及良好行为考察期内可能获得的可用于清偿债务的收入部分；

(四)债务人财产分配的顺序、比例及数额；

(五)实施债务人财产分配的方法；

(六)其他需要载入财产分配方案的内容。

债权人会议通过债务人财产分配方案后,由管理人将该方案提请人民法院裁定认可。

51. 管理人负责债务人财产分配方案的执行。分配应当以货币分配方式进行。但是,债权人会议另有决议的除外。

52. 有未来稳定可预期收入的债务人,可以通过债务重整的方式进行个人债务集中清理。

53. 债务人或者管理人可以引入金融机构等第三人作为投资人参加个人债务集中清理程序,采用向第三人融资的方式清偿原有债务。第三人可以要求债务人提供相应的担保。

十、程序终结

54. 人民法院受理个人债务集中清理申请后,发现债务人存在下列情形之一

的,可以裁定终止个人债务集中清理程序:

(一)债务人在申请书或者财产申报等文件中,存在不完整、有错误或者其他误导的情况;

(二)债务人在申请前两年内,进行过低价处置财产或者恶意的偏颇性清偿行为;

(三)管理人就债务人申请中的情况询问债务人,债务人未能在规定期限内作出正式的答复;

(四)债务人存在不诚信行为等需要终止个人债务集中清理程序的其他情形。

终止个人债务集中清理程序后,符合条件的,人民法院应当依照相关规定对债务人采取纳入失信被执行人名单等强制执行措施。

55. 债务人无财产可供分配的,管理人应当请求人民法院裁定终结个人债务集中清理程序。

管理人在最后分配完毕后,应当及时向人民法院提交债务人财产分配报告,并提请人民法院裁定终结个人债务集中清理程序。

人民法院应当自收到管理人终结个人债务集中清理程序的请求之日起十五日内作出是否终结个人债务集中清理程序的裁定。

56. 人民法院裁定终结个人债务集中清理程序后,对于同意免除债务人剩余债务的执行案件,以《中华人民共和国民事诉讼法》第二百五十七条第六项为由终结对债务人的执行。

对于不同意免除债务人剩余债务的执行案件,在符合设置了五年行为考察期等条件的情况下,可以裁定终结执行。

57. 所有债权人均同意免除剩余债务并终结执行的,不设行为考察期。也可将设置行为考察期作为同意免除剩余债务的条件。

有债权人不同意免除债务人剩余债务或者将设置行为考察期作为同意免除剩余债务的条件的,行为考察期为裁定终结个人债务集中清理程序后的五年。

58. 债务人在行为考察期内应当继续履行人民法院作出的限制行为决定规定的义务。

十一、法律责任

59. 债务人或其他利害关系人违反本指引有关规定,有下列行为之一的,由

人民法院依法予以训诫、拘传、罚款、拘留;构成犯罪的,依法追究刑事责任:

(一)拒不配合或协助人民法院、管理人调查,拒不回答询问,或者拒不提交相关资料;

(二)提供虚假、变造资料,作虚假陈述或者误导性陈述;

(三)故意实施或协助实施隐匿、转移、毁损、不当处分财产、财产权益及财务凭证等资料物件,或者其他不当减少财产价值的行为;

(四)其他的妨害行为。

60. 管理人未勤勉尽责、忠实执行职务,给债务人、债权人或者其他利害关系人造成损失的,参照《企业破产法》及其司法解释的有关规定依法承担赔偿责任。

61. 管理人怠于履行或者不当履行职责的,由人民法院责令改正,并可以采取降低管理人报酬、依职权更换管理人等措施;人民法院可以暂停其任职资格或者将其从管理人名册中除名。

管理人与他人恶意串通,妨害个人债务集中清理的,由人民法院依法予以训诫、拘传、罚款、拘留;构成犯罪的,依法追究刑事责任。

《浙江法院个人债务集中清理(类个人破产)工作指引(试行)》解读

王雄飞　徐萃文*

破产法律制度是市场经济法律体系的一项基础性制度安排。目前只有企业破产法,个人破产制度尚未出台,但实践的制度需求日益迫切。2019 年 2 月 27 日,最高人民法院发布《关于深化人民法院司法体制综合配套改革的意见》,首次提出“研究推动建立个人破产制度”。2019 年 7 月 16 日,国家 13 部委印发《加快完善市场主体退出制度改革方案》,明确研究建立个人破产制度,重点解决企业破产产生的自然人连带责任担保债务问题。2019 年 8 月 30 日,浙江省高级人民法院(以下简称浙江高院)会同浙江省委改革办、省发展和改革委员会等 10 余家部门联合制定《浙江省优化营商环境办理破产便利化行动方案》,其中明确将积极探索个人破产的试点工作列为主要工作任务之一。浙江高院出台《浙江法院个人债务集中清理(类个人破产)工作指引(试行)》(以下简称《指引》)是推进个人破产试点工作的重要内容,也是浙江“重要窗口”建设中法治建设的重要内容。

---

* 王雄飞,浙江省高级人民法院民五庭副庭长;徐萃文,浙江省高级人民法院民五庭法官助理。

一、起草过程

(1)调研总结实践经验。自2018年年底以来,以温州、台州、丽水遂昌为代表的浙江法院个人破产制度的探索逐步开展,到2020年8月底,温州、台州共受理个人债务集中清理案件151件,已办结44件。丽水遂昌法院已经完成第一阶段的6个债务重整典型样本的测试工作。三地根据实践情况,配合府院联动,先后出台了温州市中级人民法院《关于个人债务集中清理的实施意见(试行)》等10余份文件。2019年7月17日至19日,浙江高院相关人员与最高人民法院组成联合调研组赴温州、台州两地就个人债务集中清理开展了调研。(2)确定重点调研课题。2020年年初,确定《关于深化破产审判及个人债务集中清理体制机制改革的调研》作为全省法院重点调研课题,浙江高院民五庭、执行局作为牵头部门,温州市中级人民法院、台州市中级人民法院等7家子课题单位参与,《指引》是课题的重要成果。(3)加强研究借鉴。《深圳经济特区个人破产条例》于2020年8月26日通过并公布,理论界也对个人破产制度加强研究,形成了《个人破产法(学者建议稿)》等研究成果,浙江省外部分地方法院也在探索个人破产的工作,在课题研究和制定《指引》过程中,浙江法院对这些成果进行了吸收借鉴。(4)委托浙江省破产管理人协会起草管理人版本的工作指引。为充分关注、吸收个人债务集中清理工作开展过程中管理人工作成果,浙江高院民五庭委托浙江省破产管理人协会起草了一个版本,并于9月13日召开"个人债务清理"研讨会,该版本中的一些重要内容被吸收到《指引》中。(5)征求浙江省各中级人民法院意见及浙江高院相关部门意见。10月30日,浙江高院召开立案庭、研究室、执行局、民五庭相关同志参加的内部研讨会,对《指引》稿的内容进行了全面深入讨论,并征求了浙江省各中级人民法院意见,形成《指引》稿。

二、开展个人债务集中清理工作的重要作用和《指引》的主要特点

开展个人债务集中清理(类个人破产)工作,具有四个方面的重要作用。第一,债务人"破产保护"功能。这可以给"诚实而不幸"的债务人一个脱离债务枷

锁、东山再起的出路。当然,与此同时,也要严防恶意逃债。总体来讲,债务人可以区分为两类,一类是“诚实而不幸”的债务人,应该给予这些债务人一个区别于强制执行的相对宽容的制度出路;另一类是“有履行能力而拒不履行生效法律文书确定义务”的债务人,要坚决通过强制执行制度实现债权。第二,债权人公平清偿功能。破产程序是一个债权债务的集中清理程序,在“公平兼顾优先”的基础上平衡保护债权人的利益,实现债权人的公平清偿。第三,债权人教育和风险警示功能。市场经营总有风险,是否出借款项给债务人,风险的第一把控者在于债权人自己,首先债权人要有这样的风险意识,就是债务人是有可能“破产”的,在出借款项的时候应充分考虑、慎重把握。第四,促进市场体系健全运行功能。即推动完善市场退出机制和社会诚信体系建立,提升社会治理体系和治理能力。个人破产制度为从事市场经营的自然人主体提供规范化的市场退出通道;也为普通的市场消费主体提供债权债务集中清理的制度平台,促进人力资源要素作用充分发挥,推动整个市场经济体系规则更为健全、运转更为顺畅。

区别于《深圳经济特区个人破产条例》《个人破产法(学者建议稿)》等文本,《指引》的制定是实践引领,具有一定的实践工作基础,主要特点是:

1. 主要目的是在现行法律框架内指导实务工作开展。深圳经济特区是立法先行,可以在条例中规定“破产免责”等核心制度。而浙江法院开展这项工作,目前只能在现行法律框架内进行。所以前期工作中就遇到债权人表决不同意等情形下如何实现“免责”,债权人未进行债权申报亦难以产生破产法上的法律后果等难题。《指引》的内容严格在法律框架内制定,如债权人会议表决的内容不得侵害异议债权人或未参加债权人的合法权益等。但同时,也结合实践开展的情况,进行最大限度的探索创新,如将债权人会议审议生活必需品(豁免财产)的范围的结论作为人民法院作出相应决定的重要依据,引导债权人作出附条件减免债务的承诺等。

同时,《指引》具有软法的特征,主要目的在于指导浙江省法院在法律框架内开展个人债务集中清理的探索工作,并非强制性的,而是指引性质的,各地法院在具体工作中可以采取变通的做法。

2. 主要内容是个人破产制度和执行制度的充分衔接。《指引》中既有个人破产制度的因素,如债权申报、管理人、债权人会议、财产处置和分配等;也有很多强制执行制度中的个人破产因素,如财产申报、失信和限制高消费、参与分配、

“生活必需品”的豁免等。在某种程度上,《指引》可以说是将破产程序中的管理人制度等引入强制执行程序,或者说是将强制执行程序中的财产申报等制度回归破产制度的本位。通过实施个人债务集中清理,反向助推执行制度回归“强制执行”本位,强调是对“有履行能力而拒不履行生效法律文书确定义务的”当事人采取强制执行措施。“没有履行能力的”,可以通过个人债务集中清理进行集中执行。在《指引》的制定过程中,浙江高院充分关注到强制执行制度和实践是个人破产制度的本土资源。

3. 主要制度设计是强调给予相关当事人以制度激励。如何激励和引导相关利害关系方来开展个人债务集中清理工作?这需要给相应的主体以制度激励,主要的内容如下。(1)对债务人而言,开展个人债务集中清理工作可以带来的好处主要有:一是给予破产保护,如债务人如实申报个人财产,可以免予被纳入失信被执行人名单,免予人民法院的拘留、罚款等强制执行措施;二是适当予以财政补贴,清理费用等可以从破产专项资金中列支;三是“生活必需品”保留,结合债权人会议审议意见,人民法院可以依法决定债务人生活必需品的保留,而不需要再到处躲债;四是债务的集中清理。(2)对债权人而言,主要的好处有:一是在债务集中清理工作中,债务人的配合度能够得到有效保障,这项工作的开展是以债务人的“诚信”配合为基础的,债务人不“诚信”,则不予受理,受理以后也会驳回申请;二是有更多的调查、核实债务人财产的手段,主要是引入管理人资源和破产专项资金,可以更全面、彻底调查、核实债务人财产状况;三是对金融机构债权人提供更加丰富、便捷的不良资产核销手段。(3)对案件受理法院而言,主要的好处有:一是可以通过个人债务集中清理,对自然人执行案件进行“合并同类项”,这对于法院总体工作推进是十分有利的,可以减少重复劳动;二是引入管理人等社会资源到执行程序中,缓解人民法院“案多人少”压力。

三、主要内容

《指引》共有61条,分为十一部分,分别是“基本原则”“管辖”“申请和受理”“财产申报”“管理人”“财产调查、核实”“债权申报”“债权人会议”“债务清理”“程序终结”“法律责任”。主要内容是:

1. 管辖。区分为两种情况:一是个人债务集中清理,需要满足下列条件:自然人债务人住所地、经常居住地或主要财产所在地在该基层人民法院辖区内;该基层人民法院有以该自然人作为被执行人的强制执行案件。二是与企业破产案件相关的债务人企业实际控制人、股东或者为债务人企业提供担保的自然人的个人债务集中清理工作,无须满足上述条件。

2. 申请和受理。这部分主要有三方面的内容:(1)案号。在征求意见稿中是"可以立'执清'字案号",经浙江高院同意,温州采用的就是这种做法。但为了区别于执行程序,体现出更加鲜明的个人破产特色,《指引》将该部分内容删除。实践中,可以进一步探索。(2)受理的效力。法院一旦受理个人债务集中清理,一是不具有破产法意义上停息止付的法律效力。二是产生集中管辖的可能,尤其是对同意被执行人的案件,可以通过上级法院指定执行等方式实现集中执行。三是对债务人强制执行措施的豁免,如删除失信,《指引》第13条明确,人民法院受理后,对于以进行个人债务集中清理的自然人作为被执行人的执行案件,受理个人债务集中清理申请的人民法院在浙江省范围内可以向执行案件的共同上级法院申请集中指定执行。共同上级法院一般应当集中指定执行。四是同时应当进行相应的行为限制。(3)对已知债权人的释明和引导。晓以利害关系,引导债权人对债务人作出附条件豁免债务的承诺,并可以将债权人附条件的债务免除承诺作为启动个人债务集中清理工作的条件之一。简单来讲,就是在大部分债权人(或者占大比例金额的债权人)不同意的情况下不再开展个人债务集中清理工作。

3. 财产申报,以及调查、核实。从某种程度上讲,《指引》确定的个人债务集中清理工作建立在债务人"诚实而不幸"的基础之上,因此,"财产申报"制度是个人债务集中清理工作的一项基础性制度,如果债务人不配合进行财产申报,这项工作就不再有开展的必要和基础。《指引》确定了较为详细的债务人财产申报的内容(受理时、受理前两年以及受理以后的定期申报)、主体(本人及其配偶、未成年子女以及其他共同生活的近亲属名下的财产情况);债务人同时可以申报"生活必需品"(豁免财产)清单,经债权人会议审议后人民法院决定。

总体上看,《指引》对如何甄别债务人的"诚实而不幸"提出了路径:一是债务人向人民法院书面报告财产,且范围包括本人及其配偶、未成年子女以及其他共同生活的近亲属,需要接受债权人会议的质询。《指引》第42条规定,"债务人应当出席债权人会议并接受质询。债权人可以在债权人会议召开十日前,以书面方式陈述具体理由,要求管理人通知债务人的配偶及成年直系亲属列席债权人会议并接受质询”。二是引入管理人资源,《指引》第29条、第30条对于管理人如何调查、核实债务人财产的情况提出了较为详细的意见。管理人是列入破产管理人名册的社会中介机构及其执业律师、执业注册会计师,或者政府部门的公职管理人。管理人需要全面调查核实债务人的财产,必要时,甚至对近亲属的支付宝、微信等第三方支付平台有关情况进行调查。这一做法也可以在很大程度上缓解在执行案件中人民法院线下调查措施不足、人案矛盾突出的困难。三是在债务人财产申报的基础上,人民法院依职权进行调查、核实,而且从程序设计的角度,人民法院依职权调查系个人债务集中清理的主体部分。《指引》第28条明确,对债务人申报的财产情况,人民法院应当及时调查核实,必要时可以组织当事人进行听证。人民法院应当通过网络执行查控系统对被执行人的存款、车辆及其他交通运输工具、不动产、有价证券等财产情况进行查询、核实;经债权人申请,根据案件实际情况,可以依法采取审计调查、公告悬赏等调查、核实措施;其他必要的调查核实措施。

4. 管理人。在个人债务集中清理工作中,可以指定列入破产管理人名册的社会中介机构及其执业律师、执业注册会计师,或者政府部门的公职管理人,担任个人债务集中清理工作的管理人;也可以由债权人及债务人协商在列入名册的机构及其执业律师、执业注册会计师,或政府部门的公职人员中选定管理人。在企业破产案件中,将实际控制人、股东等的个人债务集中清理工作一并纳入的,由破产案件管理人担任个人债务集中清理工作的管理人。《指引》第26条明确管理人履行下列职责:调查核实债务人的基本情况;通知已知债权人申报债权;审查债权,并制作债权表;调查核实债务人财产申报情况,并制作债务人财产报告;提出对债务人生活必需品(豁免财产)清单的意见;拟定财产分配方案并实施分配;提议、协调召开债权人会议;管理、监督债务人在考察期的行为;人民法院认为管理人应当履行的其他职责。《指引》第27条对管理人报酬问题进行了明确。

5. 债权申报和债权人会议。其一,《指引》中债权申报的主要目的在于尽可能将债权人纳入债务集中清理程序,但考虑到在债权人没有申报的情况下,不会产生失权的法律后果,故《指引》未设公告环节。另外,个人债务集中清理程序针对“诚实而不幸”的债务人,在债务人充分、全面配合的情况下,债权人相关信息通常能比较全面掌握。其二,债权人会议表决是比较困难的问题,考虑到在现行法律框架下还难以简单赋予债权人会议表决以相应的法律效力,但同时需要给实践探索提供一些可能,结合前期温州地区的实践,《指引》第40条提出"双重表决规则",即债权人会议可以探索采用双重表决规则等方式。具言之,首先由全体债权人一致同意通过一项表决规则,再根据通过的表决规则对财产分配方案等事项进行表决,以有效推进清理程序。同时,《指引》第41条明确,债权人会议对债务人生活必需品(豁免财产)清单的审议结果,作为人民法院依据《中华人民共和国民事诉讼法》(2017年修正)第244条确定"被执行人及其所扶养家属的生活必需品"范围、金额的重要依据。其三,债务人应当出席债权人会议接受质询,债务人、债务人配偶及成年直系亲属经管理人通知无正当理由拒绝接受质询的,视为其具有不诚信行为,人民法院可以视情况终结个人债务集中清理程序。这也是债务人诚信的一个重要表现。

6. 债务清理。其一,管理人对债务人的财产进行处置,引导通过网络拍卖的方式进行财产处置。其二,《指引》第47条、第48条对清理费用、共益债务进行了明确,清理费用和共益债务随时清偿。其三,个人债务集中清理程序对享有担保物权等优先受偿权的债权人权益不能产生不利影响。其四,《指引》第49条、第50条对于清偿顺序、分配方案进行了明确,这一清偿顺序与执行参与分配亦不冲突,符合现行法律规定。其五,《指引》第52条、第53条对于丽水遂昌法院债务重整的做法进行了吸收,对于有未来稳定可预期收入的债务人,债务人或者管理人可以引入金融机构等第三人作为投资人参加个人债务集中清理程序,采用向第三人融资的方式清偿原有债务。第三人可以要求债务人提供相应的担保。

7. 程序终结。债务人无财产可供分配的,管理人应当请求人民法院裁定终结个人债务集中清理程序。管理人在最后分配完毕后,应当及时向人民法院提交债务人财产分配报告,并提请人民法院裁定终结个人债务集中清理程序。

《指引》第56条提出执行终结的两种情形,人民法院裁定终结个人债务集中清理程序后,对于同意免除债务人剩余债务的执行案件,以《中华人民共和国民事诉讼法》(2017年修正)第257条第6项为由终结对债务人的执行。对于不同意免除债务人剩余债务的执行案件,在符合设置了5年行为考察期等条件的情况下,可以裁定终结执行。

8. 法律责任。债务人或其他利害关系人违反《指引》有关规定,有下列行为之一的,由人民法院依法予以训诫、拘传、罚款、拘留;构成犯罪的,依法追究刑事责任:拒不配合或协助人民法院、管理人调查,拒不回答询问,或者拒不提交相关资料;提供虚假、变造资料,作虚假陈述或者误导性陈述;故意实施或协助实施隐匿、转移、毁损、不当处分财产、财产权益及财务凭证等资料物件,或者其他不当减少财产价值的行为;其他的妨害行为。管理人未勤勉尽责、忠实执行职务,亦应依法承担相应的赔偿责任或暂停其任职资格、从名册中除名等行政责任,直至依法追究刑事责任。

三、工 作 调 研

2024 年全省法院重点调研课题：关于完善个人债务集中清理制度机制的调研

浙江省高级人民法院联合课题组

2024 年 9 月

课题主持人：

蒋卫宇　浙江省高级人民法院副院长

课题组成员：

徐峻峰　浙江省高级人民法院民五庭庭长

王雄飞　浙江省高级人民法院民五庭副庭长

苏洁澈　浙江工商大学破产重组研究院执行院长、教授

徐萃文　浙江省高级人民法院民五庭法官助理

王　劲　浙江省高级人民法院民五庭法官助理

邬先江　宁波市中级人民法院副院长

林锡铭　温州市中级人民法院副院长

周文霞　湖州市中级人民法院副院长

祝菊红　衢州市中级人民法院副院长

徐蓓姿　丽水市中级人民法院副院长

戴　真　平阳县人民法院院长

闵海峰　长兴县人民法院院长

张晓峰　绍兴市上虞区人民法院院长

杨　丹　天台县人民法院院长

王　卫　天台县人民法院副院长

王笑庆　杭州市临安区人民法院副院长

其他参与人员:

吕铖钢　浙江工商大学法学院系主任、副教授

蒋　敏　湖州市中级人民法院民二庭庭长

鲁晓波　衢州市中级人民法院破产庭副庭长

张元华　温州市中级人民法院温州破产法庭副庭长

王俪婧　衢州市柯城区人民法院民二庭庭长

王　浩　杭州市临安区人民法院於潜法庭副庭长

王彦刚　湖州市南浔区人民法院执行局副局长

常黎阳　宁波市中级人民法院清破庭法官助理

季晨磊　丽水市中级人民法院民二庭法官助理

杨立夫　平阳县人民法院执行局法官助理

余亚妮　长兴县人民法院城北法庭法官助理

屠晨晖　绍兴市上虞区人民法院民二庭法官助理

车　威　天台县人民法院民三庭法官助理

【内容摘要】本课题系统研究总结了2018年浙江法院开始试点探索个人债务集中清理以来,特别是2020年12月《浙江法院个人债务集中清理(类个人破产)工作指引(试行)》出台以来,个人债务集中清理工作在全省法院的实践情况。主要从个人债务集中清理工作概况、个人债务集中清理制度机制的实践与探索、个人债务集中清理制度机制建设中的重点难点问题,以及个人债务集中清理制度机制的完善路径四个方面展开论述。重点阐述了个人债务集中清理宽容失败、鼓励创新的理念以及在推进营商环境优化升级,实现矛盾纠纷源头化解等方面的重要作用;实践中形成的债务人诚信审查机制、个人债务集中清理与执行联动机制、金融债权处置机制、个人债务集中清理与企业破产合并处置机制等创新机制。同时,分析了当前个人债务集中清理面对的内外部困难,并对下一阶段个人债务集中清理工作的不断完善和个人破产立法提出针对性建议。

前　　言

破产法律制度是市场经济法律体系的一项基础性制度安排。破产是解决企业深层次矛盾、优化资源配置、推进供给侧结构性改革的重要法治途径,个人破产制度对于促进市场主体有序退出、优化法治化营商环境、激发社会创新创造活力具有重要意义。党的二十届三中全会通过的《中共中央关于进一步全面深化改革、推进中国式现代化的决定》明确要"构建高水平社会主义市场经济体制",将破产制度列入"完善市场经济基础制度"的内容,提出要"健全企业破产机制,探索建立个人破产制度,推进企业注销配套改革,完善企业退出制度"。近年来,浙江法院认真贯彻中央部署,在全国率先探索具备个人破产制度功能的个人债务集中清理(以下或称个债清理)工作,总结实践经验出台《浙江法院个人债务集中清理(类个人破产)工作指引(试行)》(以下简称《指引》)等规范性文件,为陷入严重财务困境但诚实守信的自然人提供债务重组的机会,激发其创业创新活力,同时加强对债权人的教育和风险警示,促进债权人公平受偿,推动完善市场退出机制和社会诚信体系的建立,让依法经营、诚实守信的债务人可以"从头再来",社会反响良好,获得了省委、省政府、最高人民法院和社会各界的高度关注和充分肯定。2024 年 1 月 26 日,浙江省第十四届人民代表大会通过《浙江省优化营商环境条例》,这是全国首次在地方性法规中明确规定个人债务集中清理(类个人破产)制度,为这项工作的开展提供了更加坚实的制度基础。

一、浙江法院个人债务集中清理工作概况

自 2020 年年底浙江省高级人民法院(以下简称浙江高院)出台《指引》以来,2021 年至 2023 年,浙江法院共受理个人债务集中清理案件 2720 件,审结个人债务集中清理案件 2249 件。在债务及清偿层面,全省个人债务集中清理涉案债务总额共计 110.93 亿元,共清偿 4.64 亿元。在债权人数层面,全省个人债务集中清理案件涉案债权人共计 13,580 人,其中涉及金融债权人共 3800 人。在涉及执行案件层面,全省个人债务集中清理案件共涉及执行案件数 11,390 件,涉及执行标的金额 115.67 亿元。通过有效出清没有财产可供执行的终本案件,实现矛盾纠纷的源头

化解,维护社会稳定,充分彰显人民法院积极参与社会治理的能动履职理念。

个人债务集中清理工作虽无先例可循,但浙江法院守正创新,通过多项举措稳妥有序推进。一是建章立制,稳妥推进个债清理工作。2020 年 12 月,在总结 2018 年年底以来温州、台州等地实践工作经验①、加强调研借鉴②的基础上,浙江高院出台《指引》。《指引》明确依法合规、鼓励探索、府院联动三项原则,在总体推进个人债务集中清理工作程序框架内针对债务人逃废债行为进行了重点制度防范,帮助诚信债务人摆脱债务困境,切实防范逃废债。首先,通过个债清理程序将债务人区分为两类,针对"诚实而不幸"的债务人,给予一个区别于强制执行的相对宽容的制度出路;针对"有履行能力而拒不履行生效法律文书确定义务"的债务人,则坚决通过强制执行制度实现债权。其次,通过五个步骤,即依法审查申请、法院依职权进一步调查核实、债务人接受债权人会议质询并定期报告、引入管理人资源调查核实财产、依法追究责任,切实防范逃废债。浙江法院在稳妥有序推进个人债务集中清理工作的过程中,总体秩序平稳,自试点工作开展以来在免债案件中尚未发现债权人或其他主体反映并经查实的债务人逃废债行为。二是统筹部署,扩面增量,有序深入推进。2021 年至 2024 年,浙江高院连续 4 年先后下发《重点突破、全面推进个人债务集中清理工作实施方案》《关于扩大重点突破法院范围继续稳妥有序推进个人债务集中清理工作的通知》《关于调整

① 自 2018 年年底以来,以温州、台州、丽水遂昌为代表的浙江法院个人破产制度的探索逐步开展,到 2020 年 8 月底,温州、台州共受理个人债务集中清理案件 151 件,已办结 44 件。丽水遂昌法院已经完成第一阶段的 6 个债务重整典型样本的测试工作。三地根据实践情况,配合府院联动,先后出台了《温州市中级人民法院关于个人债务集中清理的实施意见(试行)》等 10 余份文件。这些文件分别是:2019 年 8 月 13 日,温州市中级人民法院印发的《关于个人债务集中清理的实施意见(试行)》(温中法〔2019〕45 号);2019 年 7 月 10 日,温州市人民政府办公室印发的《企业金融风险处置工作府院联席会议纪要》;2020 年 4 月,温州市人民政府办公室印发的《在个人债务集中清理工作中探索建立公职管理人制度的府院联席会议纪要》;2019 年 4 月 26 日,台州市中级人民法院出台的《执行程序转个人债务清理程序审理规程(暂行)》(台中法〔2019〕73 号);遂昌县人民法院出台的《关于个人债务重整的实施意见(试行)》;2020 年 4 月 28 日,龙泉市人民法院印发的《关于个人债务集中清理的实施意见(试行)》(龙法〔2020〕16 号);2020 年 4 月 30 日,缙云县人民法院出台的《关于个人债务集中清理的实施意见(试行)》(缙法〔2020〕33 号);2020 年 5 月 22 日,景宁畲族自治县人民法院印发的《关于执行程序转个人债务清理程序审理规程(试行)》(景法〔2020〕32 号);2020 年 10 月 12 日丽水市中级人民法院出台的《关于个人债务重整程序的实施意见(试行)》(丽中法〔2020〕119 号);等等。

② 在浙江高院制定《指引》过程中,《深圳经济特区个人破产条例》已经于 2020 年 8 月 31 日正式发布,理论界也对个人破产制度加强研究,形成了《个人破产法(学者建议稿)》等研究成果。在《指引》制定过程中,我们对这些成果进行了研究和吸收借鉴。

重点突破法院范围进一步积极稳妥推进个人债务集中清理工作的通知》《关于调整重点突破法院范围继续稳妥有序推进个人债务集中清理工作的通知》,形成“4+15”重点突破法院①试点工作格局。截至 2023 年年底,重点突破法院共受理个人债务集中清理案件 1049 件,占全省总量的 82%;审结 957 件,占全省总量的 85%。积极推动《浙江省优化营商环境条例》专门规定个人债务集中清理工作,其中第 22 条规定,县级以上人民政府安排的企业破产启动援助资金,可以用于个人债务集中清理的启动援助。对申请债务集中清理的个人,经审查后符合条件的,可以按照规定删除其失信信息。该条例成为国内首部规定个人债务集中清理工作制度的地方性法规。三是聚焦诚信,攻坚克难,打通难点堵点。“诚信”是个债清理工作的基石。依靠诚信审查,在执行移送、债务人自我申报、管理人调查、公告和人民法院依职权调查等过程中,加强尽职调查,引导、激励和识别“诚实而不幸”的债务人,严格防范逃废债。积极探索金融债权实质性化解,如龙游县人民法院(以下简称龙游法院)搭建银法对话平台,积极探索金融监管部门一并参与下的银法良性对话机制。持续加大企业破产与个债集中清理相结合的工作力度,重点探索合并审理企业破产案件及与之相关的债务人企业实际控制人、股东或者为债务人企业提供担保的自然人的个人债务集中清理工作。2021年至 2023 年,浙江法院共受理与企业破产案件一并开展的个债清理案件 55 件,审结 37 件。四是打造内部执破融合,外部府院联动新模式。着力推进执破融合机制建设,充分发挥执行部门的“债务人筛选”优势和破产审判部门的专业能力优势,推行双向联动工作模式。持续深化府院联动,如丽水市中级人民法院通过与市信用办、市银行业协会等建立“诚信履行贷”“重生贷”等合作机制,为诚信履行的个人在生产经营、创业创新方面提供充分的金融保障。推动通过“破产信息核查一件事”等平台建设和途径,完善债务人资产和诚信审查等。

二、浙江法院个人债务集中清理制度机制的实践与探索

(一)个债清理中债务人诚信审查机制

浙江法院开展个人债务集中清理(类个人破产)工作,非常重要的意义之一

---

① 先后确定重点突破法院的格局为“2+10”(温州、台州地区和 10 家基层法院)、“2+20”、“3+17”,到“4+15”(温州、台州、丽水和湖州地区,以及 15 家基层法院)。

就是给“诚实而不幸”的债务人一个脱离债务枷锁、东山再起的出路,以加强债务人“破产保护”功能。与此同时,也要严防恶意逃债。

因此,总体来说,个人债务集中清理机制的有效实施是建立在诚信审查机制基础上的,“诚信审查”可以说是个人债务集中清理工作的基石,个人债务集中清理的过程就是甄别、发现债务人是否诚信的过程。个人债务集中清理程序对失信行为进行监督,当部分债务人不配合债务清理,出现隐瞒财产等不诚信行为时,该程序能够给予恢复强制执行措施的惩罚;当债务人足够诚信时,则一方面能够予以债务免除,另一方面向社会传递了“守信者免责,失信者惩罚”的司法政策导向,为促进社会诚信创造条件。浙江法院通过个债清理程序,倒逼债务人、破产管理人诚信参与个债清理程序,有效防止制度滥用,加强当事人诚信自律,有效助推社会诚信体系建设。

1. 建立诚信审查机制的必要性

一是鼓励诚信的价值导向。诚信原则是民商事活动的“帝王原则”,诚信也是获得免债和申请复权的前提。个人债务集中清理程序的目标在于,给予善良、诚实的债务人“再生”机会,为“诚实而不幸”的被执行人提供制度性救济,给予此类债务人在经济上“重新开始”的机会。以救济诚信债务人作为导向的个人债务集中清理程序,有助于激励债务人更加积极、主动地偿还债务,有效释放人力和物质资源,提升债权人的清偿率。个人债务集中清理程序不仅能够保护债权人、债务人的利益,也肩负着维护社会信用、社会稳定的重要导向,筛选诚信债务人可帮助债权人、债务人在道德层面、法律层面和经济层面获得“双赢”。

二是司法资源配置的需要。在个债清理程序中,债务人可以区分为两类,一类是“诚实而不幸”的债务人,应该给予这些债务人一个区别于强制执行的相对宽容的制度出路;另一类是“有履行能力而拒不履行生效法律文书确定义务”的债务人,要坚决通过强制执行制度实现债权。通过严格的审查,能够筛选出真正有偿还意愿和能力的债务人,避免司法资源被恶意逃避债务的“老赖”所占用,减少因恶意逃债而引发的法律诉讼,释放更多的司法资源,维护法律的权威和公正。构建诚信债务人的审查规则,筛选出“失能”的被执行人,有助于帮助化解在民事执行程序中因无财产可供执行而带来的低消耗问题,债权人公平受偿后,不必再为追回债务而付出精力,有利于社会的和谐稳定和资源的再配置。

三是符合社会大众期待。通过个人债务集中清理程序,能够帮助债务人从繁重的债务中解脱出来，有助于保护债务人的人格利益。如在罗马法中，破产债务人在财产让与后重获财产，被起诉要求清偿剩余债务时，可以作出少于请求额的判决，其中隐含着债务人人格利益高于债权人财产利益的原则。尤其当债务人系因自然灾害、正常交易风险等陷入债务危机，本身未有欺诈行为时，出于维护人格尊严、生存等的目的，法律不应使其长期处于惴惴不安之中。同时，余债免除可以帮助债务人走出困境，提高债务人的劳动积极性，为其实现经济复苏并重新生活提供可能性。实际上，目前社会上不支持个人破产制度群体的主要理由是可能有助于逃废债行为的发生，其并不反对诚信债务人经由法定的个人债务集中清理程序实现债务豁免。

2. 诚信审查机制的主要内容

(1)设置常规诚信审查关卡

诚信债务人的识别是开展个债清理工作的基石，解决的是哪些人有资格通过合法的程序免于被强制执行，或者在债权人同意的情况下实现免债免责。通过近年来的实践，浙江法院严把"诚信关"，紧紧围绕个人债务集中清理程序是"为陷入债务危机但诚实守信的债务人提供债务重组新出路"这一制度建设目标，加强尽职调查，引导、激励和识别"诚实而不幸"的债务人。

当前，浙江大部分法院依靠设置诚信审查关卡，通过"事前""事中""事后"三个阶段，从制度机制上保障完成清理程序的确为"诚实而不幸"债务人，成效较好。诚信审查关卡如下：

一是"事前"阶段，即在受理前审查债务人诚信度。主要举措有两方面，其一，由执行局在移送前做好审查工作，充分发挥执行的查控优势，摸排债务人的财产情况；其二，充分发挥听证会作用，受理前召集债权人债务人听证，宣讲该项程序制度优势，引导债权人、债务人积极配合，同时通过债权人债务人面对面"对峙"初步判断诚信度，把好受理前的审查关。具体在实践中表现为，在受理时积极调查，打击不诚信行为，如在受理中发现由于赌博、挥霍消费等不良原因而不能清偿债务的，以伪造证据、暴力、威胁等方法妨碍案件审理、抗拒执行等致使企业无法进行清算或无法完整清算的等情形，应当终止相应程序，不能让债务人通过个债清理程序而恶意躲避债务，宁波地区就是如此。又如湖州市南浔区人民法院（以下简称南浔法院）在案件立案之前实行三段式尽职调查，即对接执行局、属地政府相关部门、基层组织查询核实债务人基本情况，对债务人进行面对面调查,推动在立案审查阶段提前制定具体清理方案和工作推进任务表,规范个人债务集中清理程序。

二是“事中”阶段,即在受理后、程序终结前审查债务人诚信度。主要通过“债务人申报+接受债权人质询+人民法院依职权调查核实(执行案件财产查控)+管理人调查核实+公告方式接受社会监督”等多种途径,有效甄别债务人的诚信度,严格区分有履行能力而不履行与“诚实而不幸”的债务人,坚决杜绝债务人恶意逃废债务行为。具体在实践中表现为,债务人积极进行诚信申报,接受债权人质询和法院的调查核实;法院将个人债务集中清理案件的申请受理、债权人申报债权的内容通过法院官微等途径向社会公告,债务人接受不特定的更为广泛的社会监督;将债务人自我申报与管理人调查相结合,要求债务人填报家庭财产申报表,签署诚信承诺书,管理人在后续财产调查中做好核实及摸排工作。如台州市黄岩区人民法院建立诚信债务人筛查、培育及财产申报机制,制定债务人财产申报法律文书样式,建立“个人债务集中清理电子档案”。天台县人民法院(以下简称天台法院)建立个人债务集中清理审计机制,由法官、律所、专业审计机构组建债务整理团队,全面审计债务人清偿能力、是否转移隐匿财产等情况,为个案债务整理提供有力参考,2021 年累计出具审计报告 23 份。建德市人民法院在审理 3 起个人债务集中清理案件中,因债务人存在失信行为,决定终结个人债务集中清理程序,恢复强制执行。

另外,在个债清理程序末期时,浙江法院严抓个人债务集中清理“严出”制度要求,加强对债务人的监管,防止债务清理程序被恣意滥用。如丽水地区通过设置“中端+末端”双重监管期,既考察了债务人是否确实符合“诚实而不幸”要求,也缓和了债务人与债权人之间的矛盾。

三是“事后”阶段,即在程序结束后若债务人存在失信行为,浙江法院以失信惩戒断后。主要举措有三,其一,撤销“债务免除”。若债务人存在失信行为,法院便撤销“债务免除”,债权人等均有权申请债务人按原法律文书确定的债务数额履行债务。其二,依法追究责任,严厉打击“假清理,真逃债”行为。针对提供虚假资料,故意实施或协助实施隐匿、转移、毁损、不当处分财产、财产权益及财务凭证等资料物件,或者其他不当减少财产价值的行为等,由人民法院依法予以训诫、拘传、罚款、拘留;构成犯罪的,依法追究刑事责任。目前已有在个人债务集中清理工作中发现涉嫌犯罪而移送公安的情况。其三,信用惩戒。失信债务人不再享有通过个人债务重整修复信用的机会,同时,加大信用联合惩戒力度,使其“寸步难行”。

(2)通过反向方式进行诚信认定

鉴于当前仍存在部分法院个人债务集中清理案件清理成功率不高,浙江部分地区法院在常规诚信审查关卡分层递进方式的基础上进行探索,对于诚信的认定标准,采取反向认定方式,即不把免责作为唯一目的,把办案重心放在诚信审查,原则上认定债务人诚信,除非债权人、管理人、法院有证据证明其存在不诚信。只要认定诚信,便最大限度给予债务人保护。主要模式如下:

一是建立以财产申报为核心的债务人诚信审查识别机制。首先,由债务人申报财产,明确债务人必须如实、全面、完整地申报债务形成过程、形成原因并附具体依据,再申报责任财产,责任财产作扩大解释,包括个人收入流水、经营情况、消费情况、子女入学情况等一切与本人债务履行有关的财产信息,重点要求申报“挂名”财产情况。再由债权人提供财产线索。其次,由法院、破产管理人调查被执行人的财产情况,无论是债务人申报财产还是法院、破产管理人调查财产,主要目的都不是发现可供执行的财产,两者是单独分别进行的。最后,进行结果碰撞,申报财产和调查财产的目的是通过碰撞检验债务人的诚信情况,一旦发现有漏项申报、有不如实的陈述、有无法解释的收入或消费行为,且达到一定数额或者行为情节严重的,都将被认定为不诚信。在实践中,债务人如果不申报挂名消费情形且数额较大,一般就是不诚信的。如在庞某某个人债务集中清理案中,债权人提供了债务人与前妻离婚,并将两处房产转移至前妻名下的线索。根据该线索,管理人调取了离婚协议书、两处房屋所有权转移登记信息,进一步统计了所有债权人债权的产生时间,发现大部分债权均发生在庞某某与前妻婚姻关系存续期间,且庞某某在离婚后将名下共有的两处房产都转移至前妻一人名下。之后,管理人将调查结果通报给各债权人,告知其有权行使撤销权,天台法院依法裁定终结个人债务集中清理程序。

二是构建以代表委员为核心的债务人诚信度听证机制。在当前立法较不完善的背景下,由法院来判定债务人是否完全“诚信”,一则缺乏相应的法律依据,二则权威性不足,三则存在一定的履职风险。经过财产申报碰撞环节,能够“过滤”掉一批不诚信债务人,但并不能确保所有债务人都是诚信的。如何解决这个问题,需要一套完整的机制。一些地方法院如天台探索建立“人大联络站 + 政协议事堂+个人债务清理债务人诚信听证机制”,对于经财产申报后被认定为诚信,但债权人仍不认可的,通过该机制进行听证。要求人大代表、政协委员与债权人采用“随机双盲”的方式,即不告知代表委员债务人个人基本信息,只告知与债务有关的案件信息,组织三方进行公开听证,以确定债务人是否诚信。最后根据听证结果确定债务人是否诚信。如许某某个人债务集中清理案,在案件办理过程中,承办人员及管理人走访许某某所在村的周边邻居及村干部,对其品行均予肯定评价。与许某某多次交流沟通,承办人员发现许某某品行良好,无不良嗜好,即使生活艰难,也未逃避债务。但部分金融机构囿于表决规则,不能同意偿还本金的清理方案。2023 年 8 月,管理人召开信用评价听证会,邀请人大代表、政协委员、村干部对许某某的个人诚信情况进行表决,表决结果评定许某某诚信度较高。会后,管理人将表决结果披露给债权人,债权人并未提出异议,法院作出裁定批准了许某某的个人债务集中清理方案。

3. 诚信审查机制的实践情况和主要成效

一是切实帮助诚信债务人摆脱债务困境。在通过严格甄别、防范逃废债的同时,发挥个债清理制度的优势,即通过个债清理程序,给予诚信债务人区别于强制执行的制度出路。2021 年至 2023 年,浙江省共成功清理个人债务集中清理案件 709 件,近千名债务人通过个人债务集中清理重获新生。如施某某个人债务集中清理案,在全体债权人对债务人申报的财产均无异议并经过协商后,平阳县人民法院依照《最高人民法院关于公布失信被执行人名单信息的若干规定》提前删除债务人失信信息,让债务人走出了债务阴影,恢复了个人信用。

二是将诚信监督纳入个债清理智审系统。浙江省积极开展“办理破产一件事”个人债务集中清理智审系统改革试点,杭州市中级人民法院、杭州市余杭区人民法院打造了个债清理智审系统,该系统具备线索查询、诚信监督、债务人帮扶等八大应用场景。开发诚信监督功能,公示债务人偿债信息,在线收集债务人不诚信线索,拓宽监督渠道。杭州市临安区人民法院(以下简称临安法院)开发“债务人诚信评分识别模型”,从债务原因、个人意愿、资产情况等五个主客观方面,设置 60 多道选择题,对各个问题和选项设置权重系数,对债务人进行打分,达到一定分值才建议法院受理,综合研判影响个债清理成功率因素,从而提高个债案件成功率。

三是实实在在助推社会诚信体系建设。浙江法院加强案例宣传,重点发布

“诚信免债”正面引导案例和“不诚信受罚”反面典型案例,增强社会各界对个人债务集中清理工作的认同。通过开展个人债务集中清理,向社会传递“守信激励、失信惩罚”的司法政策导向,获得社会各界高度关注和充分肯定,为促进社会诚信添砖加瓦。如桐乡市人民法院、衢州市柯城区人民法院(以下简称柯城法院)借助“网格 + 法院”双向互动模式,由村(居)委会及网格员对债务人日常行为、生活状况提供调查报告,为债务人是否“不幸”提供意见,确保债务人不存在赌博、挥霍消费或为规避执行而欺诈等行为。

四是坚决防范逃废债。严格甄别有履行能力而不履行与“诚实而不幸”的债务人,坚决杜绝债务人恶意逃废债务行为。通过法院依职权调查、债务人申报核查、管理人调查核实、执行案件财产查控等多种途径,甄别债务人财产申报的诚信度,作出区分处理。如桐庐县人民法院办理的徐某某、徐某个人债务集中清理案,经管理人调查发现申请人未如实全面申报个人财产和负债情况,依法裁定终止债务清理程序,恢复强制执行,并对申请人处以罚款。

(二)个债清理与强制执行联动机制

2020 年 12 月,浙江高院发布《指引》,充分关注强制执行制度和实践中的个人破产因素,将个人破产制度与执行制度充分衔接。党的二十届三中全会审议通过了《中共中央关于进一步全面深化改革、推进中国式现代化的决定》,所涉多方面的改革措施中均包括探索建立个人破产制度,实践中的制度需求迫在眉睫。一方面,破产程序具有执行程序所不具备的债权公平清偿、清理和终结债权债务关系以及市场出清的功能,大量符合破产条件的以企业法人作为被执行人的执行案件需要移送破产审查,大量“失能”的自然人作为被执行人的执行案件需要进行债务清理;另一方面,实践中存在“大执行、小破产,强执行、弱破产,简执行、繁破产”的审判格局,破解执行难和深入推进破产审判需要发挥执行程序和破产程序的合力。[①] 个债清理与强制执行联动机制的衔接是其中探索的重要内容。

---

① 参见章恒筑、王雄飞:《论完善执行程序与破产程序衔接协调机制的若干问题——基于浙江法院的实践展开》,载《法律适用》2017 年第 11 期。

1. 财产申报制度与个人破产制度的衔接

执行程序中的财产申报制度,是指被执行人在民事执行程序中应当如实申报自己在相关期间内的财产情况,法院据此判定是否要被执行人继续履行义务以及应当采用什么措施的制度。财产申报制度原本属于典型的破产制度,系具有个人破产制度因素的执行制度,也是我国个人破产制度建立和实施的本土资源。然而在司法实践中,由于存在财产申报内容规定不够具体合理、被执行人财产申报的启动时间漏洞、被执行人财产申报缺乏定期性等问题,加之我国财产公示、备案登记等配套制度以及社会诚信体系建设还不够完善,以及财产种类和内容的日益丰富,财产申报制度并未真正发挥其应有作用,执行效果不尽如人意。

浙江法院开展的个人债务集中清理工作,以执行程序中财产申报制度存在的缺陷为基础,在财产申报、调查、核实等执行制度中关注个人破产因素,对如何甄别债务人的“诚实而不幸”,如何更好地进行财产申报,在实践中进行制度探索。一是扩大被申报对象及明确定期申报。被申报范围包括本人及其配偶、未成年子女以及其他共同生活的近亲属,以涵盖夫妻共有财产、家庭共同财产中属于被执行人一方的财产部分,更好地避免债务人通过转移、藏匿财产等形式来逃避债务,并添加了电子化财产作为申报对象。在期限方面,要求债务人对自法院裁定受理申请之日前2年内发生变动的财产一并申报,并且在清理工作期间,定期申报变动情况。二是引入管理人资源,强化法院依职权调查,更好地保障财产申报的调查核实。通过采用多途径调查方式,向债务人工作单位、居住地村(居)委会等社会力量进行必要查证;通过网络执行查控系统进行调查核实,及时依法采取必要的审计调查、公告悬赏等调查核实措施;同时要求债务人自愿接受债权人质询。浙江法院在上述实践基础上建立起一套“债务人申报+接受债权人质询+人民法院依职权调查核实+管理人调查核实”的财产申报调查核实流程,将债务人区分为“有履行能力而拒不履行生效法律文书确定义务”的债务人和“诚实而不幸”的债务人。向社会传递出明确信号:只要债务人确实属于“诚实而不幸”的债务人,诚实申报,在经过个人债务集中清理程序后,债务人就可以免于强制执行;但是如果债务人心存侥幸,故意隐瞒或者未如实报告财产和债务情况,甚至对部分债权人进行偏颇清偿,损害其他债权人利益,那么个人债务集中清理就是一面“照妖镜”,让隐匿财产、偏颇清偿等行为显形,对躲避债务清偿的行为严厉打击,以护航社会诚信体系。

2. 生活必需品豁免制度与个人破产制度的衔接

《中华人民共和国民事诉讼法》第 255 条[①]及《最高人民法院关于人民法院民事执行中查封、扣押、冻结财产的规定》第 3 条[②]对我国执行程序中自然人债务人用以履行债务的财产范围进行了规定,其中不包括被执行人及其家属的生活必需品,涵盖衣服、炊具、家具、生活费及完成义务教育必需的项目等。上述规定形成了民事执行程序中的生活必需品豁免制度。破产制度中的自由财产制度,是指债务人享有对排除在破产法之外或处置价值小于处置成本的个人财产所有权的制度。在司法实践中,民事执行程序中的生活必需品豁免制度具有与破产制度中的自由财产制度类似的作用。但两者有所区别:民事执行程序为个别、具体的强制执行程序,而破产程序为一般的、概括的强制执行程序,凡个别的、具体的强制执行所不得扣押的财产,在破产时当然亦属于不得扣押的财产。但两者在制度功能上有差异,豁免强制执行财产的功能仅在于确保债务人不因强制执行而失去最低的物质条件,而破产豁免财产的功能不仅要为债务人的生存留下必要的财产,还承载着为债务人的重新开始和发展提供必要的财产基础的功能。[③] 即民事执行程序更多地关注财产,而个人破产程序则更多地关注人。因此,以民事执行程序中关于生活必需品的豁免为基础,在个人破产程序中,生活必需品的豁免应当一方面保障破产人及其所供养亲属一定时期内的基本生活需要,另一方面维持破产人继续生产经营的基本手段和条件。前者是基于人的生存权的要求,后者则是基于人的发展权的要求。[④] 民事执行程序中的生活必需品

---

① 《中华人民共和国民事诉讼法》第 255 条第 1 款规定:被执行人未按执行通知履行法律文书确定的义务,人民法院有权查封、扣押、冻结、拍卖、变卖被执行人应当履行义务部分的财产。但应当保留被执行人及其所扶养家属的生活必需品。

② 《最高人民法院关于人民法院民事执行中查封、扣押、冻结财产的规定》第 3 条规定:人民法院对被执行人的下列财产不得查封、扣押、冻结:(一)被执行人及其所扶养家属生活所必需的衣服、家具、炊具、餐具及其他家庭生活必需的物品;(二)被执行人及其所扶养家属所必需的生活费用。当地有最低生活保障标准的,必需的生活费用依照该标准确定;(三)被执行人及其所扶养家属完成义务教育所必需的物品;(四)未公开的发明或者未发表的著作;(五)被执行人及其所扶养家属用于身体缺陷所必需的辅助工具、医疗物品;(六)被执行人所得的勋章及其他荣誉表彰的物品;(七)根据《中华人民共和国缔结条约程序法》,以中华人民共和国、中华人民共和国政府或者中华人民共和国政府部门名义同外国、国际组织缔结的条约、协定和其他具有条约、协定性质的文件中规定免于查封、扣押、冻结的财产;(八)法律或者司法解释规定的其他不得查封、扣押、冻结的财产。

③ 参见胡利玲:《论个人破产中豁免财产的构成与限制》,载《东方论坛》2020 年第 3 期。

④ 参见胡利玲:《论个人破产中豁免财产范围的确定》,载《经贸法律评论》2019 年第 4 期。

豁免制度与破产中的豁免财产既有联系,也有区别。在介于民事执行程序与正式的个人破产制度之间的个人债务集中清理制度中,有必要建立以民事执行程序中的生活必需品豁免为依据的财产豁免制度。

基于此,《指引》在制定的过程中,在现行法律框架内,依照《中华人民共和国民事诉讼法》第255条,结合个人破产的特性,针对生活必需品豁免的范围进行了明确。除了吸收民事执行程序的相关内容,考虑到生存继续所依赖的职业发展需要,以及对个人精神财产的关注,《指引》第22条添加了职业发展必须保留的物品及有特殊纪念意义的物品,强化可持续发展的理念,从制度上助力"诚实而不幸"的债务人东山再起。

3. 执行参与分配制度与个人破产制度的衔接

《最高人民法院关于适用〈中华人民共和国民事诉讼法〉的解释》第506条、第508条①对参与分配的概念、适用条件及分配原则进行了相应规定。即参与分配是在被执行人的财产不能清偿所有债权时,已取得金钱债权执行依据的债权人,在其他债权人提起的执行程序开始后、完毕前,可申请参与对被执行人财产分配的制度。② 其适用条件一是被执行人为自然人或非法人组织,二是被执行人的财产无法清偿所有债权。分配原则为普通债权按照其占全部申请参与分配债权数额的比例受偿。可见,我国参与分配程序的设立实质在于利用个别执行程序解决自然人或者非法人组织不具备破产能力情形下债权平等清偿的问题,③在于弥补有限破产主义的不足,替代个人破产程序发挥平等清偿的功能。④ 在司法实践中,虽然执行参与分配与个人破产因申请主体、程序设计、侧重保护方向、被分配财产范围等不同,导致参与分配制度在此前未能充分发挥"小破产法"的作

---

① 《最高人民法院关于适用〈中华人民共和国民事诉讼法〉的解释》(2022年修正)第506条规定:被执行人为公民或者其他组织,在执行程序开始后,被执行人的其他已经取得执行依据的债权人发现被执行人的财产不能清偿所有债权的,可以向人民法院申请参与分配。对人民法院查封、扣押、冻结的财产有优先权、担保物权的债权人,可以直接申请参与分配,主张优先受偿权。第508条规定:参与分配执行中,执行所得价款扣除执行费用,并清偿应当优先受偿的债权后,对于普通债权,原则上按照其占全部申请参与分配债权数额的比例受偿。清偿后的剩余债务,被执行人应当继续清偿。债权人发现被执行人有其他财产的,可以随时请求人民法院执行。

② 参见王欣新:《参与分配制度不应与破产法相冲突》,载《人民法院报》2014年4月30日,第8版。

③ 参见江伟、肖建国:《民事执行制度若干问题的探讨》,载《中国法学》1995年第1期。

④ 参见肖建国、庄诗岳:《参与分配程序:功能调整与制度重构——以一般破产主义为基点》,载《山东社会科学》2020年第3期。

用。但是,参与分配制度通过《最高人民法院关于适用〈中华人民共和国民事诉讼法〉的解释》第 508 条等规定,体现了集中分配和公平清偿的理念,其施行多年的经验仍旧是个人破产制度的重要实践基础。

在我国,执行程序承担破产制度的功能是两个相互联系因素作用的结果。一方面,由于国家对破产的控制和垄断,破产制度进入门槛高、当事人使用制度成本高,因此对破产制度的需求低。另一方面,国家对执行制度大力投入,使执行程序进入门槛低、效率相对较高,并且许多协调和组织及制度运行的成本由法院承担而非由当事人承担。这些特点大大降低了当事人使用执行程序的成本,刺激了当事人通过执行程序解决事实上是破产问题的动机。① 相较而言,德国、日本法上的参与分配并不以"被执行人的财产不能清偿所有债权"为条件,在其制度中,参与分配的本质在于利用同一执行程序清偿多个执行债权,节约执行成本,因此无论债务人是否资不抵债,其他债权人均可以申请参与分配。②

浙江高院根据参与分配与破产制度的不同,在制定《指引》的过程中,通过设置债权申报章节,尽可能将所有的债权人纳入债务集中清理程序。考虑到在债权人没有申报的情况下,不会产生失权的法律后果,故《指引》未设公告环节,个人债务集中清理程序针对"诚实而不幸"的债务人,在债务人充分、全面配合的情况下,债权人相关信息通常能比较全面掌握。另外,《指引》第 49 条、第 50 条③对债务人财产清偿顺序及分配方案载明事项内容进行了明确,这一清偿顺序与执行参与分配亦不冲突,符合现行法律规定。

---

① 参见唐应茂:《为什么执行程序处理破产问题?》,载《北京大学学报(哲学社会科学版)》2008 年第 6 期。

② 参见丁亮华:《参与分配:解析与检讨》,载《法学家》2015 年第 5 期。

③ 《浙江法院个人债务集中清理(类个人破产)工作指引(试行)》第 49 条规定:债务人财产在优先清偿清理费用和共益债务后,其他债务依照下列顺序清偿:(一)债务人欠付的赡养费、抚养费、扶养费;(二)债务人所欠雇用人员的工资和医疗、伤残补助、抚恤等费用,应当缴入雇用人员个人账户的基本养老保险、基本医疗保险等社会保险费用,以及依法应当支付给雇用人员的补偿金;(三)债务人所欠税款;(四)普通债权,其中债务人的配偶以及前配偶、共同生活的近亲属以及成年子女不得在其他普通债权人未受完全清偿前,以普通债权人身份获得清偿。债务人财产不足以清偿同一顺序债权的,按照比例分配。第 50 条规定:管理人应当及时拟订债务人财产分配方案,提交债权人会议审议。债务人财产分配方案应当载明下列事项:(一)参加债务人财产分配的债权人名称或者姓名、住所;(二)参加债务人财产分配的债权额;(三)可供分配的债务人财产数额,包括现有的债务人财产以及良好行为考察期内可能获得的可用于清偿债务的收入部分;(四)债务人财产分配的顺序、比例及数额;(五)实施债务人财产分配的方法;(六)其他需要载入财产分配方案的内容。债权人会议通过债务人财产分配方案后,由管理人将该方案提请人民法院裁定认可。

4. 终结本次执行制度与个人破产制度的衔接

《最高人民法院关于适用〈中华人民共和国民事诉讼法〉的解释》第 517 条[①]规定,对无财产可供执行的案件,可裁定终结本次执行程序。这一规定使市场风险合理回归债权人,也能够促使全社会进一步增强风险意识。根据其第 2 款关于发现被执行人有可供执行财产可再次申请执行的规定,终本并不意味着案件的彻底了结,后续还涉及终本案件如何管理等问题。但现实情况是,符合该款的情况少之又少,更多的情况则是被执行人长期无财产可供执行,甚至于唯一房产早已被执行,自身生活难以保障,而终本案件长期存在且越积越多。

早在 2014 年,时任最高人民法院副院长的江必新在其主编的《比较强制执行法》序言部分谈道:“美国近些年每年受理破产案件在 250 万件以上,不存在无财产可供执行案件难退出的问题。而我国每年破产案件才 2000 件左右,符合破产条件却又无法退出执行程序的却在几十、上百万件以上。”[②]可见,在 2014 年已有大量无法退出执行程序的终本案件。保守估计,全国每年至少有 40% 的执行案件[③]无财产或无足够财产可供执行,只能依法终结本次执行程序。数量如此庞大的“终本案件”如果没有出口,将带来严重后果:一方面,法院管理、清理“终本案件”需要投入一定的执行资源,而大量“终本案件”将无谓地消耗有限的资源,令法院不能将有限的执行资源投向有财产案件,此种情况发展到一定程度,将使大量新收的执行案件无法得到基本的执行。另一方面,大量的权利义务关系在法律上存在但实际无法实现,而长期处于不稳定状态,不利于经济社会秩序的稳定,最终将影响经济社会的发展。此外,在我国社会主义市场经济和法治发展到一定阶段后,债务人客观上无力履行,却长期不能获得重生的机会,将不利于保护债务人的基本权利。[④]

按照《最高人民法院关于严格规范终结本次执行程序的规定(试行)》的要

---

① 《最高人民法院关于适用〈中华人民共和国民事诉讼法〉的解释》(2022 年修正)第 517 条规定:经过财产调查未发现可供执行的财产,在申请执行人签字确认或者执行法院组成合议庭审查核实并经院长批准后,可以裁定终结本次执行程序。依照前款规定终结执行后,申请执行人发现被执行人有可供执行财产的,可以再次申请执行。再次申请不受申请执行时效期间的限制。

② 江必新主编:《比较强制执行法》,中国法制出版社 2014 年版,“序言”。

③ 参见单一良、姚炎中:《解题“执行难”,法院执行在行动——专访最高人民法院审判委员会副部级专职委员、执行局局长刘贵祥》,载《人民法治》2015 年第 1 期。

④ 参见张美欣:《终结本次执行程序案件的彻底终结制度研究》,载《法律适用》2016 年第 4 期。

求,终结本次执行程序后的 5 年内,执行法院应当每 6 个月通过网络执行查控系统查询一次被执行人的财产,并将查询结果告知申请执行人。符合恢复执行条件的,执行法院应当及时恢复执行。这一规定类似于个人破产制度中的考察期制度。

总体而言,需要特别注意的是,当下的中国不是没有个人破产立法和个人破产实践,从实质意义而言,我们的个人破产立法和个人破产实践被主要统合在强制执行立法和实践之中,尤其是上述财产申报、生活必需品、参与分配和终结本次执行制度。可以说,以强制执行制度和实践为主的一些做法,构成中国个人破产立法和实践最重要的本土资源,应当予以充分关注。

浙江法院的《指引》制定和个人债务集中清理工作的探索,就是充分挖掘强制执行制度中的财产申报、生活必需品、参与分配和终结本次执行等具有个人破产属性的制度因素,解决个债清理工作的合法合规性问题。同时,能推动强制执行工作回归"强制执行"制度本位,强调是对"有履行能力而拒不履行生效法律文书确定义务的"当事人采取强制执行措施。

(三)个债清理中金融债权的处置机制

个人债务集中清理工作是浙江省推动金融纠纷多元高效化解的重要途径。2021 年至 2023 年,个人债务集中清理案件涉案债权人共计 13,580 人,涉及金融债权人数为 3800 人,金融债权人占全部债权人的比例约为 27.98%。通过金融债务清理,金融债权人出清存量风险,并加强未来的风险控制。个人债务集中清理发挥了风险提示作用,对降低市场主体融资成本进行正向引导,对有效防范化解金融风险起到了积极作用。

1. 金融维度上个人债务集中清理程序的必要性

一是有利于金融债权公平受偿。传统诉讼、执行程序必然有先后顺序,如果金融机构处于后手地位,或债务人对其他债权人进行偏颇性清偿,则金融债权可能受到损害。且陷于债务困境的债务人往往在多家金融机构存在债务,而各家金融机构分别通过诉讼或者执行方式催收债权,容易陷入长期、烦琐的追债过程,消耗更多的金融和司法资源。而个人债务集中清理程序如同企业破产程序一样,是概括实现债权的程序,其一大制度优势就是集中清偿,通过一个程序将所有相关债务纠纷集中解决,全体债权人根据债权性质,按照公平的分配顺序和方法进行财产分配,避免了债权人单个追收的重复性成本,也避免了债务人疲于应对不断重复的司法程序,可以最大限度确保债权清偿的公平性和有序性,最大限度实现财产的整体价值。个人债务集中清理程序也有助于金融机构更加直观了解债务人财产及诚信状况。从最终的清收结果上看,个人债务集中清理程序的结案也具有终局性和高度确定性,防止了后续成本的继续投入。从这个角度看,如果债务客观上无法偿还,停止继续追加"沉没成本"的投入,如同"赚不到但是能省到钱",也是最佳的策略。①

二是有利于缩短金融债权回收时间。企业可以通过破产程序注销主体后退出市场,但由于目前没有个人破产法,个人债务不能通过破产而消灭。这意味着自然人消灭债务的唯一方式就是全额清偿,否则将终身背负债务枷锁。而个人债务集中清理程序,一方面,具有基本人权保障的功能,以必要生活财产豁免的方式保障债务人必要的生存权利;另一方面,具有正向的激励功能,激发债务人通过法治化、市场化的路径化解个人债务的积极性,提高其筹集偿债资金的内驱动力,从而缩短金融机构收回债权的时间。

三是有利于提升金融机构管理水平。个人债务集中清理的免责制度经过合理的规则设置,在金融风险事前预防与事后应对方面都能发挥作用。首先,该制度为过度负债的消费者提供了一个常态化的退出机制,有助于减少不良信用记录、不良债务以及不负责任的放贷行为在金融消费市场的流通和累积,从而在风险发生后有效地释放风险。其次,个人债务集中清理中的免责机制能够反向影响金融机构的贷款发放行为,抑制其不负责任的放贷行为。对金融机构的贷款动机和营利机制产生校正作用,实现更为全面的风险管理。

四是有利于盘活金融机构存量贷款额度。相较于企业贷款,目前个人贷款核销难度极大。金融机构只有在债务人死亡等极端情况下才会核销债务,甚至部分金融机构表示即便是债务人死亡也不会作核销处理,从而导致呆账日积月累。个人债务集中清理工作,有助于金融机构呆账损失及时核销,从而释放出存量贷款额度,提升贷款资金使用效率,有助于金融信贷业务良性循环,发展步伐更加稳健。

五是有利于金融机构豁免债务的规范性。财政部印发的《金融企业呆账核

---

① 参见齐砺杰:《个人破产的金融维度》,载《中国政法大学学报》2019 年第 4 期。

销管理办法(2017 年版)》第 16 条规定,金融企业按规定采取打包出售、公开拍卖、转让、债务减免等市场手段处置债权或者股权,受让方或者借款人转让协议或者债务减免协议履行相关义务完毕后,其处置回收资金或债权余额的差额,可完全终结,不纳入账销案存资产管理。由该规定可知,金融机构的经营活动中存在债务豁免机制,故不能简单地认为债务豁免是不可触碰的制度或政策禁区。债务豁免的一个关键问题在于规范,即防范权力“寻租”的道德风险。相较于单个金融债权人对债务人的调查了解,管理人、法院以及众多债权人参与的个债清理程序,更能够全面真实掌握债务人的财产和诚信状况。个债清理又称类个人破产,与企业破产程序一样,能够为金融机构豁免债务提供司法背书,从而提升金融机构豁免债务的规范性。

2. 浙江法院个债清理中涉金融债权案件的清理实践和基本特征

一是金融债权人参与案件数量多,但清理成功比例偏低。全省个人债务集中清理案件涉金融债权人的案件比例不低,但由于部分金融债权人主观上认为对于债务的豁免与《贷款通则》等法规制度中“不得豁免贷款”的规定相悖,为规避风险,选择消极对待,导致涉金融债权人的个人债务集中清理案件清理成功率不高。以衢州地区为例,近 3 年,衢州全市共受理 205 件个人债务集中清理案件,涉及金融债权人的案件共计 162 件,占比达 79.02%。在涉金融债权人的个人债务集中清理案件中,清理成功的只有 20 件,占比约为12.35%,该比例低于全市 3 年平均清理成功比例。

二是部分法院对涉金融债权个人债务集中清理案件入口收紧,该类案件受理数量逐年下降。涉金融债权案件因金融机构内部审批限制,在个人债务集中清理案件中的表决基本以“一事一议”的方式推进,导致清理难度大、成功率低,启动程序后往往花费了大量的时间精力但仍以失败告终。为避免与金融机构发生“硬碰硬”的局面,部分法院在案件立案审查阶段会就该情况对债务人进行充分释明,人为对涉金融债权人的案件进行筛选过滤。以柯城法院为例,2021~2023 年涉金融机构案件的受理数量分别为 22 件、9 件、8 件,2022 年较 2021 年明显下降。

三是九成以上的金融债权本金需全额清偿,仅在利息、期限部分作出让步。在个债程序中,大部分金融债权人获本金清偿比例达 100%,未达 100% 本金获偿的金融机构,多因申请个人债务集中清理的债务人并非该笔债务的借款人,而是该笔债务的担保人之一,金融机构仍能从借款人及其他担保人处进行追偿。

四是成功清理案件中涉金融机构类型主要为地方性商业银行,少见国有银行踪迹。地方性商业银行在本地开展贷款业务范围广,决策链条短,能够在个人债务集中清理程序中对利息及期限展期作出一定让步,促成债务人成功清理。相比之下,国有银行各地分行的决策权限小,成功清理难度大。以衢州地区为例,近3年清理成功案件涉及的22家金融机构,其中21家系浙江本地地方性商业银行,国有银行仅1家,该国有银行所涉案件系龙游法院2021年办理,其并非自主让步,是在个人债务集中清理程序推行之初,在"双重表决规则"方式下才得以促成最终的成功清理。

五是金融机构在案件推进各环节均投反对票,对个人债务集中清理程序态度消极抵触。在个人债务集中清理案件推进中,与债权人互动主要体现在听证会环节、申报债权环节、表决环节(包含双重表决规则的表决及偿债方案的表决)等,金融机构在各环节互动中均消极面对,形成了经管理人告知后不主动申报,投反对票等行为惯性。如"双重表决规则"设计之初是为了规避金融机构内部决策限制及其自身风险,但在实践中并未达到制度预期效果。金融机构对"双重表决规则"的表决取决于债务人偿债方案是否涉及"削债"。在个人债务集中清理程序推行之初,部分金融机构为配合法院工作,在管理人、法院的释明下对"双重表决规则"投了赞成票,后在偿债方案表决阶段虽投了反对票,但不影响最终偿债方案通过,致使金融债权被金融机构内部认定"追收不当",其工作人员被问责。

六是直接参与具体案件的多为信贷业务具体经办人,未统一由专业法务人员参与。金融债权人参与案件鲜少委托专门的法律中介机构参与,且基于内部业务管理考核,以信贷业务人员参与居多。在参与个人债务集中清理案件时也多以其在执行程序中的追收流程及标准进行,缺乏对个人债务集中清理制度的深刻认识与理解。以龙游法院为例,在近3年共受理的41件个人债务集中清理案件中,具体参与个人债务集中清理工作负责债权申报、参会、表决等事项的均为内部工作人员,主要参与者为信贷业务人员,无金融债权人委托给外部中介机构予以处理的情况。

七是涉金融债权的成功清理案件后续诚信履行,社会示范效果好。目前暂无发生未按期偿债而被终止的情形,所有债务人均积极履行分期偿债方案,未出现逾期履行或不履行的情况，案件清理效果好。以柯城法院办理的债务人杨某个人债务集中清理案为例，杨某通过个人债务集中清理程序顺利从失信被执行人名单中脱身，偿债方案获得通过以后，向债务人释放了“诚信可期”的积极信号，全社会给予其重新再来的机会。杨某在个债清理成功后不仅回归正常生活，通过个人劳动努力偿债，还在单位、社会实现更大的人生价值。该案就是诚信教育的典型，激励和鼓舞所有被执行人诚实守信，积极主动清偿债务，重新为社会创造价值。

3. 浙江法院对金融债权处置机制的探索

在实践中，银行等金融机构坏账出表后债权追收管理成本高，在执行程序中跟踪执行比较困难，有时无法与自然人债权获得同等清偿。在此情况下，个人债务集中清理程序的“集中”优势充分体现，部分金融债权人对个人债务集中清理程序能够公平参与分配的做法予以认可，会积极配合报请上级批准。但是，由于政策依据不足、试点层级不够、内部审批权限限制、上级银行不理解不支持等因素，仍存在部分案件金融债权人投反对票或弃权票，导致方案表决无法通过，清理工作受阻的情况。对此，各地法院通过多种方式探索金融债权实质性化解。

一是搭建银法对话平台，积极探索金融监管部门一并参与下的银法良性对话机制。如龙游法院搭建银法对话平台，共计开展银法对话 3 次，参与金融机构 5 家，为金融机构参与个债清理程序并对“双重表决规则”表决同意、豁免金融利息债权提供实践样本。

二是依法提级管辖，提供经验范本。如宁波市中级人民法院针对施行初期各地审理流程不够规范、推进不够迅速的问题，依法提级管辖、审结一起涉金融债权多、清理难度大、有典型意义的个人债务集中清理案件，在审理中会同管理人与各债权人特别是金融机构进行多次深入沟通，推动全体债权人一致通过债务清偿计划，为处理类似复杂案件提供了经验范本。

三是出台纪要文件建立长效联动机制。如台州市中级人民法院与中国人民银行台州市中心支行等共同出台《关于探索个人破产制度推进金融消费者债务清理创新工作的纪要》，探索金融消费者债务清理和不良贷款核销新模式。仙居县人民法院联合中国人民银行仙居县支行出台《关于进一步优化营商环境保障管理人依法履职的实施意见》，建立法院与金融机构“互联互通、信息共享”的长效联动机制。

四是依托各类平台,探索金融债权处置机制。如南浔法院通过与南浔区金融发展服务中心共建的信用信息共享平台,将其信用信息修复情况及时推送给辖区各金融机构,为债务人在信用信息修复后的金融活动提供有力支持,为营造"鼓励创业创新、宽容失败"的社会氛围贡献司法力量。台州市黄岩区人民法院依托金融共享法庭平台,与地方性商业银行共同探索"金融多元解纷一件事"机制,引导违约1年以上的金融消费者直接进入个人债务集中清理程序,避免诉讼、执行程序空转。

五是积极与银行对接,拓宽个人债务金融豁免范围。为了取得金融机构债权人的支持,突破金融机构债权人在豁免债务方面的困境,温州市中级人民法院与华夏银行温州分行签订《个债清理合作框架协议》,就个债清理的债务人名单提供、债务豁免、个人重整贷、企业重整融资等事项达成协议,引导金融债权人主动参与个债清理工作,拓宽个人债务金融豁免范围。

六是通过多种措施进行案件协商提高成功率。如柯城法院参照破产和解自行达成协议的相关规定,针对有金融机构尤其是国有金融机构的案件进行单独协商,最终都获得了金融债权人的同意。这一做法是以个人债务集中清理工作为平台开展各金融机构债权人的单独协商,达成可能会有区别的个别清偿协议,实现债务的整体清理。

(四)企业破产与企业主个债清理合并处置机制

小微企业是市场经济的主要组成部分,在促进就业、维持社会稳定、推动区域经济增长等方面发挥着巨大作用。浙江更是中小企业、民营经济大省。然而不同于大型企业,小微企业与经营者之间的联系更为紧密:经营者以个人信用为企业担保获得贷款,或者以个人名义获得贷款用于企业经营的情形相当常见;[①] 经营者因人格混同对企业债务承担连带责任也是实践中经常出现的情况。[②] 若小微企业的破产中缺乏对企业主个人债务处理的机制,则会严重减弱破产程序的效果,抑制企业主在陷入财务危机时提出破产申请的意愿,损害债权人的利

① 参见"共同富裕背景下浙江中小企业破产重整模式探索"课题组、叶向阳、徐峻峰:《中小企业破产重整模式探索》,载《法律适用》2024年第1期。

② 参见赵吟:《连带责任视角下个人与企业合并破产的准入规范》,载《法学》2021年第8期。

益,更不利于企业家精神的培育和激励。① 没有正式的个人破产制度,对于市场主体规范化的退出而言,企业破产制度只能发挥一半的作用,甚至一半都不到。因此,探索建立小微企业破产与相关的自然人个债清理合并处置机制,既有简化程序、节约司法资源的程序意义,更有实现债权人公平清偿、促进诚信自然人债务人经济再生的实体意义。

1. 合并处置小微企业破产债务清偿与个人债务集中清理的现实需要

根据中国执行信息公开网的数据,截至 2024 年 6 月 22 日,公布的失信被执行人数达 838 万人,其中小微企业经营者占有较大比例,但这些人并不被现有的破产制度所覆盖,小微企业经营者的个人债务问题日益凸显。如何“一揽子”联动解决小微企业与其经营者的债务问题,而非各自为政,是当下企业破产制度和个人债务集中清理程序均面临的严重考验。

一是促进诚信债务人经济再生的需要。自然人作为社会的细胞,评价和记录自然人的信用状况是构建整个社会信用体系的基石。小微企业经营规模小、资金链脆弱、核心竞争力较弱,相较于大型企业,信用评级通常较低,且缺乏价值相当的贷款担保物,银行等金融机构发放贷款的意愿较低,融资难问题随处可见。很多经营者为获得融资,不惜用自己或家属的信用获取贷款,而在企业破产时,由于其背负的债务属于个人债务,无法进行破产清算,重整程序可能救得了企业但救不了经营者及其家庭。个人债务集中清理,则通过在企业破产后合并清理个人债务,为在资金链断裂后跑路或者走上绝路的经营者提供了一次“绝处逢生”的机会。把个人经营者归入个人债务集中清理的主体,既起到了惩罚、告诫债务人的作用,也能将无力偿还债务的自然人从“失信”的沼泽里营救出来,不仅有助于促进整个市场的完善,更有助于鼓励债务人尽自己全力来偿还没有清偿的债务,在债务人重生的过程中还能增加整个社会的财富。

二是维护债权人公平清偿的需要。在社会主义市场经济体制不断发展的今天,个体工商户等个体经济组织,个人独资企业等非法人组织、小微企业已经成为市场主体的重要组成部分。目前,我国现有的法律体系无法满足这类主体的破产需求,而小微企业与其经营者资产混同的情况又使债权人利益得不到充分

① 参见徐阳光、宋宜恬:《小微企业破产的特殊性及其规则构建》,载《法律适用》2023 年第 3 期。

保障。目前现有的执行程序讲究“先到先得”,且无法保障所有债权人就所享有的债权按同比例进行分配,被执行人的财产也不一定能够全部掌握,由此出现了很多“法律上的穷人,生活上的富人”。但如果在企业破产后合并进行个人债务集中清理,便能够在一定程度上激励债务人主动清偿债务,并提高债务清偿比例,有助于挽救“诚实而不幸”的企业主,帮助其重整旗鼓,为其实现二次创业成功提供可能性,也反过来维护了债权人的利益。因此,可以说个人债务集中清理保护所有债权人的利益,保障债权人之间的公平清偿。

三是合并处置个企混同财产的需要。由于小微企业绝大多数都是人合性较强的一人有限责任公司、个体工商户等,人企资产往往高度混同,企业资产、债务与企业主资产、债务重叠度较高,如经营者利用公司资金偿还个人债务,不作财务记载的;经营者个人收益与公司盈利不加区分的。实践中,小微企业还因为自身独有的性质,在融资方面具有较大难度,在从金融机构获取融资时,部分金融机构基于规避企业经营者及相关利益主体不当使用借款、转移资产甚至逃废银行债务的风险,要求小微企业实际经营者及其配偶等提供与其偿债能力严重不符的巨额担保,导致人企资产发生混同,也让企业经营者等自然人深陷债务困境,在企业破产后,其无法通过破产程序实现免责,从而破产积极性不高。[①] 同时,虽然现行法律并没有明确规定企业和自然人债务合并重整或合并清算的程序,但是在小微企业破产程序中联动个人破产制度对自然人因企业融资等需要为企业提供担保而产生的债务进行合并处置,将有效节约有限的司法资源,且在技术和要件方面,小微企业的破产也与个人破产相近。

四是保护和发掘小微企业整体营运价值的需要。由于小微企业整体规模较小,人事关系相对简单,实际控制人与小微企业往往存在极为紧密的关系。小规模经营主体主要依赖实际经营者发挥核心作用,因此,经营者的状况是评估小微企业获得重生机会的首要条件。破产审判实务亟须改变过往以破产清算程序为中心的惯性思维,树立市场化、法治化理念,充分发挥破产制度中止执行、停息止付、担保物权暂停行使等措施的保护功能,通过推动企业破产不停产、巩固府院协调体制、深化多元纠纷解决机制等途径,更多具有挽救价值的困境企业能够涅

---

① 参见最高人民法院民二庭课题组等:《企业破产程序中经营者保证责任的合并处理》,载《法律适用》2022 年第 2 期。

槃重生,获得再生的机会。在实体维度上,应当分别考量微观层面企业自身的营运价值、中观层面企业的行业价值以及宏观层面企业的社会价值,全方位判定企业重整价值;在程序维度上,则需要确立破产企业重整价值识别的审查机制,动员多元主体共同参与重整价值识别,明确重整申请人的举证责任。[①]

中小微企业的危机救助立法应该在保护企业家精神,维持就业与保护债权人利益,以及维护信贷市场效率之间建立最优的平衡。为此,法律的制度设计应该以保护营运价值为基本原则。[②] 若忽视实际经营者的决定性作用,将难以全面精准评估小微企业的整体营运价值。

2. 浙江法院对企业破产与企业主个债清理合并处置机制的探索与实践

浙江法院积极探索企业破产与企业主个债清理合并处置机制。《指引》明确,符合以下条件的基层人民法院可以开展个人债务集中清理工作:(1)自然人债务人住所地、经常居住地或主要财产所在地在该基层人民法院辖区内;(2)该基层人民法院有以该自然人作为被执行人的强制执行案件。同时明确在企业破产案件中,破产案件受理法院可以开展债务人企业实际控制人、股东或者为债务人企业提供担保的自然人的个人债务集中清理工作,不需要符合上述条件。《关于调整重点突破法院范围继续稳妥有序推进个人债务集中清理工作的通知》(浙高法明传〔2024〕65 号)指出,要加大中小微企业破产与个债集中清理相结合的工作力度,重点探索合并审理企业破产案件及与之相关的债务人企业实际控制人、股东或者为债务人企业提供担保的自然人的个人债务集中清理工作。"与企业破产案件一并受理的案件受理/审结量"亦作为推进个人债务集中清理工作的一项重要指标。

对于企业破产与企业主个人债务集中清理合并处置,理论上有以下三种模式,对此浙江法院在制度和实践上均有相应探索。

1. 在企业破产程序中有限清理个人债务。债务人企业在被宣告破产前,具备重整或和解可能的,债务人或管理人应当制作重整计划草案或和解协议草案,同时提交债权人会议审议表决和人民法院批准(认可)。为解决中小微企业出资人、法定代表人、实际控制人等企业相关人员及其家庭成员为企业债务提供担保

---

① 参见张世君、郑侠:《破产企业重整价值的法律识别》,载《法律适用》2023 年第 10 期。

② 参见王佐发:《中小微企业危机救助的制度逻辑与法律建构》,载《中国政法大学学报》2020 年第 6 期。

的问题,重整计划草案或和解协议草案可以作以下类似特别规定:(1)债权人在依据法院裁定批准的重整计划或和解协议获得财产分配和债务清偿后,豁免担保人的担保责任;(2)债权人不再申请继续执行担保人,与之对应的执行程序终结,解除各项失信限高措施;(3)重整计划或和解协议调整范围内的债权人不得再向担保人主张清偿权利。当然,在实践探索中,重整计划或者和解协议中类似的内容对于在表决中投反对票或者弃权票的债权人的法律效力问题,值得引起充分的重视。对此,在文件出台方面,杭州市中级人民法院出台了《杭州市中级人民法院中小微企业快速重整(和解)工作指引(试行)》,其中第30条规定:“中小微企业出资人、法定代表人、实际控制人等企业相关人员及其家庭成员为企业债务提供担保,或者个人资产负债与企业形成混同,可以探索在重整、和解程序中对个人债务一并进行集中清理。”在审判实践中,如临安法院于2020年审结的某科技有限公司破产清算转和解案,债务人股东提出豁免其对企业债务连带责任的申请,为提高债务人的和解积极性和成功率,临安法院在指导管理人制定《和解协议草案》时,设置了附条件的股东连带责任的豁免条款,以债权人会议表决的意思自治和法院的裁定批准,对此赋予了法律约束力,从而解决了股东对企业对外债务担保的困境。临安法院的王某、陆某某个人债务集中清理案,探索将个人债务集中清理纳入企业合并破产清算中,将公司债务与个人债务一并处理,“一揽子”化解债务,提高了债务清偿率,避免了财务混同而可能导致的债权债务不明等问题。该案入选了“2023年浙江法院个人债务集中清理(类个人破产)十大典型案例”。

2. 在个人破产或个人债务集中清理程序中有限清理企业债务。鉴于有无地方性个人破产立法的区别,该种模式目前可能存在两种操作路径:一是法定清理免责。有学者认为,《深圳经济特区个人破产条例》第95条、第96条规定,债务人在破产清算后经过3~5年的考察期,可以获得债务免责;第36条、第97条、第98条则依次列明了债务人可以保留的豁免财产范围、不能免责的债务类型以及因债务人不当行为而不予免责的债务类型。因此,深圳具备企业破产和个人破产两大板块同时在线的条件,有条件率先为全国探索出一套崭新的小微企业破产模式,并列举了三种路径。其中两种路径,是指在个人破产清算中,给予债务人个人一定期限的免责考察期,企业法人所欠的未清偿债务余额即可获得免除,至于非法人企业的企业债务,则可以在企业继续存续的情况下,随着出资人的连带责任免除而获得免除。[①] 上述路径尚未发现有成功案例,目前仍停留在理论构想阶段。二是约定清理免责。在没有地方性个人立法的地区,则可以在制定个人债务集中清理方案时,约定个人债务豁免以及担保企业免责的条款,并通过债权人会议表决一致决的规则,达到同样目的。如杭州市余杭区人民法院审结的崔某某个人债务集中清理案,通过引导争取债权人的理解和支持,将公司债务与个人债务一并处理,"一揽子"化解2件执行案件和20余项债务,避免了企业因短期经营困难而进入破产程序。

在以上第一、二种模式中,法院只受理企业破产案件或企业主个人债务集中清理案件,在案件办理过程中一并处理企业主或企业的资产、债务,又称嵌入模式。嵌入模式的局限性在于仅能有限清理企业与个人的连带债务,非连带债务则不能处理,且若对被嵌入主体的资产一并处理,可能有损对被嵌入主体的其他债权人的公平清偿。

3. 企业破产与个人债务集中清理的合并处置程序。法院分别裁定受理企业破产和个人债务集中清理程序后,发现个人债务人系对企业债务负有连带债务的自然人的,可以参照关联企业实质合并破产模式,将个人债务集中清理程序纳入企业破产程序中,按照企业破产法规定的程序合并处置,编制统一的债权表,制作《企业和个人财产合并变价方案》、《企业和个人财产合并分配方案》或《重整计划》、《和解协议》,并提交债权人会议进行合并审议和表决,经债权人会议表决通过和法院裁定认可或批准,管理人按照前述方案变价和分配后,债权人同意豁免个人的连带责任,不再申请继续执行个人债务人,与之对应的执行程序终结。

该种模式以天台法院出台的《个企合并破产机制》为典型代表,其中规定了10种可以引导个企合并破产的情形、合并启动方式,并探索出了"单轨重叠式""双轨交叉制"两种合并破产模式。此外,对于临安法院的小微企业与经营者的"双重挽救"模式,目前也有两起小微企业和经营者合并"破产"并实现企业与个人双和解的成功案例。如在2023年审结的盛某个人与其经营的玻璃钢公司合并债务清理案中,临安法院积极探索企业破产与个人债务集中清理合并处理的具体操作路径:先分别裁定受理企业破产清算与个人债务集中清理程序,经审查

---

① 参见齐砺杰、林锐鑫:《个人破产立法嵌入小微企业破产专用程序相关问题研究》,载《深圳法治评论》2024年第1期。

发现企业法人与自然人股东人格混同，又参考关联企业实质合并破产的操作流程，经债务人申请，由管理人向债权人会议提交《企业破产与个人债务清理合并处理》进行审议和表决，表决通过后，再提交法院裁定合并处理。第二次债权人会议均高票通过《公司与个人债务合并处理及和解方案》，成为临安法院首例企业与个人债务实质合并处理的"双和解"案例。南浔法院将企业主债权分为三类并制定差异化的清偿方案，对于债权金额较小的共同债权人，在企业破产重整中获得部分清偿后，豁免企业主剩余债务；对于债权金额较大的共同债权人，分别在企业破产重整与企业主债务集中清理案件中一次性获偿部分款项后，豁免企业主剩余债务；对于企业主独立债权人，与企业主达成分期履行协议。

三、浙江法院个人债务集中清理制度机制建设中的重点难点问题

浙江法院结合已受理、审结的个人债务集中清理案件，发现个人债务集中清理制度机制建设仍存在许多重点难点问题。

(一)社会共识仍有待强化

当前，债权人与债务人对个债清理工作的知晓度、配合度虽有提升，但总体水平仍然不高，社会接受程度及普及范围还有待提高，社会认识有待深化。"欠债还钱，天经地义""人不死，债不烂"等传统观念还比较牢固。在债权人方面，对个债清理工作还存在一些误解和担心，认为会帮助债务人逃废债务。在法院已受理的个债清理案件中，债权人基于各种原因不愿意参与个债清理程序，导致程序推进效果难以保障。在债务人方面，个债清理结果的不确定性导致债务人担心无法与债权人达成一致的还款方案，使其无法清理既有债务，反而还可能面临未起诉的债权人集中提起诉讼、申请执行的不利后果等。

实际上，个人债务集中清理制度就是一个集中公平清偿、概括执行制度，有利于债务人摆脱债务泥淖，有利于债权人调查债务人财产情况实现债权，有利于社会创业创新，有利于营商环境优化。在此，还是要进一步强调，《指引》主要制度设计是要给予相关当事人以制度激励：(1)对"诚实而不幸"的债务人而言，一是给予"破产保护"(或者可以更准确地称为"执行保护")，如债务人如实申报个

人财产,可以免予被纳入失信被执行人名单,免予人民法院的拘留、罚款等强制执行措施;二是适当予以财政补贴,清理费用等可以从破产专项资金中列支;三是"生活必需品"保留,结合债权人会议审议意见,人民法院可以依法决定债务人生活必需品的保留,而不需要再到处躲债;四是债务的集中清理等。(2)对债权人而言,一是在个人债务集中清理工作中,债务人的配合度能够得到有效保障,这项工作的开展以债务人的"诚信"配合为基础;二是有更多的调查、核实债务人财产的手段,主要是引入管理人资源和破产专项资金,可以更加全面、彻底调查、核实债务人财产状况;三是为金融机构债权人提供更加丰富、便捷的不良资产核销手段。(3)对案件受理法院而言,一是可以通过个人债务集中清理,对自然人执行案件进行"合并同类项";二是引入管理人等社会资源到执行程序中,缓解人民法院"案多人少"压力。

(二)个人信用体系、财产登记体系等诚信监督机制建设尚不健全

个人信用体系和财产登记体系等诚信监督机制的建立对法院、债权人、社会公众、个人信用规范可以起到关键性的作用,这是个债清理工作长期推行的前提性和基础性支撑。以美国为例,管理个人信用记录的并不是政府部门,而是市场化运作的各类信用报告机构。这些机构有偿向银行、保险公司、房地产商、用人单位等市场主体提供消费者的个人信用报告。反过来,银行、用人单位等授信机构也会主动向这些信用报告机构提供消费者的信用记录。

就我国个人信用体系建设而言,虽然我国已经制定了《中华人民共和国政府信息公开条例》等规定,但还没有专门的法律来调整个人信用制度。可以说,我国的个人信用体系还处于初步发展的阶段,存在较多不足,有待完善,如个人信用观念淡薄、个人信用资料不真实、个人信用评估体系不专业以及缺乏法律、法规及配套政策的保障等问题。[①] 同时,在目前个债清理实践中,债务人履行清偿方案及行为考察期内的监督主要由管理人负责,尚缺乏统一的信用公示平台,管理人监督手段、能力有限,而其他主体如社区、街道能否作为监督主体,尚待进一步探索。

---

① 参见沈芳君:《个人债务集中清理司法探索与个人破产立法设想——以浙江省为主要视角》,载《法治研究》2021 年第 6 期。

另外,实行个人破产制度还需要具有较完备的个人财产登记制度。目前,虽然最高人民法院与国家金融监督管理总局已建立健全了对银行存款及理财产品等的网络执行查控制度,但全国联网不动产统一查询等制度机制还不够健全,诸如个人房产等信息暂未实现全国联网,难以全面掌握借款人的财产情况,对借款人配偶、子女以及共同生活的近亲属的财产调查更存在困难。例如,在柯某个人债务集中清理案中,黄岩不动产登记中心只能查询黄岩、椒江、路桥三区的不动产信息,其他的不动产信息需要到当地查询,导致管理人无法查清其财产情况。同时,存在诸多老赖,通过各种方式隐匿财产、回避执行等,导致债权人的合法权益得不到保护,造成"执行难"的困境。

(三)个人破产法律制度缺失导致"债权人会议的多数决制度""法院依职权裁定通过方案"等破产法核心制度无法确立适用

目前,我国尚未制定出台个人破产法。浙江省在个债清理实践中发现,在现有法律框架内,"债权人会议的多数决制度""法院依职权裁定通过方案"这两项破产法核心制度无法确立适用,只能代之以"意识自治原则",影响了个人债务集中清理的效率和效果。

一是表决机制的特殊性。表决机制是个人债务集中清理制度合法性的核心,也是个债清理工作深入推进存在局限性的重要缘由。目前在浙江省,个人债务集中清理制度缺乏上位法及关于债权人会议多数决的法律规定。为此,《指引》第40条规定,债权人会议可以探索采用双重表决规则等方式,即首先由全体债权人一致同意通过一项表决规则,然后再根据通过的表决规则对财产分配方案等事项进行表决,以有效推进清理程序。但在实践中,由于不同于企业破产法规定的债权人会议多数决原则,个债案件中存在多个债权人对债务人的谅解程度及其对债务的豁免尺度不尽相同,只要个别债权人不同意表决规则就意味着全盘否定,案件后续出清存在难度。另外,由于不同类型的债权清偿率难以协调一致,即使表决规则由一致决通过,但因各债权发生的基础关系、款项性质不同,各债权人对清偿比例的心理预期、接受能力均不同,在财产分配方案表决时,也存在一定方案通过难度。

二是法院依职权裁定问题。在现有的执行、破产制度中,法院拥有依法裁决的权力,在破产程序中尤为显著,如在法定条件下裁定批准通过分配方案、重整计划草案等,但在个人债务集中清理制度中,因无上位法支撑,浙江法院只能严格在法律框架内进行探索,要严格遵守意思自治的原则。因此,若债权人会议表决无法通过,则有可能需要终结个人债务集中清理程序,区别于企业破产制度,法院无法强裁债务清理计划。虽然该种操作未突破现行法律和违背债权人意愿,但与表决机制遇到的困境相似,这对前期付出大量工作的法院和管理人的工作积极性影响较大。

个人破产法律制度缺失带来的问题越发凸显。在实践中,浙江省各级法院针对个人债务集中清理中的上述疑难问题,积极在现行法律框架内探索解决之策。如针对部分债权人不同意导致清偿方案不能通过的问题,温州市瓯海区人民法院的李某某个人债务集中清理案、湖州市吴兴区人民法院的潘某某个人债务集中清理案等对双重表决规则进行探索;建德市人民法院的徐某、殷某个人债务集中清理案对同意清偿方案的债务人在清理程序中受偿,不同意清偿方案的债务人在执行程序中仅就清理后考察期内的新增财产受偿进行探索。虽然浙江法院在实践中积累了一定经验,但诸多问题的存在也说明了以法院为主导,府院联动配合的个人债务集中清理机制存在其法律的固有边界和底线,更多深层次的问题需要在立法层面予以解决。

(四)金融债权处置程序与个债清理程序衔接不畅

一是在上位法缺位的情况下,相关规定制度的衔接面临难题。在狭义的法律层面,目前我国尚无个人破产专门立法。以金融债权核销为例,《金融企业呆账核销管理办法(2017 年版)》规定:“金融企业核销呆账应当遵循‘符合认定条件、提供有效证据、账销案存、权在力催’的基本原则。对于核销后的呆账,金融企业要继续尽职追偿,尽最大可能实现回收价值最大化。”“对于已核销的资产,除依据法律法规和本办法规定的权利义务已终结的情形外,金融企业仍然享有已核销债权或股权等合法权益,要按照‘账销案存、权在力催’的原则,比照表内债权和股权的管理方式加强管理,建立保全和尽职追偿制度,实现核销前与核销后管理的有效衔接,最大限度减少损失,充分维护资产权益。”“对于已核销的资产,除依据法律法规和本办法规定的权利义务已终结的情形外,金融企业要履行清收职责,继续尽职追索,全面查找各项关联财产线索,发现有效财产后,要及时进行资产保全;对可恢复执行的中止或终结裁定的,在获取财产线索证据后,及时向法院提请恢复执行。”据此,除非符合规定的权利义务已终结的情形,银行机构难以放弃金融债权。

二是金融机构内部核销时间长、难度大。金融债权人往往是金融机构的分支机构,受制于内部审批制度而无权决定个债清理案件的债务豁免比例,大部分表决事项不能在债权人会议上当场作出决定,需要会后逐级上报审批,相应的流程烦琐、耗时长,直接影响债权人会议的效率。且大部分金融机构尤其是国有银行仅同意占比很小的利息减免,制度上很难同意哪怕是幅度很小的本金减免,即使第三人代为清偿能够较大幅度提高清偿率,金融债权人也常常持反对意见。据原浙江银保监局反映,金融机构对个人债务减免受到财政、税务、审计及金融监管等方面的严格监督。若无更明确的法律制度保障,金融机构仅依据《指引》对个人债务实行减免存在较大风险。

三是金融债权人一致表决同意难。由于各金融债权人预期不同、债权数额不同等原因,对于债务人的谅解程度、债务豁免尺度不尽相同,只要个别金融债权人不同意清理方案或清偿比例,就意味着清理方案全盘否定。尤其是当部分自然人债权人与债务人达成一致意见时,仅因金融机构不愿意放弃债权,清理方案就无法通过,个债清理工作受阻甚至搁浅。如龙游法院受理的梅某某个人债务集中清理案,金融债权本金高达 170 万余元,超过债务总额 90%,债务人愿举全家之力以未来 10 年收入偿还本金,偿债期间债权人放弃利息,但金融债权人受制于内部管理制度反对清理方案导致程序难以继续进行。

(五)强制执行在一定程度上过于刚性影响个人债务集中清理

个债清理制度与强制执行制度具有千丝万缕的联系,尤其是在我国尚未建立个人破产制度的情况下,执行程序在某种程度上承担了破产替代制度的功能。同时,由于执行程序进入门槛低、效率相对较高,刺激了当事人通过执行程序解决事实上是破产问题的动机。但是,执行程序并不是万能的,其无法解决债务人财产去向和债务清理问题,只能以强制措施来督促债务人履行义务。更值得关注的是,过度的强制执行至少会对债权人在心理上造成过分依赖强制执行程序,影响债权人对债权回收风险的正确认识。

(六)履职能力有待提升

个债清理工作目前仍处于探索推进阶段,承办法官对于个债清理制度功能、操作流程等业务问题的认识还有待深化,对债权人会议表决机制、程序效力等法律问题的研究需要加强。部分法院对于个债清理案件不计入破产案件或诉讼案件统计案量,影响了对承办法官的绩效考核。管理人履职依据及待遇保障等尚无明确规定,多数管理人办理个债清理案件还不多,经验积累不够。个债清理程序对债务人财产核查要求高,涉及银行、金融机构、村(居)委会等各地各类型财产的全面核查,一些管理人反映第一次债权人会议召开时间紧,个债清理案件的受偿财产有限,管理人报酬低,这在一定程度上影响其履职积极性。

(七)部门共识不够

个人债务集中清理工作虽然正式起步 4 年,但目前仍主要由法院推动,尚未像企业破产那样形成较为强大的社会合力,故在争取资金支持、府院联动配合方面进展较慢。有关部门对个债清理支持较弱,对个债清理的价值理解不透,在部门配合上共识不够。如存在公积金管理部门不同意提取公积金用于分配,金融机构对于个人债务集中清理成功的信用修复以无总行文件为由拒绝,这些情况都实际影响个人债务集中清理工作的开展。

四、个人债务集中清理制度机制的完善路径

推进个人债务集中清理工作,给予因经营失败或其他原因承担债务又确实没有履行能力的"诚实而不幸"的债务人一个相对宽容的制度出路,是优化营商环境的重要内容。探索个人债务集中清理机制的完善,亦能够在公平处理债务、依法保护债权人利益前提下,为诚信债务人纾难解困,为促进经济高质量发展谱写中国式现代化贡献司法力量。

(一)进一步完善强制执行和破产保护协调机制

一是做好破产和执行工作的协调。完善"民商事司法工作运行机制"是司法改革的重要选择。通过多年来的实践,浙江、江苏等地都不同程度地开展了"执行转破产审查"工作,推动"执破协调""执破融合"尝试,取得了很好的法律效果和社会效果。后续,若能借企业破产法的修改和"强制执行法"的起草工作的东风,进一步做好两者的协调工作,建立科学化的"民商事司法工作机制",从"制度

上彻底解决执行难”,建立完善的市场主体出清制度和救治制度。①

二是积极贯彻落实最高人民法院执破融合工作部署,深入构建审执破一体化工作格局。持续抓好执行与个债清理的衔接工作,加强执行部门与破产审判部门在人员、财产申报、查控、处置等方面的配合衔接,提升个债清理的广度与深度,力争形成更多更好的实践经验。对于同一被执行人的多个执行案件,监督落实浙江高院《关于关联案件集中执行工作的指引(试行)》的要求,加强执行、破产程序在个人债务集中清理工作中的衔接及成果运用,积极探索执行条线和破产条线在办案人员、强制措施、管理人等方面的资源整合。

三是充分关注财产申报、调查、核实、参与分配等强制执行制度中的个人破产因素。由于当前许多破产债务人很可能会通过转移、藏匿财产等形式来逃避债务,因此,个债清理制度中的财产申报、调查、核实过程显得尤为重要。在今后实践操作过程中,对于具有较大价值的财产,如银行存款、房产、车辆、股权进行相应登记,通过人民法院依职权调查、管理人多途径现场调查等方式,调动债务人工作单位、居住地村(居)委会等社会力量进行必要查证,并听取债权人申请意见,进行相应多途径查证措施。执行程序中的财产申报制度是较为典型的一项个人破产制度,其作为一项强制执行制度存在一些问题。其一,按照强制执行的制度设计,应当根本无须报告,直接强制执行即可。其二,作为一项强制执行制度,债务人财产申报义务如何报告,报告多少?执行标的1000元、1万元甚或几十万元、几千万元,被执行人的报告义务是否相同?还是只需要报告与执行金额相匹配的财产数额,即执行金额为10万元,被执行人只需要申报10万元的财产?类似财产申报制度,强制执行制度中至少还有“生活必需品”制度、参与分配制度②、终结本次执行制度等,系具有个人破产制度因素的执行制度,也是中国个人破产制度建立和实施的本土资源,应当予以充分关注。另外,在实践中继续探索

---

① 参见杜万华:《建设我国破产保护法律制度应当关注的几个问题——对江苏、浙江破产制度实施状况调研后的思考》,第二届法治化营商环境助企纾困重组论坛主旨演讲发言,2024年6月于南京。

② 进行参与分配的被执行人须为公民或其他组织,从各国立法例上观之,对参与分配的被执行人并无此种限制,因为破产与参与分配毕竟是两种不同的制度。我国作如此规定,是因为参与分配和破产的适用条件之一都是资不抵债。确定被执行人只有公民或其他组织才具有参与分配义务主体资格,还因为目前我国尚无调整公民或其他组织资不抵债时清偿数个债务问题的法律规定,在实务中无法处理。参见杨立新:《民事执行程序中的参与分配制度》,载《法律科学》1994年第1期。

执行程序与个债清理双轨运行。前置“执行 + 个债清理”会商机制,邀请执行法官参与个债清理工作,运用前期执行成果助推个债清偿方案协商,切实提升整体清偿方案通过率,对个债清理成功的案件,及时反馈给执行法官,对执行案件依法终结执行;对个债清理未成功的案件,将会商成功并与个别债权人达成的清偿方案移交执行法官,待恢复执行程序后将前期会商成果转化为执行和解协议,逆向助推执行案件的执结。

(二)激发金融机构内驱动力,消除金融机构主观障碍

一是加强宣传引导,有效消除金融机构对个人债务集中清理制度的顾虑。与金融监管部门共同构建多元化沟通平台,联合开展“银法对话”,严明个人债务集中清理制度在督促债务人诚信履行财产申报义务、全面揭示财产变动轨迹、严厉打击逃废债行为等方面的现实意义,逐步化解金融机构对于制度设计、实施效果及潜在影响等方面的诸多不解。人民法院要通过对典型案例的宣传,积极推广并分享金融债权人通过申请个人债务集中清理,缩短清收时间、提高清收比例、降低不良率的成功案例,激励并引导金融机构尤其是地方分支机构充分认识和利用个人债务集中清理制度的优势,积极向上汇报,争取上级行在投票表决上的支持,实现债权清收利益最大化。

二是推动金融机构由被动支持到主动参与。金融机构作为金融市场的重要参与者和债权人的主要代表,应主动参与个人债务集中清理工作。首先,需要观念上的深化和转向,要深刻洞察并充分认识到这一制度对于优化债务处理机制、提升金融服务效率的重大意义,以更为积极主动的姿态全面融入个人债务集中清理的实践。其次,需要行动上的力度和作为,当个人债务集中清理程序展现出其优于其他清收手段的清收比例时,金融机构应给予支持与肯定,积极参与清理方案的表决过程,并发挥其债权金额占比高,具有一定社会公信力的示范作用,努力推动清理方案的顺利通过。对于诚信度较高,亦符合金融机构内部现有核销及追收政策的债务人,金融机构可进行内部筛选并形成“白名单”,积极引导其进入个人债务集中清理程序,形成金融机构主动参与的工作格局。

三是推动金融机构由单一职责到深度参与。金融机构参与个人债务集中清理工作不仅体现在支持清理方案的表决,评估债务人诚信、制定清理方案、监督债务人履行等全过程都离不开金融机构的高效协同。金融机构在日常业务中积累的债务人家庭情况、财产状况等基础性信息是评估债务人偿债能力的重要依据,金融机构可以利用其掌握的信息优势,为管理人提供有力的数据支持,帮助管理人更快速、更准确地勾勒出债务人的财产全貌。通过这种紧密的配合,不仅能够确保财产调查的全面性和准确性,还能保证清理方案既保障债权人的合法权益得到最大限度的实现,也兼顾债务人的基本生活需求和社会稳定因素。金融机构还应切实履行其作为债权人的监督职责,对债务人的履行情况进行持续、严密的跟踪与监督,确保债务人能够严格按照清理方案的要求履行其还款义务。

四是推动金融机构由"单打独斗"到"联动作战"。倡导各家金融债权人建立金融债权人委员会,建立高效的沟通协调机制"一致行动"。对于在严谨的法律框架内,严格遵循既定的司法程序形成的债务人财产状况调查与评估结果,金融机构将其作为豁免表决内部决策程序的重要参考与背书,增强金融机构在参与个人债务集中清理过程中的信心与安全感,特别是关于表决权限的合法性与履职追责的明确性。对参与个人债务集中清理案件时已符合终本条件的债务人,金融机构通过申请人民法院开具《预查废证明》的方式作为合法合规的内部核销依据,在内部已经对该笔债务作出核销后,金融机构债权人在个人债务集中清理程序中的表决空间应当有所拓宽,同意对该类债务人进行合理的豁免。

五是推动金融机构由分工零散到专事专人。加强金融干部人才队伍建设是金融环境迭代对人才需求变化的必然要求,是推动金融高质量建设和发展的关键力量。面对新时代新要求,金融从业人员需要具备跨界能力。破产法虽属于较为小众的领域,却是民商事交易中兜底性的法律机制。金融机构要转变观念,避免将信贷风险处置作为单一的普通业务对待,而是要建强专业化风险处置队伍,培养"金融+法律"的复合型人才,既熟知金融风险的防范化解路径,又精通法律尤其是破产法的相关规定,确保实现破产处置与金融司法的"最优解"。

(三)进一步完善个人征信、财产申报等配套机制建设

一是完善个人征信体系建设。随着互联网技术的飞速发展,我国已全面步入信息化时代,大数据与流量成为驱动经济社会发展的新引擎。在这一时代背景下,我国个人征信法律体系需紧跟时代步伐,不断进行自我革新与完善。当前,我国公民已能够通过多种官方渠道,如中国人民银行征信中心官方网站、个

人信用信息服务平台以及中国裁判文书网等,便捷地查询到部分个人信用信息,这不仅增强了信用信息的透明度,也提升了公民对自身信用状况的认知与管理能力。然而,面对大数据时代的海量信息与复杂场景,我国个人征信法律体系在保护个人隐私、确保信息安全、促进数据流通与共享等方面仍面临诸多挑战,需要持续推动相关法律法规的健全与完善,以适应信息化时代的发展需求。

二是完善个人财产申报登记制度。个人财产所涉及的内容广泛且复杂,包括但不限于各类金融资产、不动产、动产等,除不动产外,其他财产的隐匿性较强,不易被外界发现,当事人若存在故意隐瞒行为,即使法院依职权进行详尽的调查,要完全查清其财产状况的难度依然极高。因此,需要进一步发挥个人财产申报登记制度的作用,降低或避免债务人隐藏和转移财产。对于已经建立登记制度的不动产、车辆等财产,通过大数据的技术手段,搭建关联财产模型,对自然人亲属之间、关联企业之间的财产进行关联性标记和重点提示,提高对债务人财产状况的全面掌握能力,同时还能在发现债务人转移或隐匿财产时提供有力的证据支持。

三是加强管理人及辅助机构建设。面对个人债务集中清理工作的复杂性与挑战性,亟须培养一支具备高度专业素养、勤勉尽责且专注于个人债务管理的专职人才队伍。管理人要深刻认识到个人债务集中清理工作的重要性与严肃性,自觉树立勤勉尽责的职业态度,不断提升管理人的专业素养与综合能力。人民法院要建立健全考核激励机制,对管理人的工作表现进行定期评估与反馈,激发管理人的工作积极性与创造力。同时,鉴于个人债务集中清理程序的复杂性与敏感性,建议在全国范围内推广设立类似深圳市破产事务管理署的专门机构,聚焦于尚处于免责考察期内的债务人,运用先进的监控手段与数据分析技术,持续跟踪其经济行为与生活状况,人民法院依据该机构提供的反馈与评估报告,对债务人的免责考察期进行灵活调整,以维护个人债务集中清理程序的严肃性与有效性。

四是加大刑事手段的规制力度。为有效应对破产程序中日益凸显的欺诈行为,需对现有的刑事立法进行系统性完善,明确将个人纳入破产犯罪的主体范畴之内,填补当前法律体系在针对个人利用破产程序实行欺诈行为追责方面的空白。加强公检法机关之间的协调配合,建立健全快速响应与高效处理机制,加大对破产欺诈行为的侦查、起诉与审判力度,确保每一起案件都能得到公正、及时的处理。通过公开曝光典型案例、加强法治宣传教育等方式,在社会上营造出一种"破产不逃债、欺诈必严惩"的舆论氛围,从而对潜在的想要通过破产程序实施"逃废债"行为的债务人形成强大的心理震慑与行为约束,提升公众对相关破产制度(包括类个人破产)的信任度与参与度,为构建健康、有序的市场经济环境奠定坚实的法律基础。

五是加大内外联动。进一步推动落实府院联动机制,建立完善各部门间的常态化联络,推动个案协调向制度化转变,积极在债务人财产调查核实、金融债权实质豁免、信用平台建设等重点问题上与相关政府部门沟通协作。将个人债务集中清理工作与企业破产审判工作紧密结合,通过破产审判府院联席会议等方式,积极推动完善政府相关部门对个人债务集中清理管理人进行财产调查核实等的履职保障以及个人债务集中清理费用、管理人履职报酬等的财政支持,推动信用体系建设、债务人高消费和任职等行为限制、公职管理人等相关配套制度的建立完善。加强与公安机关等相关部门的工作对接,加大对债务人或有关人员隐匿或者故意销毁证据材料、转移资产逃避债务等违法行为的打击力度。

(四)争取全国人大授权开展个人破产立法试点

个人破产制度曾在十几年前进入我国立法者的视野。2007 年施行的《中华人民共和国企业破产法》(以下简称《企业破产法》),起草阶段历时 12 年之久,有关个人破产制度的草案条文在讨论时引起争议,最终被删除。现行的《企业破产法》,因缺少个人破产制度,在业内被称为"半部破产法"。在当前我国的社会环境下,如果个人破产制度仍然缺位,破产法就好似"缺胳膊少腿",破产法残缺不全将成为制约市场经济发展的法治"瓶颈"和"短板",一个适应社会主义市场经济体制的法律体系就难言构建完善。

通过前期出台文件推进及实践的探索,我国现阶段对制定个人破产法的需求迫切,相关的试点经验亦表明制定个人破产法是大势所趋。当前我国个人破产立法已经有了一定的理论储备,强制执行制度和实践以及深圳、浙江等地的实践也为个人破产立法提供了一定经验积累,时机总体相对成熟,又适逢《企业破产法》修订,此时进行个人破产法的制定有很强必要性、重要性、可行性和紧迫性。

当然,制定个人破产法事关重大,其制度构建涉及方方面面,涉及的法律关系也错综复杂,所需要具备的配套社会条件目前难言成熟,对可能导致的风险应充分评估。因此,一方面,个人破产立法本身是推进个人破产这项工作的基础性内容,不能等各方面条件都成熟了再立法,个人破产立法是推动各方面条件成熟的重要推动力。另一方面,可以通过立法具体内容的把握以及司法的裁量对个人破产的进度总体把控。也就是说,立法内容和司法裁量可以使个人破产推进的力度与各方面条件的成熟度相匹配。

浙江是民营经济、中小企业大省,具备较好的破产审判工作基础,财产登记、信用体系建设等配套制度初步具备,社会层面对个人破产的接受度比较高,需求更加迫切。浙江法院经过多年探索,已有一定的理论基础和实践经验,但缺乏立法支撑,使探索和试点遇到诸多困境,难以取得更大的突破。总体来说,基于经济社会发展水平、前期工作经验、社会接受度、财产登记等相关配套制度等方面的考察,浙江在省域范围内推进个人破产的地方性立法条件相对成熟。因此,可从"分步走"角度争取全国人大授权在浙江开展个人破产立法试点。

第一,修改地方立法。2024年1月26日,浙江省第十四届人民代表大会通过《浙江省优化营商环境条例》,该条例已于2024年3月1日施行。该条例系全国首次在地方性法规中明确规定个人债务集中清理(类个人破产)制度。一是明确要求完善破产协调联动机制。县级以上人民政府、人民法院应当建立企业破产处置协调联动机制,统筹协调解决在企业破产过程中涉及的资产处置、风险防范、职工和债权人权益保护等问题。要求人民法院应当探索建立重整识别、预重整等破产拯救机制。二是明确企业破产启动援助资金可以用于个人债务集中清理(类个人破产)启动援助。三是明确对申请个人债务集中清理的自然人,经审查后符合条件的,可以按照规定删除其失信信息,推动创业失败经营者恢复经营能力。后续浙江省将继续探索在《浙江省民营企业发展促进条例》等地方性法规中增加更多关于个人债务集中清理工作的内容。

第二,推动制定"浙江省个人债务集中清理条例"。在个人破产立法权限受限的情况下,建议以《指引》为基础,总结近年来全省法院开展个债清理工作实践经验,参考《深圳经济特区个人破产条例》、个人破产立法学者建议稿等,在充分调研论证基础上,制定"浙江省个人债务集中清理条例",作为浙江省个人债务集中清理工作的基础性法规。

第三,争取全国人大授权。根据《中华人民共和国立法法》第11条规定,民事基本制度属于只能制定法律的事项。破产制度是市场经济下的民事基本制度,个人破产制度涉及民事主体、基本的民事权利等内容,事关公民的基本生活,同样属于民事基本制度,为立法法规定的法律专属调整范围,应由全国人大在国家层面立法加以规定。积极争取全国人大特别授权,在浙江省进行制定个人破产立法的试点。

子课题一:个债清理与强制执行双向融合机制研究

——关于湖州法院“双轨运行法”的调研报告

湖州市中级人民法院、南浔区人民法院课题组*

2020 年 12 月,浙江省高级人民法院(以下简称浙江高院)在总结温州、台州、丽水 3 地试点经验的基础上,出台《浙江法院个人债务集中清理(类个人破产)工作指引(试行)》。自此,个人债务集中清理工作在全省范围内,由点及面,有序展开。湖州两级法院在不断吸收前期试点经验的基础上,坚持贯彻帮助诚信债务人“从头再来”,激发社会“再创业”活力的理念,积极探索破解个人债务集中清理(以下简称个债清理)工作推进中的难点、堵点问题,通过推动个债清理和强制执行两种程序的优势互补,探索出个债清理与强制执行“双轨运行法”的有益经验。

一、个债清理与强制执行联动现状

2021 年至 2023 年,浙江法院共受理个债清理案件 2720 件,其中清理成功 709 件。3 年来,个债清理案件受

---

* 课题组成员:周文霞、蒋敏、王彦刚、潘黎、费腾、蒋晔璞。

理数和成功数都呈现逐年增长的趋势,其中 2023 年度个债清理案件受理数同比 2022 年度增长率高达 52%(见图 1),反映了个债清理机制的社会影响力和群众认可度在逐步提升。但同时,由于个债清理制度存在的立法基础欠缺、金融机构豁免债务难等因素,个债清理案件成功率普遍较低,平均值为 25% 左右。另外,从个债清理案件涉及执行案件数量来看,个债清理案件的办理涉及大量执行案件的化解,一方面,是由于个债清理的案源大多来自各法院的执行终本库;另一方面,则体现个债清理制度对“终本出清”具有较强的正向推动作用,该两项制度的程序复合程度较高。因此,本文旨在以个债清理和强制执行的融合互促问题为切入点,结合湖州法院司法实践,探索个债清理和强制执行的双向融合机制,以提升该两项工作的质效和社会效果。

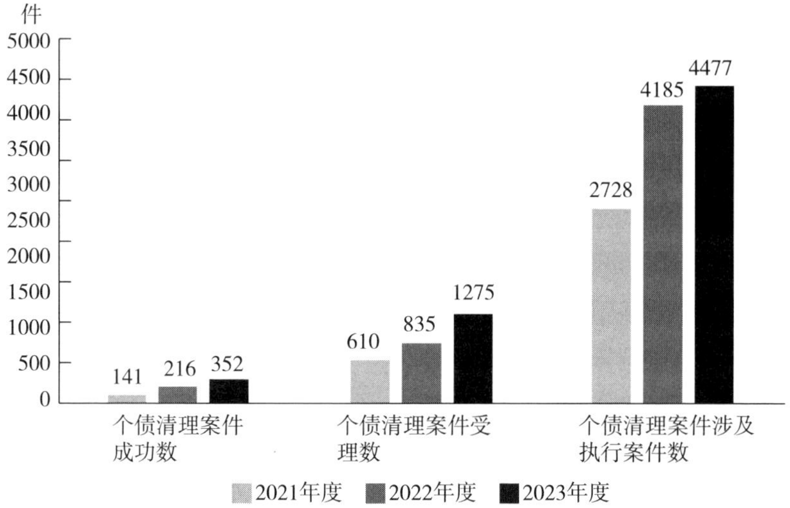

图 1　2021～2023 年度浙江省个债清理案件数据统计

自 2021 年以来,湖州地区的长兴县人民法院(以下简称长兴法院)、吴兴区人民法院(以下简称吴兴法院)、南浔区人民法院(以下简称南浔法院)先后被确定为个债清理工作重点突破基层法院,2024 年湖州地区被确定为全域试点个债清理地区。目前,湖州市 6 家基层法院均常态化开展个债清理工作,其中南浔法院、南太湖新区人民法院及安吉县人民法院有关个债清理案件由执行局办理,而吴兴法院、长兴法院、德清县人民法院则由业务庭办理,虽然两种模式下个债清理受理数和清理成功数都在逐年上升,但经对比后发现,从 2022 年开始,执行局办理个债清理案件的成功率明显高于业务庭办理（见图 2、图 3）。

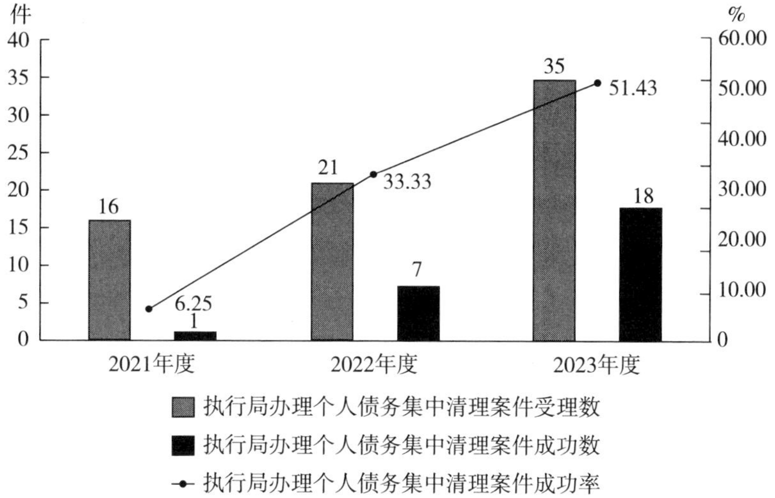

图 2　2021～2023 年度湖州法院执行局办理个人债务集中清理案件数据统计

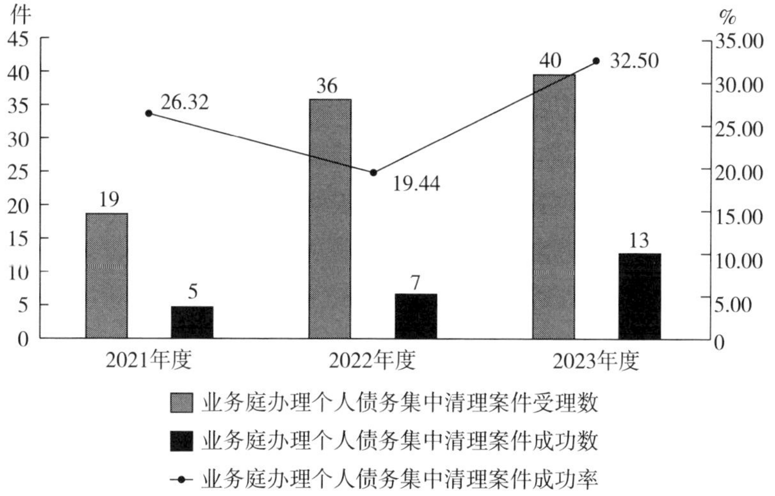

图 3　2021～2023 年度湖州法院业务庭办理个人债务集中清理案件数据统计

从湖州地区办理个债清理案件实务来看，执行局参与对提升个债清理案件成功率发挥着重要作用，同时，个债清理失败案件成果转化亦可助推化解执行难，故个债清理与强制执行的双向互促具有重要的研究意义。

(一)成功案件中强制执行对个债清理的促进

以湖州地区为例,2021 年至 2023 年,执行局参与办理个债清理案件成功数共 26 件,经调研上述案件普遍具有以下特征:案件来源均为执行移送案件;执行阶段已向债务人释明个债清理程序规则,债务人结合自身实际情况有初步的清偿方案;执行过程中形成执行笔录,涉及债务人的财产、负债、家庭情况等与个债清理相关的内容;执行过程中利用网络执行查控系统对债务人的财产状况进行核查,并对债务人的诚信度进行评估;对以分期形式进行清偿债务的偿债方案,执行人员参与协调并督促债务人履行;等等。总之,在执行中全面真实掌握债务人的财产和诚信状况对提升个债清理成功率及效率具有较强的促进作用。

(二)失败案件中强制执行对个债清理成果的转化

2021 年至 2023 年,湖州地区共受理个债清理案件 167 件,其中 116 件因清理失败而退出个债清理程序。失败的个债清理案件同样可以为后续的恢复执行工作带来诸多有益启示。一方面,个债清理程序有对债权债务的处理进行集中协商,部分达成的协商成果可以转化为执行和解协议,减少执行案件的终本率。另一方面,个债清理程序有对债务人隐匿、转移、毁损、不当处分财产等不诚信行为进行查证,将相关证据和线索及时反馈给执行局,对债务人依法采取执行惩戒措施,同时根据财产线索执行债务人的“隐形”财产,提高执行案件的到位率。所以,对失败的个债清理案件成果进行合理转化,同样有助于破解执行工作的难点、堵点。

(三)湖州经验“双轨运行法”的概念

在办理个债清理案件过程中,南浔法院率先总结出“双轨运行法”,并在个债清理案件中广泛运用。2023 年 1 月至 2024 年 10 月,南浔法院共审结个债案件 36 件,清理成功 30 件,成功率达 83%,清理效果显著。“双轨运行法”的初步设计是:前置“执行 + 个债清理”会商机制,邀请执行法官参与个债清理工作,运用前期执行成果助推个债清偿方案协商,切实提升整体清偿方案通过率,对个债清理成功的案件及时反馈给执行法官,对执行案件依法终结执行;对个债清理未成功的案件,将会商成功并与个别债权人达成的清偿方案移交执行法官,待恢复执行程序后将前期会商成果转化为执行和解协议,逆向助推执行案件的执结。湖州法院逐渐提炼并完善"双轨运行法"工作机制,在办理个债清理案件时,将原执行程序与个债清理程序进行有序衔接,成果相互转化,最终实现个债清理与强制执行程序的双向互促。2023 年湖州法院共审结个债案件 75 件,清理成功 31 件,成功率达 41.33%,比当年浙江省平均值高出 13.73 个百分点。其中,长兴法院成功清理的章某某个人债务集中清理案涉案金额 13 亿余元,涉及债权人 136 户。

二、个债清理与强制执行双轨运行的理论基础

债务的问题贯穿人类社会的始终,而治理债务危机的相对公平和高效的工具,主要是破产法。我国现行《中华人民共和国企业破产法》被称为"半部破产法",跟个人破产程序缺失有很大关系。[①] 个人破产程序以帮助"诚实但不幸"的债务人东山再起为目标。浙江法院探索建立的个债清理机制是在现有法律框架下,参照破产理论、原则进行程序设计,充分利用当事人意思自治原则,以概括性债务化解手段达到"类个人破产"效果而形成的制度规范。解决债权债务纠纷,个债清理与强制执行无疑是两柄利器。目前,根据法学界权威学者的观点,个债清理与强制执行在体系定位上是相互独立的制度。[②] 两种制度各自拥有自身的优势,不可避免两种制度亦各有不足。

(一)个债清理与强制执行各自的优势和劣势

在实务中,个债清理程序的主要优势在于:(1)通过债务人申报、债权人反馈、法院与管理人调查等措施,可以更全面真实地掌握债务人财产;(2)在全面尽调的基础上,通过对债务人诚信度综合评估,可以更科学地确定债务人属于失信还是失能;(3)通过一个程序将所有相关债务纠纷集中处理,可以最大限度地保障全体债权人公平受偿;(4)个债清理程序更具柔性,为债务人创造了"诚信可

① 参见陈夏红:《治国必先治债》,载《读书》2023 年第 12 期。

② 参见徐阳光、韩玥:《个人破产的三重控制机制:基于个人债务集中清理实践的分析》,载《法律适用》2022 年第 6 期。

期”的良好氛围,有助于其更积极主动地清偿债务。而个债清理程序的主要劣势在于刚性不足,特别是在以分期形式达成的偿债方案案件中,如果债务人未按期偿债,个债清理程序缺乏强制性督促履行手段。

在实务中,强制执行程序的主要优势在于:(1)强制性,强制执行不仅具有查封、扣押、冻结、扣划、拍卖、变卖等多种措施,更有纳入失信名单、限制高消费、司法拘留等诸多惩戒措施;(2)效率高,网络执行查控系统等平台,可以更全面快捷地查询、查控债务人名下财产;(3)力度大,对失信被执行人不仅可以采取失信惩戒措施,情节严重,涉嫌拒执犯罪的,还将依法追究其刑事责任。强制执行程序的主要劣势在于:(1)侧重个别清偿,着重处理与执行案件有关的债权,无法“一揽子”解决债务人的所有债务纠纷;(2)对抗性强,强制执行措施让债务人具有压迫感,配合偿债普遍具有被动性;(3)难以综合评判失信还是失能,一方面,受制于债务人配合的被动性;另一方面,强制执行面对的是债务人与个别债权人,信息渠道相对单一,加之强制执行关注的重点在于债务人的财产,故难以汇总各种因素综合评判债务人属于失信还是失能。

个债清理与强制执行两种程序虽各有优劣,但不难发现个债清理的劣势恰恰可以用强制执行的优势弥补;反之亦然。故探索两种程序的优势互补,实现个债清理与强制执行双向融合,对于打通个债清理堵点,逆向助推破解执行难均具有重要的现实意义。

湖州法院探索并推行“双轨运行法”,以期强制执行可以助推个债清理工作的有效开展,同时个债清理也能够逆向“反哺”强制执行程序的推进,两个独立的程序在司法实践中可以双轨运行,双向互促,最终实现债权债务纠纷的合理解决。

(二)以执促清——强制执行对个债清理的助推作用

当前个债清理工作开展中存在的难点、堵点,主要是社会公众对个债清理制度的认知度、信任度不高,以及诚信审查和监督机制落实仍存在困难。上述问题的解决,有赖于执行程序对个债清理工作的有效助推。

1. 以执行程序消除债权人对个债清理工作的误解

“欠债还钱,天经地义”观念是中华传统文化中老百姓的朴素价值观,个债清理中债务豁免理念与这种传统观念存在冲突。当前社会对个债清理制度的认识依然存在一定的误区,将个债清理与个人破产画等号。部分债权人对债务豁免存在消极抵触心理,[1]不愿意配合法院推进个债清理工作。在这种心态的影响下,加之办理个债清理案件的法官在执行阶段无法与相关债权人进行充分的交流和释明,债权人易误认为被执行人存在"逃废债"的嫌疑,从而抵制和对抗个债清理,导致相关工作难以有效开展。

相比之下,个债清理案件移送前的执行人员,比移送接手的破产庭人员更能取得个债案件债权人的信任。首先,基于执行员身份的天然特性,债权人往往会认为执行人员是协助其实现债权的帮手,因此执行人员对债权人具有天然的亲和力,尤其是对尽心尽责帮助债权人查找被执行人财产的执行人员,债权人更能够给予充分的信任。其次,执行人员在个债清理案件移送前对案情已有充分了解,与案涉债权人也有过充分的接触,对债权人的脾气和性格也有比较全面的掌握,因此能够对不同债权人采取更具针对性的沟通方式。

因此,执行人员在打通社会公众对个债清理制度的认知度、信任度不高这一堵点上,相较于破产庭人员具有先天优势。在推进个债清理程序的同时,辅以执行程序双轨运行,将执行人员在沟通协调上的优势发挥出来,用以推动个债清理案件的进程与成功率。

2. 以执行程序强化个债清理的诚信审查

让"失能而非失信"的债务人有望东山再起、从头再来是个债清理制度设立的初衷和宗旨。[2] 因此,"诚信"的审查是确保个债清理能够成功并保障该制度不会异化为失信被执行人逃废债途径的命门。首先,诚信债务人的甄别和审查是开展个债清理工作的先导和基石。目前,浙江省个债清理成功率偏低的原因,在一定程度上是实务中办案人员在个债清理案件的移送环节没有筑牢"诚信关"。在没有彻底摸排清楚债务人剩余财产状况的情况下,轻易受理债务人的申请,故而难以征得债权人对个债清理工作的配合和认可。尤其在部分债权人从其他渠道了解到债务人存在转移财产的情况下,更是容易引发社会对个债清理制度的不信任和误解。其次,对不诚信债务人予以惩戒反向促进诚信体系的构建。在实务中,通过对失信被执行人予以惩戒,一方面,有助于规范失信被执行

---

① 参见汤维建、胡守鑫:《个人破产制度构建中的理论分歧、共识与反思——基于571份调查问卷的实证研究》,载《中国应用法学》2021年第5期。

② 参见王雄飞:《稳妥推进个人债务集中清理工作切实防范逃废债》,载《人民法院报》2021年10月21日,第2版。

人的行为;另一方面,对其他被执行人予以警示,对后续个债清理中债务人诚信履行清偿方案起到重要的示范作用。

3. 以执行程序提升个债清理案件办理效果

目前浙江省个债清理案件成功率相对较低的原因,很大程度上在于案件移送环节脱节及债务清偿方案督促履行环节缺位。首先,个债清理案件主要源于执行案件移送,但在实务中,许多毫无清偿能力的被执行人,寄希望于“零清偿”豁免全部债务,被移送进行个债清理,造成程序的空转和司法资源的浪费。为避免这一问题,在执行阶段加强对个债清理移送案件的审查,甄选具有个债清理可行性的案件,剔除不具有清理可行性的案件,从而最终实现个债清偿成功率的提升。其次,在债务清偿方案履行环节,部分法院缺乏对清偿方案履行的监督措施,将后续履行全权交由管理人负责监管,但管理人在监督动力与能力方面均有不足,难以充分保证清偿方案的落实。而执行人员在此可以承担很好的补位功能,一方面,可以监督清偿方案切实履行;另一方面,一旦清偿方案难以真正落实,即可及时恢复对债务人的强制执行,避免造成维权空挡。

因此,从制度实施的成效来看,个债清理能否打通当前的难点和堵点,能否取得良好的法律及社会效果,在很大程度上取决于前期的执行工作是否到位。例如,对债务人剩余财产的尽调,对债权人的沟通和协调,以及对债务人“诚信”的审查等。因此,个债清理与强制执行的双轨运行,以执行促进个债清理是当前进一步推进个债清理工作成效的突破口,也是今后个债清理工作的趋势。

(三)以清助执——个债清理对强制执行的“反哺”作用

湖州法院推行个债清理与强制执行双轨运行,不仅缘于强制执行对个债清理的促进作用,还在于个债清理工作能够逆向推进强制执行工作的开展。

1. 个债清理的成果转化能够逆向“反哺”强制执行工作

个债清理工作消耗司法成本高,一些个债清理案件在司法人员前期投入大量精力做了大量工作的情况下,最终却因为个别债权人无法接受清偿方案而失败,如在一些案件中,金融债权因缺乏高位阶政策支持而无法同意债务豁免方案。[①] 如果这些案件最终不了了之,会造成办案人员在个债清理阶段所取得的工作成果付诸东流,造成司法资源的浪费。

面对个债清理成功率在短期内难以大幅提升的现实情况,湖州法院在追求提升清理成功率的同时,还致力于探索将失败个债案件工作成果进行转化,逆向助推促成执行和解的途径。在个债清理过程中,如果债务人与部分债权人能够达成偿债方案,该偿债方案的达成往往意味着债务人与债权人之间达成了某种程度的共识,这种共识不仅有助于缓解债务人的经济压力,还能在一定程度上保障债权人的利益。即使清理程序未能完全清理成功,偿债方案的效力仍然可以合理运用,在恢复执行程序时作为执行和解的基础,将清理成果转化为执行和解协议。这种做法不仅有利于维护当事人的合法权益,更有助于节约司法资源,减轻执行压力。

2. 个债清理多举措化解执行矛盾纠纷

个债清理的手段更具灵活性和多元化,执行人员原本难以推进的执行案件,借助个债清理案件搭建的平台,也更容易促成化解。首先,个债清理程序相比执行程序信息更加透明公开,债权人能够更加充分全面地了解债务人的财产情况。其次,通过法院搭建的平台,能够缓和执行程序中债权人与债务人原本激烈的对抗关系。最后,在债权人豁免部分债权的情况下,法院在个债清理案件中可以引入有代偿能力的第三方,如债务人的家庭成员或朋友,以协助债务人履行债务,最终解决原本陷入僵局的执行案件,降低执行案件的终本率。

3. 个债清理制度推动执源治理成效

个债清理与强制执行虽然在功能与程序上存在一定区别,但个债清理在诞生之初就与强制执行密不可分,它们在目的和功能上具有统一性。首先,从个债清理制度建立的目的上来说,有效化解“执行难”,出清执行案件终本库,是推动个债清理乃至个人破产立法的制度动因之一。[②] 当前基层法院执行案件终本库中存在相当一部分因被执行人彻底失去偿还能力而无法执行完毕的案件。因此,建立和完善个债清理制度,能够为解决执行难提供一种新的思路。其次,通

① 参见方飞朝、叶飞、黄小若:《个人债务集中清理中的金融债权实质性豁免》,载《人民司法》2021 年第 20 期。

② 参见宋海鸥:《个人破产免责制度的中国建构:制度证成与方案设计》,载《南方金融》2022 年第 10 期。

过个债清理程序,大量已诉但未进入执行阶段的案件,能够分流到个债清理程序中进行集中处理,"一揽子"解决,在减少执行案件、减轻执行压力方面发挥重要作用。

三、个债清理与强制执行双轨运行机制的具体规程

为落实浙江高院完善法院内部各部门间常态化联络,推动个案协调向制度化转变的要求,湖州法院不断从过往案件中汲取有益经验,逐步构建完善个债清理与强制执行双轨运行机制顶层设计,并形成了一套体系化的具体运行规程。

(一)基本原则

根据浙江高院依法合规、鼓励探索的工作指引,湖州法院个债清理与强制执行双轨运行的具体办理规程遵循以下原则。

1. 深度互融原则

湖州法院双轨运行法对个债清理及强制执行两套制度程序的融合,并不仅限于案件移送、信息共享、材料互通等表面工作,双轨运行法"执清融合"的概念具有更深层次的内涵。第一,人员上的深度互融。个债清理案件虽然在理念、程序以及功能上均具备破产案件的特性,在理论上个债清理案件应由破产庭办案人员主办,但湖州法院主动将执行局办案人员吸纳进个债清理案件,深度参与甚至负责个债清理案件的审理工作。由此建立起法院内部破产庭与执行局常态化联动衔接机制,促进双方部门办案人员深度合作。第二,制度程序上的深度互融。在双轨运行法中,个债清理程序与强制执行程序犹如两条轨道能够灵活转换,如强制执行遭遇阻力难以推进,可转换个债清理轨道继续推进;反之,如个债清理程序遭遇阻力难以推进,可转换强制执行轨道。同时,个债清理中的具体制度措施,如债务人行为限制令等也可以援引执行程序中的相关制度。第三,工作成果上的深度融合。在双轨运行法中,个债清理和强制执行两条轨道分别完成的工作进度可以相互继承。如在个债清理程序中,根据债权人同意的债务和解金额形成书面和解方案,即使最终个债清理程序未能成功结案,并不会导致个债清理达成的书面和解协议无效,该协议可以在程序转为强制执行后转化为执行和解协议,以推动强制执行工作。

2. 互利共赢原则

双轨运行法虽然能有效助推个债清理案件的办案效率,但客观上增加了法院执行局的工作量,如果不能达到互利共赢的目标,从长远来看,双轨运行的机制是无法持续下去的。因此,坚持双向互促,互利共赢是双轨运行法的另一大原则。第一,人员培训上的互利共赢。目前从实务案件办理的情况来看,办理个债清理案件需要既懂破产,又懂执行的综合性办案人员,各地基层法院目前在这方面的培养还较为薄弱,湖州实施双轨运行法有利于为执行局和破产庭共同培养"执清兼修"的复合型人才。目前湖州地区已有吴兴法院、南浔法院、安吉县人民法院、南太湖新区人民法院 4 家基层法院成功实现执行局与破产庭室共同办理个债清理案件。第二,提升结案率上的互利共赢。由于双轨运行法使个债清理和强制执行在工作成果上深度融合,执行案件在促进个债清理案件办理成功率的同时,协助推进个债清理案件,同样可以逆向助推执行案件办理,最终实现终本出清的效果。同时,个债清理案件可以有效分流诉讼完结但未进入执行程序的案件,实现有效促进执源治理,成为执行局积极参与个债清理案件的内生动力。

(二)具体规程及特色举措

为了具体发挥个债清理和强制执行联动效用,提升双向促进效果,湖州法院根据民事诉讼法及其司法解释、《浙江法院个人债务集中清理(类个人破产)工作指引(试行)》的相关规定,在实务中制定了具体规程(见图 4)。

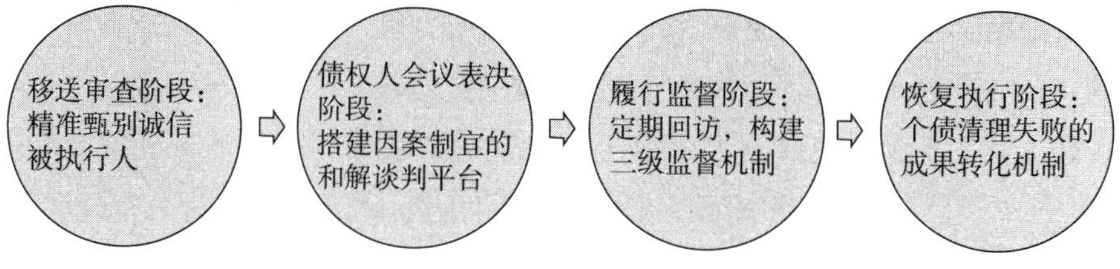

图 4 个债清理与强制执行双轨运行机制的具体规程

1. 移送审查阶段——诚信债务人的甄别

个债清理案件的移送审查工作是个债清理成功率及其社会效果的基础保障,案件移送审查工作的重点任务和主要目标就是精准甄别诚信被执行人,核查债务人剩余财产,确保不存在恶意规避债务等不诚信行为,评估债务清理的可行性。湖州法院要求执行部门设定每月个债清理案件移送任务目标,确保按月完成案件移送指标,指标完成以破产庭受理为标准,未受理案件不得计入完成指标。

关于诚信债务人的甄别,湖州法院执行部门在实务中形成了一套行之有效的审查标准。实务中,执行人员对诚信债务人的认定,主要聚焦于以下几个方面:(1)具有固定收入;(2)具有有代偿能力的家庭成员或朋友;(3)不存在不当高消费;(4)所欠债务主要为经营债务;(5)诚信申报剩余财产。设定这样的标准,是基于实务经验。首先,具有固定收入的债务人具有分期履行个人债务的能力,对债权人具有一定诚信度。其次,湖州法院在司法实践中发现,在取得债权人豁免部分债务的情况下,一些债务人的家庭成员或朋友,愿意帮债务人一把,协助其一起分期偿还剩余债务。因此,具有有代偿能力的家庭成员或朋友的债务人,也可以认定为诚信债务人。再次,个债清理工作目的是拯救创业失败的诚信债务人,让其有机会东山再起,激励社会再创业活力。而此类债务人所背负的应当主要属于经营债务,对于存在不当高消费的债务人,不应当归属于个债清理拯救的对象。最后,对债务人财产信息的掌握程度也是诚信的审核标准,[①]对于执行局已充分掌握财产信息且全部剩余财产已被采取执行查封措施的债务人,可以认定为诚信债务人。对于债务人财产情况的摸排,长兴法院通过引进县镇村三级联动执源治理工作机制,对接联系基层人民政府,有效开展府院联动对债务人的财产和诚信度进行调查,同时通过村镇基层组织对债权人进行普法和动员,有效消除债权人对个债清理制度的误解。例如,在长兴法院办理的陈某某个人债务集中清理案中,法院充分运用基层组织的力量,积极与陈某某所在村委会沟通,了解债务人日常守信践诺情况。村委工作人员告知法院:债务人平时在兼职做滴滴司机,为人忠厚老实,有进行个债清理的基础。随后,长兴法院受理该案。由于大部分债权人与债务人生活在同一个地区,长兴法院在村内通过该案,以案释法,开展普法与送法进村活动,起到了良好的法治宣传与警示教育效果。

关于个债清理案件移送审查的具体程序,由执行部门在审查认定诚信债务人的基础上,对债务人进行指导。债务人自愿进行个债清理的,填写相关申请材

---

① 参见宋海鸥:《个人破产免责制度的中国建构:制度证成与方案设计》,载《南方金融》2022 年第 10 期。

料,交由执行人员移送破产审判部门受理审查。破产审理部门应在 7 个工作日内裁定是否受理个债清理案件申请材料。若破产审理部门裁定受理,执行部门收到受理裁定后,可酌情中止对债务人的相关执行强制措施,包括个别清偿、罚款、拘留等,但不包括限高和失信措施。原执行程序不中止,与个债清理程序一起双轨运行。

2. 债权人会议表决阶段——搭建因案制宜的和解谈判平台

在个债清理案件被裁定受理并依合法方式确定管理人后,湖州法院在实务中会根据案情的疑难复杂程度,因案制宜制定协调方案。首先,在办案人员组成方面,如果案件涉及债权人数量众多,债务情况复杂,则会组建由破产法官、执行员、管理人共同参与的联合调解组。通过对接执行部门,运用前期执行成果助推和解协商。其次,在管理人尽职调查债务人财产情况,执行人员配合移交债务人财产查控信息的基础上,联合调解组会第一时间约见债务人,并制作笔录锁定和解意向。

在锁定债务人和解意向后,通过发挥执行人员的特殊优势,结合前期强制执行程序中取得的沟通成果,与债权人积极开展协调工作,形成边申报、边协商、边调整的前置清偿方案会商机制,将单一的清偿方案逐步修正为整体的清偿方案,在第一次债权人会议前确定正式债务清偿方案,最终通过债权人会议的方式,表决通过。例如,在南浔法院办理的罗某个人债务集中清理案中,邀请执行员参与联合协调组,利用前期的执行成果,针对不同的债务情况,多次与债务人沟通调整和解协议内容,并根据债务人自身的业务特长,创造性地提出对个别债权人"以工抵债"(根据债权人的实际需求,由债务人为其提供装修服务,并以装修费冲抵债权)的差异化债务清偿方案,最终保障了案件清理成功。

3. 履行监督阶段——三级定期回访监督机制

在正式债务清偿方案表决通过后,就进入履行监督阶段。在实务中,债务人未按期履行债务清偿方案的情况普遍存在,如该阶段缺乏有效监督,则前期工作面临前功尽弃的危险。因此,湖州法院在清偿方案履行阶段建立起三级定期回访监督机制。第一级监督由管理人负责,管理人应根据债务清偿方案设定的履行期回访债务人是否按期履行债务,若债务人未履行,则应立刻向法院报告。第二级监督由执行人员负责,若管理人未向法院报告,则由执行人员督促管理人履行回访监督职责,并将该情况纳入管理人考核评价。第三级监督由破产人员负责,若债务人未按期履行债务清偿方案,则立刻联系债务人了解未履行的原因及情况,如有必要,应全面恢复执行。例如,在吴兴法院成功办理的俞某某个人债务集中清理案中,个债清理案件办理法官、管理人、执行人员明确建立起三方监督协调机制。在债务履行监督阶段,管理人与债务人定期沟通,及时了解债务人在履行过程中出现的异常情况,分析问题出现的原因并提出解决对策,并及时向执行人员、个债清理案件办理法官反馈信息,最终确保债务人按约如期履行。

4. 恢复执行阶段——个债清理失败的成果转化机制

目前,个债清理案件成功率低是普遍情况,实务中经各方不懈努力,最终仍未能达成清偿方案是普遍现象。但湖州法院在总结失败案件经验的基础上发现,即使个债清理最终无法成功,但针对已签署清偿方案的债权人,在其自愿确认清偿方案在个债清理程序完结后继续有效的基础上,个债清理案件办理人员可及时将已达成的清偿方案移交执行员,顺利将个债清理案件的协商成果转化为执行和解协议,不仅使前期的协商成果重新发挥功效,还大大节约了司法资源。例如,在南浔法院办理的朱某某个人债务集中清理案中,虽然案件未清理成功,但个债清理过程中债务人与部分债权人达成了和解协议,在恢复执行程序后,将前期的会商成果积极转化为执行和解协议,最终促使6件执行案件实现了终本出清。

子课题二：企业破产与企业主个人债务集中清理合并处置规范化研究

湖州市中级人民法院、长兴县人民法院课题组*

一、实践困境——合并处置案件运用率及成功率双低

个人债务救济是共同富裕目标实现的重要制度保障。① 而治理债务危机相对公平和高效的工具主要是破产法。② 浙江法院在全国率先探索具有个人破产制度功能的个人债务集中清理工作。3 年来，共有 709 位债务人通过个人债务集中清理程序获得“从头再来”的机会，为营造“鼓励创新创业、宽容失败”的社会氛围贡献了司法力量。

个人破产制度在提出时拟重点解决企业破产产生的自然人连带责任担保债务问题。但在实践中，企业破产与企业主个人债务集中清理合并处置案件在实践中尚缺乏规范性。表现形式之一为合并处置运用率处于较低水平。2021 ~ 2023 年，浙江法院共受理企业破产案件

---

* 课题组成员：周文霞、闵海峰、蒋敏、吴晔、尤丰、余亚妮。

① 参见徐阳光：《个人债务救济与共同富裕目标的实现》，载《光明日报》2022 年 4 月 20 日，第 6 版。

② 参见陈夏红：《治国必先治债》，载《读书》2023 年第 12 期。

12,217 件,受理个人债务集中清理案件 2720 件,其中一并受理企业破产与企业主个人债务集中清理案件仅 55 件。[①] 企业破产与企业主个人债务集中清理案件在受理量上相差巨大。3 年来,在浙江省高级人民法院评选的个人债务集中清理案件十大典型案例中,共有 12 件案件的债务人因公司经营产生负债,但其中只有 3 件将企业破产与企业主个人债务合并处置。

缺乏规范性的第二种表现形式为合并处置后企业主债务清理成功率不高。本文共收集到浙江法院审理的涉及企业破产与企业主个人债务集中清理一并处置案例共 15 组 26 件(其中企业破产案例 14 件,个人债务集中清理案例 12 件;一并处置成功 9 组,失败 6 组)。[②] 在成功的 9 组案例中,有 5 组案例认定企业与企业主人格混同。企业与股东或实际控制人构成人格混同的,为高效处理资产、清理债务或者保证重整、和解计划的执行,合并处置是必然选择,但合并处置后仅处理企业债务,企业主独立于企业的个人债务未予清理。另外 10 组企业与企业主人格独立或者无法认定企业与企业主是否构成人格混同的案例,合并处置成功率仅为 40%。

二、成因溯源——合并处置影响因素的多元分析

经调研分析,法院内部对企业破产与企业主个人债务集中清理合并处置的认知不充分、企业主和债权人缺乏动力甚至抗拒合并、公司人格否认在实务中认定谨慎、企业主债务清理难度大、管理人履职内生动力不足等原因影响着合并处置案件的运用率和成功率,且各因素互相影响、互为因果,使成因分析工作显得纷繁复杂。

(一)法院内部对合并处置认知尚不充分

执行局与破产审判法官对企业破产与企业主个人债务集中清理合并处置认知不充分、敏感度不足,是合并处置案件的运用率低的重要原因。

---

① 本文案件受理、审结数据来自浙江省高级人民法院发布的企业破产或个人债务集中清理年度工作报告。

② 样本案例通过浙江省高级人民法院、各地法院公众号等公开渠道收集的典型案例,以及湖州法院举行的关于个人债务集中清理调研讨论会收集。

1. 执行局移送合并处置案件意识有待形成

“执转破”是浙江法院企业破产案件和个人债务集中清理案件的主要来源。2021～2023 年,全省法院受理的 12,217 件企业破产案件中执行移送破产审查的有 9825 件,占比达 80.42%(见图 1)。在个人债务集中清理工作中,执行局发挥“债务人筛选”优势,充分释明个人债务集中清理制度的内涵与价值,引导符合条件的债务人及时提交申请、自主申报财产债务。

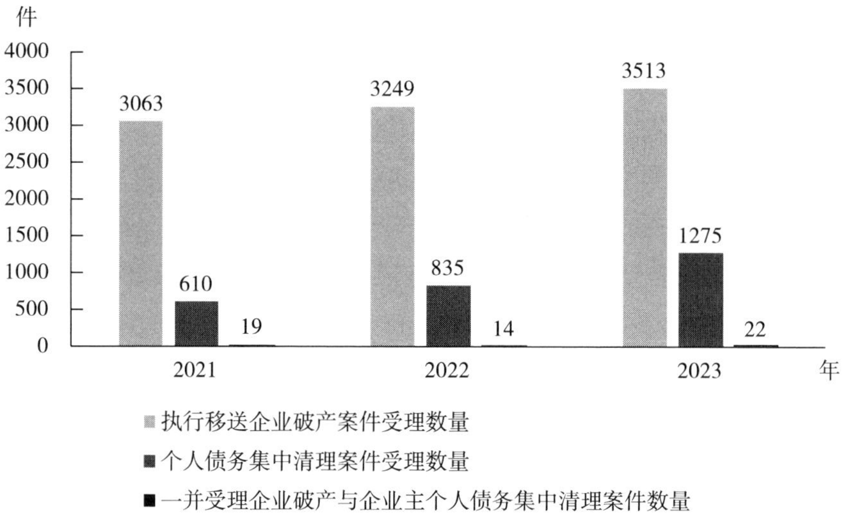

图 1 2021～2023 年浙江法院企业破产案件中执行移送破产审查的数量

浙江法院 2021～2023 年“执转破”案件受理量呈现逐年上升趋势,但同期与企业破产案件一并受理个人债务集中清理案件数量呈波动变化,且绝对数值很小。而企业与企业主作为共同被执行人且执行不能的案件大量、普遍存在。以长兴县人民法院(以下简称长兴法院)为例,2022 年 1 月 1 日～2024 年 6 月 30 日,执行终本库共有 2635 件案件,其中企业与自然人为共同被执行人的案件 145 件。执行法官面对大量堆积的终本案件,进行系统全面梳理的难度高、工作量大,在移送企业破产与个人债务集中清理案件时,尚未树立将企业与企业主执行案件进行关联,共同移送的意识。

2. 破产审判部门甄别合并处置案件的意识有待提升

经调查研究了解到,实务中法院破产审判部门的法官在识别企业破产与企业主个人债务集中清理合并处置上缺乏敏感性,部分法官在得知本调研课题后,才意识到已办结的个人债务集中清理案件中具有合并处置的可行性。此外,部分法院将个人债务集中清理案件与企业破产案件分别交由不同的部门审理,易造成审查、受理案件过程中信息共享延时,错过案件合并的最佳时机。

3. 合并处置加大了破产案件的审查难度,导致移送和审理动力不足

破产案件具有焦点社会化、问题复杂化、审理长期化的特征,“执转破”的案件复杂程度较一般企业的破产案件甚至更为复杂。[①] 企业主与企业合并审理的破产案件,不仅涉及破产案件、“执转破”案件原有的复杂因素,更融合了个人债务集中清理、合并破产等程序和实体的疑难问题,将进一步加大案件审理的难度。在破产案件审理期限考核压力下,合并处置的复杂性客观上可能导致此类案件审理的动力不足。

对于执行法官而言,有大量的执行案件需要通过“执转破”进行清理,相较于破产法官全面了解企业债权债务和生产经营情况后再进行案件受理不同,“执转破”工作将破产原因识别提前至执行环节,对执行法官的业务水平、知识范围和经验积累提出了要求和挑战。[②] 在“执转破”中,企业破产原因甄别工作本就十分困难,再增加合并处置的考虑因素,进一步加大了执行法官的工作难度。此外,从稳步推进“执转破”工作的角度出发,不少法院秉持着先易后难的案件筛选思路,前期选择仅有债务人作为被执行人而无其他共同被执行人的案件,[③]最终能够通过破产程序顺利快速终结的执行案件是“执转破”的首选对象。企业与企业主共同作为被执行人的执行案件,不仅移送、审理难度大,其结果还存在极大的不确定性,最终若企业的破产案件已办结,但企业主的个人债务集中清理未完成,则执行案件不能整体退出,[④]无法实现执行案件终结的目标,此种顾虑也导致案件移送动力不足。

---

① 参见黄茂醒:《协同主义在执行转破产中的阐释与应用》,载《烟台大学学报(哲学社会科学版)》2023 年第 3 期。

② 参见白田甜、景晓晶:《“执转破”衔接机制的优化原则与实践完善》,载《法律适用》2019 年第 3 期。

③ 参见浙江省温州市瓯海区人民法院课题组、蔡雄强:《从“执转破”到“破涉执”——执破双向互通联动机制之司法探索》,载《法律适用》2019 年第 3 期。

④ 参见朱福勇、仇金:《“执转破”启动职权主义的普适危机与程序应对》,载《重庆大学学报(社会科学版)》2023 年第 2 期。

(二)企业主和债权人缺乏动力甚至抗拒合并

合并处置案件一方面需要企业主的高度支持与配合,另一方面可能会降低先申请执行债权人的权益。当前,个人债务集中清理制度尚处于普及阶段,公众对合并处置的理解与配合程度也是值得关注的问题。

1. 企业主存在抗拒心理

企业主与企业合并处理,意味着企业个人和公司的财产均将被概括性用于清偿,除企业主自我意愿很强外,往往还会遭遇企业主主观抗拒的情况。[①] 除已有的担保责任外,企业主也会担心,一旦合并处理,可能会牵出企业历史遗留问题和不规范风险,反而加重了企业主的债务,如个人债务集中清理无法解决债务问题,无疑是让企业主“自寻烦恼”。负担企业主若不配合,利用信息不对称的优势,隐藏真实财务状况,也会给法院的判断造成阻碍。实践中执行的双方当事人大可私下达成参与分配的共识,防止未参与执行程序的债权人参与分配进而维护自身利益。[②]

2. 债权人配合意愿低

“执转破”会导致债权人的受偿顺位和受偿金额发生变化,从而会抑制债权人的配合意愿,如已获得执行的债权人将与其他在后查封、未起诉、未执行的债权人共同分享债务人财产,导致可得利益下降,甚至查封在先债权人的优先性荡然无存,有财产担保债权人无法速战速决,债权实现成本增加,以致受到逆向或平向调整的债权人抵触“执转破”程序。[③] 叠加个人债务集中清理和合并处置两个因素后,让上述矛盾更加尖锐。一方面,虽然合并处置可以整体上增加责任财产,但也会抬高债务规模,最终对一方债权人的可得清偿财产进行摊薄,进一步削弱债权人的配合程度。另一方面,个人债务集中清理的适用范围有限,如果涉及省外债权人或者企业主的企业在省外,不仅个人债务集中清理的适用遭受争议,在此基础上的合并审理更得不到债权人的理解。例如,长兴法院审理的章某某个人债务集中清理案,不仅涉及浙江省外的一人有限责任公司,还涉及浙江省

---

① 参见黄茂醒:《协同主义在执行转破产中的阐释与应用》,载《烟台大学学报(哲学社会科学版)》2023 年第 3 期。

② 参见赵泽君、林洋:《“执转破”程序启动模式的分解与重塑》,载《政法论丛》2018 年第 3 期。

③ 参见刘旭东、陆晓燕:《效益法则框架下“执转破”之功能透视及其制度建构》,载《法律适用》2017 年第 11 期。

外诸多债权人,跨省协调难度极大。

(三)审慎认定企业与企业主人格混同

目前,尚无企业破产与企业主个人债务集中清理合并处置适用的统一标准,前文提及5组案件将企业与企业主人格混同、公司人格否认作为合并处置的先决条件和理论依据,并参照关联企业实质合并破产的做法启动合并处置工作。但是理论界与实务界对于公司人格否认均持谨慎态度,限制了合并处置前提条件的成就。

1. 认定公司及股东人格混同的标准严格

公司人格独立和股东有限责任是公司法的基本原则,公司与股东人格混同带来的公司人格否认、股东承担无限连带责任背离现代公司制度,只能是例外情形。《全国法院民商事审判工作会议纪要》将公司是否具有独立意思和独立财产作为最根本的判断标准。在行为上要求股东实施了滥用法人独立地位和股东有限责任行为的事实;在结果上要求产生损害公司债权人利益的后果;公司人格否认应在个案中认定,以利益受损的债权人为原告,滥用公司独立人格的股东作为被告。而且,个案认定的公司与股东人格混同不是永久的混同,相关判决的既判力仅约束诉讼各方当事人,并不当然及于其他主体。

2. 执行程序中不能直接追加混同股东作为被执行人

最高人民法院在(2015)执申字第90号裁定书说理部分明确,执行案件中追加案外人作为被执行人要严格依照法律、司法解释的规定,只有符合法定适用情形的,执行法院才能裁定追加被执行人并对其采取强制执行措施。而企业与企业主财产或人格混同并不属于法律、司法解释明确可以追加为被执行人的法定情形。因此在执行程序中发现被执行人与其股东或公司存在财产或人格混同可能的,只能以相关权利人另案提起诉讼的方式,请求法院审理认定股东与公司人格混同并要求股东承担连带责任。

3. 破产企业人格否认认定依据缺失情形多发

管理人审查认定公司人格否认的依据包括企业财务审计报告、债务人和债权人在其他个案诉讼中可能涉及的关于公司人格否认所认定的事实和结论等。而部分中小企业的企业主缺少公司独立性的认识,公司治理结构并不完善,破产管理人无法接管到企业财务账册的情况并不少见,也就缺少认定企业与企业主人格混同的基础,进而影响合并处置启动的可能性。

以企业与企业主发生人格混同作为合并处置前提条件,将受到人格混同认定标准严格、认定依据缺失等因素的影响,降低合并处置运用率。

(四)企业主债务集中清理难度更大

企业主因公司经营这一客观因素而负债,债务的形成并非出于恶意逃避或存在欺诈行为,较为符合个人债务集中清理制度对债务人“诚实而不幸”的要求。但企业主个人债务集中清理案件往往具有债权人人数较多、债务总额较高、涉及金融债权人等特点,清理难度大。部分法院可能出于案件办理的难易程度和提高成功率的考虑,受理企业主个人债务集中清理案件的意愿不高。

1. 企业主债权人人数多、债务总额高,影响个人债务集中清理的成功率

因个人债务集中清理制度缺乏立法依据,无法强制豁免“诚实而不幸”债务人的剩余债务,大多基于意思自治和执行和解的方式来解决余债问题。[①] 债权人数多的案件,法院及管理人释明个人债务集中清理制度内涵、债务人资产债务情况、清偿草案并获得债权人同意与支持所耗费的时间和精力更多;又因债务总额高,按照清偿计划,部分债权人放弃的债权总额可能较高,同意豁免债务的可能性低,方案通过难度也随之增大。

以长兴法院为例,自2021年以来,该院已审结47件个人债务集中清理案件,成功率达46.81%;经总结发现,债权人在15人以下,债务总额不超过50万元的案件达成和解方案的可能性更高。如该院审理的全省债务总额最高的章某某个人债务集中清理案,涉及债权人132户,债务总额合计约9.91亿元,在案件审理的两年多时间里,法院及管理人多次接待来访债务人及债权人代表,听取债权人与债务人意见,耐心详尽地答疑解惑;先后召开6次债权人会议和债权人协商会,最终《债权公示表》《债务人财产分配方案》《“生活必需品”(豁免财产)清单》经审议后表决通过。

2. 争取金融债权人实质性豁免难度大

向金融机构融资是企业获取经营资金的主要途径。在商业实践中,债权人广泛运用担保制度进行自我保护,使公司股东或实际控制人甚至其配偶对公司

① 参见徐阳光:《中国破产法年度观察(2022—2023)》,载《法律适用》2024年第4期。

债务承担连带保证责任。[①] 因此,相较于消费型债务人,企业主个人债务集中清理案件中出现金融债权人的概率高,且金融债权金额往往较大。一方面,部分金融债权人片面化理解个人债务集中清理制度,主观上认为对于债务的豁免与《贷款通则》等法律制度"不得豁免贷款、不得进行个人贷款减免"的规定相悖,认为个人债务集中清理制度系为债务人减免债务。另一方面,金融债权在企业破产与个人债务集中清理案件中清偿率相差巨大。2021 年浙江法院企业破产案件金融债权清偿率达 50.61%,而同年个人债务集中清理案件平均清偿率为 5.19%,其中担保债权清偿率仅 3.19%。两方面原因致使金融债权人为避免风险,消极对待申报债权、反对清偿方案,大大加重了清理成功的难度。如湖州市南浔区人民法院(以下简称南浔法院)审理的朱某某个人债务集中清理案,经联合调解组与债权人、债务人充分沟通,清偿方案在第一次债权人会议前逐步形成。但随着金融债权人的介入,案件清理难度大大增加。经各方不懈努力,仍未能与金融债权人达成清偿方案,只能将已取得的阶段性成果移交执行阶段继续处理。

(五)管理人缺乏识别合并处置案件的内生动力

法院终结破产程序并不代表破产程序的结束,完成注销登记才是。虽然有关部门规章、司法解释仅规定有限责任公司股东的股权被冻结期间,不得办理转移手续,不得设定质押或其他权利负担,但未明确限制公司办理注销登记。国家市场监督管理总局登记注册局于 2020 年 5 月 27 日在公众留言处就"股东股权被冻结,公司是否能办理注销登记"一问回复:"公司依法应当完成清算后再办理注销登记,请在清算阶段处理股东股权被冻结的事宜。"[②]在实务中,股东持有破产企业股权被依法冻结的,确实影响了破产企业主体资格的注销。

《中华人民共和国企业破产法》规定,管理人应当自破产程序终结之日起 10 日内,持终结破产程序的裁定,向工商登记机关办理注销登记;管理人于注销登记完毕的次日终止执行职务。但企业注销工作是否完成不影响管理人个案考核和年度考核,也不与管理人报酬收取相挂钩,致使实务中股东持有破产企业股权被冻结的,该企业的主体注销工作将被搁置,破产企业并未真正退出市场。

---

① 参见谈萧、杨绿丹:《个人破产与企业破产的制度融合》,载《经济法论坛》2022 年第 2 期。

② 参见国家市场监督管理总局官网,https://xgzlyhd.samr.gov.cn/gjjly/index,最后访问日期:2024 年 7 月 15 日。

正因实际操作中对管理人注销破产主体资格未作硬性要求,管理人也无处理企业主被冻结股权的积极性,更无在企业破产过程中提请法院合并处置企业主债务的内生动力。

三、解决路径——合并处置衔接与融合的完善建议

企业破产与企业主个人债务集中清理合并处置不仅能解决企业主作为被执行人的执行案件"执行难",提高债权人收回债权的效率,而且有利于创新创业氛围的形成,激发企业主干事创业的积极性。因此,应采取措施规范合并处置案件移送机制、审查机制,畅通不同程序的衔接与融合,以提高合并处置案件的适用率;同时,加强企业主债务履行的内外部合力,巩固合并处置取得的成果。

(一)合并处置案件移送机制的精准化

执行法官应加深对破产程序价值内涵的理解,树立"企业与企业主执行案件无终本"的理念,推动企业破产与企业主个人债务集中清理程序的合并处置。

1. 明确合并处置案件移送标准

因当前社会公众对个人债务集中清理制度的认知和信任度较低、社会尚未形成诚信监督机制,个人债务集中清理失败的概率高。2023 年浙江法院约 2/3 的个人债务集中清理案件清理失败。因此,在合并处置的探索阶段,为提高成功率,应当对合并处置案件移送标准进行限缩性规定。

一是企业与企业主人格混同的案件应当移送合并处置审查。在执行阶段,发现企业或企业主在与申请人在诉讼案件中涉及认定公司人格否认,且企业与企业主均不能清偿到期债务的,应当将企业与企业主一并移送破产审查。

二是企业主因经营企业而负债,包括对企业负债提供保证责任和以自身名义借贷资金用于企业经营两种情形,可以移送合并处置审查。此时企业与企业主部分债务和债权人产生重合,合并处置能提高债权人高效收回债权的预期;有效避免债权人同时向企业与企业主主张债权可能产生双重受偿,进而影响债务人和其他债权人权益的负面效果;也能在形成企业主个人债务清偿计划或者豁免部分企业主债务上取得债权人更高的配合度。

三是企业与企业主均无履行能力的案件不建议移送合并处置审查。免责制

度的设置,要适应社会的普遍接受程度,要能够应对就此存在的合理顾虑与质疑。① 显然,我国当前社会信用和诚信监督机制尚无法支撑个人债务免责制度的建立。因此若企业破产案件无财产可供分配,企业主也无履行能力及更生可能,极易造成债权人怀疑债务人利用破产进行逃废债,故该情形应排除在合并处置适用范围之外。样本案例中失败的6组均为案件受理时企业和企业主无履行能力的情形。

2. 建立合并处置案件识别机制

在明确移送标准后,建立合并处置案件识别机制能提高执行法官精准识别可移送合并处置案件的效率。合并处置案件识别机制至少应包括“三查两询双引导”工作内容。

“三查”包括:一查同为被执行人的企业与企业主身份关系。就企业与自然人作为共同被执行人的案件,查询自然人是不是该公司法定代表人、实际控制人、股东、董事或者其他高级管理人员;就企业单独作为被执行人的案件,查询该企业法定代表人、实际控制人、股东等是否另有执行案件。二查企业与企业主履行能力。发挥执行查控系统在查询企业与企业主资产上的优势,评估企业与企业主的履行能力,将具有一定履行能力但不能清偿到期债务、明显缺乏清偿能力甚至资不抵债的企业与企业主列入进一步调查清单中。三查企业主债务与企业经营是否具有关联性。主要集中在企业与企业主分别作为被执行人的执行案件,通过查询执行依据、询问企业主,判断企业主债务是否系经营负债。同时,结合企业在法院的其他涉诉案件,查询是否有关于公司人格否认的事实与结论。

“两询双引导”分别为征询企业主、执行申请人对移送破产以及破产合并处置的意愿;引导债权人或债务人向法院提出企业破产申请和个人债务集中清理,同时引导债务人向法院提出合并处置的书面申请。我国破产程序依申请启动,被执行企业具备破产原因的,执行局在向申请执行人或被执行人释明破产法益后,引导申请人或被执行人向法院提交破产申请书。在具备合并处置可能性的案件上,执行局应在现有基础上增加释明合并处置在高效保障债权人权益、拯救企业主等方面的重要意义,同时收集共同债权人、企业主个人债权人等群体对启动合并处置的意见。

---

① 参见王欣新:《个人破产立法中的观念转换与制度支撑》,载《中国应用法学》2024年第1期。

此外，合并处置程序可能涉及处置企业主名下资产的问题，为提高企业主的配合度和处置成功的可能性，应由企业主自行申请为宜。

（二）合并处置案件审查机制的规范化

执行局与破产审判部门成立联合预审查团队，有助于执行与破产的信息共享和人员交流，及时将执行阶段成果吸收到破产程序中；[①]将合并处置审查工作纳入管理人职责，以提高审查机制规范与效率。

1. 建立合并处置案件预审查制度

浙江法院在“执转破”工作的推进过程中，已有建立预审查或联合审查组的经验做法。如长兴法院由执行局、城北法庭业务骨干组成专业团队，负责对符合移送破产审查的案件进行初审，指导完善移送材料、处理衔接事务。在合并处置上，法院应继续发挥“执转破”预审查小组的作用，建立合并处置预审查制度。执行法官将识别出具有合并处置可能性的案件直接提交预审查小组，发挥破产审判法官在判断公司与股东是否构成人格混同上的审理经验，提高案件识别的精准度；执行法官联合破产审判法官共同引导劝告债权人与债务人，提高当事人及其他已知债权人对合并处置的配合度，也为移送后合并处置案件的审查和审理打下坚实基础。

2. 强化管理人履职要求

一是将识别合并处置案件纳入管理人职责范围。将调查企业与企业主是否存在人格混同或者财产、债务混合等合并处置情形纳入管理人工作职责之中，同时要求管理人在企业破产或企业主个人债务集中清理案件受理后及时启动调查工作，并在第一次债权人会议召开前向法院提交书面报告。书面报告应写明调查内容、是否启动合并处置的建议、合并处置的初步方案等内容。经法院与管理人论证后，对于确有合并处置必要性和可行性的案件，管理人应配合法院做好债务人释明法益和引导申请的工作。

二是股东出资未实缴案件重点审查合并处置必要性与可行性。企业破产管理人在追收股东未缴出资时，发现补足注册资本义务超过股东清偿能力的，可报

---

① 参见廖丽环：《执行转破产制度的路径优化》，载《北京理工大学学报（社会科学版）》2018 年第 2 期。

请法院将股东个人债务集中清理与企业破产案件合并处置,同时引导股东向法院提出合并处置书面申请。将企业破产与股东缴纳出资义务一并化解,不仅减少了破产成本,提高债权人债权回收的效率,而且避免了追收股东出资案件进入强制执行程序,影响股东个人信用度情形的发生。在实务中,绍兴市柯桥区人民法院审理的王某甲、王某乙个人债务集中清理两案,两债务人系破产企业科康公司的股东,因不能清偿企业破产后股东认缴出资加速到期产生的债务,向法院提出个人债务集中清理申请。最终企业债权人在企业破产案件和两债务人个人债务集中清理案件中均获得一定比例的清偿,企业债权人也以最快速度获得清偿款。

(三)提高合并处置案件审理的协调性

样本案例关于合并处置采取的模式可分为两种:一种模式是企业破产案件和个人债务集中清理案件并行审理,该种模式有 11 组 22 件案例;另一种模式是企业与企业主资产、债务嵌入同一程序一并处理,采用该种模式的案例有 4 件。在合并处置探索阶段,应以公平高效清偿债权、挽救企业与企业主为价值内涵,在模式选择上不予以固定和限制,赋予法院自由裁量权。

1. 谨慎适用嵌入模式

嵌入模式,是指法院只受理企业破产案件或企业主个人债务集中清理案件,在案件办理过程中一并处理企业或企业主的资产、债务。

将企业主财产、债务纳入企业破产程序中一并处置,因无须考虑企业主个人债权人权益的平衡问题,不仅便利财产变价、处置、分配方案以及重整、和解计划草案的制定,而且相关方案、草案经审议通过的可能性更高,有利于提高金融债权人参与企业主债务清理的积极性和豁免部分债务的可能性。另外,将企业财产、债务纳入企业主个人债务集中清理案件中一并处置,能有效避免企业因短期经营困难而进入破产程序,保持企业继续经营的资格。

但是该模式也面临着企业主个人与夫妻、家庭财产分割难,企业主独立债权人权益平衡难的困境。尽管实践中已有案例对企业与企业主进行实质合并,但实质合并破产制度能否适用于股东为自然人的情况仍然具有争议。有观点认为,实质合并破产是对集团关联企业法人人格混同等现象在破产程序中的特殊处理手段,一般不延伸至自然人,尤其是在我国破产制度尚未适用于自然人的情况下。[①] 也有观点认为,个人与企业之间不宜进行实质合并,仅可进行程序合并。[②] 因此,该模式应谨慎适用。

一是将企业与企业主人格混同作为适用的前提条件。公司人格形骸化,企业与企业主资产难以分割,企业主可能占有着企业的财产,出于保护债权人权益,将企业主资产、债务纳入企业破产案件一并解决具有合理性。

二是合并处置债务范围应限定为关联债务。为保护破产企业与债权人的合法权益,纳入企业破产案件处理的企业主债务应当仅为与企业经营相关的债务。在实务中,应以款项用途作为判断企业主债务与企业经营关联度的标准。如温州市中级人民法院在海鹤药业公司、兴鸥医药公司合并破产重整案中,以严谨的态度确定合并处置债权的审查标准,制定"以资金流向和用途的客观事实作为实质要件"作为企业主债权审查标准,严格区分"与两债务人有关联的股东个人债务""非关联的股东个人债务"。

此外,全体债权人一致同意将企业债务纳入企业主个人债务集中清理程序中处置的,可以采用嵌入模式。如杭州市余杭区人民法院审理的崔某某个人债务集中清理案,在征得全体债权人同意的情况下,崔某某与其经营的公司重合部分的债务纳入其个人债务集中清理案件中解决,保留公司继续经营的可能性,也激励了企业主努力偿债、积极创业的热情。

若个别债权人因嵌入模式损失较大,不同意合并处置,法院和管理人还可召开债权人会议,协商对受损债权人进行适当补偿的方式,尽可能地降低乃至完全弥补个别债权人因合并处置受到的利益损失。[③]

2. 并行模式下两种程序高效融合

并行模式,是指法院分别受理企业破产案件与企业主个人债务集中清理案件,在办理过程中将两个并行的程序有机联合。该模式能更好地平衡企业与企业主共同债权人和各自独立债权人的权益。但是不同程序中相关方案、草案的融合和通过表决的难度将增加。

一是制定"一并处理"方案,建立程序关联。如德清县人民法院在合并处置

---

① 参见王欣新:《关联企业实质合并破产标准研究》,载《法律适用(司法案例)》2017 年第 8 期。

② 卢林、谢晓丹:《个人破产与企业破产的程序合并初探》,载微信公众号"国浩律师事务所"2021 年 1 月 13 日,https://mp. weixin. qq. com/s/HtjxNQ617RCFYft10RIZDg。

③ 参见赵吟:《连带责任视角下个人与企业合并破产的准入规范》,载《法学》2021 年第 8 期。

案件办理中制作《个人债务集中清理与公司破产清算一并处理》,并提交债权人会议审议表决,有效地将两个独立的程序予以关联。

二是制定差异化清偿方案,平衡不同债权人权益。不同程序在可供分配破产财产范围、重合债权人在不同程序受偿比例、非重合债权人清偿方案、重合与非重合部分债权人权益的平衡上均需要在方案的设置上做到充分且严谨的融合。如南浔法院将企业主债权分为三类并制定差异化的清偿方案,对于债权金额较小的共同债权人,在企业破产重整中获得部分清偿后,豁免企业主剩余债务;对于债权金额较大的共同债权人,分别在企业破产重整与企业主个人债务集中清理案件中一次性获偿部分款项后,豁免企业主剩余债务;对于企业主独立债权人,与企业主达成分期履行协议。

三是协调企业破产与个人债务集中清理互相借助制度工具,更好地保护各方利益。在目前个人债务集中清理制度尚不完善的情况下,当个人债务集中清理遇到表决困难时,可以借助企业破产的相关制度表决各项方案,甚至探索免责事项的表决。此外,个人债务集中清理还可以借助企业破产中的停止计息,保全解除、执行中止,集中管辖等制度,有利于推动个人债务集中清理案件的顺利进行。此外,企业破产也可借助个人债务集中清理的优势,替债权人追回更多的偿债资产,为企业家保留生活必需品,维护债务人和债权人的权利。

(四)推进合并处置案件后续监督的有效性

目前,尚未就企业破产和个人债务集中清理形成具有公信力的广泛监督,实务中主要由管理人监督债务人履行清理方案,但管理人监督手段、能力、强制力均有限。而社会公众对个人债务集中清理制度的认知和信任度仍有待提升。部分债务人寄希望于“零清偿”,部分债权人则认为该程序帮助债务人逃避债务。因此,推进企业破产监督和个人破产监督协调衔接有其现实性和必要性。在两种制度的监督衔接上,完善社会信用体系、形成国家监督和社会监督合力是重要手段。但社会信用体系的形成、立法监督的完善均不能一蹴而就。

在现行法律尚未修改、社会信用体系处于完善阶段的前提下,各地法院不断探索增强监督合力。例如,南浔法院强化“管理人、承办法官、执行局”的联动,督促债务人履行义务。管理人在各履行期届满前向债务人发送督促履行告知书;因客观原因逾期未履行的,承办法官制作书面笔录跟进督促;对无正当理由拒不履行的,执行局恢复强制执行并加大执行力度,情节严重的依法追究拒执犯罪刑事责任。长兴法院将县镇村三级联动执源治理工作机制引入个人债务集中清理,扩大外部监督合力。充分发挥党委领导下的县镇村三级联动工作机制,将个人债务集中清理案件归集到债务人户籍地所在镇村,由破产审判法官、执行法官、管理人联合辖区干部调查债务人诚信度、查找债务人财产线索、监督债务人履行。在监督履行上,管理人向债务人户籍地所在镇村干部送达认可和解协议的裁定书,发挥基层组织在监督上的时间、空间优势。

子课题三：个人债务集中清理工作执破双向互通联动之探索

——以丽水地区“执破融合”工作为例

丽水市中级人民法院课题组*

引　　言

个人破产又称自然人破产，最早源于古罗马，并于十三四世纪的意大利复兴发展。个人破产，是指由法院依法宣告并对不能清偿到期债务的自然人财产进行清算、分配或进行债务调整，以进行债务豁免确定当事人权利义务关系的法律制度。从破产法律价值方面来看，个人破产既符合同时保护债权人、债务人和社会利益的理念，也为所有市场参与主体提供了一种理性的市场退出机制。我国于2006年通过的《中华人民共和国企业破产法》中，并没有纳入有关“个人破产”的概念。直至2014年，深圳市中级人民法院对经强制执行不能清偿债务的个人破产案件进行专项调研，并在2016年完成《个人破产制度研究》调研报告，在全国范围内首次开展“个人破产”制度建设。2019年6月，国家发展和改革委员会、最

---

* 课题组成员：徐蓓姿、朱泓洁、聂伟杰、季陈磊、李子宸、何晓芳、何畏。

高人民法院等多部门联合印发《加快完善市场主体退出制度改革方案》，明确提出研究建立非营利法人、非法人组织、个体工商户、自然人等市场主体的破产制度。至此，全国各地人民法院开始了个人破产制度的积极探索。

作为浙江省“4+15”重点突破地区之一，丽水法院自2018年起便开始了对个人破产制度的探索研究。通过基层探路、点面结合的形式，丽水法院以一系列的制度设计关键性地引入第三方融资，促使债权人在实现自身利益最大化的基础上自愿接受债务人提出的重整方案，让“诚实而不幸”的债务人重获履行能力，在社会上形成了“鼓励创新、宽容失败”的浓郁氛围，不仅打通了执行不能案件的退出通道，为经济发展营造了良好的市场环境，也为个人债务集中清理“丽水模式”奠定了扎实的基础。

目前，丽水法院不断深化“执破融合”概念内涵，并将个人债务集中清理工作纳入广义的“执破融合”改革中，通过对案件执行可能性、是否满足破产条件、财产管理处置效益等综合因素进行实质考量，充分整合资源优势，更好地实现市场相关主体“挽救”和涉企自然人等案件“出清”。但同时，由于司法体系中个人破产制度相关法律依据的缺位，仍旧有不少的诚实而不幸的自然人“躺”在法院的执行案件“终本库”中。一方面，当事人申请模式下的当事人启动意愿低下、法官移送意愿不强，导致个人债务集中清理工作启动的内、外部动力均有所不足；另一方面，执行与破产程序的双轨制以及倒逼机制的失灵等，导致“执破融合”工作的实际适用率低，严重制约了“执破融合”工作的常态化启动。在此背景下，如何最大限度地从源头畅通扩展“执破融合”，激发“执破融合”制度优势，对于提高个人债务集中清理工作运行整体质效，助力民营经济发展，促进市场体系健全运行以及完善信用体系建设等多个方面均具有重要意义。

一、检视剖析：司法实践中个人债务集中清理工作的困境

（一）内部动力不足：法官的意愿低下和配套机制缺位

1. 执行法官对于案件移送个人债务集中清理的需求和意愿较低

在执行过程中，执行法官发现债务人符合个人债务集中清理情形的，一般可以选择积极引导债务人申请个人债务集中清理，或是直接以裁定终结本次执行程序结案。所谓“终本制度”，即终结本次执行程序，是指执行程序开始后，人民

法院在依法履行相关执行手续、穷尽各种执行措施仍无法执行到位,在被执行人确无财产可供执行或暂时丧失履行能力的情况下,对执行案件裁定"终结本次执行程序"的一种结案方式。[①] 但相较于"终本制度",个人债务集中清理程序在案件工作量方面对执行法官毫无吸引力。在实践中,执行法官对于执行不能案件移送个人债务集中清理的需求和意愿并不强烈。

实际上,个人债务集中清理与"终结本次执行"都是执行不能案件的解决路径,均有利于化解执行案件,但两者存在本质区别。从两种路径所能取得的成效上来看,个人债务集中清理的目的在于一次性化解被执行自然人的所有债务,从根本上解决纠纷,更是做到了真正消灭执行积案,而"终结本次执行程序"则是为了在司法资源短缺、执行积案过多的现实背景下,采取优先解决有财产可供执行的案件,而暂时搁置被执行人无财产可供执行、暂无履行能力的案件,待发现有财产可供执行会再进行恢复执行。[②] 从程序上来看,"终本"的程序相对较为简单,而个人债务集中清理程序还需要执行法官完成意见征询、法律释明、清理材料准备、报告撰写、债务协商等诸多工作,对执行法官的专业能力、工作范围等方面提出了更高的要求。[③] 加之个人债务集中清理案件所能达成的成效相对较低,大部分债权人难以接受豁免自然人债务人的债务的意见,往往导致执行法官在移送个人债务集中清理前就存在"可能在做无用功"的心理预期。同时,在个人破产立法缺失的当下,个人债务集中清理的工作没有明确的法律依据,其寥寥的实效也无法为法官带来相对高性价比的结案收益,因此触发个人债务集中清理程序很难成为执行法官的积极选项。

2. 个人债务集中清理工作配套机制缺位

一是执行案件转个人债务集中清理的激励机制不健全。在执行法官认为执行案件符合移送个人债务集中清理审查的情形下,一方面,需要合议庭对执行法官所提出的移送审查意见进行评议,待合议庭同意后,再转由分管执行案件的分管领导对移送决定进行签署,程序琐碎冗长,而这种繁杂的移送工作并不能体现在执行法官的办案质效或工作业绩之中。另一方面,由于个人债务集中清理案

---

① 参见马登科、张晓帆:《终结本次执行论》,载《民事程序法研究》2016 年第 2 期。

② 参见杨雪琴:《执行程序转接破产程序研究》,中南财经政法大学 2018 年硕士学位论文。

③ 参见白田甜、景晓晶:《执转破衔接机制的优化原则与实践完善》,载《法律适用》2019 年第 3 期。

件往往源于执行部门的“终本”案件,且部分“带财终本”案件的破产移送,导致办理个人债务集中清理的法官认为个人债务集中清理是为执行部门解决问题,因此破产法官对于个人债务集中清理案件的态度也颇为消极。

二是存在隐形的“清理门槛”。以《深圳经济特区个人破产条例》为例,尽管该条例明确规定此程序对所有个人、消费者均可适用,但实际可以进入个人破产程序的债务人寥寥无几。目前,丽水法院在受理个人债务集中清理案件的前期,也同样需要对债务人进行实质性筛选,从而控制工作流程并避免大规模案件的涌入,同时也是为了缓解免除个人合法债务而可能引起的舆情风险和社会动荡。在此情况下,隐秘的实质性筛选再结合执行法官、破产法官的消极态度,导致真正可以进入个人债务集中清理程序的债务人仍旧仅占少数。

三是个人债务集中清理队伍的培育力度不足。在实践中,部分法院将个人债务集中清理工作作为类个人破产案件交由民二庭的商事法官兼顾审理,也有部分法院将个人债务集中清理工作集中交由执行部门负责,但在缺乏专业性和相互配合的情况下,由商事法官轮流兼顾审理来自执行局的个人债务集中清理案件,或是由执行法官负责处理类个人破产案件,均不利于个人债务集中清理案件的有效审理,也在极大程度上影响了案件的实际效果。

(二)外部动力失源:当事人的利益博弈和选择偏向

1.不同债权人之间的利益博弈

《最高人民法院关于人民法院执行工作若干问题的规定(试行)》第55条规定,多份生效法律文书确定金钱给付内容的多个债权人分别对同一被执行人申请执行,各债权人对执行标的物均无担保物权的,按照执行法院采取执行措施的先后顺序受偿。在此规定下,不同债权人之间产生了利益上的博弈,主要涉及担保债权人、首封债权人、后位查封债权人和未取得执行依据的债权人(见表1)。

表 1　不同债权人启动“个人债务集中清理”的考量因素

主体	正向激励因素		逆向阻碍因素	
	共有	特有	共有	特有
担保债权人	个人债务集中清理程序可以使债务人的财产利益最大化,帮助债务人摆脱债务困境重归市场	无	执行程序相对于个人债务集中清理程序而言,成本更低,效率更高,且个人债务集中清理程序可能会导致出现逃废债等道德风险事件	受偿速度减缓
首封债权人		无		失去顺位优势
后位查封债权人		受偿顺位调整		无
未取得执行依据债权人		无		信息不对称

首先,对于担保债权人而言,债务人全部责任财产不足以清偿所有债权的,强制执行无从承认在先查封债权的优先受偿效力,①除非担保物难以处置,其往往能够通过处置担保物而获得优先受偿,否则几乎不存在“执行不能”的情况。虽然,案件进入个人债务集中清理程序对于享有优先受偿权的担保债权人在清偿顺序上无实质影响,但案件一旦转入个人债务集中清理,其冗长且烦琐的清理流程将会导致担保物的处置遭受极大程度的延缓,担保债权人也就失去了快速受偿的效率优势。且个人债务的清偿以及相关的管理人支出反而可能影响担保债权人的受偿比例。因此,担保债权人往往对个人债务集中清理程序持消极态度。

其次,在没有优先受偿权的普通债权人之间,首封债权人与后位查封债权人之间又存在着零和博弈。② 根据《最高人民法院关于适用〈中华人民共和国民事诉讼法〉的解释》第 514 条的规定,执行程序是在坚持债权平等的原则下按照“先到先得”的规则启动债务清偿,而个人债务集中清理在参照企业破产法的基础上,则是贯彻着普通债权平等清偿的原则。因此,对于首封债权人而言,转入个人债务集中清理程序将失去其在执行程序中所获得的优先顺位,故而引发出其对于包括个人债务集中清理在内的一切破产机制的强烈抵触情绪;对于后位查封债权人而言,虽然个人债务集中清理程序反而可以扭转其自身的顺位劣势,能

---

① 参见郑金玉:《查封债权强制执行优先受偿效力辨析》,载《法学杂志》2024 年第 4 期。

② 零和博弈是指参与博弈的各方,在严格竞争下,一方的收益必然意味着另一方的损失,博弈各方的收益和损失相加总和永远为“零”,故双方不存在合作的可能。

够使其受偿地位与首封债权人处于同一位置，促使后位查封债权人存在一定的将执行案件转入个人债务集中清理程序的倾向，但此倾向偏好仍然存在另外的利益博弈，最明显的一点即为个人债务集中清理程序会吸引所有的债权人前来分取被执行财产，造成“公共鱼塘”问题。① 诚然，后位查封债权人可以通过将执行案件转为个人债务集中清理案件的程序改变自己的不利受偿顺位，但也要面临所有债权人“瓜分”债务人的剩余财产所可能产生的不利情况，故而后位查封债权人也并不会在个人债务集中清理程序的启动上费尽心力。

最后，对于未取得执行依据债权人而言，由于其本身尚未进入执行程序中，故其客观存在一定的信息障碍，并不明确相关债务人已经资不抵债的消息。而囿于信息不对称，未取得执行依据的债权人往往只能在债务人已经进入个人债务集中清理之后才能参与债务人剩余财产的分配，且鉴于提出个人债务集中清理的当事人必须存在涉执案件的基础性规定，未取得执行依据的债权人也不可能在另案执行阶段或执行终本后的程序中径行参与个人债务集中清理。

另外，“父债子还”“欠债还钱”的社会观念深入人心，绝大多数的债权人仍旧难以接受个人债务集中清理这样的类个人破产制度的冲击。

2. 债务人的选择偏向

目前，债务人企图通过个人债务集中清理的相关工作来实现“逃废债”的情况并不少见。即使浙江省高级人民法院在于 2020 年 12 月出台的《浙江法院个人债务集中清理（类个人破产）工作指引（试行）》的制度设计中已经最大限度地避免了债务人恶意逃废债的可能，但由于金融债务难以豁免的特性，法院只能在执行案件终本库中筛选直接债权人非金融机构的债务人进行个人债务集中清理。同时，部分申请个人债务集中清理的债务人系因沾染赌博恶习向亲戚、朋友或者社会人士借贷而被法院执行的，其主观上缺少努力归还债务的能动性和积极性，企图通过个人债务集中清理逃废债务的恶意明显。拯救这样的债务人，虽然能够减少法院的终本案件，但与探索设立个人债务集中清理制度的初衷相违背。

① 按照美国学者白耶德（Baird）和杰克森（Jackson）的论述，破产法应当看作“多数债权的一种实现方式”，是对破产财团的“公共所有者”都对该破产财团主张权利时，为处置“公共鱼塘”（common pool）问题可能面临的个人随意钓鱼矛盾作出的反应。简言之，“公共鱼塘”问题是指当某种竞争性而非排他性的资源存在时，该资源属共同所有，无人去积极保护它，相反会积极利用它，最终导致资源因过度使用而无法得到有效保护的情形。

(三)制度效果不佳:破产救济低迷和分配制度阻碍

如上文所述,由于当前司法环境下个人破产相关法律制度的缺失,大多数成功提交申请的案件都会被转换为需要债权人同意方能进行的程序,而仅为申请个人债务集中清理的债务人提供形式上的轻微利息和罚款让步的救济,导致个人债务集中清理工作中出现了明显的申请人数量下降和救济不足的问题。同时,个人债务集中清理程序的启动还有着分配制度的阻碍。《最高人民法院关于适用〈中华人民共和国民事诉讼法〉的解释》设立了民事执行的参与分配制度,该司法解释第508~512条规定了当债务人的责任财产不足以清偿多数债权时,债权人得以通过申请参与分配制度在有限的责任财产范围内获得相应比例的清偿。但由于分配制度与个人债务集中清理制度在内容上本身就存在一定的相似性,在两者的调整对象发生竞合后,分配制度成本更低、效率更高的优势更受债权人的欢迎,债权人往往会倾向于在私下达成参与分配的共识,使分配制度成为执行程序中的"个人破产",架空了真正意义上的个人债务集中清理。另外,无论是首位查封债权人还是后位查封债权人,均不希望债务人申请个人债务集中清理后让其他债权人或是未取得执行依据的债权人搭上"顺风车",不仅需要面临更多的债权人"瓜分"债务人被执行财产的局面,甚至因为更多债权人的加入原本的债权清偿程序需要花费更多的时间,故债权人极度反对个人债务集中清理程序的启动。因此,只有进一步深化"执破融合",将个人债务集中清理的启动潜力完全释放,才能从根本上激活个人债务集中清理的倒逼机制,并清除参与分配制度对个人债务集中清理程序所带来的阻碍。

二、现状分析:丽水地区个人债务集中清理"执破融合"工作概况

(一)丽水法院个人债务集中清理工作概况

丽水地区个人债务集中清理工作在浙江省范围内起步相对较早,从2018年开始,丽水法院便以遂昌法院为试点开展个人债务集中清理工作。通过一系列制度设计,遂昌法院采取与银行签订服务合作协议的方式,探索推出"重整贷"项目,关键性地引入第三方融资,促使债权人在实现自身利益最大化的基础上自愿

接受债务人提出的重整方案，盘活“僵尸资产”，让“诚实而不幸”的债务人重获履行能力，既畅通了优胜劣汰的市场退出途径，也提供了一种能够降低社会创新创业风险的市场容错机制，取得了很好的工作成效，并形成了经验办法在全国交流推广。同年，丽水法院出台《关于规范办理“执转破”案件的实施细则（试行）》，对企业破产案件执行与破产程序的衔接进行规范。自此，丽水地区“执转破”工作全面正式开启，但鉴于个人债务集中清理工作于当时正处于初步探索阶段，因此并未同步纳入“执转破”工作体系。

2023 年，丽水法院出台《优化“执破融合”机制　助力打造最优营商环境行动方案》，提出依法建立更为规范、高效、常态化的“执破融合”运行机制，强调将执行程序与破产程序在原有“衔接”的基础上进一步深化融合，并要在适用个人债务集中清理现有制度和参照适用现有破产制度的基础上，深入推进个人债务集中清理创新工作机制，探索类个人破产创新模式。自此，丽水法院个人债务集中清理工作迈上新的台阶。截至 2024 年 6 月底，丽水法院已累计受理个人债务集中清理案件 470 件，审结个人债务集中清理案件 425 件，成功清理 337 件，涉及执行案件 1751 件，金额 2.36 亿元。

1. 丽水法院“终本库”案件构成情况

据统计，丽水法院“终本库”案件中涉自然人执行案件约占全部终本执行案件的 92.3%，而该数据还是在未进一步扣除涉执自然人可能存在跨区域执行案件的情况下。且对比涉自然人执行案件数与涉自然人人数，在数十万件终本执行案件的基数下，涉自然人执行案件数与涉自然人人数的比值便已达到了 1.3∶1，大量涉执案件是同一企业法人、自然人的情况显著。另外，相较于被执行人为自然人的执行案件，被执行人为个体工商户的执行案件数量明显偏少，占全部终本执行案件的比例甚至没有达到 1/10。一方面，由于个体工商户的法律地位和执行问题相对简单，其债务通常以个人财产或家庭财产承担，责任明确，财产关系也相对清楚，更容易进行财产追踪和执行，这在一定程度上减少了执行的复杂性。另一方面，对于已经进入终本阶段的个体工商户执行案件，其化解难度也会大于普通意义上的个人债务集中清理案件，对于个人、家庭、社会也会产生更为明显的影响。

目前，全市累计出清执行终本案件 33,666 件，执行到位金额 53.02 亿元，其中 10 年以上积案 10,594 件，包含 20 年以上积案 3739 件。借助党委政府的力量,丽水法院执行终本案件出清工作起到了很大成效(2024 年执行“终本库”数据分解见表 2),但相较前期,在相对易执行的案件出清后,终本库中剩余的案件通过执行程序出清更难,除了外部“疏通”,法院也应该从内部寻找化解问题的路径。进一步深化“执破融合”工作,完善法院内部工作机制,正是切实解决执行难、化解执行积案的重要路径。

表 2 2024 年丽水法院执行“终本库”数据分解

法院	执行案件总数/件	被执行人为企业的执行案件数/件	涉企业数/家	被执行人为自然人的执行案件数/件	涉自然人数/人	被执行人为个体工商户的执行案件数/件	涉个体工商户数/户
莲都	26,955	3550	1570	23,387	18,056	18	16
龙泉	7209	679	463	6530	4231	155	76
青田	16,411	971	427	15,926	11,289	76	48
云和	3799	292	298	3436	2929	5	5
庆元	6311	642	1908	5612	4524	27	74
缙云	15,710	1804	612	14,723	10,786	183	34
遂昌	6333	528	266	5953	5083	30	23
松阳	8595	416	239	8523	5637	7	5
景宁	4446	294	104	4270	4951	15	4
总计	95,769	9176	5887	88,360	67,486	516	285

2. 近 3 年丽水法院个人债务集中清理案件受理、审结情况

近 3 年,丽水法院个人债务集中清理案件受理、审结数呈快速上升趋势。2021 年,丽水法院受理、审结个人债务集中清理案件数均仅为 28 件,个人债务集中清理工作仍处于初始阶段。但在 2022 年,丽水法院便实现了受理、审结个人债务集中清理案件数分别同比上升约 239.28%、153.57% 的巨幅增长(见表 3)。尤其是 2023 年丽水地区“执破融合”工作全面开展后,丽水法院受理、审结个人债务集中清理案件数分别达到了 150 件、136 件,“执破融合”工作成效明显。但同时,对比浙江法院个人债务集中清理工作开展情况,丽水地区作为浙江省个人债务集中清理工作的试点地区之一,个人债务集中清理工作已略显疲态。2023 年,浙江法院受理个人债务集中清理案件 1275 件、审结 1122 件。其中,台州地区

受理367件、审结377件,温州地区受理295件、审结226件,丽水地区已落后于其他试点地区。

表3　2021～2023年丽水法院个人债务集中清理工作情况

法院	受理案件数/件			审结案件数/件			成功清理案件数/件			化解执行案件数/件			清理执行案件标的/万元		
	2021年	2022年	2023年	2021年	2022年	2023年	2021年	2022年	2023年	2021年	2022年	2023年	2021年	2022年	2023年
莲都	1	20	20	1	3	17	1	0	6	10	23	55	94.6	9422	2196.6
龙泉	0	1	10	1	0	11	1	0	11	13	3	50	12.8	9.6	246.5
青田	1	11	21	1	11	20	1	11	20	5	13	104	40.5	313.5	513
云和	1	0	10	1	0	10	1	0	10	1	0	43	1.2	0	143.9
庆元	2	2	11	2	1	11	2	1	10	2	4	46	61.5	12.1	1017.1
缙云	1	22	20	1	22	20	1	21	20	4	31	65	103.6	223.3	379.6
遂昌	1	21	22	0	20	23	0	12	17	5	58	58	0	1696.3	1420.1
松阳	20	10	24	20	9	12	14	2	9	42	204	120	1059.3	1562	2000
景宁	1	8	12	1	5	12	1	5	12	2	51	43	15	636.1	393.5
合计	28	95	150	28	71	136	22	52	115	84	387	584	1388.5	13,874.9	8310.3

3. 办理个人债务集中清理案件的人员、机构设置情况

在审判力量方面,目前,丽水法院已经全面建立负责办理个人债务集中清理的专门合议庭。但从数量上来看,丽水法院负责办理个人债务集中清理案件的法官仅有44人,且大多数存在需要兼办其他民商事或执行案件的情况,司法辅助人员更是仅有28人(见表4),呈逐年下降趋势,一定程度上也加大了个人债务集中清理工作的推进难度,容易引发审判、执行法官的消极情绪。而从团队内部人员的构成情况上看,丽水法院一般以"执行法官+破产法官"的形式成立了小组,相对固化,沟通移送的法官相对固定。诚然,这种形式有利于对相关法律法规和程序的把握,但组成合议庭时,成员的固定化也有可能导致参与衔接沟通的执行法官并非办理案件的执行法官,对执行案件所涉自然人情况并不了解,未能充分发挥执行法官的实际作用。同时,就负责部门而言,丽水法院并未形成统一的案件归口审理模式,仍存在由民二庭法官全部办理,由执行员办理,由法官、执行员轮流办理三种模式。

表4　个人破产审判试点工作情况统计

项目			2021 年	2022 年	2023 年
审判力量情况	专门审判机构和人员情况	破产法庭数量/个	0	1	2
		专门合议庭数量/个	6	8	9
		法官数量/人	37	41	44
		司法辅助人员/人	34	31	28
	法官平均年龄/岁		39.18	40.12	39.78
	学历	本科/人	46	49	52
		研究生/人	9	9	11
		博士/人	2	3	4
管理人情况	破产管理人数量/人		22	22	33
	平均报酬数额/万元		4.99	2.62	12.59
	通过援助资金或者其他方式支付报酬数额/万元		84	107.37	90.89

龙泉市人民法院以“5+2+2”模式进行团队建设,即5名员额法官、2名助理与2名书记员,将八都人民法庭建设为专业化的破产人民法庭,集中管辖个人债务集中清理案件。一方面,该院成立“执破融合”专项工作领导小组及专业化的“执破融合”审判团队,完善执行查控系统与破产审判系统的信息对接,提升“执破融合”程序衔接效率。2023年,该院共受理个人债务集中清理案件10件,化解执行案件50件。另一方面,该院拟联合龙泉市金融发展中心、中国人民银行龙泉市支行、龙泉市司法局出台《“终本清理贷”金融服务工作机制》,进一步为“诚实而不幸”的债务人提供基础金融服务,卸下债务包袱、实现信用修复。

松阳县人民法院提出建立涉企自然人债务执行破产联动机制,将现有的制度规则进行整合联动,制定《关于实行涉企自然人债务执行破产联动清理机制的工作指引》,探索在现阶段如何高效、公平、集中地解决自然人的涉企债务。近年来,采用联动清理方式成功清理个人债务集中清理案件10件,带动出清执行积案310件,取得初步效果。具体做法如下:一是有效地整合执行与破产制度资源。利用执行破产联动机制整合执行与破产的制度资源,通过两者程序联动,互助互补。利用执行程序中“‘总对总’网络执行查控系统”查询债务人银行账户、保险、证券、网络资金、车辆及不动产等财产信息,畅通事实调查、财产接管方面的信息。二是集中、公平、高效地清偿债务。通过集中的债权发现机制将债权明确,通过集中的财产清查机制实现清偿财产的最大化,通过集中的分配机制实现清偿财产和债权人之间高效、公平的匹配。三是有区别地进行方案选择。在制作方案完成后,针对不同的程序,安排表决、异议和批准程序。在协同程序中,分别制作针对破产企业的破产财产分配方案(或重整计划、和解方案)和针对自然人的参与分配方案。协同程序中涉及连带担保责任的,考虑债权人在两个程序中分别获得的清偿。

(二)丽水法院个人债务集中清理工作中存在的问题及成因分析

1. 审查主观难度大

目前,“诚实而不幸”的债务人的判断仍旧缺乏明确统一的理论标准。这导致在实际操作中,法院和相关管理机构在识别这类债务人时面临较大的主观判断空间,审查时还需要评估债务人是否有恶意逃废债务的行为,如是否存在无偿转让财产、不合理交易、提供不当财产担保、提前清偿未到期债务等行为,其实际经济情况及履行能力是否足够等。而在信息不全、证明材料有限的情况下,很难做到精准判断,易引发争议。

2. 个人财产流动难以追查

一般情况,个人债务集中清理案件所涉自然人往往是被法院裁定终结本次执行的被执行人,就受理法院所能掌握的财产线索而言,往往仅有一份终本执行裁定,也仅能体现债务人已无可供执行的财产。但实际上,现代金融体系结构复杂,债务人的财产状况和财务活动涉及领域广泛,涵盖了收入、支出、资产和负债等各方面内容,复杂多变且难以调查,部分不诚信的债务人可能会利用信息不对称的弊端,通过虚假交易、赠与、低价转让等方式隐藏或转移财产,其真实的财产状况难以被债权人和法院掌握,财产真实流动难以被追踪。一方面,若对这些信息进行全面和准确的调查,需要花费大量的时间和资源;另一方面,即使法院能够查询到部分财产信息,鉴于财产状况的阶段性特征,加之目前市场仍有大量交易采取现金交易,债务人也可能会利用现金交易来隐藏真实的财产流动,以现金支付、他人代收等形式逃避法院与管理人监管,间接转移财产,同样难以进行监管和掌控。

3."难产"的免责程序

免责机制作为个人破产制度的核心,主要包括债务免除和信用修复。目前,我国社会诚信建设不足,债务人受传统思想及趋利避害现实需求的双重影响,对退出机制的接受程度较低,部分权利人甚至存在抵触情绪,认为债务人并不会主动配合如实申报全部财产,该程序是帮助债务人进行逃废债,损害了其直接利益,无法理解自己的债权经人民法院判决后为什么还需要再参与债务清理,并认为个人债务集中清理程序的启动,影响了原本对债务人的正常执行程序。同时,若通过司法强制力都无法迫使债务人提高清偿率,个人债务集中清理程序对于债权人而言,就只有给债务人豁免的义务,而并无取得任何实际利益的权利,进而导致债务人难以得到真正"免责",往往需要引入第三方投资人以"贷款"等方式进行"债务转移"。债务人违约风险在贷款时就以合同中隐含的利率为对价,转移给了债权人。[①] 其中,尤其是涉金融债权人的个人债务集中清理案件,因金融债权人的债权豁免往往是银行总行的权利,地方银行无权直接进行表决,同时考虑到现阶段的个人债务集中清理程序尚无明确的法律法规,因此地方银行也缺乏相应的依据逐级向上报批,导致涉及金融债权的个人债务集中清理往往"难产"。另外,在信用修复机制方面,当前我国的个人信用修复机制尚未建成,个人上"黑名单"易,下"黑名单"难的情况普遍,许多"良善债务人"即使清偿了债务也无法重建信用,导致债务人对于个人债务集中清理的积极性同样不足。

4."第三方主体"的引入"瓶颈"

个人债务集中清理案件中的"第三方主体"主要包括参与协助个人债务集中清理的第三方中介机构,以及参与"投资"的第三方投资人。在企业破产法中,破产企业管理人的权利和职责已有明确的范围和授权,但是在现阶段的个人债务集中清理程序中,管理人的地位与履职尚无相应的法律法规支撑。就执清案件的本质而言,个人债务集中清理程序仍是执行程序,法院指定中介机构担任管理人,并无直接的法律依据,而仅仅是参考企业破产法的规定,同时在取得债务人和全体债权人的同意下开展工作,往往导致管理人无法主动履职,始终需要法院

---

① See Feibelman, Adam., *Consumer Bankruptcy as Development Policy*, 39 Seton Hall Law Review 63,68(2009).

的配合才能开展工作。而破产管理人作为联系各方利害关系人的桥梁,其与债务人、债权人之间应当建立起相应的信义关系。这一信义关系对破产制度的系统信任提供支撑,也是个人破产制度维护社会公益的重要保证。[①] 同时,个人债务集中清理案件往往是针对陷入破产境地的自然人,其财产状况通常已捉襟见肘,在这种情况下,管理人的报酬问题便显得尤为棘手,有时甚至无法收回自己垫付的合理成本,更遑论获得基本的酬劳。另外,鉴于债务人财产收回的不确定性,第三方投资人的参与意向相对不高,难以形成丰富多样的投资人体系。目前,丽水地区个人债务集中清理案件中的第三方投资人仍旧以农商行为主。

三、多管齐下:以"执破融合"推进个人债务集中清理执破双向互通联动

目前,丽水法院已经初步形成了以执助破、以破促执的"执破融合"体系,有效推动了涉自然人执行案件终本出清过程中执行与破产程序的融合,但仍面临审查难、财产追踪难、程序效率低等问题,仍需进一步推动个人债务集中清理领域的"执破融合"建设,以期有效应对挑战,提高债务清理效能。

(一)职能融合:建立个人债务集中清理前置辅导机制

个人债务集中清理工作当前仍处于探索实践阶段,清理机制的性质、作用还未被广泛认知,社会公众对个人债务集中清理制度的了解知之甚少,对个人债务准入可能性的问题更把握不准,对申请资格、清理流程等具体规则同样陌生。各地法院在积极推广试点清理的过程中收到大量咨询、申请的情况屡见不鲜,这既反映了人民群众对个人债务集中清理的需求,也暴露出了个人债务集中清理申请填报不规范等问题,间接给法院的前期工作增加不少压力。因此,有必要建立一套个人债务集中清理前置辅导机制,出台相关工作办法,明确申请资格、清理程序流程等内容,为债权人、债务人及社会公众提供制度指引。我国当前进行个人破产立法的关键问题之一,便是需要大力转换传统个人破产观中的错误文化

① 参见童昊予:《个人破产程序中破产管理人制度研究》,河北经贸大学2024年硕士学位论文。

与观念。① 面对个人债务集中清理申请资料不全、申报不实、数量激增等现实难题,基于《浙江法院个人债务集中清理(类个人破产)工作指引》第8条中法院可以引入管理人工作人员就个人债务集中清理工作的受理条件、程序、法律后果等事项向债务人进行释明和引导的规定,应进一步推进个人破产审判团队专业化建设,由破产、执行部门以及第三方机构等多部门人员组成专业化个人债务集中清理管理中心,为债务人、债权人提供包括“普法宣传+背景调查+申请指导”在内的个人债务集中清理辅导,引导其正确认识个别清偿与公平清偿的关系,在“僧多粥少”的情况下,通过破产统一清偿债权,比债权人单独行权更高效、更公平。② 其中,普法宣传主要针对强制执行阶段符合个人债务集中清理条件的债务人,由执行法官宣讲相关清理规定,通过了解债务人的负债由来、现阶段收入状况,并结合债务人劳动能力、可预期收入、家庭支出等,为其提出个人债务处理建议,引导当事人选择庭外和解或者个人债务集中清理重组等解决方案,进一步帮助“诚信而不幸”当事人摆脱债务困境。背景调查主要对存有债务清理意愿的当事人开展风险提示和初步的尽职调查,既可以深入了解债务人需要进行个人债务集中清理的具体原因和申报情况,也可以同步向债务人释明其个人以及家庭财产申报、个人债务集中清理信息公开等重点事项,确保其知晓对奢侈消费和赌博负债等不得免责以及虚假个人债务集中清理的法律责任,让债务人清晰了解个人债务集中清理完整程序、获得救济的成本以及法律后果,使诚信甄别机制也同步贯穿清理前端。而通过梳理债务人家庭关系、婚姻财产状况、劳动能力、债务总额、债权人等,也可以进一步了解当事人的财产情况,有利于后期协助债务人制定符合自身情况的还款计划,科学处理个人债务问题。申请指导则包括辅导当事人参与个人债务集中清理的信息采集、资料填写等程序性事项,进一步节约司法资源,防止程序空转。针对部分生活难以维系的当事人,还可以根据申请人意愿同步指导社会救助申请事宜,以辅导的前置形式搭建起个人债务申请与社会救助相衔接的桥梁。

(二)程序融合:设立申请审查和听证制度

个人债务集中清理主要针对执行阶段已经执行不能的债务人,因此,债务人

① 参见王欣新:《个人破产立法中的观念转换与制度支撑》,载《中国应用法学》2024年第1期。
② 参见陈唤忠:《“执转破”常态化实施路径优化研究》,载《法律适用》2020年第3期。

大多已经过强制执行,相较于破产部门而言,执行案件的执行法官对债务人当前的财产情况、债务情况、债权人分布情况等信息更加了解。而目前,大多数的个人债务集中清理都系由破产审判部门承办,执行与破产程序在案件办理上出现了前后端口的错位与重复。个人债务集中清理的目的是以高效集合的方式解决债务人的生存困境,上述程序错位非但不利于案件的实质化解,还会造成重复调查等程序空转的现象。而参考企业破产程序,面对债权人会议对于管理人报酬异议、上市公司重整申请审查等情形,常常会设置听证程序来进一步保障破产程序的公平正义。同时,听证本身也是一个内涵非常丰富的概念,相比普通审判程序,具有人员参与范围更广、收集意见建议更多、组织形式更多样灵活等优势。因此,为进一步打通执行、破产部门在受理个人债务集中清理前段的信息壁垒,仿照企业破产制度设立个人债务集中清理程序的申请审查和听证制度也是应有之义。

申请审查,是指由破产审判、执行法官在前置辅导机制的基础上,充分运用执行、破产力量进一步对涉执债务人是否符合个人债务集中清理所进行的主观审查,包括被执行人现有财产情况及查控顺位、涉案数量、尚未执行标的等,筛选符合条件的债务人,引导其主动提出个人债务集中清理申请。通过繁简分流,对于债权相对单一,清理把握较大的案件及时完成清理工作,化解纠纷,形成案例参考,进一步体现通过个人债务集中清理实现债权更高效、更公平的特点。

听证,是指由破产审判、执行法官以听证会的形式共同开展的实质审查,会议上可邀请债权人、债务人、保证人、配偶等家庭成员以及相关第三方投资主体出庭听证,从多方角度共同对申请内容开展实质审查。一方面,既可以创造场域进一步联通执破,实现债务人财产信息、债务情况的互联互通,解决受理端获取财产信息难、久、慢的问题;对于基本符合受理条件的清理案件,也可以在听证会上初步了解债权人的参与意愿、受偿比例等相关信息,便于后续清理的正常开展,进一步节省司法资源。另一方面,召集相关利益人参与听证会,可以充分保障利益相关人对债务人申请进行个人债务集中清理进行监督的权利,合理兼顾各方合法权益;必要时,也可邀请代表委员、村社干部、地方乡贤共同参与债务人诚信度公开听证,从负债原因、清偿意愿、偿债能力、社会评价等多个维度对债务人诚信度进行全面评分,并根据听证结果确定债务人是否诚信,解决债务人诚信评价难、评价结果权威性不足问题,以进一步提高个人债务的清理成效。同时,个人债务集中清理听证制度能够让个人债务集中清理的过程摆在阳光下运行,其本身不仅是对存在逃废债意图债务人的最大压力,更是一个个生动优异的宣传案例,能够极大限度地提高社会对于个人债务集中清理的了解与接受度。

(三)信息融合:搭建统一的个人财产登记系统及复权公示平台

实践中,个人债务集中清理案件中的管理人如需对债务人的财产和信用情况进行审查和甄别,将需要在公安、民政、金融、税务等近20家单位进行询问、查询、走访,效率明显偏低。中国人民银行发布的《关于加强金融机构个人存取款业务管理的通知》规定,储户一次性提取大额现金需出示身份证件并通过相关审批,人民币现金的使用管理实行备案制度,这在一定程度上限制了“不诚信债务人”利用现金进行资产转移。但在电子支付越发普及与多元化的当下,基于财产信息的复杂性、时效性,管理人及司法机关由此掌握的信息也难免挂一漏万。仅通过现有的执行手段,存在债务人的资产监管难的情形。由此可见,传统以人力为支撑的个人债务集中清理财产登记模式分散混乱,已难以动态及时地反映债务人的财产实况,难以满足个人债务集中清理对于债务人财产的精准评价要求。且基于数字时代实施个人破产制度的现实需要、数字司法对于破产案件办理的改革要求、数字社会中的信用不可见风险,构建数字化个人破产信用评价机制已经成为支撑个人破产制度建立实施的重要内容。[①] 虽然基于隐私性和安全性的考量,个人财产信息体系的健全仍需要多方共同推进,但对于不动产、动产融资、银行信贷等信息都已可以通过执行系统的财产查询进行收集。因此,基于个人债务集中清理的债务人都曾流转进入执行程序的特性,可以参照执行系统的财产查询系统,构建司法机关内的执破财产信息公示平台,包括在执行阶段通过线上总对总、点对点平台查询债务人动产、不动产查封、扣押、冻结情况,线下财产线索调查及核实情况等财产信息;通过大数据技术加工、个人数据归集后的债务人个人数据报告、名下房产、车辆、银行账户及交易情况等多方面信息,进一步实现精准化、动态化、数字化的信用评价,有效破解线下调查“跑断腿”的难题,也回应个人破产制度对于高效、准确判断债务人信用情况的要求。同时,债务人财产

---

① 参见孙宇、李百福:《数字化个人破产信用评价机制构建的机理、困境与图景》,载《征信》2024年第4期。

报告也可以为债务人进行精准"数据画像",除反映银行账户余额外,基于执行系统可以定时定期集约查询的优点,还可以反映一段时间内债务人的银行账户流水变动情况和财产的实际使用情况,亦有利于挖掘"隐形"财产,辅助判断债务人是否存在异常收支记录、挥霍消费行为等虚假欺诈情况。

除前端财产数据的信息统筹外,后端信用修复在信息融合上也有较大整合空间。作为复权体系下的重要部分,信用修复既能给失信者"复权"的机会,也能减少信用惩戒所带来的"误伤"。在个人债务集中清理完毕后,如何推动债务人的信用修复,也是健全个债清理机制的重要保障。在深圳个人破产的试点中,债务人已按照重整计划清偿债务且法院准许免除其未清偿债务的,经债务人申请,法院可以向征信管理部门出具诚信履约证明,推动债务人信用修复。当前浙江温州等地,仅是对其作出了概括性的描述,规定应当将债务清理申请人的信用恢复至债务履行完毕的相当状态。而从个人破产的实践和需求出发,能够发现我国个人征信数据库尚未全面向司法机构开放,法院系统性更新信用信息难度高,信息整合程度、深度不足。因此,在当前数据框架内,法院间可以整合资源构建执破的个人债务集中清理信息公示平台。对内而言,可以将案件通过平台流转至执行程序,由执行法官以撤销失信名单、撤销被执行人名单等措施来间接对当事人进行信用修复。同时,平台也可以进一步让债务人持续接受公众监督,为第三方机构提供客观信用信息来源,为债务人提供一张具有公信力的"信用证明"。

(四)进一步完善后端免责监管及成果转化机制

个人破产免责是个人破产法的核心要素。[①] 在深圳个人破产立法中,免责监管期是基于债务人为了满足法定免责条件而履行法定义务并接受法定机关考察而设计的制度;温州、台州等地区,则是针对需要长期履行的个人债务集中清理案件设定附条件免责条款,通过设定考察期的方式实现执行退出。个人破产免责制度的构建,不仅涉及债务人与债权人之间的概括性债务清理,更是一次对违约风险的社会性再分配。[②] 免责考察期的设置,既可以通过纠正债务人的不良行

---

① 参见隋明志:《个人破产免责的理论证成与本土建构》,载《中国价格监管与反垄断》2024年第7期。

② 参见周栩:《个人破产中债权可免责性的类型化构建——以社会风险分配为分析视角》,载《山东青年政治学院学报》2024年第4期。

为来激励债务人重新开始,也可以进一步延长对债务人的诚信考验期,以防止逃废债行为的发生。但在当前实践中,免责考察期间的监督大多由第三方机构负责,虽然能够更加客观地进行监督,但其在监督行为上往往缺乏一定的主动性和强制性。例如,深圳规定破产事务管理部门应当对债务人的收入、支出、财产等的变动情况以及管理人履行职责行为进行检查监督,但其监督主要仅包括以申报信息比对、报告事项核对、信息共享、电话询问等方式开展的日常监督工作和每年组织一次的专项监督,且多数情况下只能根据权利相关人提出的异议而被动开展调查,明显缺乏强力保障。由此可见,仅靠第三方机构往往很难实现对个人债务集中清理人的有力监督。鉴于在个人债务集中清理期间,债务人的执行案件往往会作终结处理,其执行案件仍未实现完全出清,侧面使执行程序中的强制执行措施仍然可以督促债务人履行债务。因此,可以建立一个执行、破产部门与第三方监督机构的联动平台,在个人债务集中清理案件通过破产部门达成初步的清理计划后,以强制执行手段赋能第三方机构进行高效监督。一方面,可以借助执行的强制手段对债权人的权力进行合理限制,如可以发函要求市监局协助办理禁止从业的事宜,依靠执行系统来实现限制高消费、限制出入境、划扣被执行人账户等。另一方面,可以借助执行的信息查询系统,辅助判断债务人近期的收支情况和履约情况,以低成本高效率的方式加强对债务人的财产监督。目前,免责考察期的时长设置也缺乏灵活性,在实践中,过长的考察期不利于债务人回归社会,过短的考察期又会造成个人破产成本偏低。免责考察期的设置应是动态可调整的,应从债务人的负债情况、还款能力等多个方面综合考虑,在规定设置一个最长的考察期限后,如债务人在清偿到一定数额或者比例的债务目标时,可适当缩短考察期,以此进一步鼓励债务人积极偿还债务。

除此之外,根据《2023年浙江法院个人债务集中清理工作报告》,2023年浙江法院共审结个人债务集中清理案件1122件,其中成功清理352件。从数据上来看,当前实践中成功清理完毕的案件仅占全部个人债务集中清理案件的1/3,其中各种因素导致程序“中断”或当事人未达成最终清算方案的案件占绝大多数。基于现实而言,大量此类个人债务集中清理案件,不仅耗费了大量的司法资源,更消耗了当事人的大量时间精力。因此,如何处理此类传统意义上“清理失败”的个人债务集中清理案件对于个人债务集中清理制度的完善也尤为重要。经调研发现,该类案件往往经过了债权人会议,因为部分金融机构债权人无法获得免责许可或者部分债权人不认可等而失败。因此，针对该类案件，可以探索在个人债务集中清理过程中同步向债权人发送签署执行和解意向书，并在个人债务集中清理程序完毕后，将清理过程中的会商结果及债务人与个别债权人达成的清偿方案移交执行法官，待执行程序恢复后转为执行和解。在此种情况下，即使只达成了部分协议或者无法达成协议，执行法官也可以基于债务人在个人债务集中清理中的主动性和积极性对其诚信履行行为进行综合考量评估，再根据考量情况进一步与债权人进行协商，采取放宽部分强制执行措施或降低清偿比例、延长履行期限等方式持续推动执行案件的有效出清，实现从传统意义上的“清理失败”到实质成功的执行案件出清的转化，不但充分有效利用了个人债务集中清理的方案成果，避免了个人债务集中清理制度的目的完全落空，也在实质上排除了执行、破产法官对于“程序空转”的担忧，化解了隐形的“清理门槛”，更能持续激发债务人参与清理的积极性，为个人债务集中清理的多元转化打下基础。

（五）完善个人破产失权与复权制度

个人债务集中清理制度旨在保护“诚实而不信”的债务人，但并不代表彻底免除债务人的破产责任，对进行个人债务集中清理的“破产人”，仍应通过强制执行等一系列手段对其人身权利、财产权利或资格进行限制，督促其及时履行债务。与此同时，待债务全部清理完毕后，也需再通过相应手段进行恢复等。

作为现代少数保留的惩戒制度，个人破产失权制度在惩戒债务人和防止债务人滥用个人破产程序逃废债方面有独特的制度价值。① 而要保证个人破产失权制度平稳有效地运行，就离不开强制执行手段。具体而言，强制执行手段可以在人身权利、财产权利两个方面对债务人权力进行限缩。在人身权利方面，个人破产在一定程度上反映了债务人经营能力不强，且会导致个人信用评价降低，不宜担任对个人信誉或经营能力有较高要求的岗位。因此，执行部门可以通过与相关单位开展联审以及公示等手段进行限制等。此外，还应借助强制执行限制出入境的手段，对债务人生活工作地域形成一定的限制，防止债务人逃避债务的履行。在财产权利方面，最为直观的便是对债务人消费行为的限制，借助限高令

---

① 参见高泓：《个人破产失权和复权制度的反思与构建》，载《当代法学》2024 年第 3 期。

的执行模式,在衣食住行方面限制债务人非生活和工作的必需消费行为。

此外,失权是复权的前提,复权是失权的承继。为了防止破产债务人的人权长期处于不圆满的状态,个人破产失权有发生就要有终止。[①] 但需要注意的是,个人破产失权的目的不仅限于对债务人的惩戒,其根本目的是激励债务人积极履行债务,保障债权人的合法权益并促成债务人的“新生”。因此,需要明确债务人复权途径,让债务人具备明确的目标,方能使其产生更为强劲的自生动力。具体而言,存在以下集中复权情形:一是债务人已经通过个人债务集中清理制度全部清偿或部分清偿且免除剩余债务,此为个人债务集中清理程序过程中的适用条件。如果债务人通过努力在个人债务集中清理过程中实现清偿全部债务,或者在债权人免除部分债务后清偿剩余债务,对其进行失权惩戒的根本目的已经实现,此时恢复其权力便是应有之义。二是个人债务集中清理中达成的和解、重整方案已执行完毕,此为个人债务集中清理程序已经终结后的适用条件,债务人按照债务重整协议履行完毕的,人民法院可以根据债务人的申请,对其信用进行恢复。即以和解、重整方案履行完毕为条件,经债务人申请作为复权条件。三是根据债务清偿比例逐步放开权力限制,该条件适用于个人债务集中清理全过程。为提高债务人的偿债积极性,可以将债务人清偿债务分为多个阶段,债务人每当达到规定的清偿比例时即可向人民法院提出申请,由人民法院出面组织与债权人协商逐渐放开对债务人权力的限制。

① 参见王惠:《论破产复权制度》,载《当代法学》2002 年第 6 期。

子课题四：小微企业破产债务清偿与个人债务集中清理的合并处置研究

杭州市临安区人民法院课题组*

小微企业是市场经济最大主体，在我国经济社会发展总体格局中有着至关重要的作用，是促进就业、维持社会稳定、推动区域经济增长的关键力量。小微企业具有强烈人身属性，企业成败系于经营者之上。然而小微企业又因其抗风险能力弱，极易被市场淘汰。实践中，小微企业破产的特殊性导致其无法有效利用破产程序化解自身困境，将经营者拖入债务樊篱。本文旨在梳理合并处置小微企业破产债务清偿与个人债务集中清理的现实需要，通过对现有三种合并处置模式的比较分析，指出其中的难点和可行性出路，并提出相关构想和针对性建议。

一、合并处置小微企业破产债务清偿与个人债务集中清理的现实需要

根据中国执行信息公开网的数据，截至 2024 年 6 月 22 日，公布的失信被执行人数达 838 万人，其中小微企业经营者占有较大比例，但这些人并不被现有的破产制度

---

* 课题组成员：王笑庆、郑洪志、王浩、倪奇、周静。

所覆盖,小微企业经营者的个人债务问题日益凸显。如何“一揽子”联动解决小微企业与其经营者的债务问题,而非各自为政,是当下企业破产制度和个人债务集中清理程序均面临的严重考验。

(一)促进诚信债务人经济再生的需要

自然人作为社会的细胞,评价和记录自然人的信用状况是构建整个社会信用体系的基石。小微企业经营规模小、资金链脆弱、核心竞争力较弱,相较于大型企业,信用评级通常较低,且缺乏价值相当的贷款担保物,银行等金融机构发放贷款的意愿较低,融资难问题随处可见。很多经营者为获得融资,不惜用自己或家属的信用获取贷款,而在企业破产时,由于其背负的债务属于个人债务,无法进行破产清算,重整程序可能救得了企业但救不了经营者及其家庭。个人债务集中清理,则通过在企业破产后合并清理个人债务,为在资金链断裂后“跑路”或者走上绝路的经营者提供了一次“绝处逢生”的机会。把个人经营者归入个人债务集中清理的主体,既起到了惩罚、告诫债务人的作用,也能将无力偿还债务的自然人从“失信”的沼泽里营救出来,不仅有助于促进整个市场的完善,更有助于鼓励债务人尽自己全力来偿还没有清偿的债务,在债务人重生的过程中还能增加整个社会的财富。

(二)维护债权人公平清偿的需要

在社会主义市场经济体制不断发展的今天,个体工商户等个体经济组织,个人独资企业等非法人组织、小微企业已经成为市场主体的重要组成部分。目前,我国现有的法律体系无法满足这类主体的破产需求,而小微企业与其经营者资产混同的情况又使债权人利益得不到充分保障。目前现有的执行程序讲究“先到先得”,且无法保障所有债权人就所享有的债权按同比例进行分配,被执行人的财产也不一定能够全部掌握,由此出现了很多“法律上的穷人,生活上的富人”。但如果在企业破产后合并进行个人债务集中清理,便能够在一定程度上激励债务人主动清偿债务,并提高债务清偿比例,有助于挽救“诚实而不幸”的企业主,帮助其重整旗鼓,为其实现二次创业成功提供可能性,也反过来维护了债权人的利益。因此,可以说个人债务集中清理保护所有债权人的利益,保障债权人之间的公平赔偿。

(三)合并处置个企混同财产的需要

由于小微企业绝大多数都是人合性较强的一人有限责任公司、个体工商户等,人企资产往往高度混同,企业资产、债务与企业主资产、债务重叠度较高,如经营者利用公司资金偿还个人债务,不作财务记载的;经营者个人收益与公司盈利不加区分的。实践中,小微企业还因为自身独有的性质,在融资方面具有较大难度。在从金融机构获取融资时,部分金融机构基于规避企业经营者及相关利益主体不当使用借款、转移资产甚至逃废银行债务的风险,要求小微企业实际经营者及其配偶等提供与其偿债能力严重不符的巨额担保,导致人企资产发生混同,也让企业经营者等自然人深陷债务困境,在企业破产后,其无法通过破产程序实现免责,从而破产积极性不高。[①] 同时,虽然现行法律并没有明确规定企业和自然人债务合并重整或合并清算的程序,但是在小微企业破产程序中联动个人破产制度对自然人因企业融资等需要为企业提供担保而产生的债务进行合并处置,将有效节约有限的司法资源,且在技术和要件方面,小微企业的破产也与个人破产相近。

(四)发掘小微企业整体营运价值的需要

由于小微企业整体规模较小,人事关系相对简单,实际控制人与小微企业往往存在极为紧密的关系。小规模经营主体主要依赖实际经营者发挥核心作用,因此,经营者的状况是评估小微企业获得重生机会的首要条件。破产审判实务亟须改变过往以破产清算程序为中心的惯性思维,应树立“急诊医生”的角色定位,转向注重破产重整与破产和解功效的新思路,通过推动企业破产不停产、巩固府院协调体制、深化多元纠纷解决机制等途径,使更多具有挽救价值的困境企业转变破产的命运,获得再生的机会。[②] 在实体维度上,应当分别考量微观层面企业自身的营运价值、中观层面企业的行业价值以及宏观层面企业的社会价值,全方位判定企业重整价值;在程序维度上,则需要确立破产企业重整价值

① 参见最高人民法院民二庭课题组等:《企业破产程序中经营者保证责任的合并处理》,载《法律适用》2022 年第 2 期。

② 参见籍瑞华:《由“破”转“产”:困境企业挽救机制的比较及借鉴》,载《安徽理工大学学报(社会科学版)》2020 年第 6 期。

识别的审查机制,动员多元主体共同参与重整价值识别,明确重整申请人的举证责任。①

中小微企业的危机救助立法应该在保护企业家精神,维持就业与保护债权人利益,以及维护信贷市场效率之间建立最优的平衡。为此,法律的制度设计应该以保护营运价值为基本原则。② 若忽视实际经营者的决定性作用,将难以全面精准评估小微企业的整体营运价值。

二、企业破产程序债务清偿与个人债务集中清理的三种合并处置模式

至今,我国尚未有全国性的个人破产立法,而现行的企业破产法规定的债务人主体是指具备法人资格的企业法人,同时还有参照适用的合伙企业③、个人独资企业④,不包括其他非法人企业、单位、机构和个体工商户及自然人,在国际立法例上被称为有限破产主义立法,但理论界与实务界有关个人破产立法的呼声很高。自2019年以来,中共中央、国务院以及最高人民法院的有关政策文件,都提出了开展个人破产制度功能试点和司法实践探索等要求。在此前提下,现有的企业破产程序债务清偿与个人债务集中清理的合并处置工作,无论是理论层面还是实务层面,基本都还处于探索研究阶段。本文综合各地立法及地方法院创新,比较价值取向、程序路径等区别,对现有的探索做法和创新思路作如下三种分类。

(一)在企业破产程序中有限清理个人债务

债务人企业在被宣告破产前,具备重整或和解可能的,债务人或管理人应当

---

① 参见张世君、郑侠:《破产企业重整价值的法律识别》,载《法律适用》2023年第10期。

② 参见王佐发:《中小微企业危机救助的制度逻辑与法律建构》,载《中国政法大学学报》2020年第6期。

③ 《中华人民共和国合伙企业法》第92条第1款规定,合伙企业不能清偿到期债务的,债权人可以依法向人民法院提出破产清算申请,也可以要求普通合伙人清偿。

④ 《最高人民法院关于个人独资企业清算是否可以参照适用企业破产法规定的破产清算程序的批复》规定:“根据《中华人民共和国企业破产法》第一百三十五条的规定,在个人独资企业不能清偿到期债务,并且资产不足以清偿全部债务或者明显缺乏清偿能力的情况下,可以参照适用企业破产法规定的破产清算程序进行清算。”

制作重整计划草案或和解协议草案,同时提交债权人会议审议表决和人民法院批准(认可)。为解决中小微企业出资人、法定代表人、实际控制人等企业相关人员及其家庭成员为企业债务提供担保的问题,重整计划草案或和解协议草案可以作以下类似特别规定:(1)债权人在依据法院裁定批准的重整计划或和解协议获得财产分配和债务清偿后,豁免担保人的担保责任;(2)债权人不再申请继续执行担保人,与之对应的执行程序终结,解除各项失信限高措施;(3)重整计划或和解协议调整范围内的债权人不得再向担保人主张清偿权利。

各地中级人民法院也有出台类似的操作规范,如《北京破产法庭中小微企业快速重整工作办法(试行)》第27条,以及《云浮市中级人民法院中小微企业快速重整工作办法(试行)》第27条,均作出了同样的规定:“中小微企业出资人、法定代表人、实际控制人等企业相关人员及其家庭成员为企业债务提供担保的,在取得担保人及相应债权人的同意后,可以在重整计划草案的债权调整和受偿方案中对于相关人员担保债务的清偿作出规定。”《杭州市中级人民法院中小微企业快速重整(和解)工作指引(试行)》第30条规定:“中小微企业出资人、法定代表人、实际控制人等企业相关人员及其家庭成员为企业债务提供担保,或者个人资产负债与企业形成混同,可以探索在重整、和解程序中对个人债务一并进行集中清理。”

各地人民法院也有类似的司法实践,如Z省H市L区人民法院于2020年审结的某科技有限公司破产清算转和解案,债务人股东提出豁免其对企业债务连带责任的申请,为提高债务人的和解积极性和成功率,L区人民法院在指导管理人制定《和解协议草案》时,设置了附条件的股东连带责任的豁免条款,以债权人会议表决的意思自治和法院的裁定批准,对此赋予了法律约束力,从而解决了股东对企业对外债务担保的困境。Z省L市人民法院审结的王某、陆某某个人债务集中清理案就是这类典型,其探索将个人债务集中清理纳入企业合并破产清算中,将公司债务与个人债务一并处理,“一揽子”化解债务,提高了债务清偿率,避免了财务混同而可能导致的债权债务不明等问题。该案例入选了“2023年Z省人民法院个人债务集中清理(类个人破产)十大典型案例”。

(二)在个人破产或个人债务集中清理程序中有限清理企业债务

鉴于有无地方性个人破产立法的区别,该种模式目前可能存在两种操作路径:一是法定清理免责。有学者认为,《深圳经济特区个人破产条例》第95条、第96条规定,债务人在破产清算后经过3~5年的考察期,可以获得债务免责;第36条、第97条、第98条则依次列明了债务人可以保留的豁免财产范围、不能免责的债务类型以及因债务人不当行为而不予免责的债务类型。因此,深圳具备企业破产和个人破产两大板块同时在线的条件,有条件率先为全国探索出一套崭新的小微企业破产模式,并列举了三种路径。其中两种路径,是指在个人破产清算中,给予债务人个人一定期限的免责考察期,企业法人所欠的未清偿债务余额即可获得免除,至于非法人企业的企业债务,则可以在企业继续存续的情况下,随着出资人的连带责任免除而获得免除。① 该种路径尚未发现有成功案例,目前仍停留在理论构想阶段。二是约定清理免责。在没有地方性个人立法的地区,则可以在制定个人债务集中清理方案时,约定个人债务豁免以及担保企业免责的条款,并通过债权人会议表决一致决的规则,达到同样目的。如Z省H市Y区人民法院审结的崔某某个人债务集中清理案,通过引导争取债权人的理解和支持,将公司债务与个人债务一并处理,"一揽子"化解2件执行案件和20余项债务,避免了企业因短期经营困难而进入破产程序。

(三)企业破产与个人债务集中清理的合并处置程序

法院分别裁定受理企业破产和个人债务集中清理程序后,发现个人债务人系对企业债务负有连带债务的自然人的,可以参照关联企业实质合并破产模式,将个人债务集中清理程序纳入企业破产程序中,按照企业破产法规定的程序合并处置,编制统一的债权表,制作《企业和个人财产合并变价方案》、《企业和个人财产合并分配方案》或《重整计划》、《和解协议》,并提交债权人会议进行合并审议和表决,经债权人会议表决通过和法院裁定认可或批准,管理人按照前述方案变价和分配后,债权人同意豁免个人的连带责任,不再申请继续执行个人债务人,与之对应的执行程序终结。

该种模式以浙江省天台县人民法院出台的《个企合并破产机制》为典型代表,其中规定了10种可以引导个企合并破产的情形、合并启动方式,并探索出了

---

① 参见齐砺杰、林锐鑫:《个人破产立法嵌入小微企业破产专用程序相关问题研究》,载《深圳法治评论》2024年第1期。

“单轨重叠式”“双轨交叉制”两种合并破产模式。此外，对于Z省H市L区人民法院的小微企业与经营者的“双重挽救”模式，目前也有两起小微企业和经营者合并“破产”并实现企业与个人双和解的成功案例。如在2023年审结的盛某个人与其经营的玻璃钢公司合并债务清理案中，Z省H市L区人民法院积极探索企业破产与个人债务集中清理合并处理的具体操作路径：先分别裁定受理企业破产清算与个人债务集中清理程序，经审查发现企业法人与自然人股东人格混同，又参考关联企业实质合并破产的操作流程，经债务人申请，由管理人向债权人会议提交《企业破产与个人债务清理合并处理》进行审议和表决，表决通过后，再提交法院裁定合并处理。第二次债权人会议均高票通过《公司与个人债务合并处理及和解方案》，成为该法院首例企业与个人债务实质合并处理的“双和解”案例。

（四）三种合并处置模式的比较

比较三种合并处置模式，前两种的优势在于操作简单，仅需通过一个程序（企业破产程序或个人清理程序）解决，不涉及程序竞合的法律冲突问题，但它的局限性在于仅能有限清理企业与个人的连带债务，非连带债务则不能处理，同样对于资产变价问题也不能合并进行处置；第三种模式则不同，其优势在于合并处置个企资产以及合并清理个企债务，将个人债务集中清理程序纳入企业破产程序中，实现债权人公平清偿，但它的现实难点在于不同程序之间的冲突障碍，对此将在下文中详细予以阐述。

三、企业破产程序债务清偿与个人债务集中清理合并处置的现实障碍与可行性分析

如前所述，自2018年以温州、台州、丽水遂昌为代表的浙江法院个人破产制度的探索以来，浙江法院始终走在个人破产实务的前沿。2021～2023年，浙江省高级人民法院连续3年印发《重点突破、全面推进个人债务集中清理工作实施方案》《关于扩大重点突破法院范围继续稳妥有序推进个人债务集中清理工作的通知》《关于调整重点突破法院范围进一步积极稳妥推进个人债务集中清理工作的通知》，始终坚持强调重点探索企业破产案件的受理法院开展与企业破产案件相

关的债务人企业实际控制人、股东或者为债务人企业提供担保的自然人的个人债务集中清理工作,也鼓励开展其他情形的个人债务集中清理工作如对经营失败的自然人开展个人债务集中清理等。对企业破产程序债务清偿与个人债务集中清理合并处置工作的重视程度可见一斑,但究其实践成果,目前仍然处于摸索中,并没有形成较为成熟可复制可推广的模式。本文通过对企业破产程序与个人债务集中清理程序的比较分析,剖析合并处置的现实障碍与可行性。

(一)合并处置的现实障碍

1. 立法目的不同

《中华人民共和国企业破产法》(以下简称《企业破产法》)第 1 条规定,"为规范企业破产程序,公平清理债权债务,保护债权人和债务人的合法权益,维护社会主义市场经济秩序,制定本法"。2018 年 3 月 4 日发布的《全国法院破产审判工作会议纪要》提出,破产审判要求通过破产工作实现资源重新配置,充分运用重整、和解法律手段实现市场主体的有效救治,帮助企业提质增效,运用清算手段促使丧失经营价值的企业和产能及时退出市场,实现优胜劣汰,从而完善社会主义市场主体的救治和退出机制。关于个人债务集中清理程序的工作目的,《深圳经济特区个人破产条例》第 1 条规定:"为了规范个人破产程序,合理调整债务人、债权人以及其他利害关系人的权利义务关系,促进诚信债务人经济再生,完善社会主义市场经济体制……"浙江省高级人民法院在 2021 年印发的《重点突破、全面推进个人债务集中清理工作实施方案》的通知中指出,个人债务集中清理工作对于完善市场退出机制、鼓励创业创新意义重大,是推动切实解决执行难、构建人民法院"立审执破"工作格局的重要抓手。分析上述条例、政策等文件可知,企业破产工作的价值取向在于:(1)公平清理债权债务;(2)企业资源重新配置;(3)司法救治破产企业;(4)清算退出市场主体资格。个人债务集中清理工作的价值取向在于:(1)公平清理债权债务;(2)促进诚信债务人经济再生;(3)解决执行难。两者最大的不同在于是否退出市场主体资格,企业的法人人格属于法律拟制人格,可以通过登记注销退出;而自然人的人格系通过出生形成、死亡消灭。这就导致了一个不可回避的后果,相比企业破产清算程序,个人债务集中清理程序存在一项先天劣势,即债务清理始终存在不彻底的可能性。此外,在企业破产后,企业资格将会被注销,经营者的身份也不复存在,当然不会考虑后续的经营发展问题。而个人破产的精神实质是保障债务人的生产与发展权,"人的因素"占据主要,且在这一价值取向中,债务人豁免财产、失权复权、免责制度成为立法者首先需要考虑的。若两者实质合并,对于豁免财产的处理或许会发生价值取向的冲突,两者的制度设计也很难做到和谐同频。

2. 立法层级不同

现行企业破产法虽系有限破产主义立法,但毕竟是法律。而对于个人破产立法,至今尚无全国性法律出台,目前也仅深圳一地出台个人破产条例,层级上也仅是地方性法规。全国其他地区则是由地方法院出台类似个人破产的司法操作性文件,对符合条件的个人债务人进行债务集中清理,而这些可操作性规范大多以执行程序为基础,参照破产制度的功能进行设计。它的依据是建立在执行程序的财产调查、参与分配、执行和解、失信惩戒等制度基础上,综合运用后集成创新。因此,个人债务集中清理是在个人破产制度缺失下诞生的类个人破产制度,其本质上仍属于执行程序,是从执行制度中衍生的执行性质的综合性的特别程序,效果上追求并且达到了个人破产的基本功能。综上,在个人破产制度缺失前提下,企业破产和个人债务集中清理的合并处置实际很难做到相互对等吻合,导致现有的合并处置都是以企业破产程序吸收个人债务集中清理的方式实现,无形中的法理和制度束缚较多。

3. 程序设计不同

现有的个人债务集中清理制度主要参考了企业破产程序,但基于立法的缺失和根本目的不同,造成了诸多有效的企业破产独有制度设计的缺失,可谓遗憾。例如,(1)启动主体。企业破产申请人不限债权人和债务人,但个人债务集中清理申请人目前均仅限债务人。(2)停息制度缺失。《企业破产法》第46条第2款规定附利息的债权自破产申请受理时起停止计息,对担保人也适用。[①](3)保全解除,诉讼、仲裁、执行中止。《企业破产法》第19条、第20条规定,人民法院受理破产申请后,有关债务人财产的保全措施应当解除,执行程序应当中止,已经开始而尚未终结的有关债务人的民事诉讼或者仲裁应当中止。个人债务集中清理程序虽也有上述类似制度涉及,但限于各地单独立法或司法实践,如

① 《最高人民法院关于适用〈中华人民共和国民法典〉有关担保制度的解释》第22条规定:"人民法院受理债务人破产案件后,债权人请求担保人承担担保责任,担保人主张担保债务自人民法院受理破产申请之日起停止计息的,人民法院对担保人的主张应予支持。"

涉及跨省、市、区的执行案件,需要上报至共同上级法院进行协调处理。(4)表决规则不同。《企业破产法》规定债权人会议的决议,由出席会议的有表决权的债权人过半数通过,并且其所代表的债权额占无财产担保债权总额的1/2以上(重整计划草案、和解协议草案需2/3以上)。而个人债务集中清理程序,目前仅《深圳经济特区个人破产条例》作出类似规定,全国其他地区的司法规范性文件大都采取了债权人一致决以及双重表决机制的规定。

(二)可行性出路:"求同存异"

在个人破产立法缺失的大背景下,各地人民法院探索企业破产程序债务清偿与个人债务集中清理合并处置的重点应放在制度的有机结合点上。(1)在价值取向上,两者都倡导公平清偿债权人、司法救治债务人。据此,可以在机制顶层设计上,将合并处置分成两种模式:债务整理(合并清算模式)、债务清理(合并重整或和解模式)。(2)在机制架构上,个人债务集中清理程序的主要设计源于对企业破产程序的参考,因此建议简化小微企业的各项破产程序,降低制度成本和缩短程序时间。(3)在合并处置对象上,建议主要面向小微企业及其经营者,实践中两者的资产和债务混同程序较高。(4)在制度设计上,建议忽略不同点,寻找有机结合点,如制作统一的《企业和个人财产合并变价方案》《企业和个人财产分配方案》,而不纠结于是否要提交统一的债权人会议或应用统一的表决规则。前文主要阐述了合并处置的理念"求同存异",至于具体建议详见下文分析。

四、构建企业破产程序债务清偿与个人债务集中清理合并处置机制的设想

无论是小微企业破产还是自然人破产,均具有债务人不能清偿到期债务、债权人公平受偿、未能清偿债务免责等特点,二者在破产制度架构、程序设置、利益主体保护等层面都具有共同之处。因此,对其进行合并处置具有一定的可行性,只需辅以相应的制度安排。对此,就构建企业破产程序债务清偿与个人债务集中清理合并处置机制,提出以下建议。

(一)构建全国性的自然人破产制度

成熟的市场经济体系,无论是法人或自然人都应当具备完备的市场准入与

退出机制。现阶段，个企合并处置资产和债务的最大障碍就在于企业破产立法与个人破产立法的不对等，造成两者之间缺少有法可依的衔接机制，而要达到企业与其经营者的债务整理或清理最优化，就亟须个人立法破产制度的出台。2024 年 7 月 18 日，党的二十届三中全会通过《中共中央关于进一步全面深化改革　推进中国式现代化的决定》，其中明确，“健全企业破产机制，探索建立个人破产制度，推进企业注销配套改革，完善企业退出制度”。

自然人破产问题牵涉社会方方面面，十分复杂。无论是舆论长久以来对个人破产的质疑，还是个人破产所牵涉的社会风险、金融风险，都需要一套具体的制度来规制。因此，在未来的个人破产法中要明确以多程序、多渠道、多方式解决个人债务问题，并辅之以庭外解决程序。对此，作出如下建议：首先，自然人破产制度需以明确的方式建立其免责制度，核心包括自由财产、失权复权。其次，规范破产管理体制与行业监管渠道，如创立相应的破产事务管理部门。最后，要设置法庭外的个人债务集中清理程序，在法庭外对债务人与债权人之间的债权债务达成解决方案，实现庭外债务清理。①

（二）《企业破产法》中设置“小微企业专门破产程序”篇

如果个人破产立法短期无法提上日程，鉴于《企业破产法》2021～2024 年已连续 3 次进入全国人大常委会年度立法计划拟初次审议名单，可以考虑在新修订的《企业破产法》中设置“小微企业专门破产程序”篇规定，增设合伙企业、个人独资企业、个体工商户等破产主体，将小微企业经营者的个人债务集中清理直接纳入小微企业专门破产程序中，先一步解决因经营失败的自然人破产问题，从而缓解个人破产立法的缺失尴尬。有学者建议，在修改《企业破产法》过程中，立法机关应围绕债务人的参与和留任问题、出资人的权益保留问题、债权人会议的简化和视同批准问题、企业主的债务免责问题、公共机构或公益组织的协助问题，参考联合国国际贸易法委员会的《贸易法委员会小微企业破产立法建议》和世界银行宜商环境评估的最新指标，结合中国实际构建符合中国实际情况的小

---

① 参见徐阳光、韩玥：《个人破产的三重控制机制：基于个人债务集中清理实践的分析》，载《法律适用》2022 年第 6 期。

微企业破产专门规则。[①] 因此,建议小微企业专门破产应根据小微企业的经营特点,建立小微企业专门的简易破产清算机制和快速再生(重整、和解)机制,降低小微企业进入破产程序的门槛,同时快捷、高效地合并清理小微企业及其经营者的关联债务,做到出清与拯救并行,让创业者有"再来一次"的底气。

(三)建立个企合并清算、再生(重整、和解)机制

从个人破产立法或企业破产法修改寻求直接突破点,事实上是个企合并处置最根本的解决途径。但在现有立法缺位的前提下,建议以较为成熟的企业破产程序为主体机制架构,将个人债务集中清理工作纳入其中,以企业的三大要素"资产""债务""经营(资源)"为处置核心和有机结合点,根据小微企业及其经营者的具体不同情况,制定不同程度、范围的《企业和个人财产合并变价方案》《企业和个人财产合并分配方案》,科学精准识别小微企业及其经营者的挽救价值,对不具有挽救价值的快速合并清算,对具有挽救价值的快速合并再生,以实现个企的"双重出清"或"双重挽救"。基本的操作流程,可按如下方式进行:

1. 合并对象。合并对象,是指小微企业及其经营者。这里的经营者系自然人,应作概括解释,主要分为三类:一是对企业负债承担保证责任或连带责任的出资人、法定代表人、实际控制人等企业相关人员及其家庭成员;二是依法承担无限连带责任的合伙企业的普通合伙人和个人独资企业的出资人;三是个体工商户。

2. 启动和受理。(1)"先企后个再合并"模式。法院裁定受理企业破产程序后,经审查发现对企业关联债务承担责任的经营者不能清偿到期债务,资产不足以清偿全部债务或者明显缺乏清偿能力的,可以引导符合受理的经营者债务人提出个人债务集中清理申请。法院裁定受理申请后,经审查认为企业和经营者个人存在资产混同情形的,可以参考关联企业实质合并破产的操作流程,召集企业和个人的主要债权人以及债务人参加听证会,听取债权人和债务人关于合并处置企业和经营者的资产、债务的意见。法院经综合研判后作出是否合并处置的裁定。需要说明的一个问题是,经营者个人在企业破产管辖法院有作为被执

① 参见徐阳光、宋宜恬:《小微企业破产的特殊性及其规则构建》,载《法律适用》2023年第3期。

行人的强制执行案件事实,不应作为合并处置的前提条件。但在具体操作流程中,建议可以先对合并处置事宜进行审查和裁定,合并处置后,再裁定受理经营者的个人申请。(2)“先个后企再合并”模式。法院裁定受理经营者的个人债务集中清理申请后,经审查发现其经营的企业对个人债务负有担保责任,同时企业也具备破产原因的,可以引导企业或其债权人提出企业破产申请。后续合并处置的审查程序和流程同第一种模式,但以企业住所地须在前述受理法院管辖范围为限。

3. 指定管理人。建议在裁定合并处置后,按照管理人指定规则,由受理法院指定同一管理人。

4. 调查财产。合并处置后,债务人企业和经营者应依法向管理人和法院提交企业财产状况说明、有关财务会计报告、个人财产状况报告,管理人需自行或委托中介机构,对企业和经营者的资产混同情况进行专项审计并出具相应审计报告,同时应当就经营者个人专属的财产以及为维护债务人个人生计等可以不纳入处置财产范围的保留财产进行审查,最终确定可以纳入合并处置的资产范围,制定《企业和个人财产合并变价方案》并提交债权人会议审议。

5. 核查债权。由管理人对申报的债权进行统一审查,并登记造册,编制债权表。在审查过程中,管理人需自行或委托中介机构,对企业和经营者的债务混同情况进行专项审计并出具相应审计报告,合理区分企业和个人的专属负债等可以不纳入合并分配的债务。根据具体情况,编制企业和个人的合并债权表、企业专属债权表、个人专属债权表。

6. 财产分配。根据财产变价情况以及债权审核情况,管理人就纳入合并处置财产、债权情况,制定《企业和个人财产合并分配方案》,就不纳入合并处置财产、债权情况,制定单独的《企业破产财产分配方案》《个人债务清理方案》。

7. 挽救价值识别。法院在裁定受理企业破产申请或经营者个人债务集中清理申请前,通过听证、征询、第三方评估、数智赋能等多种方式对企业及其经营者是否具备挽救可能性(重整或和解)进行识别,以及对挽救价值(企业整体长期营运价值)进行评估,从而对症下药、分流施策。对具有挽救可能性和较高挽救价值的企业及其经营者,进行双重挽救,即由管理人制作《企业和个人合并重整计划草案》《企业和个人合并和解协议草案》,并提交债权人会议进行表决。

(四)挽救价值识别做法借鉴

针对现有司法实践难以精准识别困境企业是否具有挽救价值、挽救可能性,且存在难以快速有效引进投资人,导致企业无效自救多、主动申请破产保护少、破产成功挽救率低、企业市场退出无序等问题,Z省H市L区人民法院坚持市场化法治化原则,开发“企业挽救价值估值系统”数智应用,并以此为核心,结合企业破产“预重整”、“和解”以及个人债务集中清理制度,尝试构建一套涵括诉前预警、债务辅导、挽救识别、程序分流、价值评估以及快速救助的可复制可推广的小微企业快速破产拯救机制。该系统自2022年上线以来,已成功拯救小微企业21家,化解债务31亿元,盘活土地176亩,债权清偿率由低于15%提升至35%以上,破产重整成功率由6.4%提升至30%,远高于全国5.12%、全省1.8%的平均水平。

目前,“企业挽救价值估值系统”2.0迭代升级为两个“数据仓库”、三大“应用场景”,并于2022年6月在Z省法院破产智审平台上线,全省法院均可线上线下同步应用。2023年出台的《杭州市中级人民法院中小微企业快速重整(和解)工作指引(试行)》第6条,也将前述估值系统列为识别重整价值的一项重要途径。此外,针对小微企业的特殊实际,Z省H市L区人民法院以自行开发的“债务人诚信测试分”为基础,结合小微企业及其经营者的营运价值研究,在前述“企业挽救价值估值模块”中,增设“企业家信用价值模块”,通过对小微企业经营者的信用评分,计算其对小微企业营运价值的加权分,以充分发掘小微企业的潜在价值,最大化调动经营者自救的自信心和积极性。

子课题五：债务人诚信审查机制的构建

宁波市中级人民法院、绍兴市上虞区人民法院课题组*

近年来，浙江法院个人债务集中清理工作的探索亮点频出，为个人破产程序的规则建构积累了丰富的浙江经验。随着试点推广的逐步深入，审判试点的路径优化也步入了“改革深水区”。在一般破产主义下，14 余亿自然人中的完全行为能力人均为潜在的个人破产程序适用对象，但并非任意类型的债务人均可通过个人债务集中清理程序获得债务免除。如果债务人进入清理程序后通过破产欺诈行为实现债务豁免，将会冲击道德意义上的诚信，破坏社会信用，严重影响司法的公信力。[①] 如在某地的个人破产审判试点中，出现了不少信用卡债务人试图借助破产程序免除债务的现象，如此将有悖于个人破产程序预设的救济对象及激励创业创新、扶危济困的目标。个人债务集中清理程序的救济对象应定位为“诚信债务人”，构建诚信债务人审查机制，有助于提升风险防范、拯救困境自然人以及维护良好的经济秩序。本文从

---

* 课题组成员：邬先江、莫爱萍、张颖璐、石学敏、刘东方、黄振光、常黎阳。

① 参见刘静、刘崇理：《建立我国个人破产制度若干问题研究》，载《人民司法》2020 年第 19 期。

筛选诚信债务人的必要性出发,总结了实践探索中诚信债务人审查的堵点、难点,并归纳了各阶段诚信债务人的认定标准,最后对构建诚信债务人审查机制的配套措施提出建议,以期对当前个人债务集中清理的实践有所裨益。

一、筛选诚信债务人的必要性

(一)鼓励诚信的价值导向

诚信原则是民商事活动的“帝王原则”,遵守诚信也是获得债务免除和申请复权的前提。个人债务集中清理程序的目标在于给予善良、诚实的债务人“再生”机会,为“诚实而不幸”的被执行人提供救济,给予此类债务人在经济上“重新开始”的机会。以救济诚信债务人作为导向的个人债务集中清理程序,有助于激励债务人更加积极、主动地偿还债务,有效释放人力和物质资源,提升债权人的清偿率。个人债务集中清理程序不仅能够保护债权人、债务人的利益,也肩负着维护社会信用、扶危济困的重要导向,对诚信债务人的债权债务开展一次性清理,可帮助债权人、债务人在道德层面、法律层面和经济层面实现“多赢”。[①]

(二)司法资源的配置需要

构建诚信债务人的审查规则,有助于帮助化解民事执行程序中因无财产可供执行而带来的低消耗难题。大批执行不能且未能彻底退出执行程序的案件,极大地浪费了司法资源,困住了大量的自然人债务人,也抑制了市场活力。个人债务集中清理程序应准确区分“执行难”与“执行不能”的债务人,将有限的执行司法资源用于攻克“执行难”堵点。注重诚信债务人的筛选有助于司法资源的高效利用,通过全流程的严密审查,筛选出真正有偿还意愿和能力的债务人,避免司法资源被恶意逃避债务的“老赖”所占用,减少因恶意逃债而引发的法律诉讼,释放更多的司法资源,维护法律的权威和公正。债权人公平受偿后,无须再为追回债务付出时间和精力,有利于社会的和谐稳定和资源的重新配置。

---

① 参见王欣新:《用市场经济的理念评价和指引个人破产法立法》,载《法律适用》2019 年第 11 期。

（三）社会大众的普遍期待

在我国目前的破产程序下，企业债务人可直接借助破产程序实现出清和拯救。为弥补自然人债务救济渠道不足的现状，浙江法院先行先试，探索个人债务集中清理程序，帮助自然人债务人从繁重的债务中解脱出来，有助于保护债务人的人格利益，真正体现了以人为本的价值导向。在权利位阶中，特定情形下的人格利益应当优于财产利益。如在罗马法中，破产债务人在财产让与后重获财产，被起诉要求清偿剩余债务时，可以作出少于请求额的判决，就隐含着债务人人格利益高于债权人财产利益的价值倾向。尤其当债务人系因大病急灾、商业交易风险等陷入债务危机，本身未有欺诈行为时，出于维护人格尊严的目的，法律不应使其长期处于惴惴不安之中。借由个人债务集中清理程序，余债免除可以帮助债务人走出困境，提高了债务人的劳动积极性，为其实现经济复苏及开启新生活提供可能。实际上，目前社会层面不支持个人破产制度群体的主要理由是可能有助于逃废债行为的发生，其并不反对诚信债务人经由法定的个人债务集中清理程序实现债务豁免。①

二、债务人审查的难点、堵点

结合个人债务集中清理的实践来看，诚信审查原则贯穿整个流程，具体可分为三部分：一是事前诚信审查，此时债务人应进行全面如实的财产申报，作出相应承诺，最后由执行局出具初步的审查意见。二是事中诚信审查，业务部门在审查阶段结合债权人的意见对债务人的诚信作出初步判断。管理人接受法院委托后，应对债务人的财产等相关情况做全面调查，并提请债权人会议和业务部门审查。三是事后诚信审查，个人债务集中清理程序终结后，债务人仍需承受一定年限的信用限制，包括行为限制和资格限制，以体现其先前的承诺和履行债权人免除债务的对价。

以绍兴市上虞区人民法院2023年度审结的案件为例，立案审查个人债务集

---

① 参见张善斌、钱宁：《论个人破产制度构建的痛点——公众法意识的转型》，载《商业研究》2021年第2期。

中清理案件 20 件,受理 10 件,审结 13 件,成功清理仅 3 件。在债务清偿方面,全年个人债务集中清理涉案债务总额共计 2699 万元,但仅清偿 199 万元,个人债务清偿工作的开展阻力较大。事前审查标准的模糊导致相当一部分符合个人债务清偿条件的执行案件未能进入到“执转破”流程中,且有一半案件在立案审查过程中被认定不符合标准而未予以受理;同时,由于事中审查时债权人的配合度较低、管理人履职主动性不高、调查对象的范围受限等,最终仅有 3 件实现债权人与债务人达成一致并免除剩余债务后完成清理。未能完成清理的原因包括债务人确无财产可供分配、债务人无法提供个人债务集中清理方案、债务人拒绝出席债权人会议、债务人申请撤回债务清理申请等情况。根据已施行的情况来看,各阶段的债务人诚信审查均存在一定难点和堵点。

(一)事前审查

第一,执行局移送审查标准模糊。当前大多数个人债务集中清理案件源于“执转破”程序,第一道关口即为执行局的排查,但执行局的审查程序多流于形式且标准不一。有的法院审查标准较为宽松,致使个别以“逃废债”为动机的债务人进入个人债务集中清理程序,引发债权人的不满,甚至引发对司法公信力的质疑。有的法院在移送案件时,仅以债务人自身填报的财产申报表等材料作为审查依据,而未采取进一步的调查核实,未能充分发挥执行局查找财产的优势,如通过“总对总”“点对点”网络查控系统查询信息,摸排债务人的最新财产情况。有的法院审查标准较为严苛,凡是被列入失信被执行人名单的债务人一律不予移送,导致有意图改过自新的债务人无法通过个人债务集中清理程序摆脱债务枷锁。然而,当前认定为失信被执行人的标准较为宽松,且主要集中在“有履行能力而拒不履行生效法律文书确定义务”“违反财产报告制度”的被执行人。基于此,按当前标准被纳入失信被执行人名单的债务人,部分可能属于潜在的可适用个人债务集中清理程序的对象,这也是 2023 年度绍兴市上虞区人民法院仅立案审查个人债务集中清理案件 20 件的原因之一。根据《浙江法院个人债务集中清理(类个人破产)工作指引(试行)》(以下简称《工作指引》)第 12 条的规定,失信债务人为纠正自身失信主动申请债务集中清理,法院裁定受理的,可以决定提前删除其失信信息。可见,失信被执行人也可作为适用对象进入个人债务集中清理程序。因此,以是否系失信被执行人作为个人债务集中清理案件的移送条件，有所不当。

第二，财产报告的审核存在堵点。在各地出台的相关条例、工作指引中，均提到债务人应当在申请时向人民法院书面报告本人及其配偶、未成年子女以及其他共同生活的近亲属名下财产情况。不同于公司法人的拟制人格，自然人债务人无法与共同生活的配偶、子女等近亲属做到财产上的相互独立，配偶、父母子女之间的财产混同较为常见，因此有必要对共同生活的近亲属财产情况予以一并审查。但在实践中，对相关主体进行诚信审查，存在诸多困境。首先，虽然相关条例、工作指引规定了债务人提交财产报告的义务，且要求债务人本人配合审查工作，但关于配合审查义务的内容不够明确。其次，大多数债务人配偶、子女或因个人隐私问题，或因与债务人存在矛盾、担心名誉受损等，拒绝配合审查。最后，鉴于案件的当事人仅限于债务人本人，当管理人或法院工作人员前往相关金融机构、征信机构及不动产登记中心等部门，就配偶、子女等的财产状况申请调查取证时，经常因缺乏依据而被拒绝取证。

第三，是否需审查过度消费的标准不统一。肯定观点认为，因过度消费、非理性投资而无法偿还债务，最终导致进入执行程序的债务人，主观上缺少努力归还债务的能动性和积极性，甚至存在借此“逃废债”的动机，后续还款方案的履行可能性也较小，且并非传统意义上“不幸”。否定观点认为，过度消费、非理性投资本身就是相当一部分债务人无法还清债务的原因，不能以此为由直接认定债务人缺乏还款积极性，后续还款方案能否履行，属于事中审查的范畴，应在管理人组织召开债权人会议及讨论还款方案期间再行审查。同时，法院及管理人对债务人过度消费、投资的审查工作较为繁杂，难度较大，相关人员、场所配合度低，如何把握认定“过度”的界限标准也存在困境，有观点认为可从消费、投资的对象是否合理，占实际资金收入的比例是否过高，是否存在恶意三方面界定。①

（二）事中审查

第一，债权人的配合度较低。根据《工作指引》第9条的规定，人民法院在个人债务集中清理案件的审查受理阶段，业务部门可以组织召开已知债权人的听

① 参见汤维建、胡守鑫：《个人破产制度构建中的理论分歧、共识与反思——基于571份调查问卷的实证研究》，载《中国应用法学》2021年第5期。

证会。部分法院针对债务人的诚信问题,通过征询债权人的意见把好受理前的审查关。但在实践操作过程中,一方面,债权人不配合法院的诚信审查,拒不参加听证甚至拒不发表其对债务人的诚信意见;另一方面,债权人的意见不够客观、中立,关于诚信的主观标准不一,难以形成相对统一的意见。故在个人债务集中清理程序中,是否需将债权人对债务人的诚信评价作为必要步骤,其操作性、可行性有待论证。

第二,管理人的履职主动性不高。管理人是个人债务集中清理程序的具体执行者,但实践中履行职务时面临诸多困境。首先,行政机关的配合度较低。有的行政机关要求出具法院的调查令,有的行政机关以相关事项属于债务人的个人隐私为由拒绝提供资料。其次,在管理人核实债务人自行申报材料的过程中,查证核实的阻力较多。如《工作指引》第 29 条规定的债务人住宿登记信息,实践中管理人难以查询;债务人的工作情况、工资水平,有赖于债务人的自行披露和工作单位的配合度;通过人民银行调查征信情况时,也需由债务人提供材料配合;关于不动产的查询,无法实现在全国范围内通查。加之个人财产的多样性决定了管理人调查成效的局限性,管理人的调查需尽可能穷尽债务人的全部财产,除非债权人提供足够的财产线索,否则现金、贵金属、不记名债券、债权凭证、专利、商标、股权、股票基金等均难以查实。

第三,调查对象的范围受限。根据《工作指引》第 30 条的规定,管理人可以对债务人、配偶、未成年子女及其他共同生活的近亲属财产一并展开调查,将财产调查范围限定为债务人及其家庭成员。但在实践中,债务人负债后的离异率较高,而只有对离异配偶的财产一并调查,才能查明债务人财产的真实往来状况。现因缺乏相关依据,管理人虽可向法院申请调查令对离异配偶的财产进行调查,但无法确定调查的准确起始时间和范围。在管理人的报酬或垫付费用缺乏保障以及后续工作开展结果不确定性较高、相关人员配合度较低的情形下,管理人推进工作缺乏一定的积极性,对非债务人本人的调查难度较大。另外,个人信用体系作为债务人诚信审查的重要依据,成熟度不足的个人征信系统客观上阻碍了个人债务集中清理程序的开展。在实践中,法院设法通过债权人举报、债权人听证、管理人走访调查等手段克服前述困境,但同时提高了诉讼成本,降低了司法效率。管理人出具的调查报告不够全面,难以全面反映债务人的信用状况,无法做到让债权人或法院信服。

(三)事后审查

综合各试行地区出台的条例、工作指引以及已有的个人债务集中清理案例来看,各地区关于事前、事中诚信审查的规定与实践较为明确、一致,但关于事后诚信审查的规定与运用稍有不同。

第一,免责考察期的性质不够明晰。以《工作指引》相关规定为例,该指引第56条、第57条规定,若所有债权人均同意免除剩余债务,此时法院可以直接免除债务并裁定终结执行案件,也可在满足债权人会议要求的"免责考察期"经过后裁定终结执行案件;若债权人不同意免除剩余债务,则法院将直接裁定终结个人债务集中清理程序,并将终结后的5年作为"免责考察期"。实践中,各地区对免责考察期有着不同的理解。一种观点将其定性为事后诚信审查的筛选标准,认为在考察期间违反限制高消费等规定应认定为不诚信,将导致程序终结以及执行恢复;另一种观点将其视为惩罚措施,即作为对债务人就豁免剩余债务的所得利益而必须承担的对价惩罚,此时无论债务人诚信与否,原则上均应在程序终结后设置免责考察期。[①] 笔者认为,个人债务集中清理程序是为了筛选出"诚实而不幸"的债务人,因此将免责考察期作为事后诚信审查的筛选标准,符合各方利益的平衡,也能彰显债务人诚信审查的必要性。

第二,考察期的监督机制不完善。在实践中,清理成功后的监督机制尚不完善系个人债务集中清理的一大堵点。考察期内的监管主体应为法院还是管理人,考察期内如何对债务人实现有效监管,目前仍无统一的意见。诚信审查是否仅限于考察期内,若在考察期结束后发现债务人的先前欺诈行为,是否应撤销免除债务的裁定,尚未有明确规定。根据《深圳破产法庭关于审理个人破产清算案件的工作指引》第19条的规定,发现债务人通过欺诈手段实现未清偿债务豁免的,可以申请人民法院撤销免除未清偿债务的裁定。这意味着即使债务人已经度过"考察期",对其事后的诚信审查仍应持续。

三、诚信债务人的认定标准

如前文所述,构建债务人的诚信审查机制有其必要性,针对当前诚信债务人

---

① 参见丁燕:《破产免责制度的合宪性考察》,载《中国法律评论》2020年第6期。

审查的难点、堵点,结合已有的实践情况,笔者认为,诚信债务人的审查应分为申请受理阶段、进入个人债务集中清理程序阶段、裁定终结后阶段,不同阶段内采取合适的审查标准,共同做好诚信债务人的认定。

(一)申请受理阶段的审查

在个人债务集中清理的申请审查阶段,应当结合个人债务集中清理程序的制度目标,体现鼓励创新创业、注重扶危济困、奖赏劳动致富的基本价值,设置较为严格的准入条件,具体可从负债标准、负债总额、破产原因、破产动机四个方面把握。(1)关于负债标准。申请人应提交债务人现有的财产和负债列表,必要时可要求其提交审计报告,以判断债务人现有财产不足以支付剩余债务,并将债务人支付不能作为推定标准。考虑到自然人财产的复杂性、碎片化,法院可提供列举式财产清单供债务人打钩,避免遗漏财产或反复询问。(2)关于负债总额。鉴于生活中自然人多有小额的临时性负债,尤其考虑到有试点法院反映目前对个人债务集中清理程序最感兴趣的是信用卡债务人,故应当在受理程序中设置合理的负债总额标准。例如,《深圳经济特区个人破产条例》第9条规定了50万元的起算标准,而苏州市吴江区人民法院规定了10万元的标准。[①] 本文认为,结合当前阶段的普遍生活水平,规定40万元的负债总额起算标准较为妥当。(3)关于破产原因。以比较法视角观之,破产原因的内容及松紧,与一国信贷环境、家庭资产负债结构、个人破产程序的制度定位有关。在采纳一般破产主义前提下,因消费负债引发的事实性破产不应被个人破产程序拒之门外,但过度消费引起的巨额负债能否借助程序进行清理,仍需谨慎考虑。本文认为,若平日过度消费、过度投资、超前支出的自然人可实现余债免除,显然与大众对于个人破产程序的救济价值认知相悖。因此,对此类债务人的申请应裁定不予受理。(4)关于破产动机。结合大众认知来看,担心"沦为债务人的逃债工具",是反对个人破产程序群体最为关心的重点,故应在申请审查阶段就识别出企图利用程序逃避债务的债务人。加之若把关不严就予以受理,即使在后期识别出债务人有欺诈、企

---

① 《深圳经济特区个人破产条例》第9条第1款规定:"当债务人不能清偿到期债务时,单独或者共同对债务人持有五十万元以上到期债权的债权人,可以向人民法院提出破产申请,申请对债务人进行破产清算。"《苏州市吴江区人民法院关于个人债务清理的若干规定》第7条第3款规定:"单独或共同对债务人持有十万元以上到期债权的债权人,可以向人民法院申请对债务人进行清算。"

图逃债行为,前期的工作时间和精力也会付诸东流。笔者认为,对此类债务人的申请也应裁定不予受理。同时,通过仪式感提升债务人的配合度,如要求宣读《诚信保证书》,由债务人亲自作出如实申报、不违法转移财产等承诺。此外,债务人家属的配合义务在申请审查阶段也需着重考量。

(二)进入个人债务集中清理程序阶段的审查

债务人主动申报债权等财产信息是诚信债务人的最基本体现,这构成了为债务人设定申报义务的正当性基础。进入个人债务集中清理程序后,诚信债务审查的主体主要为管理人,其需要通过全方位的调查对债务人是否诚信进行客观公正的判断。首先,根据债务人的申请材料,制作询问笔录,此时债务人的陈述和配合是管理人开展包括调查在内的各项工作的起点,应要求债务人无条件、无保留地陈述事实并提供证据材料。其次,管理人应全面调查债务人的财产状况,包括实地走访债务人居所,到相关部门调查债务人的不动产、车辆、存款、公积金、其他财产权益等,确定债务人财产实际情况,调查是否与债务人自主申报的财产情况相符。再次,管理人需要与债权人保持沟通,了解债权人对债务人的看法和意见,警惕虚假债权。最后,债务人如果出现虚假陈述、虚构债务、提供虚假证据、谎报瞒报、不及时申报个人财产、不配合管理人调查工作等行为,可认定为不诚信。对于有遗漏申报的情形,亦有可能是债务人记录不清、遗忘等原因,如债务人对此可以合理解释并在发现遗漏后主动配合工作,完善提交的材料,此时不宜直接因遗漏申报而认定债务人不诚信。此外,个人债务的集中清理,往往意味着对债务人更严苛的诚信要求,甚至需要主动申报相关家属的经济情况,对债务人来说是负担的加重。因此,有必要在个人债务集中清理的财产调查中强化夫妻的配合义务,明确债务人及配偶、未成年人子女的财产状况申报范围,债务人不仅要申报本人的财产和财产权益,也要申报配偶、未成年子女以及其他共同生活的近亲属名下的财产和财产权益。在必要情形下,应将离异配偶的财产调查作为债务人诚信审查的内容范围,若离异配偶不予配合且构成合理怀疑时,可直接以此为由终结债务人的个人债务集中清理程序。

(三)裁定终结后阶段的审查

结合当前个人债务集中清理程序的实践现状,本文认为,鉴于社会整体对债务人借助个人债务集中清理程序实现“逃废债”的担心较多,故原则上应要求所有案件在程序终结后均设置5年的行为考察期,除非债权人一致同意不设置考察期。较长的免责期限给予债权人识别和追究债务人欺诈行为的时间和空间,可以最大限度地保障债权人的清偿利益,增加债权人对免责效果的认可度,提升积极性和配合度。同时,可一并设置灵活的免责考察期期限,并结合债权人会议通过的债务清偿计划来决定期限长短,以激励债权人提前清偿债务。关于考察期间的监管主体,在实践中,债务人监管的模式分为管理人单独监管、法院和管理人共同监管两种模式。相较于管理人监管模式,法院和管理人共同监管模式的优点在于管理人可缓解当前法院人手和精力不足的困境,借助法院丰富的查控手段,全面监控债务人在行为考察期的财产情况。同时,可一并增加社会审查程序,有条件时将债务人所属村社、街道社区、共享法庭等一并纳入监督主体。社会审查包括债务人的工作单位、债务人所居住的街道社区等对债务人的评价,通过社会大众的反映情况审查债务人的诚信度。债务人申报的财产、收入、债务等信息,同时在全国企业破产重整案件信息平台等平台上公示,供利害相关人对债务人的诚信情况一同进行审查监督。

四、诚信债务人审查机制的配套措施

个人债务集中清理工作的开展需由立案庭、审判庭、执行局等各部门沟通协作,债务人的诚信审查也有赖于与之相配套的流程严密、可操作性强的辅助措施,以织密诚信债务人审查机制的防护网。

一是执破融合做好诚信审查。个人债务集中清理程序可同时结合“切实解决执行难”工作,在处理积压的执行案件过程中主动寻找符合受理主体条件的债务人,在执行中初步审查债务人是否存在逃债行为。在案件受理前,经执行局审查、由执行局召开听证会对债权人的意愿进行摸底,对债务人的诚信状况进行审查,以此将债务清理程序内嵌在执行程序中,可有效提升最终的成功率。债务人不抗拒进行个人债务集中清理,经查控后发现债务人名下的财产不足以偿还现有债务的,即可主动释明并由债务人自行决定是否进行个人债务集中清理。在事中审查过程中,审判部门应当联合执行部门进行审查,全面、客观地听取债权人的意见,主动向债权人、债务人释明机制运行的程序性利益,发挥债权人协助甄别不诚信债务人的作用。在执行过程中，若债务人有积极偿债意愿并有实际履行行为，经法院穷尽执行手段后取得债权人的谅解，并提供债权人出具的书面和解意愿书等材料，法院可直接出具取得终本裁定进而彻底免除剩余债务。

二是设立诚信债务人宣誓制度。为有效提升个人债务集中清理程序的审理效率，引导债务人诚信申报，可以参照目前部分法院施行的“庭前诚信诉讼宣誓制度”，由法庭主持债务人在法庭上面向国徽当庭宣读《诚信保证书》并签字保证杜绝非诚信行为，要求债务人阅读法院依据相关规定制作的《诚信保证书》内容及违背宣誓词之后的后果，以从心理上对意图掩盖真相、逃废债的债务人起到警示和震撼作用。与此同时，细化财产状况申报书的条目和内容，统一财产申报说明书的格式及具体内容，引导债务人在法院工作人员或专业机构辅导人员的帮助下进行填写。

三是建立健全个人征信系统。个人征信系统的建立对法院、债权人、社会公众、个人信用规范可以起到关键性的作用。通过对个人信用信息予以完善及公示，法院可以根据该信息对债务人进行信用考察并减少在案件中审查的工作量。债权人和社会公众可根据公布的信息对债务人进行监督，提升个人债务集中清理程序的实施效果，防范债务人滥用该制度。同时，有条件时可建立信用评估公司名单库，为法院、债权人和社会公众提供信用参考数据。加快建立个人信用记录档案，对个人的贷款偿还情况、消费信用、偿还债权人贷款状况及违法犯罪情况进行记录，对失信人员进行信用综合评分、评级。

四是加强引导正向宣传。通过设立个人债务集中清理共享法庭，实现对债权人债务人的咨询引导、面谈辅导、诚信评估、普法宣传等目的。在宣传时，既要宣传“诚信债务人”获得新生的正面例子，也要宣传“不诚信债务人”被依法处置的反面例子，弘扬诚信之风，构建诚信社会。如衢州等地法院探索建立事先的观察机制，对债权债务关系复杂、争议较大或有案件尚在审理过程中的债务人设定数月的预先观察期，观察期内引入临时管理人对个人行为、财产进行监管，并向法院汇报，若债务人在观察内出现隐瞒、欺诈、转移财产等行为，可认定该债务人存在不诚信行为，不应进入正式的个人债务集中清理程序，以此在全社会树立起个人债务集中清理仅救济“诚信债务人”的价值导向。

五是强化数字化诚信审查。充分发挥浙江省数字化改革发展优势，借鉴成熟的数字化大数据平台和省内各法院的数字化实践探索经验，将数字化审查融入个人债务集中清理程序。如杭州市临安区人民法院开发“债务人诚信评分识别模型”,科学设计问题,对每个问题及选项答案精准赋分和确定权重系数,将“诚实而不幸”的主观标准客观化。同时,结合企业家个人信用对小微企业的影响程度,开发“小微企业家信用价值估值模块”,提升对小微企业挽救价值的估值精准度,并作为小微企业和企业家能否合并破产处置的判断标准之一。杭州市余杭区人民法院立足于审判实践,重点打造了“个人债务集中清理智审系统”,设置了“线索查询”功能,该功能在充分保障数据安全和个人隐私的基础上,经债务人书面授权后,法官、管理人可及时查询债务人名下房产、车辆、银行账户及交易信息等债务人个人数据报告。同时,通过该报告为债务人进行精准“数据画像”,除体现银行账户余额外,还可以显示一段时间内债务人的银行账户流水变动情况,具有动态性特征;除体现财产登记情况外,还可显示财产的实际使用状况,有利于挖掘“隐形”财产;除包括财产类线索外,还包括行为类线索,如是否存在异常收支记录、挥霍消费行为等,以准确判断债务人的诚信状况。

子课题六：关于完善个人债务集中清理程序中金融债权处置工作的调研报告

衢州法院课题组*

信贷的扩张已经嵌入每个人的日常，“信贷点亮美好生活”，消费者使用信贷用于日常消费以及购车购房、投资经营，但信贷的使用也伴随无法偿还的风险。近年来，个人贷款业务呈现不良率攀升态势，司法作为有效控制不良率的手段却伴有诉讼时间长、回收率低、执行成本高等问题。如何更好地履行金融风险防范化解司法职能，做深做实依法履职，构建多维度、多举措的金融风险防范化解网，是人民法院一直在思考、实践的重要课题。

2020年12月2日，浙江省高级人民法院顺应时势，发布《浙江法院个人债务集中清理(类个人破产)工作指引(试行)》(以下简称《工作指引》)，确立了个人债务集中清理程序，在全国率先建立并探索以“个人破产”为核心的个人债务集中清理路径。据浙江省高级人民法院发布的2023年度浙江法院个人债务集中清理工作报告，相比企业破产案件的受理量，个人债务集中清理数量显著偏低，清理成功的比例仅占审结案件的1/3。金融债权在个人债务集中清理债权总额中占有相当比重，且金融

---

* 课题组成员：祝菊红、王琳琳、鲁晓波、董晓丹、余建华、王俪婧、祝伟荣、吴香君。

债权人的参与情况对其他债权人起着示范引领作用,因此有必要研究金融债权的参与情况。

本调研课题面向衢州地区各金融机构、基层法院、管理人等,调查了解2021~2023年金融债权人参与个人债务集中清理工作的现状、存在问题障碍及原因,进而提出突围路径,以期对金融债权人更为便利参与个人债务集中清理工作有所裨益。

一、涉金融债权个人债务集中清理工作推进现状

2020年衢州地区的龙游县人民法院(以下简称龙游法院)、柯城区人民法院(以下简称柯城法院)主动先行先试个人债务集中清理工作,在具有个人破产实质功能的个人债务集中清理案件办理方面实现破冰,两家法院也成为浙江省首批确立的重点突破基层法院。2022年5月,衢州地区的常山县人民法院成为第二批入选的重点突破基层法院。目前,衢州市7个基层法院均常态化开展个人债务集中清理工作。

随着个人债务集中清理工作逐步走向深入,衢州全市个人债务集中清理案件受理数量逐年攀升,2021年收案58件,结案55件,成功清理14件;2022年收案68件,结案68件,成功清理12件;2023年收案79件,结案70件,成功清理12件。收案数年均增长约15%,收案数、结案数在浙江省位居前列;清理成功案件数量保持稳定,失败案件比例持续走高。金融机构债权的实质豁免不能成为个人债务集中清理案件清理失败的主要原因之一。金融机构债权参与个人债务集中清理案件情况及特征具体如下。

1. 金融债权人参与案件数量多,但清理成功比例偏低

3年来衢州全市共受理205件个人债务集中清理案件,涉及金融债权人的案件共计162件,占比达79.02%。在涉金融债权人的个人债务集中清理案件中,清理成功的只有20件,占比约为12.35%(见图1),该比例低于全市3年平均清理成功比例(18.5%)。

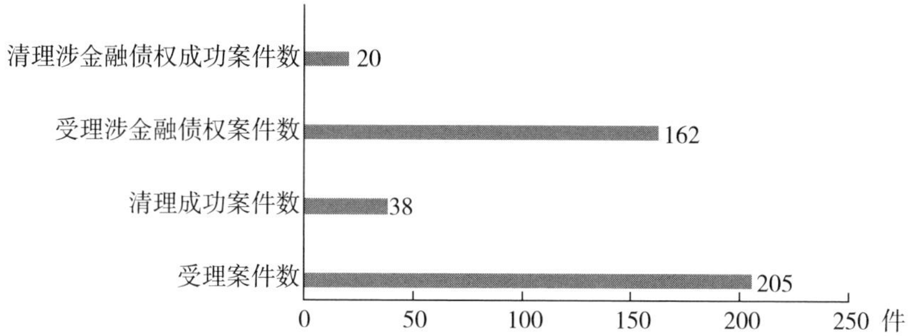

图1　2021～2023年清理情况对比

2. 部分法院对涉金融债权个人债务集中清理案件入口收紧，该类案件受理数量逐年下降

涉金融债权案件因金融机构内部审批限制，在个人债务集中清理案件中的表决基本以"一事一议"的方式推进，导致清理难度大、成功率低，启动程序后往往花费了大量的时间精力但仍以失败告终。为避免与金融机构发生"硬碰硬"的局面，部分法院在案件立案审查阶段会就该情况对债务人进行充分释明，人为对涉金融债权人的案件进行筛选过滤。以柯城法院为例，2021～2023年涉金融机构案件的受理数量分别为22件、9件、8件，2022年较2021年明显下降。

3. 近九成金融债权本金需全额清偿，仅在利息、期限部分作出让步

20件涉及金融债权人的个人债务集中清理案件清理成功，化解金融债权额为12,415,124.36元，涉金融债权人共计22家，其中17家金融债权人获本金清偿比例达100%。未达100%本金获偿的金融机构，多因申请个人债务集中清理的债务人并非该笔债务的借款人，而是该笔债务的担保人之一，金融机构仍能从借款人及其他担保人处进行追偿。

4. 成功清理案件中涉金融机构类型主要为地方性商业银行，少见国有银行踪迹

近3年清理成功案件涉及的22家金融机构，其中21家系浙江本地地方性商业银行，国有银行仅1家。这与各类金融机构开展经营的业务特点及管理模式直接相关。地方性商业银行在本地开展贷款业务范围广，决策链条短，能够在个人债务集中清理程序中对利息及期限展期作出一定让步，促成债务人成功清理。相比之下，国有银行各地分行的决策权限小，成功清理难度大。仅有的1家国有银行所涉案件系龙游法院2021年办理，其并非自主让步，是在个人债务集中清

理程序推行之初,在“双重表决规则”方式下才得以促成最终的成功清理。

5. 金融机构在案件推进各环节均投反对票,对个人债务集中清理程序态度消极抵触

在个人债务集中清理案件推进中,与债权人互动主要体现在听证会环节、申报债权环节、表决环节(包含双重表决规则的表决及偿债方案的表决)等,金融机构在各环节互动中均消极面对,形成了经管理人告知后不主动申报,投反对票等行为惯性。如“双重表决规则”设计之初是为了规避金融机构内部决策限制及其自身风险,但在实践中并未达到制度预期效果。金融机构对“双重表决规则”的表决取决于债务人偿债方案是否涉及“削债”。在个人债务集中清理程序推行之初,部分金融机构为配合法院工作,在管理人、法院的释明下对“双重表决规则”投了赞成票,后在偿债方案表决阶段虽投了反对票,但不影响最终偿债方案通过,致使金融债权被金融机构内部认定“追收不当”,其工作人员被问责。

6. 直接参与具体案件的多为信贷业务具体经办人,未统一由专业法务人员参与

金融债权人参与案件鲜少委托专门的法律中介机构参与,且基于内部业务管理考核,以信贷业务人员参与居多。在参与个人债务集中清理案件时也多以其在执行程序中的追收流程及标准进行,缺乏对个人债务集中清理制度的深刻认识与理解。以龙游法院为例,在近3年共受理的41件个人债务集中清理案件中,具体参与个人债务集中清理工作负责债权申报、参会、表决等事项的均为内部工作人员,主要参与者为信贷业务人员,无金融机构债权人委托给外部中介机构予以处理的情况。

7. 涉金融债权的成功清理案件后续均诚信履行,社会示范效果好

清理成功案件中偿债方案以分期形式进行清偿债务的案件共计7件,履行期限在3~5年不等。目前,无一发生未按期偿债而被终止的情形,所有债务人均积极履行分期偿债方案,未出现逾期履行或不履行的情况,案件清理效果好。以柯城法院办理的债务人杨某个人债务集中清理案为例,杨某通过个人债务集中清理程序顺利从失信被执行人名单中脱身,偿债方案获得通过以后,向债务人释放了“诚信可期”的积极信号,全社会给予其重新再来的机会。杨某在个债清理成功后不仅回归正常生活,通过个人劳动努力偿债,还在单位、社会实现更大的人生价值。该案就是诚信教育的典型,激励和鼓舞所有被执行人诚实守信,积

极主动清偿债务,重新为社会创造价值。

二、金融债权实质性豁免难的成因剖析

个人债务集中清理的一大制度功能就是债务豁免,将该制度运用于金融不良债权处置意味着金融债权将发生减免。从前文分析的特征可知,多数金融机构尤其是国有金融机构对此持低容忍态度。金融债权人反对偿债方案成为程序推进的主要障碍。

向衢州市各类金融债权人发放的111份调查问卷情况反馈(其中,国有六大行32份,城市商业银行33份,股份制商业银行17份,农村商业银行22份,村镇银行7份),金融机构债权豁免难主要有主客观两方面,分析如下。

(一)主观障碍

1. 金融机构受传统观念影响对免除债务难以认同

“欠债还钱,天经地义”观念是中华传统文化中老百姓的朴素价值观,债务免责理念与这种传统观念存在冲突。社会公众普遍认为债务人理应肩负起清偿债务的责任,而非寻求免责。若轻易给予免责,恐将误导社会风气。金融机构工作人员也受这种传统文化影响,认为不应该对债务进行豁免。

2. 金融机构对个人债务集中清理程序的制度价值理解过于狭隘

一方面,金融机构整体上对个债清理工作的知晓度不够。根据回收的111份金融机构调查问卷反馈,仍有约64%的金融机构对个人债务集中清理程序仅停留在有所耳闻的程度,约9%的金融机构对该程序完全不了解,总计比例达到各类金融机构的73%(见图2)。另一方面,即使是参与过的金融机构也未能认识到该程序对整个金融系统以及社会经济发展的宏观推动作用,仅考虑自身履职是否存在风险以及在单个案件中所获利益,往往认为对单笔债权进行实质豁免导致其权益受损,参与的性价比很低,进而面对债权实质性豁免表决时更倾向于按部就班,依照其历来的工作标准,选择性地“有所不为”。“减值转让债权”比“主动豁免债务”更“合规”容易。

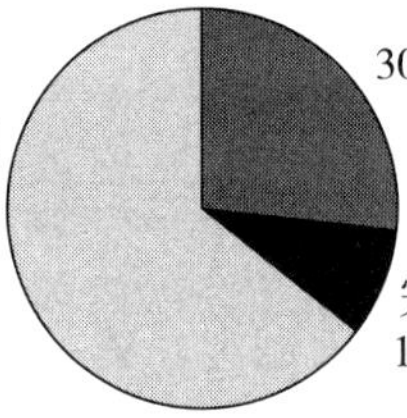

图 2　金融机构对个人债务集中清理制度认知情况统计

3. 债务人申请个人债务集中清理的不当目的,挫败金融机构参与积极性

部分债务人对个人债务集中清理制度设计及目的存在理解误区,简单套用企业破产法的相关规定,错误认为只要被认定为“无产可破”即可免除所有债务。“免责机制恐诱发逃债行为”的疑虑,在一定程度上影响了金融债权人参与积极性。在金融机构座谈会上,部分农村商业银行表示,在个人债务集中清理程序推行之初,其确实积极参与,但债务人往往寄希望于“零清偿”便能豁免全部债务,导致其渐渐丧失参与积极性。

4. 金融机构对财产调查结果存疑

债务人财产调查的全面和准确是个人债务集中清理程序的支柱和影响清理方案能否获得债权人认可的关键因素,但由于该制度仍在起步阶段,财产登记制度不尽完善、社会诚信体系尚不健全,加之管理人调查权限受限、“逃废债”惩戒机制震慑力度不足,无法打消债权人对债务人转移、隐匿财产的猜疑,影响债权人对债务人财产调查报告的信任度,进而反对清理方案的实施。目前的“静态”“无产可破”与未来的“动态”“有产可追”相互博弈,导致金融债权人不会轻易“弃权”。

5. 金融债权人程序参与感不强

根据个人债务集中清理制度的程序设计,债务人财产调查、清理方案的制定等核心环节,多由管理人或者管理人与债务人共同完成,债权人主要通过参与债权人会议的方式享有知情权和表决权。在制度设计上,财产调查报告、债务清理方案的异议程序不明确,债务人信息的反馈渠道不通畅,影响包括金融机构在内的债权人行使合法程序权利。

(二)客观失能

1. 表决同意以“削债”为核心的清偿方案缺乏高位阶的政策法规支持

在金融机构并未丧失债权追索权的前提下,表决以“削债”为核心的清偿方案即意味着主动放弃债权,金融机构认为这与《贷款通则》等法规制度规定的“贷款人不得豁免贷款”等规定相违背。而在个人债务集中清理程序中,债务人陷入困境的原因大多是市场变化经营不善或疾病、伤残、失业等情形,金融机构往往认为并不构成豁免债权的法定条件。

经与各类市级分行金融机构座谈交流,金融机构对外豁免债权的情况罕见,条件苛刻,豁免额度十分有限。在13家各类金融机构的市级分行中,有6家金融机构(主要为国资控股银行)表示其豁免权限仅限于信用卡业务的罚息、复利、违约金,其他金融机构(主要为地方性银行及股份制银行)表示对于正常利息在决策部门审批后能够作出部分豁免,但豁免空间有限(见图3)。地方商业银行中以金华银行为例,因股权变动,国资公司注资成为股东后,其内部审批管理结构随之改变,豁免审批程序要求趋向严苛,否则涉及国有资产流失。暂无金融机构在个人债务集中清理程序中表示有权限可对本金部分进行豁免。

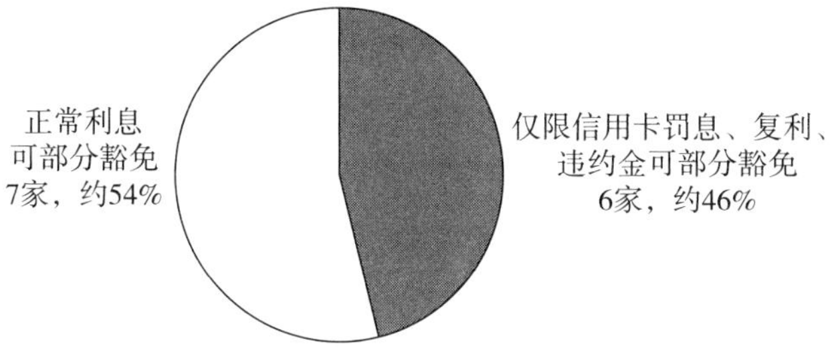

图3　金融机构豁免权限类型

金融机构普遍反映对涉及“削债”的清偿方案无内部审批权限。若未达到条件进行核销,金融机构还可能面临监管处罚及内部责任。一旦金融机构自主核销贷款行为被认定为人为责任,金融机构内部将根据具体情况判定每个责任人的错误程度、重要性、相关性,然后把损失金额进行分摊,由责任人进行赔偿。实践中,各金融机构也许不会直接要求工作人员进行赔偿损失,但可能会从实际影响出发,将债权损失与相关人员最终的绩效、薪酬、奖金等分配挂钩;情况严重的,甚至直接处罚相关的责任人。每个金融机构处理方式不同,有一定的容错度,但具体经办人员对于最终表决风险仍难以把控。

2.呆账内部核销并不等同于金融债权人丧失追索权

个人贷款呆账核销只是银行内部在账面上所作的损失处理,核销后金融债权人仍有权利对贷款进行追索。金融机构若同意以“削债”为核心的清偿方案,则必然导致该笔债务在金融机构内部的核销,并丧失追索权。而金融机构出于财务与税务处理需要,依据现行《金融企业呆账核销管理办法(2017 年版)》或金融机构在法律框架下制定的内部核销实施细则对该笔债务进行的核销,却并不发生对债务人丧失债权的法律后果。只是发生将该笔债务从"表内"移至"表外",产生"内核外不核"的法律效果。

3. 各金融机构决策审批属内部流程,法院及管理人难以介入监督

根据银行性质划分,主要有国有银行、股份制银行、地方性商业银行、农村商业银行。各类银行因内部垂直管理体制不同,其决策链条亦不相同。从豁免权限的角度看,国有银行有表决豁免权限的最低层级在二级分行(市分行),支行无豁免权限。分行主要负责管理和指导辖区内的支行,同时监督和支持支行工作,支行主要负责具体业务。这也意味着参与个人债务集中清理程序中的银行债权人多为无豁免决策权的支行。由于豁免权限的不同,向上报批程序各有不同。因金融机构内部审批决策制度不公开,法院、管理人难以全面知悉,因此对参与个人债务集中清理程序的不同金融债权人具体经办人是否已向上报批,如何向上报批及报批进度等信息的获知仅限具体经办人的口头告知或较为有限的书面材料。法院、管理人难以介入监督,银行内部最终审批结果也不尽如人意。

4. "双重表决规则"实践遇阻,表决通过率低

金融机构普遍表示,作为债权人参与个人债务集中清理程序对"双重表决规则"的表决取决于后续债务人提出的偿债方案。若债务人的偿债方案涉及"削债",则出于对内部风险把控的考虑,对"双重表决规则"仍会投反对票。这也意味着在程序中变通采用的"双重表决规则"与预期效果有明显差距。"双重表决规则"设计之初,期望能避免造成与金融机构的内部决策"硬碰硬"的局面,但在现实推进中仍无法以"双重表决规则"绕开金融机构的内部决策限制规定。因"双重表决规则"适用的前提仍是全体一致决,而一旦涉及"削债"的偿债方案,"双重表决规则"的通过率并不高。

5. 5 年考察期后终结规则履职风险大,适用率低

《工作指引》第 56 条规定:"对于不同意免除债务人剩余债务的执行案件,在符合设置了五年行为考察期等条件的情况下,可以裁定终结执行。"在衢州全市 2021 ~ 2023 年受理的 205 件个人债务集中清理案件中,适用该条规定的案件为 0 件,无实践应用案例。从《工作指引》的适用角度来说,依据工作指引性文件作出

有损于债权人合法实体权益的法律裁判,其合法性仍存在担忧。同时从实务的角度考虑,5 年考察期的适用在考察监督主体的延续上仍存在不确定性。以管理人作为监督考察主体为例,管理人一般由中介机构或公职律师担任,按照 5 年考察期的规定,中介机构能否在这段时间中持续履职仍存疑。实践中,律师作为自由职业者跨律所、换业务领域时有发生,5 年考察期时间跨度大,存在较大变数。当前我国社会信用体系建设仍在大力推行中,如何对债务人进行有效的考察监督仍欠缺有力抓手,不可避免地有债务人“别有用心”将个人债务集中清理程序作为“逃废债”手段逃避债务,有损债权人的合法权益。办案法官在适用该条规定时,有较大顾虑。

三、金融维度上个人债务集中清理程序的价值

党的二十届三中全会明确提出“探索建立个人破产制度”,建立个人破产制度已是时代发展所向。作为类个人破产的个人债务集中清理工作,不仅是挽救诚而不信人的“民之小事”,也是“国之大者”,关乎建立和谐稳定社会关系,关乎维护市场经济稳定运行,对金融体系的健康发展也有着积极作用。

1. 有利于金融债权公平受偿

传统诉讼、执行程序必然有先后顺序,如果金融机构处于后手地位,或债务人对其他债权人进行偏颇性清偿,则金融债权可能受到损害。且债务人往往在多家金融机构存在债务,而各家金融机构分别通过诉讼或者执行方式催收债权,容易陷入长期、烦琐的追债过程,显然要消耗更多的金融和司法资源。个人债务集中清理程序如同企业破产程序一样,是概括实现债权的程序,其一大制度优势就是集中清偿,通过一个程序将所有相关债务纠纷集中解决,全体债权人根据债权性质,按照公平的分配顺序和方法进行财产分配,避免了债权人单个追收的重复性成本,也避免了债务人疲于应对不断重复的司法程序,可以最大限度确保债权清偿的公平性。个人债务集中清理程序也有助于金融机构更加直观了解债务人财产及诚信状况。从最终的清收结果来看,个人债务集中清理程序的结案也具有终局性和高度确定性,防止了后续成本的继续投入。从这个角度看,如果债务客观上无法偿还,停止继续追加“沉没成本”的投入,如同“赚不到但是能省到

钱”,也是最佳的策略。[①]

2. 有利于缩短金融债权回收时间

企业可以通过破产程序注销主体后退出市场,但由于目前没有个人破产法,个人债务不能通过破产而消灭。这意味着自然人消灭债务的唯一方式就是全额清偿,否则面临终身背负债务枷锁。而个人债务集中清理程序,一方面,具有基本人权保障的功能,以必要生活财产豁免的方式保障债务人必要的生存权利;另一方面,具有正向的激励功能,激发债务人通过法治化、专业化的路径化解个人债务的积极性,提高其筹集偿债资金的内驱动力,从而缩短金融机构收回债权的时间。

3. 有利于提升金融机构管理水平

个人债务集中清理的免责制度经过合理的规则设置,在金融风险事前预防与事后应对方面都能发挥作用。首先,该制度为过度负债的消费者提供了一个常态化的退出机制,有助于减少不良信用记录、不良债务以及不负责任的放贷行为在金融消费市场的流通和累积,从而在风险发生后有效地释放风险。其次,个人债务集中清理中的免责机制能够反向影响金融机构的贷款发放行为,抑制其不负责任的放贷行为。对金融机构的贷款动机和营利机制产生校正作用,实现更为全面的风险管理。

4. 有利于盘活金融机构存量贷款额度

相较于企业贷款,目前个人贷款核销难度极大。金融机构只有在债务人死亡等极端情况下才会核销债务,甚至部分金融机构表示即便是债务人死亡也不会作核销处理,从而导致呆账日积月累。个人债务集中清理工作,有助于金融机构呆账损失及时核销,从而释放出存量贷款额度,提升贷款资金使用效率,有助于金融信贷业务良性循环,发展步伐更加稳健。

5. 有利于金融机构豁免债务的规范性

财政部印发的《金融企业呆账核销管理办法(2017 年版)》第 16 条规定,金融企业按规定采取打包出售、公开拍卖、转让、债务减免等市场手段处置债权或者股权,受让方或者借款人转让协议或者债务减免协议履行相关义务完毕后,其处置回收资金与债权余额的差额,可完全终结,不纳入账销案存资产管理。由该

① 参见齐砺杰:《个人破产的金融维度》,载《中国政法大学学报》2019 年第 4 期。

规定可知，金融机构的经营活动中存在债务豁免机制，故不能简单地认为债务豁免是不可触碰的制度或政策禁区。债务豁免的一个关键问题在于规范，即防范权力“寻租”的道德风险。相较于单个金融债权人对债务人的调查了解，管理人、法院以及众多债权人参与的个人债务集中清理程序，更能够全面真实掌握债务人的财产和诚信状况。个人债务集中清理又称类个人破产，与企业破产程序一样，能够为金融机构豁免债务提供司法背书，从而提升了金融机构豁免债务的规范性。

四、破解个人债务集中清理程序中金融债权实质性豁免难的突围路径

（一）进一步发挥司法审判职能，聚焦“国之大者”谋发展、绘新图

1. 围绕共聚合力，深化法银联动共商

人民法院要在争取债务豁免共识上积极作为，依托破产审判府院联动机制，加强与金融监管部门的会商研讨，共同出台高层级联合文件或备忘录，明确金融机构在个人债务集中清理程序中的角色与责任，规定金融机构同意豁免的权限范围，扩大金融机构同意债务展期和豁免的自主权，允许地方金融机构更加灵活地根据债务人的实际情况作出决策。同时，将金融机构参与个人债务集中清理的成效纳入业绩考核，通过设置合理的考核机制，激发金融机构的积极性与主动性，确保相关政策措施落实落细。

2. 围绕认识误区，消除金融机构主观障碍

人民法院要加强宣传引导，有效消除金融机构对个人债务集中清理制度的顾虑，与金融监管部门共同构建多元化沟通平台，联合开展“银法对话”，严明个人债务集中清理制度在督促债务人诚信履行财产申报义务、全面揭示财产变动轨迹、严厉打击逃废债行为等方面的现实意义，逐步化解金融机构对于制度设计、实施效果及潜在影响等方面的诸多不解。人民法院要通过对典型案例的宣传，积极推广并分享金融债权人通过申请个人债务集中清理，缩短清收时间、提高清收比例、降低不良率的成功案例，激励并引导金融机构尤其是地方分支机构充分认识和利用个人债务集中清理制度的优势，积极向上汇报，争取上级行在投票表决上的支持，实现债权清收利益最大化。

3. 围绕创新引领,科技赋能信用识别

充分依托浙江作为数字化改革前沿阵地的独特优势,利用先进的信息技术与数据治理经验,探索出一条市场主体信用信息与司法大数据的深度融合与共享的新路径。规划并实施个人债务风险管理数字化应用项目,构建综合性的信用评定机制、征信信息共享机制以及信用动态监控机制,促进各类征信机构数据库的互联互通,打破"信息孤岛",实现数据的全面整合与深度挖掘,助力法院及管理人实时、准确地掌握债务人的信用状况,为司法决策与债务管理提供更加全面、精准的数据支持。同时,该成果也可以共享给金融机构,允许金融机构自动抓取并识别借款人的信用信息,结合其在各金融机构的授信总额度、历史还款行为等多维度数据,综合评估并形成个性化的个人客户债务风险指标,在此基础上设置科学合理的风险阈值,作为风险预警与控制的基准线。一旦借款人的债务风险指标超过这一阈值,系统将自动触发预警并向相关部门发送风险提示,提醒金融机构在后续业务营销与授信审批过程中实施更为严格的审查与限制措施,从而有效降低不良贷款率,维护金融市场的稳定与安全。

4. 围绕人才培养,加强专业队伍建设

各级人民法院应当积极应对个人债务集中清理对司法工作提出的日益严峻的新挑战,以"三支队伍"建设为核心战略,通过精心规划与实施,建立起一个涵盖广泛、结构合理的人才库,以实现对这一特定领域案件的集中管辖与高效处理,确保相应案件在法律框架内得到更加专业、公正的审理。同时重视审判队伍综合素质与专业能力的培养,尤其是与其他相关部门及机构沟通合作的能力,共同构建协同高效的案件处理机制,不断提升个人债务集中清理工作水平。

(二)进一步激发金融机构内驱动力,聚焦"关键问题"强实操、助实效

1. 推动金融机构由被动支持到主动参与

金融机构作为金融市场的重要参与者和债权人的主要代表,应主动参与个人债务集中清理工作。首先,需要观念上的深化和转向,要深刻洞察并充分认识到这一制度对于优化债务处理机制、提升金融服务效率的重大意义,以更为积极主动的姿态全面融入个人债务集中清理的实践。其次,需要行动上的力度和作为,当个人债务集中清理程序展现出其优于其他清收手段的清收比例时,金融机构应给予支持与肯定,积极参与清理方案的表决过程,并发挥其债权金额占比

高，具有一定社会公信力的示范作用，努力推动清理方案的顺利通过。对于诚信度较高，亦符合金融机构内部现有核销及追收政策的债务人，金融机构可进行内部筛选并形成“白名单”，积极引导其进入个人债务集中清理程序，形成金融机构主动参与的工作格局。

2. 推动金融机构由单一职责到深度参与

金融机构参与个人债务集中清理工作不仅体现在支持清理方案的表决，评估债务人诚信、制定清理方案、监督债务人履行等全过程都离不开金融机构的高效协同。金融机构在日常业务中积累的债务人家庭情况、财产状况等基础性信息是评估债务人偿债能力的重要依据，金融机构可以利用其掌握的信息优势，为管理人提供有力的数据支持，帮助管理人更快速、更准确地勾勒出债务人的财产全貌。通过这种紧密的配合，不仅能够确保财产调查的全面性和准确性，还能保证清理方案既保障债权人的合法权益得到最大限度的实现，也兼顾债务人的基本生活需求和社会稳定因素。金融机构还应切实履行其作为债权人的监督职责，对债务人的履行情况进行持续、严密的跟踪与监督，确保债务人能够严格按照清理方案的要求履行其还款义务。

3. 推动金融机构由“单打独斗”到“联动作战”

倡导各家金融债权人建立金融债权人委员会，建立高效的沟通协调机制“一致行动”。对于在严谨的法律框架内，严格遵循既定的司法程序形成的债务人财产状况调查与评估结果，金融机构将其作为豁免表决内部决策程序的重要参考与背书，增强金融机构在参与个人债务集中清理过程中的信心与安全感，特别是关于表决权限的合法性与履职追责的明确性。对参与个人债务集中清理案件时已符合终本条件的债务人，金融机构通过申请人民法院开具《预查废证明》的方式作为合法合规的内部核销依据，在内部已经对该笔债务作出核销后，金融机构债权人在个人债务集中清理程序中的表决空间应当有所拓宽，同意对该类债务人进行合理的豁免。

4. 推动金融机构由分工零散到专事专人

加强金融干部人才队伍建设是金融环境迭代对人才需求变化的必然要求，是推动金融高质量建设和发展的关键力量。面对新时代新要求，金融从业人员需要具备跨界能力。破产法虽属于较为小众的领域，却是民商事交易中兜底性的法律机制。金融机构要转变观念，避免将信贷风险处置作为单一的普通业务对待,而是要建强专业化风险处置队伍,培养“金融+法律”的复合型人才,即既熟知金融风险的防范化解路径,又精通法律尤其是破产法的相关规定,确保实现破产处置与金融司法的“最优解”。

(三)进一步完善配套机制建设,聚焦“恶意逃债”揭面具、纠犯罪

1. 落实个人财产申报登记制度

个人财产所涉及的内容广泛且复杂,包括但不限于各类金融资产、不动产、动产等。除不动产外,其他财产的隐匿性较强,不易被外界发现,当事人若存在故意隐瞒行为,即使法院依职权进行详尽的调查,要完全查清其财产状况的难度依然极高。因此,需要进一步发挥个人财产申报登记制度的作用,降低或避免债务人隐藏和转移财产。对于已经建立登记制度的不动产、车辆等财产,通过大数据的技术手段,搭建关联财产模型,对自然人亲属之间、关联企业之间的财产进行关联性标记和重点提示,提高对债务人财产状况的全面掌握能力,还能在发现债务人转移或隐匿财产时提供有力的证据支持。

2. 完善个人征信体系建设

随着互联网技术的飞速发展,我国已全面步入信息化时代,大数据与流量成为驱动经济社会发展的新引擎。在这一时代背景下,我国个人征信法律体系需紧跟时代步伐,不断进行自我革新与完善。当前,我国公民已能够通过多种官方渠道,如中国人民银行征信中心官方网站、个人信用信息服务平台以及中国裁判文书网等,便捷地查询到部分个人信用信息,这不仅增强了信用信息的透明度,也提升了公民对自身信用状况的认知与管理能力。然而,面对大数据时代的海量信息与复杂场景,我国个人征信法律体系在保护个人隐私、确保信息安全、促进数据流通与共享等方面仍面临诸多挑战,需要持续推动相关法律法规的健全与完善,以适应信息化时代的发展需求。

3. 加强管理人及辅助机构建设

面对个人债务集中清理工作的复杂性与挑战性,亟须培养一支具备高度专业素养、勤勉尽责且专注于个人债务管理的专职人才队伍。管理人要深刻认识到个人债务集中清理工作的重要性与严肃性,自觉树立勤勉尽责的职业态度,不断提升管理人的专业素养与综合能力。人民法院要建立健全考核激励机制,对管理人的工作表现进行定期评估与反馈,激发管理人工作积极性与创造力。同

时,鉴于个人债务集中清理程序的复杂性与敏感性,建议在全国范围内推广设立类似深圳市破产事务管理署的专门机构,聚焦于尚处于免责考察期内的债务人,运用先进的监控手段与数据分析技术,持续跟踪其经济行为与生活状况。人民法院依据该机构提供的反馈与评估报告,对债务人的免责考察期进行灵活调整,以维护个人债务集中清理程序的严肃性与有效性。

4. 加大刑事手段的规制力度

为有效应对破产程序中日益凸显的欺诈行为,需对现有的刑事立法进行系统性完善,明确将个人纳入破产犯罪的主体范畴之内,填补当前法律体系在针对个人利用破产程序实行欺诈行为追责方面的空白。加强公检法机关之间的协调配合,建立健全快速响应与高效处理机制,加大对破产欺诈行为的侦查、起诉与审判力度,确保每一起案件都能得到公正、及时的处理。通过公开曝光典型案例、加强法治宣传教育等方式,在社会上营造出一种“破产不逃债、欺诈必严惩”的舆论氛围,从而对潜在的想要通过破产程序实施“逃废债”行为的债务人形成强大的心理震慑与行为约束,提升公众对相关破产制度(包括类个人破产)的信任度与参与度,为构建健康、有序的市场经济环境奠定坚实的法律基础。

子课题七：论构建个人债务集中清理与强制执行的联动退出机制

温州法院课题组*

摘　要：党的二十届三中全会明确要求，全面深化改革探索建立个人破产制度。2024年年初，最高人民法院作出关于终本案件“七个一批”的工作部署，要求通过执破融合方式实现执行案件有序退出。浙江作为民营经济大省，孕育着大量的中小微企业及个体工商户等市场经营主体。市场存在经营风险，若出现资不抵债的情形，中小企业可以选择破产程序进行清算、和解或者重整，但对于占比高达64.3%的个体工商户，却只能选择用家庭财产填补、偿还债务或者断然“跑路”，缺乏宽松的经营环境和准许个人退出市场的制度，在一定程度上抑制了市场的经营活力。本文建基于强制执行制度实践与先行探索的个人债务集中清理工作，通过梳理现有强制执行退出方式与个人债务集中清理方式，打通“执破融合”通道，谋求构建个人债务集中清理与强制执行的联动退出机制。

关键词：个人债务集中清理；强制执行；终本出清；机制构建

---

* 课题主持人：林锡铭；成员：戴真、方飞潮、叶希希、陈成荣、陈小芝、陈怿昀、陈聪、林寿兵、杨立夫。

自2019年国家发展和改革委员会等13部门联合发布《关于印发〈加快完善市场主体退出制度改革方案〉的通知》(发改财金〔2019〕1104号)以来,个人破产制度的试点探索工作在全国引起广泛关注。个人破产制度是破产法的重要内容,也应是共同富裕的保障性制度。法的价值是立法的思想先导。法律的功能,不仅在于为人们提供一套行为规范,更在于创设和维护一种环境,以促进人民实现对公平、正义、自由、秩序等法律价值的诉求。2020年12月2日,浙江省高级人民法院(以下简称浙江高院)发布《浙江法院个人债务集中清理(类个人破产)工作指引(试行)》(以下简称浙江个债指引)。2021年3月1日,《深圳经济特区个人破产条例》(以下简称深圳破产条例)施行。对比深圳破产条例和浙江个债指引的内容,发现随着实践经验的逐年累积,个人债务集中清理程序设置的主要目的并不仅仅在于免除债务人的全部债务,更要实现无法免债情形下的自然人债务人终本案件的执行退出,让“诚实而不幸”的债务人有机会重整旗鼓、东山再起。通过类个人破产探索打造“浙江样板”,为个人破产立法贡献智慧与经验。

一、现状:强制执行终本库的自然人被执行人退出方式

(一)强制执行终本库的推出

2009年3月19日,中央政法委、最高人民法院联合发布《关于规范集中清理执行积案结案标准的通知》,以规范性文件的形式认可了终结本次执行(以下或称终本)程序这一结案方式。终结本次执行程序从根本上改变了我国法院对无财产可供执行案件的传统处理方式,其特点在于执行可恢复性,该类案件虽然有形式结案外观但实质上并未终结,一旦申请执行人发现被执行人有可供执行财产,可向法院再次申请恢复执行且不受申请执行时效期间限制;法院查询到被执行人有可供执行财产的,应当及时恢复执行。随着法院执行工作的进一步发展,特别是有了网络财产查控系统、失信被执行人名单制度后,建立终结本次执行程序制度的条件已经基本成熟。2015年1月1日起施行的《最高人民法院关于执行案件立案、结案若干问题的意见》,对终结本次执行程序的结案方式、结案标准,作出了明确和具体的规定。2015年2月4日施行的《最高人民法院关于适用〈中华人民共和国民事诉讼法〉的解释》,以司法解释的形式正式确立了终结本次

执行程序制度。

然而,从制度的缘起、形成与发展的历程来看,终本程序是出于消化执行积案而设的,其法理基础自始不足,终本案件始终以“挂案”的方式存在于法院系统中,始终无法退出,从而难以让老百姓感受到最具有获得感的公平正义。从制度效能来看,基于终本程序结案的工具性作用与司法资源的有限性,终本程序曾经因难以被认同而出现了“虚置”的现象,存在不符合终本结案的实质要件之情形,且终本恢复执行难的问题较为突出。尽管明确了本该由债权人承担的市场风险应向债权人合理地回归,终本程序却产生了终本案件信息库中的案件不断增加与中止执行与终结执行的功能被覆盖之负面效应。案件执行不能的现状通常难以打破,绝大部分执行程序从未得以恢复,对于申请执行人的保护已实质沦为公权力的无限期投入。鉴于将终本程序作为常规结案方式无法从实质上解决案件的积压问题,故而有必要推动此类案件从执行程序中彻底退出。

(二)强制执行终本库的现状

《最高人民法院关于人民法院解决“执行难”工作情况的报告》指出,2016 年至 2018 年 9 月,全国法院共受理执行案件 1884 万件,每年约 650 万件案件申请执行。在进入执行程序的案件中,大约 43% 属于确无财产可供执行的“执行不能”情形。中国执行信息公开网显示,截至 2024 年 5 月,全国法院执行案件数量新收 421 万余件,结案 278 万余件,终本案件数量约占 48%,全国失信被执行人已达 835 万余例,在如此庞大数量的失信名单中,自然人约占 85% 以上。截至 2023 年 11 月,浙江全省法院执行收案 32.09 万件;首执实施案件收案数 30.92 万件,占一审民商事案件收案数 53.03%;含执保、执恢案件共收案 62.4 万件,同比上升 11.95%。结案(不含执恢、执保案件)30.77 万件,同比下降 6.42%。首执案件终本率为 46.33%,执行标的到位率 38.2%,执行完毕率为 31.94%。面对不断增长的案件数,加上不断从终结本次执行状态重新恢复执行的存量案件,执行法官即使加班加点也无法快速办结执行案件,当事人的权利也无法得到有效保障。大量的新增和存量案件只会让进入执行程序的案件一拖再拖,影响当事人合法利益。

终结本次执行程序为执行不能的案件提供了暂时性退出窗口,但该程序中大量案件无法恢复执行,亟待建构案件退出机制以化解积案。2024 年,为进一步解决执源治理、执行终本出清问题，最高人民法院提出关于终本案件“七个一批”的工作部署，要求通过实质剥离、有效核销、专项清理、执破融合、交叉执行、自查核销、综合治理等方式，全面梳理库存终本案件，强化跟踪督导，推动“涉企”终本案件3年基本出清，“有财产可供执行”的终本案件基本出清。浙江省各地法院应当发挥司法的主观能动性，以“如我在诉、如我在执”的精神理念，探索具有浙江特色和辨识度的执行退出工作机制。

（三）强制执行终本库的退出路径

终结本次执行程序案件退出的前提条件，是被执行人有合理的无财产可供执行事由并在执行过程中履行法定配合义务，且案件客观上无法通过破产程序清退。在恢复执行方面通过排除执行时效规则限制强调被执行人的“无限责任”，固然起到防止被执行人逃避债务的作用，却忽视了案件在终本前往往已是难以执行到位的“骨头案”，终本后极有可能因被执行人无法恢复履行能力而陷入实质终结状态，积压在终本库中长期无法退出，给执行工作带来挑战。终本程序属于特殊的终结执行，理论上具备终结执行可能性，后续管理措施亦为案件退出执行程序提供了现实基础。但审慎交易并自行承担交易风险本就是双方当事人应承担的责任，国家发挥兜底作用不意味着执行资源的永久性投入，毕竟执行不能的决定性因素在于债务人履行能力这一无法通过制度完善和法院介入进行调节的领域，忽视执行力量的有限性而把对胜诉利益的追求作为强制执行的唯一价值目标将造成执行程序“消化不良”。

2019年，丽水市中级人民法院首创“终本案件有序退出管理机制”，为终本案件之退出提供了实践范本。公证机关通过走访确认被执行人确无财产可供执行的状况并出具事实核实报告，在经过被执行人宣誓程序后，对于符合退出标准的案件予以终结执行。然而，目前此类司法尝试仍在少数，因立法层面缺乏对终本程序和终结执行的必要统筹，致使难以恢复执行又无法破产的案件只能固守在终本程序中，仅以发现可供执行财产作为推动执行进展的唯一动力，缺乏其他灵活变通的处理方式。但通过推行“执行＋公证”模式实现终本案件有序退出，在宣告终结执行前须经过公证调查、法院审核及被执行人宣誓等一系列流程，确保被执行人确系生活困难、报告的财产状况如实全面且确无可供执行财产，很大程度上体现了对被执行人“诚实而不幸”要素的考察。

在《民事强制执行法(草案)》制定过程中,起草者出于节约执行资源及提升执行效率的天然冲动拟定法律条文,以终本满5年且未发现被执行人可供执行财产作为案件退出的适用条件,虽迎合了强制执行的效率取向,却未充分考虑到其与个体正义间的价值平衡,忽视了案件退出可能对执行债权人实体及程序权益造成的减损。在设定终本案件的退出要件时,应充分考虑执行效率与被执行人机会主义间的界限问题。

二、探索:个人债务集中清理的当前实践

2019年7月10日,温州市政府办公室出台关于开展个人债务集中清理试点工作的专题会议纪要,明确各相关部门要协助做好个人债务集中清理程序有关事项,强调金融债权人一致行动原则并解决管理人指定及报酬问题。2019年8月13日,温州市中级人民法院出台《关于个人债务集中清理的实施意见(试行)》,将个人债务集中清理定义为执行中的特别程序,同时确立意思自治和诚实信用原则两大基础原则。

(一)个人债务集中清理的定位

在执行程序中探索个人债务集中清理是浙江法院提升社会治理体系、治理能力现代化和优化法治化营商环境的重要体现,既能充分提高执行当事人的程序“参与度”,也能切实提升执行当事人的实体“获得感”。个人债务集中清理的真正目的应当是让一直存放在终本库当中的执行案件合法有效地“退出来”,最终实现终本清零的效果。但因为目前没有相关的法律规定可以支撑个人债务集中清理模式,所以在实现这个目的的同时,仍然需要全面考虑全体债权人的意愿。个人债务集中清理是人民法院在现有执行和解、参与分配等执行法律框架下,参照破产理论、原则进行程序设计,充分利用当事人意思自治原则,以集中执行手段达到“类个人破产”效果而形成的制度规范。前两种模式因局限于全体债权人意愿问题,在司法实践中,清理难度较大且不可复制。第三种模式,在考虑到全体债权人的意愿后,出于法律衡平的原则,最终需要由法院强制裁定终结债务人名下现有的全部执行案件,但并不消灭债权债务关系,既在一定程度上保障了债权人的利益,又能让诚实而不幸的债务人解脱法院强制执行带来的禁锢,在

现有的司法体系中,是一个能被普遍认可的做法。为了实现个人债务集中清理的目的,当前,温州地区法院探索形成了债务重组模式、和解模式、执行退出模式。

本文认为,个人债务集中清理程序能普遍解决的是执行中产生的问题,可以看作“执行纠偏”的救济途径,其本质是特殊的执行程序、类个人破产制度。考虑到法院的执行力包含审判权和强制权的特征,为推广个人债务集中清理程序,并让社会大众所普遍认同,应当制定一个让法院能够强制裁定执行退出的制度。为制定上述制度,必须先梳理执行终本案件的情况和个人债务集中清理的情况,以期做到有的放矢。

(二)个人债务集中清理的发展现状

2018 年 10 月 24 日,时任最高人民法院院长周强向全国人大常委会报告时,首次提议“推动建立个人破产制度”。2019 年 2 月,《人民法院第五个五年改革纲要》中提出研究推动建立个人破产制度,浙江温州、台州、丽水遂昌等地人民法院开展类个人破产制度探索试点。台州市中级人民法院于 2019 年 4 月 26 日出台《执行程序转个人债务清理程序审理规程(暂行)》。温州市中级人民法院于 2019 年 8 月 13 日制定《关于个人债务集中清理的实施意见(试行)》,在具有个人破产实质功能的个人债务集中清理案件办理方面实现破冰。2020 年 8 月 31 日,深圳市人大常委会颁布深圳破产条例。

在总结前期试点经验的基础上,浙江高院于 2020 年 12 月 2 日发布浙江个债指引,这意味着在现行法律框架内,正式全面开始类个人破产制度的浙江探索,杭州、宁波、温州、湖州等地也先后出台关于个人债务集中清理的实施意见、操作规程。目前,浙江法院正着力推进个人债务集中清理与强制执行的执破融合机制建设,充分发挥执行部门的“债务人筛选”优势和破产审判部门的专业能力优势,实现个人债务集中清理与执行案件高效联动;推行“执行筛选 + 会商甄别”双向联动工作模式,有效引导符合条件的债务人及时申请进行个人债务集中清理。执行部门对系列案件的处理难度、银行债务数额、占比及可协商性等形成评估意见,与破产部门会商是否受理;在破产部门完成清理裁定终结后,执行部门及时完成对被执行人的信用修复等程序,进一步完善执行程序与破产程序的衔接,最大限度维护各方当事人合法权益。

三、纽带:个人债务集中清理和强制执行的联动基础

个人债务集中清理程序的开展,于债权人而言,使其获得高效、公平的清偿,同时化解了债权人与债务人之间的矛盾;于诚信债务人而言,给予其一个脱离债务桎梏、东山再起的机会,有助于激发企业家的创业创新活力,推动社会经济高质量发展。但和企业破产制度的产生与设定目的存在不同,企业破产基于股东对公司承担有限责任产生,而个人债务集中清理制度更看重债务人实际的履行能力和履行意愿。在个人债务集中清理的工作中,通过债务人主动申报、接受债权人质询、人民法院依职权调查核实、管理人调查核实等措施,鉴别出诚实而不幸的债务人,通过附条件债务免除、诚信财产申报、合理确定"生活必需品"等措施,实现破产制度中豁免财产的制度目的,同时发挥管理人作用,对债务人个人债务概括执行、集中清偿。

基于此,个人债务集中清理制度不仅应坚持以单一的当事人申请主义为原则,将自然人纳入"执转破"适用的范畴确有必要。但于法院来讲审查难度过大,相较于判断企业债务人是否具有破产原因,面对自然人时法院难以在执行阶段对"诚实且不幸"的债务人身份进行准确识别。一是由于信息收集审查存在困难,自然人的信息较之公司更加隐蔽复杂,通过债权人举报、债务人自行报告和法院调查搜集的个人债务人信息往往不完整且浮于表面,难以深层地进行挖掘;二是对于债务人是否"诚实"无法进行正面的证明,除非在审查过程中发现"不诚实"行为的存在,如虚构债务、欠付的债务性质不合法等,调查上也存在较大的困难。故本文认为,进行个人债务集中清理与强制执行联动,能够有效化解上述矛盾。

(一)维护债务人基本权益

1. 以自由财产制度维护财产权益。自由财产,是指债务人保留而不得用于分配的财产,又称豁免财产。自由财产制度是人权观念在破产法中的体现,其标志着一国破产法对债务人基本权利的保护水平,也从侧面反映了一国法治对基本人权的尊重和理解。财产委付制度规定债权人应酌留部分财产给债务人维持生活。美国破产法规定,用于居住的价值不超过 15,000 美元的房产、疾病及失

业保险、养老金、价值不超过2400美元的机动车、单价不超过400美元的生活必需品、退伍费等公共补助以及价值不超过1500美元的从业工具等,均属于自由财产。[①] 自由财产制度的基本目的在于保障债务人基本生存权和发展权,是个人破产法的应有之义。自由财产制度体现了法律的人文关怀,保障了公民基本权利。我国现行关于执行的法律已经体现了自由财产制度,如法院在执行时应当保留被执行人及其所抚养家属的必要生活费用;对于被执行人及其抚养家属生活所必需的衣服、家具、炊具、餐具、最低生活费用、完成义务教育必需的物品、所必需的生活费用、未公开发明或发表的著作等,法院不得查封、扣押、冻结。在实践中发现,仅上述自由财产范围,并不全面,其中“所必需的生活费用”依照《最高人民法院关于人民法院民事执行中查封、扣押、冻结财产的规定》第5条第2项的规定,即“被执行人及其所扶养家属所必需的生活费用。当地有最低生活保障标准的,必需的生活费用依照该标准确定”。仅以温州为例,《温州市人民政府关于调整全市城乡居民最低生活保障标准的通知》规定,温州市人民政府决定于2023年10月1日起将平阳县的城乡居民最低生活保障标准,由每人每月1035元调整到每人每月1110元。上述金额实际上远不足以支撑个人生存、租房、子女抚养、医疗教育、父母赡养等需求,亦脱离现在2个成年人拖带4个老人、1~3个小孩的现实情况。是故,不乏“聪明”的债务人试图通过个人债务集中清理程序获得更多的、在执行程序中无法获得的自由财产份额,特别是部分有长期稳定工资收入的债务人,以平阳县人民法院(以下简称平阳法院)受理的全国个人债务集中清理第一案——蔡某某个人债务集中清理案为例,平阳法院对其设定了较为合理的自由财产方案。当然公职人员、医生、教师等“铁饭碗”职业更具有代表性。

2. 以失权与复权制度维护人身权益。失权和复权不是破产法上的专属概念,公司法、刑法中都有失权和复权制度。如公司法规定因贪污、贿赂等被判处刑罚,执行期满未逾5年的不得担任公司董事、监事、高级管理人。这就是一种资格失权。在个人破产制度中,失权制度,是指债务人破产后,在一定时期内,其人格和权利受到限制的制度。我国台湾地区规定,破产自然人不能出任公职人员候选人、建筑师、律师、会计师、证券商的董事等。我国香港特别行政区破产管

① 参见沈俊森:《我国个人破产制度研究》,载《海南金融》2018年第9期。

理署规定,破产人不准有较高价的物品(豪华家具等),不准自费出国旅游,不准购买名牌衣服,不可过奢侈生活,如打的、去夜总会等。如果破产人不遵守这些规定,则债权人可以申请撤销破产程序。创立失权制度的目的,一方面,是对债权人利益的保护;另一方面,是对债务人的威慑和教育,避免债务人利用个人破产恶意逃债,并促使债务人养成朴素的生活习惯。复权制度,是指取消对失权债务人的限制,使其重新恢复权利的制度。关于失权制度的设定,可以规定失权时限,如法国是不低于5年。其内容可以参照《最高人民法院关于限制被执行人高消费的若干规定》列举破产人不得有的消费行为,如在星级以上宾馆、酒店、夜总会、高尔夫球场等场所进行高消费,子女就读高收费私立学校,购买不动产或者新建、扩建、高档装修房屋等并加以完善。对于部分长期遭受失权困扰的债务人而言,对"东山再起"已不抱希望,如何让其能抬头挺胸地活在阳光下才是最关心的事情。如平阳法院受理的李某某个人债务集中清理案,对于一个在佛寺中帮工才能艰难存活下去的女信徒而言,其会想要信访,其目的仅在于解决限高、失信等执行措施的问题,获取一个心安。当然,执行程序中对于失权和复权制度的使用是最频繁的,所有进入执行程序的被执行人,均会被限制高消费,并视情形纳入失信"黑名单",若存在拒不配合申报个人财产、申报个人财产不实等情形,更会被处以罚款、拘留等强制处罚措施。目前,全国法院的失信人名单数量是与日俱增的,大量的失信人员并不是因为已经执行完毕从而解除失信,而是存在类似"体外循环"等情况,如失信名单限制时间一般为2年,大量终本案件未被恢复执行,失信措施未继续作出。另外,貌似并不严重的因法院执行带来的失权后果,加之拒执打击事实上尚未形成全社会的共识和长效机制,促使现在的金融市场中出现大量"职业背债人"、实体经济市场中出现大量"职业闭店人","以哄带骗"地将一些无辜的、不懂法的社会底层群众蛊惑为职业"接盘侠",推此类人进入法院执行的"火坑",从中谋取不当利益的同时,还极大地破坏了全国金融市场和诚信交易秩序。就执破融合层面而言,专门制定失权和复权制度,需要府院联动、公检法合力形成长期有效的拒执打击机制,也需要给出一个畅通的救济途径,还需要避免"体外循环",把握好宽严相济的力度。

3. 以信息公开与信用体系维护社会权益。在信息通信高度发达的"智能"社会,执行和个人债务集中清理程序如继续在体内循环、自说自话,明显脱离了社会主义现代化法治建设的要求,与群众需求和社会发展背道而驰,显然不可取。

浙江高院深切关注到这个问题,并针对性地制定了相关文件。如浙江高院执行局制定的《执行实施案件办案公开工作指引(试行)》,明确执行公开的范围、标准。同时,希望通过“当事人一件事”改革项目,力图实现执行信息公开化,并将个人债务集中清理程序纳入改革范畴。此外,为了防范债务人利用信息不对称,通过个人债务集中清理程序“假破产,真逃债”,应当在立法层面完善、健全财产登记制度和推动查询范围的便利化工作。

(二)简化债权清偿程序

1. 债务人从被动执行转变为主动配合。在强制执行程序中,法院仅能在个案中处理债权人、债务人的关系。但是,进入强制执行程序的债务人,往往背负着多笔债务,甚至已出现资金链断裂的情况。个案的和解,显然无法满足债务人重获新生的期望。个人债务集中清理程序则不同,该程序能够通过第一次债权人会议,高效地组织全体债权人面对面沟通,并实际了解债务人的真实情况,消除全体债权人不切实际的期望,为后续个人债务集中清理方案的通过,迈出至关重要的第一步。

2. 债权人从争先恐后转变为慎重考虑。债权人为维护自身合法权益,在出现债务人未按生效判决履行时,会立即申请强制执行。债权人争先恐后地申请执行,必然使诚信的债务人从崩溃边缘迅速跌入深渊,错过重获新生的机会。债务人通过个人债务集中清理程序,能有效地让债权人了解、知晓:债务人当前的客观现状;债务人何以落入当前的窘境;倘若执意执行债务人,债权人自己将面临多少损失;倘若给予债务人理解、支持,将可能会降低多少的损失。进而,不得不慎重考虑,再作出下一步选择。

3. 第三方专业力量的有力引入。目前,全国各级法院已然堆积了大量的强制执行案件。个别案件在终结本次执行后,债权人仍然会想方设法申请恢复执行,由此,给司法资源造成了极大的负担、浪费。个人债务集中清理程序,不仅能避免债务人反复被动进入强制执行程序。而且,以指定管理人等方式引入了社会第三方专业力量,有效地缓解了法院在处理相关问题时的压力。

(三)优化债权实现举措

1. 提高债务清偿效率。执行个人债务集中清理程序的衔接有利于实现程序的效率价值。对于债权实现而言,执行程序相对而言原本应不失为一种更高效的手段,然而在当前执行难现实普遍存在的背景下,加上终结本次执行程序的存在,执行程序极易在重复执行的循环中迷失,不但消磨时间,而且消耗大量司法资源。在个人债务集中清理程序中,对债务人涉及的多个债务关系进行了一次性集中处理,解决了债务在执行程序中所出现的烦琐和耗时等问题,有助于加快债务清偿的速度,提高清偿效率;也有利于将司法执行力量从循环往复的终结本次执行程序中解脱出来,将更多的人员投入其他业务部门或者执行业务中,减少执行程序和破产程序的时间成本,提高司法审判的效率。

2. 实现债权人公平受偿。执行程序和个人债务集中清理程序在债权实现上都发挥着重要的作用,同时,执行程序和个人债务集中清理程序都具有债务清偿的功能,使二者在功能上具有重合。① 个人债务集中清理程序可以确保所有债权人都能够公平地参与债务清偿的过程,按照各自债权法定顺序、比例获得相应的清偿,实现债权人公平受偿与债务人的集体松绑。同时,保护了全体债权人的公平权益。两者之间也有区别,执行程序侧重于债务的个别清偿,仅解决个别债权的清偿问题;而个人债务集中清理程序侧重于债务的概括清偿,在同一破产程序中一并解决所有债权的清偿问题,更有利于维护全体利益相关人的合法权益。这体现了我国对债权实现的多元化设计,为债权人提供了程序选择的余地,债权人可以从最大限度地维护自身合法权益角度考量,行使程序选择权,从而实现自身利益最大化。

3. 降低债务清理成本。新的管理成本,相对于旷日持久的谈判带来的成本,以及囚徒困境导致大部分债权人的债权不能实现而带来的时间和资源的浪费是微不足道的。② 通过个人债务集中清理程序,集中资源对债务进行清理,避免了分散处理债务所带来的重复劳动和资源浪费,有助于降低债务清理的成本,提高经济效益。

4. 促进债务人重生。破产程序能够促进企业的优胜劣汰,淘汰落后的企业和产能,优化社会经济资源配置,提高资源配置效率,实现社会经济的可持续发展。同样地,个人债务集中清理程序为债务人、全体债权人提供了一个面对面解

---

① 参见童兆洪、章青山:《破产与执行:功能定位与制度调谐》,载陈光中、汪伟主编:《诉讼法论丛》第10卷,法律出版社2005年版。

② 参见李曙光、王佐发:《中国破产法实施的法律经济分析》,载《政法论坛》2007年第1期。

决债务的机会。在清理过程中,债权人能客观了解债务人的现状,并在信息公开透明的前提下,与债务人进行友好协商。这有助于债务人摆脱债务困境,重新开始生活或经营,让依法经营、诚实守信的债务人可以“从头再来”。

四、个人债务集中清理和强制执行的立法思路

在了解了执行终本与个人债务集中清理制度发展的情况后,可以参考境外相关立法经验,并结合我国的现实情况和立法基础,进行整体考量,为个人债务集中清理和强制执行的联动提供立法思路。

(一)境外立法实践

1. 美国。在美国,所有判决都有生命周期(有效期间),超过一定年限的判决就失效或者不能强制执行。执行案件的退出实际上掌握在债权人手中,任由债权人进行推动,债权人可以任意进出所谓的执行程序,选择权、指令权交由债权人行使。但也因此,法院及执行法官亦不会为难,当事人也无可挑剔,执行中的矛盾,基本上不会集中到法院身上。有的州要求在判决有效期间内定期申请执行,否则判决进入休眠状态,必须通过申请唤醒它才能再次申请执行。如加利福尼亚州法律规定,一份判决的效力从其生效之日起可以维持10年,10年期届满时,判决即自动失效。申请更新必须在判决生效后5年以上,10年以内提出。如果债权人在申请更新判决时,也提出费用备忘录和利息主张,则更新的判决中债权本金即可包括累积的费用和利息。一旦判决更新,就对更新后的判决的全部金额计算利息,以每年10%计算。① 在“更新判决”的有效期限届满的任何时段里,债权人都有权围绕被执行人财产状况的查明,不断地、数次地向法院申请对债务人发出“出庭受询命令”“向法院提交文件的命令”“移交命令”等“执行令状”。债权人最终得到全额支付后,应当出具债权满足确认书,邮寄给判决法院书记官,并将一份复制件交给债务人作为收据,债务人也可以向法院请求发放一份债权满足证明书。债权人出具的债权满足确认书不一定代表全额履行,但债

① 参见黄金龙:《美国民事执行制度介绍》,载中华人民共和国最高人民法院执行工作办公室编:《强制执行指导与参考》2003年第3辑,法律出版社2003年版。

权人只要签署了上述文书就丧失了继续追讨的权利。

2. 瑞士。瑞士将强制执行与破产一并规定在了《瑞士联邦债务执行与破产法》中。在该法第三章“资产扣押式债务执行”第二节“变价”的最后部分,以第149条、第149a条[①]规定了执行无结果证明的签发、效力等内容。其规定,执行不能的数额一旦确定,执行事务局就签发执行无结果证明,记载债权人未获清偿的债权情况。结合该法其他条文可以发现执行无结果证明带来的一系列法律后果:对债权人而言,可要求继续执行而无须新的支付令,但应在执行无结果证明送达后6个月内;可提起无效诉讼,撤销债务人在一定期限内所实施的馈赠、无偿交易、偿还未到期债务等行为。[②] 对债务人而言,债务人可在任何时候通过向签发执行无结果证明的执行事务局进行支付的方式清偿债务;债务清偿后,登记册上登记的执行无结果证明将被删除,债务人还可要求执行事务局对此出具确认删除的证明;在资产变现不足的情况下,债务人要承担相应的公法后果,如禁止担任公职,禁止从事须经特别批准的职业和活动。[③] 债权人凭借该证明向债务人主张权利是有期限的,超出一定期限,执行无结果证明上证明的债权就会失效。通常情况下,这一期限是20年;债务人死亡的,这一期限最长延续到继承开始后1年。可见,瑞士强制执行法对执行无结果证明签发后的继续执行、执行无结果证明的登记与删除、限制债务人权利等内容作出了系统化的制度安排;并在此基础上,规定了经强制执行仍未获清偿的债权的失效期限。

3. 俄罗斯。《俄罗斯联邦执行程序法》明确规定了执行程序的结束。该法第27条规定:“a. 执行程序结束于:①执行文件已被事实上执行;②发出执行文件的法院或其他机关要求将执行文件发还追索人,或者追索人申请发还;③依据本法第26条列举的情形发还;④将执行文件交给可一次性或分期得到债务人收入或工资的组织;⑤执行文件从一个司法警察转给其他司法警察或从一个分支机构转交给其他分支机构;⑥执行终结。b. 对司法警察、执行员关于执行程序结束的

---

① 参见《瑞士联邦债务执行与破产法》,刘汉富译,载中华人民共和国最高人民法院执行工作办公室编:《强制执行指导与参考》2003年第1辑,法律出版社2003年版。

② 参见《瑞士联邦债务执行与破产法》第285~288条。

③ 《瑞士联邦债务执行与破产法》第26条规定,在联邦法律不适用的范围内,各州得规定资产变现不足及破产宣告的公法后果(如禁止担任公职,禁止从事须经特别批准的职业和活动)。参见《瑞士联邦债务执行与破产法》,刘汉富译,载中华人民共和国最高人民法院执行工作办公室编:《强制执行指导与参考》2003年第1辑,法律出版社2003年版。

决定,可于10日内向相应法院提出申诉。”第26条规定:“不能全部或部分追索的执行文件应当发还追索人:①根据追索人的申请;②超出申请执行期限;③债务人为组织的不能确定其地址;债务人为公民的,不能确定其住址;或者不能确定债务人的财产所在地、不能获得债务人金钱和在银行或其他金融机构中的其他有价值物品(俄罗斯联邦法律规定寻找债务人及其财产的除外)的;④如果债务人无可供执行的财产或收入,司法警察、执行员采取一切法律允许的手段寻找其财产和收入仍无效果的;⑤如果追索人拒绝接受依照执行文件从债务人处执行所得的无法变卖的财产的;⑥如果追索人以作为或不作为的方式阻碍执行的。”①

从上述立法例可以看出,其他国家和地区在立法时不仅考虑到债权人利益的保护,同时考虑到执行工作的规律和特点,执行工作实现债权人申请的可能性和不可能性,以及在执行不能的情况下,如何妥善退出执行,尽可能地保护执行员的切身利益。

(二)国内立法考量

1. 企业破产法。我国自1986年制定《中华人民共和国企业破产法》(以下简称《企业破产法》)以来,走了一条与西方完全不同的路。从新中国成立到改革开放初期,我国没有建立破产制度。1986年,我国制定了《企业破产法》,但该法只适用于全民所有制企业,不适用于自然人。20年后,也就是2006年修改《企业破产法》,法律的适用范围扩大到所有法人组织,包括有限责任公司和股份有限公司,但个人破产制度依然没有建立。由于没有个人破产保护法律制度,个人债务不能被豁免,在企业破产被拯救的同时,企业的股东、高级管理人员不能被拯救。这必然对股东投资积极性、企业高级管理人员的工作积极性以及股东或董事、监事、高级管理人员的配偶和家庭产生很大影响。于社会的稳定性而言,亦会产生潜在的不利影响。随着深圳破产条例的颁布,为了保证其正确实施,深圳市人大常委会法工委予以解读,其间透露国家已在研究修订《企业破产法》,可能会增加个人破产制度的相关内容。

---

① 参见《俄罗斯联邦执行程序法》,张西安、程丽庄译,载中华人民共和国最高人民法院执行工作办公室编:《强制执行指导与参考》2004年第2辑,法律出版社2004年版。

2. 民事强制执行法草案。2022 年 6 月 23 日,十三届全国人大常委会第三十五次会议对《民事强制执行法(草案)》进行了审议,并予以公布征求意见。草案规定终结本次执行程序,不影响已经采取的执行行为的效力。终结本次执行程序后,被执行人应当继续履行执行依据确定的义务。被执行人自动履行完毕的,当事人应当及时告知法院。终结本次执行程序后,申请执行人发现被执行人有可供执行财产的,可以申请恢复执行。法院审查属实的,恢复执行。终结本次执行程序后,法院应当将案件信息及时录入网络信息平台,并统一向社会公布。法院应当定期通过在线等适当方式调查被执行人的财产。发现被执行人有可供执行财产的,恢复执行。[①] 在金钱债权执行中,被执行人符合该草案第 80 条规定情形和《企业破产法》规定的清理债务情形的,法院应当裁定终结本次执行程序,将执行案件相关材料移送被执行人住所地法院。另外,自终结本次执行程序之日起满 5 年且未发现被执行人可供执行的财产,法院应当裁定终结执行。[②]《民事强制执行法(草案)》虽未出台,但执行退出的立法基础已经具备。

3. 地方立法。《北京市优化营商环境条例》于 2020 年 4 月 28 日施行,该条例第 72 条规定,有关政府部门应当与法院建立企业破产工作协调机制等。第 54 条规定,市经济和信息化部门建立健全市场主体信用修复制度,明确失信的市场主体可以采取作出信用承诺、完成信用整改、通过信用核查、接受专题培训、提交信用报告、参加公益慈善活动等方式开展信用修复;对于完成信用修复的市场主体,有关政府部门应当及时停止公示其失信信息。《湖北省优化营商环境条例》于 2023 年 3 月 1 日施行,该条例第 22 条规定,县级以上人民政府应当与人民法院建立企业破产处置协调联动机制,依法统筹推进业务协调、信息提供、风险防范等工作,协调解决企业破产启动、职工安置、资产处置、信用修复、涉税事项处理、破产企业重整等问题。《浙江省优化营商环境条例》于 2024 年 3 月 1 日施行,该条例第 22 条规定,县级以上人民政府、人民法院应当建立企业破产处置协调联动机制,统筹协调解决企业破产过程中涉及的资产处置、风险防范、职工和债权人权益保护等问题。法院应当探索建立重整识别、预重整等破产拯救机制,完善破产案件繁简分流、简易破产案件快速审理机制。对申请债务集中清理的

① 参见《中华人民共和国民事强制执行法(草案)》第 81 条。

② 参见《中华人民共和国民事强制执行法(草案)》第 82 条第 1 款、第 83 条第 1 款第 8 项。

个人,经审查后符合条件的,可以按照规定删除其失信信息。2024 年 3 月 19 日,《厦门经济特区个人破产条例》起草工作组第一次会议在中国人民大学法学院召开,厦门个人破产条例出台进入倒计时,打通执破融合通道,真正实现执行退出的现实基础也已显露端倪。

法作为一般行为规范在国家主权管辖范围内具有的普适效力的特性,因此要通过统一的立法程序制定更高位阶的法律,提供一致的法律原则、规则和程序,使市场具有统一的规则,既可以避免地方立法带来的区域隔阂问题,也可以避免恶意债务人滥用规则。但同时如何使法律照顾到合理的差异,给予个人债务集中清理制度在地方适用中一定的调适幅度,如还款比例与考察期年限的对应问题,同样是立法者需要考虑的。

五、突破:个人债务集中清理与强制执行的联动重点

(一)诚信标准认定及偿债能力评价

个人破产制度的设立是为了拯救"诚实而不幸"的债务人。债务人提出申请、金融机构作出免责许可,都需要具备一定的实体性和程序性规范。这两方面均应围绕"诚实"与"不幸"两个关键词展开,旨在提供筛选标准,只有符合这两项要件的债务人,才能够获得破产免责。而在实践中"诚实"往往是一个主观性质上的词汇,诚信债务人的判断是基于现有的依据,还是基于债务人从始至终的现实行为是否存在不诚信未有定论。对认定行为的模糊,在另一个层面上增加了法院的考量成本。除不诚实外,法院仍需要考量申请个人债务集中清理的债务人是否真的不幸。但不幸原因无法穷尽列举,也不是每一个不幸的原因均能得到宽容的免责。

笔者认为,个人破产的办理是一项周期漫长、体系庞杂、事项众多、流程烦琐的工作。法院依法行使司法裁判权仅能对个人破产办理中涉及权利争议的事项进行司法审查和确认,无法涵盖个人债务评估和咨询、破产从业者管理、破产衍生事务管理、反破产欺诈调查等功能。人民法院受理破产申请后,对债务人债务财产状况的调查核实往往需要管理人与多方政府部门合作进行。但个人财产的多样性决定了财产登记制度的局限性,除了法院在强制执行的过程中查到的财产,其他的财产主要还是通过债务人自行申报后予以核实。为解决上述两个基

础性问题,平阳法院借鉴刑事案件的社区矫正制度,创新推出委托社区调查机制,制作委托评估函及委托调查表,将个人债务集中清理的社区调查工作委托给司法局驻乡镇司法所,由司法所所长作联络员,深入了解个人财产、家庭经济、消费水平、生活作风等,并反馈调查评估意见,由管理人制作成债务人偿债能力调查评估报告,现已形成制度化运作模式,是府院联动机制深化的体现。此类方式能有效地利用行政和司法力量,形成长期有效的机制,随着实现执行退出案件数量的不断增多,能更好地强化司法公信力,获得群众的广泛认可。另外,还需严格审核债务人的个人征信等情况,做好谈话,征求其债权人意见。除了通过委托社区调查等方式对债务人的情况进行全面了解,必要时可以参考《深圳市个人破产债务人清偿能力评估试行办法》,邀请人大代表、政协委员、地方乡贤等召开听证会,对于债务人情况进行听证和评议。在有条件的情况下,邀请检察院全程参与社区调查,进一步增强债务人财产调查报告的可信度和证明力,同时可以让检察监督工作从事后变成事前,有效化解执行局执行自由财产、失权复权、执行退出等方案时来自检察监督的顾虑。对于不符合申请条件或者不积极配合调查工作、意愿不强烈的,必要裁定终止或者终结其个人债务集中清理程序,恢复强制执行程序。

(二)强制措施的解除与复权的方式

复权的终极作用在于以程序设计确保“诚实而不幸”之债务人重新回归正常的社会经济活动,进而实现个人破产制度的价值目标。为解除强制执行措施,法院应当制定失权复权方案。其主要面临的问题有三个:一是在执行退出的考察期内应该解除什么强制措施,什么强制措施暂时不能解除的问题。其实,失信措施是可以解除的,限高措施在考察期内建议予以解除,以向债务人发送书面限制高消费令或者以债务人出具无不诚信、高消费行为承诺书的方式进行代替。但是在考察期内,不应当解除关于出入境的限制。对于其银行、微信、支付宝等财产冻结应当予以解除。二是其他有执行案件的法院能否配合解除的问题。若其他有执行案件的法院对于配合解除执行措施有顾虑,应当考虑能否通过交叉执行或者要求其他法院移送执行案件至该院。三是复权方式的问题。以债务重整为例,根据深圳破产条例的相关规定,重整债务人的失权主要是八种禁止消费行为等限制,但该条例设定的当然复权宣告方式较为简单,仅规定批准重整计划的同时作出解除限制债务人行为决定,将决定书送达债务人并通知破产事务管理部门,难以由社会公众所周知而产生公示效力,不利于发挥引导债务人预期和激励的作用。

(三)自由财产的认定与异议的提出

自由财产的认定,应当由管理人制作方案,报请法院决定。其主要面临的问题在于:(1)关于自由财产范围的确定,应以保障债务人的生存权和发展权为核心。自由财产的范围的确定可以直接参照现行法律对于应当为被执行人保留的财产范围。(2)若自由财产的金额需要变动地处理,债务人可以在第一份自由财产保留方案中提出保留一定数量金额的财产及国家根据物价水平调整最低生活保障的基本待遇,以留下在变动自由财产金额因素出现的时候,法院可以再决定调整的依据,并提交全体债权人会议。本文认为,自由财产异议程序是保护债权人权益的重要措施之一,自由财产制度的初衷是保障债务人的基本生存和发展,但同时要合理保障与债权人相关的权益。因此,全体债权人对于自由财产的认定及变动仅具有异议权而非决定权。提出异议的债权人或其他相关当事人应当承担证明责任。这样可以确保异议程序的公正性和合法性,有效维护当事人的合法权益。法官应主动审查和验证债务人的自由财产清单,以准确界定这些自由财产。如果发现债务人申请的部分财产不属于自由财产,那么这部分财产法官不应当承认。这样可以避免债务人恶意隐瞒财产、违法转移财产等行为,保证债务人申请自由财产的真实性和合法性。

(四)复权考察期的设定与程序恢复

强制执行退出方案主要面临考察期的问题:(1)如何设定考察期的时间。考察期的时间最长不应超过5年,若经全体债权人同意,亦可以不设定考察期。考察期的设定,可以依照债务人所清偿债务的比例进行相应设置。(2)考察期满后,若发现债务人有巨额财产,是否应当恢复执行。考察期满后,若发现债务人有巨额财产,通常有两种情况,一是债务人故意隐瞒巨额财产,导致法院和管理人在清理过程中和考察期内无法发现,此时应当恢复强制执行,并且限定债务人在一定时间内不得再次申请个人债务集中清理。二是发生情势变更,债务人因为通过找到高薪工作、创业成功、中彩票、继承遗产等射幸行为获得了巨额财产,此时无须恢复强制执行,可以考虑恢复个人债务集中清理程序,重新制定合理的清理方案。例如,对于其获得的巨额财产足够清偿全部债务的,应当帮助其制定清理方案,进行全面清偿。有不足的,应当视情形,在保留其自由财产的前提下,进行部分的清偿。部分清偿的范畴,可以在自由财产方案中进行设定,如超出部分的50%用于清偿全部债务,50%留给债务人自己,以此激励债务人创业创新的热情。

六、完善:个人债务集中清理与强制执行的联动配套机制

全面推进新时代法院工作实现新发展,必须紧扣时代脉搏,从服务大局、服务保障地方发展的视角出发,筑牢地方的法治根基。同时以数字化改革为牵引,以规范化建设为抓手,从推进基层社会治理体系和治理能力现代化的高度与力度,积极寻求地方党委、政府的帮助,挖掘司法助企、柔性执法的典型案例,畅通企业家和企业共同申请破产的救济渠道,让企业家能通过个人债务集中清理程序真正实现东山再起。

(一)深化府院联动机制

通过府院联动、地方人民银行、地方金融监管机构共同参与,协同推动金融债务无讼化解模式,打破传统银行诉讼追索金融债务的方式。如要求地方银行在向法院起诉债务人之前,应向公证处申报债权、申请支付令等。同时,可在公证处、金融调处中心办理委托,委托其中一家债权人银行与债务人进行谈判,约定还款时间及方式,进行债务的适当展期。在金融债权人与债务人进行谈判的同时,双方均可通过公证处、金融调处中心内的破产保护共享法庭向法院申请个人债务集中清理,由法院指定公证处派员担任公职管理人,并与金融债权人、债务人共同组成清算组。对债务人的家庭、经济、工作、生活等情况进行详细调查,由金融债权人派出的专业理财人员、公职管理人等对债务人提出专业的理财建议等,共同制定债务清理方案提交全体债权人表决通过。通过此种方式,可进一步打消金融债权人的顾虑。可在适当时机,邀请人大代表、政协委员、企业家共同参与,为债务人出谋划策、提供贷款、提供业务等,同时在此基础上适当探索债转股、“僵尸企业”出清、企业预重整等事宜。

（二）积极倡导社会诚信

首先，于社会整体而言，需要加强观念引导，对当事人进行充分的释明，使其认识到将执行案件移送个人债务集中清理程序对其自身乃至整个经济社会的优势与价值。这里的观念引导的对象不仅包括法官，也包括当事人，这使债务人财产得以最大限度地实现，更加公平地分配案款，同时可以借此打击实践中出现的规避执行行为，从而使执行法官积极开展衔接工作。其次，要充分发挥典型案例的指引作用。近年来，法院越来越重视典型指导性案例对司法实践的指引作用，江苏、浙江等地法院都会发布典型破产案例供法院和当事人学习和参考。不断挖掘诚信典型案例，鼓励社会公众积极参与诚信建设活动，常态化开展信用体系建设宣传、庭审观摩，打造普法宣传新阵地，推动形成崇尚诚信、践行诚信的良好风尚，加强司法公信建设，加大推动被执行人积极履行义务力度，依法惩治虚假诉讼，建立健全不敢失信、不能失信、不想失信长效机制，让诚实守信成为基层群众的价值导向和自觉追求。以平阳法院受理的施某某个人债务集中清理案为例，施某某在法院为其制定了执行退出方案、自由财产方案，并重获新生后，仍然选择在能力范围内还款，并不断寻求与中国银行平阳支行等债权人达成和解方案，截至 2024 年 6 月，其累计已向 7 位债权人偿还了 201,000 元。

（三）强化数字赋能提效

法治化营商环境对地方政府和地方法院的社会治理能力提出了新的要求，地方法院应加快推进审判工作现代化，做深做实为大局服务、为人民司法的创新实践。通过整合司法资源、优化司法流程，能够降低当事人的诉讼成本，提高司法效率，从而更好地保障人民群众的合法权益。如债务人可通过破产保护共享法庭，向法院法官咨询个人债务集中清理的申请事项、法律后果、清理效果等事项。法院指定公证处派员担任公职管理人并组成清算团队，对于债务人的情况进行全面调查，并对其个人预期收入、名下财产等进行全面监管，邀请合作银行对其债务清理提供专业意见和建议。

（四）防范金融债务风险

个人金融急迫债务清理程序有助于防范金融债务风险，该程序借鉴境外关于个人破产的法律制度,尤其是破产保护期、金融债权委托谈判、个人金融债务展期的理念,主要针对未有诉讼案件进入法院,但个人收入已经不足以支付金融债务的本息,即将或者已经处于"以贷转贷"的窘迫境况,同时预计将要面临债务逾期问题的自然人。这些自然人债务人可以主动向法院申请进入个人金融急迫债务清理程序。如平阳法院打造的金融纠纷调处化解中心,采用"调解+裁决+执行"一体化运作模式,由执行法官入驻金融化解中心,邀请司法局和村居干部共同参与调解,向银行的金融专家寻求理财建议、配合破产管理人进行调查监督、获得咨询破产管理人法律建议的机会等,在此基础上与诸多金融机构达成一致意见,考虑给予其债务延展期、减免手续费等优惠政策助其解压。通过个人债务集中清理促进金融机构启动不良呆账核销程序,提高市场化不良处置能力。抓牢源头性疏导、实质性化解、综合性治理三个发力点,个人债务集中清理使案件实现执行退出,在依法保证金融机构的合法权益的同时,最大限度减少对被执行人的权益影响,让司法改革成果惠及更多人民群众。

(五)协调执破程序衔接

如何解决"企业破产产生的自然人连带责任担保债务问题"是一大难题,须加快完善个人债务集中清理与企业破产程序的配套机制。强制执行终本库的出清,需要法律依据的支持,不仅需要法律赋予相关权限,还需要通过具体的程序来保障债权人和债务人的合法权益。打破法院系统内部利益樊篱,适当激励执行部门推动执行转破产。这是法院系统自身可以推动的措施,包括在建立执行系统单独考核的过程中,完善针对执行转破产的工作量计算。同时,充分利用信息化办公的优势,使执行法官可以更为便利地完成案件移送。当企业发生破产原因,导致企业法人应以自身财产承担的有限责任转嫁为特定自然人的无限责任时,与破产企业有关联的自然人可以申请个人债务集中清理,与企业破产一并清算。平阳法院办结的全国个人债务集中清理第一案的申请人蔡某某就是企业股东,作为债务人与企业合并进行了清算,让破产企业的股东同时申请个人债务集中清理,并案审理,该案最后达成了一次性清偿的和解协议,进一步畅通了市场主体退出渠道及降低退出成本。除了上述几点措施,从长远来看,还有其他更深层次的问题需要解决。法院管辖如何打破行政束缚、摆脱地方利益考量就是下一步司法综合配套改革的重点,这对于解决当前的执行难,尤其是执行转破产难意义重大。

自然人和个体工商户作为企业家创新创业的初步阶段,与中小企业一样,都是市场经济不可替代的参与者和竞争者,对市场经济的繁荣发展具有独特作用。与此同时,个人资不抵债或者企业家因企业经营不善破产而自身陷入困境的情况也时有发生。由于目前没有个人破产法,个人负债无法偿还时,不仅个人很可能陷入经济纠纷一蹶不振,也不利于各社会经济参与者合法退出权益的切实保障。因此,通过个人债务集中清理程序与强制执行退出机制的创新,既限制投资风险、摆脱债务泥潭,做好企业家创新创业最后一步的兜底工作,为自然人、个体工商户、企业家等社会经济主体退出市场经济的退路提供制度保障;又促使创新创业失误的风险可以预期,自然人、企业家有机会在免责考察期内解决个人债务问题,让自身和家庭重启人生新篇章,也为对市场经济信心不足、望而却步的参与者打了一剂强心针,更有效地激励自然人、企业家充分发挥其自身的活力与创造性,积极创新创业,从而推动"三支队伍"的建设,进一步助推现代化建设的高质量发展。

子课题八：个人债务集中清理的总结与反思

——基于天台县人民法院审结的97件案件数据分析

天台县人民法院课题组*

前　言

个人破产制度是市场经济制度应有的救治和退出制度，为“诚实而不幸”的债务人提供重生机会，有利于进一步激发市场主体活力，更是完善社会治理体系、提升治理能力、优化营商环境、实现共同富裕的题中应有之义。自2019年以来，中共中央、国务院、国家发展和改革委员会、最高人民法院等先后发布文件，要求推动建立个人破产制度，重点解决企业家为企业债务承担连带责任问题，实现市场主体有序退出。特别是2024年7月，党的二十届三中全会审议通过《中共中央关于进一步全面深化改革、推进中国式现代化的决定》，明确提出探索建立个人破产制度。至此，个人破产制度上升到前所未有的高度。

天台县人民法院（以下简称天台法院）自2018年开始探索具有个人破产实质功能的个人债务集中清理制

* 课题组成员：杨丹、王卫、陈中云、车威。

度,历经将执行不能案件转入个人债务集中清理程序审理、在立案环节引导债务刚爆发的债务人申请、构建分层递进的诚信审查机制、执破融合重构个人债务集中清理审理模式四个探索阶段。本文选取天台法院2024年审结的97件个人债务集中清理案件,介绍案件基本情况,分析存在的问题并提出对策建议,希冀为个人破产立法提供有益参考。

一、天台法院个人债务集中清理工作基本概况

(一)个人债务集中清理审结情况

2024年1~7月,天台法院共审结个人债务集中清理案件97件,共成功清理51件,成功清理率约52.58%(见表1)。

表1 2024年1~7月个人债务集中清理审结案件情况

项目		数量
案件审结量/件		97
清理成功的案件量/件		51
申请人类型	债权人申请/件	0
	债务人申请/件	77
	债务人继承人申请/件	20
债务性质	以消费性债务为主/件	35
	以经营性债务为主/件	42
	遗产债务/件	20
结案方式	认定为诚信债务人并终结执行程序/件	16
	达成债务和解(整理)并终结执行程序/件	35
	失信及不配合债务清理/件	21
	无法联系债务人/件	3
	因社会效果不佳等退回执行/件	22
债务总额	担保债务额/万元	5828.94
	普通债务额/万元	20,575.33
	共计/万元	30,904.27

续表

项目		数量
清偿金额	担保债务额/万元	610.41
	普通债务额/万元	4897.66
	共计/万元	5508.07
债权人数	涉案债权人数/人	846
	涉及金融债权人数/人	317
涉及执行案件数/件		487
涉及执行标的金额/万元		3243.5

在申请人性质上,由债权人申请的案件0件,由债务人申请的案件77件,由债务人继承人申请的案件20件。在债务性质方面,以消费性债务为主35件,以经营性债务为主42件,遗产债务20件(见图1)。在债权人数层面,个人债务集中清理案件涉案债权人共计846人,其中涉及金融债权人共317人。共涉及执行案件487件,涉执行标的金额3243.5万元。

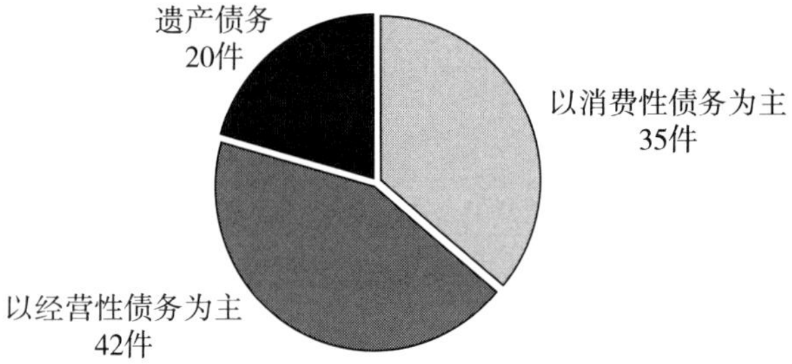

图1 受理案件中的债务性质

在债务清偿方面,个人债务集中清理涉案债务总额共计30,904.27万元,其中担保债务额5828.94万元,普通债务额20,575.33万元。共清偿5508.07万元,清偿率为17.82%,其中担保债务共清偿610.41万元,普通债务共清偿4897.66万元。

在结案方式上,认定为诚信债务人并终结执行程序16件,达成债务和解(整理)并终结执行程序35件,失信及不配合债务清理21件,无法联系债务人3件,因社会效果不佳等退回执行22件(见图2)。

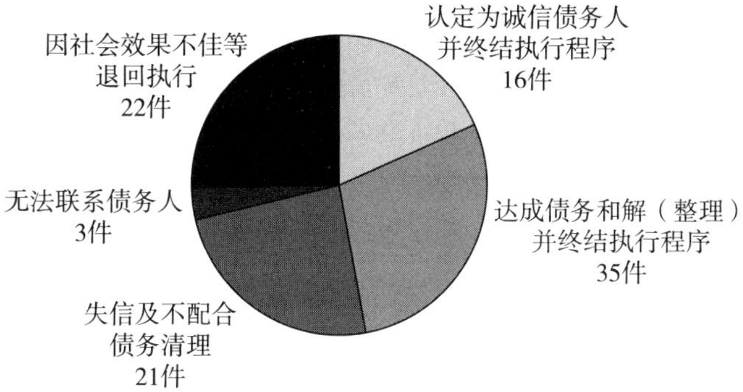

图2　结案方式

(二)债务人基础信息

1. 在年龄上,主要以中年为主,金融债务占比与年龄呈负相关。35 岁以下青年共有 11 人,36 岁以上到 60 岁以下中年共有 69 人,61 岁以上老年共有 17 人(见图3)。其中最年长的债务人出生于 1943 年,已经 85 岁,最年轻的债务人出生于1996 年,目前28 岁。青年债务人中,金融债务数共43 笔,占比为72.9%;中年债务人中,金融债务数共计242 笔,占比为37.4%;老年债务人中,金融债务数共29 笔,占比为22.6%,其中21 笔均为担保债务(见图4)。这表明,青年债务人的融资主要源于金融借款、信用卡,而老年债务人的融资主要源于人情关系的借贷。

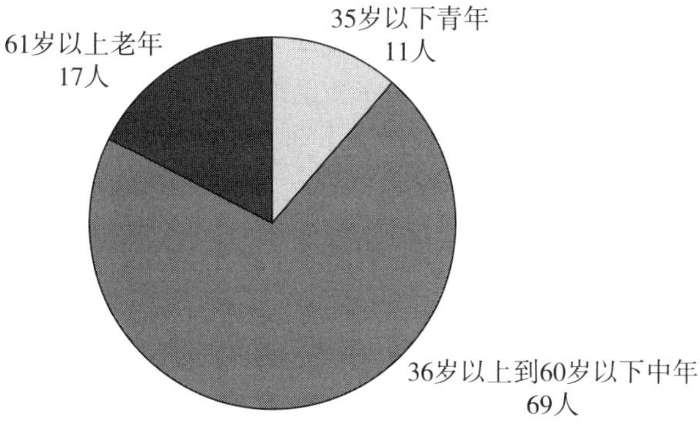

图3　债务人年龄分析

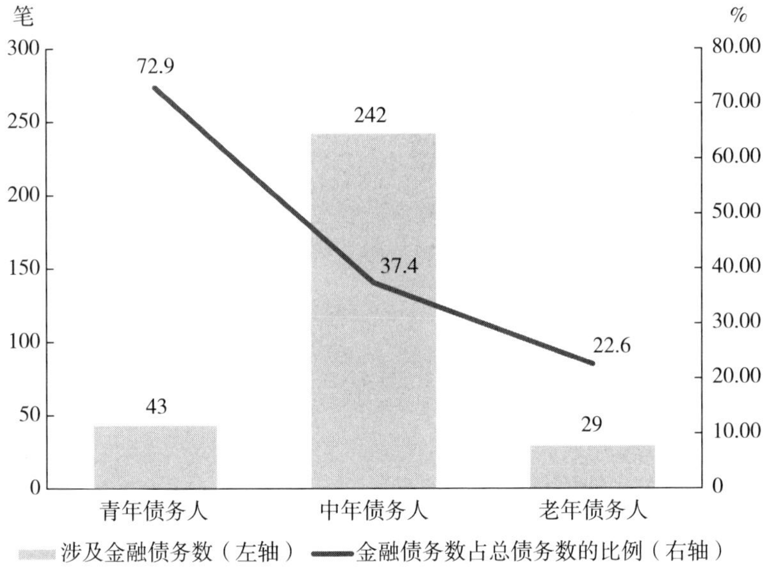

图 4 金融债务数占比分析

2. 在性别上，主要以男性为主。在 29 名女性债务人中，共有 18 人是替他人担保、借款而负债的，其中 8 人是受丈夫、父母经营失败的影响。这表明女性主要是受他人牵连而陷入债务泥潭。在 68 名男性债务人中，48 人因经营失败而负债，14 人因连带担保而负债，4 人因炒股、赌博而负债，2 人因家庭变故而负债。这表明债务人性别主要以男性为主，拯救经营失败的债务人更应关注男性债务人。

3. 在职业上，职业类别丰富，以公职人员、个体经营者为主。在配合度上，根据债务人是否愿意维持较低的生活水准并积极配合管理人的和法院的工作的标准，除去遗产清理案件外，公职人员债务人配合度高于其他职业：35 名公职人员债务人中仅有 5 名不积极配合，而剩余 42 名债务人中有 15 人不积极配合。这是因为公职人员财产相对透明，转移隐匿可能性较小，且碍于职业原因，欺诈成本过高。

4. 在学历上，大专以上学历的债务人多为有固定收入，高中以下学历的债务人多以经商为主。大专以上学历的共 29 人，其中 26 人为有固定收入的公职人员，平均年龄 48 岁，平均负债总额 205.62 万元。高中以下学历 68 人（其中高中学历 23 人、初中学历 26 人、小学学历 18 人、文盲 1 人），平均年龄 52 岁，平均负债总额366.79万元。从平均负债总额上看，高中以下学历的债务人远高于大专以上的债务人，这是因为前者以经商为主，后者基本上是公职人员。

5.在家庭状况上，约半数债务人已离异，因失去住宅而租房情况普遍。在婚姻状况上，有44名债务人已离异。虽然实务中存在"假离婚，真逃债"的现象，也存在离婚后仍共同居住的情况，但如此高的离婚率仍表明债务问题严重影响夫妻关系。此外，在居住状况上，除去已死亡的20名债务人，共有25名债务人因失去住宅而租房居住。失去住宅原因包括移民、拆迁、担任公职人员等失去农村宅基地，且城市住房已经处置。在非公职人员的10名债务人中，共有6人没有社保收入。债务危机导致无家可归的现象需要引起社会重视。

6.在债务纠纷涉及的案由上，主要以民间借贷纠纷为主。在846笔债务中，民间借贷纠纷507件，金融借款合同和信用卡纠纷共计317件。在507件民间借贷纠纷中，未进入诉讼162件，进入诉讼的345件中16件未进入执行。这表明个人债务集中清理程序启动时间还是过晚，债务已大量涌入法院。此外，进入诉讼的案件基本上都会进入执行，这部分案件因客观履行不能，生效判决书、调解裁定书成为所谓的"法律白条"。

二、个人债务集中清理面临的问题及原因分析

（一）启动环节遇到的问题

1.启动较晚，错过最佳清理时机。除去20件遗产清理案件外，共有52件"执转破"、25件"立转破"。审理过程中发现，除去3件仍有房产外，其余"执转破"案件均没有可供处置的大型财产。"执转破"案件达成清理方案的仅15件，约占"执转破"案件总数的28.85%；与此对比，"立转破"案件达成清理方案的有12件，占"立转破"案件总数的48%。这表明"执转破"案件启动晚，已经错过最佳救助时机，大量案件不得不从"破产库"退回"终本库"。

2.面谈辅导耗时耗力。在个人债务集中清理审查过程中，法官在电话答疑、一对一面谈辅导、书面材料核查等申请审查环节耗费了大量时间和精力。债务人填写的债务材料质量普遍不高，特别是财产申报表填写不全、债务清册遗漏部分债权人，主要是因为债务人存在如下问题：（1）债务人文化水平普遍偏低，无法填写详细的破产经过说明、还款计划以及提供相应佐证；（2）债务人难以全面准

确提供个人和家庭的财产状况、债权债务材料;(3)债务人思维僵化,认为申请个人债务集中清理即可免责,进入个人债务集中清理后对日常生活没有任何影响。

3. 债权人无启动动力。在天台法院审结的案件中,没有债权人启动的案件。这是因为债权人往往不愿意放弃债权,哪怕债务人客观上已无法清偿债务,除非通过个人债务集中清理能够额外发现债务人财产。此外,除非个别债权人在个案追债中处于比其他债权人更为劣势的地位,否则,该债权人也无意愿启动个人债务集中清理程序。

4. 债务人无启动动力。在债务人启动的案件中,共有 26 名债务人主动申请,剩余案件均为法院引导申请。在引导阶段,部分债务人仅愿意通过个人债务集中清理解决已诉债务,不愿清理未诉债务,主要理由为:(1)债务人认为其还有能力支撑债务,不愿意看到债务集中爆发;(2)这些债务系向亲戚好友借款,债务人担心债务集中清理予以免除余债后,无法面对亲戚好友,不愿背负"赖账"的名声。该问题背后的因素是,中国社会具有熟人社会的特点,相当一部分债权人出于人情关系,只要债务人不明确表示不清偿债务,即使债务实际上无法清偿,债权人也容忍欠债状态持续稳定保持下去。但该状态却有可能因个别债权人提出债务集中清理申请,打破原来稳定的基于人情关系的债权债务关系,给债权人造成债务人逃避债务清偿的印象,效果适得其反。

(二)办理环节遇到的问题

1. 债权人参与度低。具体表现为债权人不愿意申报债权、债权人不同意清理方案。在债权申报上,共有 503 名债权人申报债权,平均申报率 59.46%。在清理方案上,仅有 35 件案件全票通过表决方案,仅有 21 件案件按照表决规则规定的表决比例通过清理方案。上述问题一直是个人债务集中清理难以有效推进的症结,因为立法缺位,在债权人不愿意申报或者不同意清理方案的情况下,人民法院难以强制批准对其债权进行减免的清理方案。债权人不愿申报的原因主要有以下几点:一是债权人过度依赖强制执行手段。二是债权人对债务人信任度较低。三是债权人不了解个人债务集中清理机制及程序后果,其申请的目的不明确。

2. 债权核查难。在实践过程中,债权核查需要耗费管理人大量精力,主要难点如下:一是部分债权存在争议,特别是对债权金额存在不同看法。二是涉及资产处置案件,债务人和债权人恶意串通,企图稀释债权总额。三是执行分配款项难以核对。由于法院内部执行案款系统经常更新,对于2019年以前的案件,执行分配款明细难以准确导出,管理人需要根据债务人和债权人提供的打款凭证反复核对。

3. 债务人的诚信甄别难。在甄别债务人是否为诚信债务人时,主要面临如下问题:一是财产调查难以全面细致。当前财产形态日益多元,支付手段多样,家庭成员共同生活状况复杂,导致对债务人财产调查核实存在一定难度,管理人难以准确认定和区分债务人个人财产。此外,由于未能有效打通各个部门之间的数据壁垒,财产调查手段有限,进度缓慢。二是缺少客观的诚信评价机制。社会信用体系建设包括征信体系建设和社会诚信体系建设。目前,我国征信体系建设进入规范化发展,但社会信用体系建设还刚起步,尚未实现信用信息的共享共用、互联互通,同时强制力不足,对于债务人诚信的审核参考价值尚存疑虑。

4. 债务人存在"逃废债"行为。在审结的案件中,共有18人不配合清理,债务人存在许多看似不诚信的行为:(1)没有提供全面准确的债务清册;(2)申请个人债务集中清理期间,仍然以为他人债务提供担保、债务加入、在债务人资产上设定权利负担等方式增加债务人的债务负担;(3)隐瞒财产和隐性收入;(4)在申请个人债务集中清理前的一段时间内,甚至是在个人债务集中清理期间,仍然进行个别清偿;(5)管理人深入财产调查时,不配合清理;(6)债务人存在高消费现象且无法证明资金来源与合理用途;(7)无法提出清偿方案,或者提出的清偿比例过低,且不愿意增加清偿率。

如庞某个人债务集中清理案,经债权人反映,由管理人核查,发现在申请个人债务集中清理前,债务人庞某将两处房产转移到妻子名下,并与其进行名义上的离婚,当时庞某已经背负大量债务。进入个人债务集中清理后,庞某并未如实申报,隐瞒了转移房产的行为。天台法院以通过虚假陈述妨碍人民法院审理案件为由,对庞某处以1万元罚款,并告知债权人可另行通过诉讼追回转移的财产。

产生上述不诚信行为的原因如下:正向激励措施缺失造成债务人消极心理、前期的强制执行造成债务人回避心理、财产转移具有隐匿性以及处罚手段有限造成债务人侥幸心理。

5. 因债致贫致病问题突出。在审理过程中发现,一些积极配合处置财产的债务人,因为看不见还清债务的希望,加之被部分债权人恶意催债,背负过大压力,患上抑郁症或者身患重病,反而一些转移隐匿财产的“失德”人却过得比较惬意。例如,王某某、施某某夫妻共同债务清理案,2018 年,夫妻双方配合法院将所有财产处置完毕(包括车辆、住房),近几年只能依靠打零工为生,妻子施某某和女儿患上严重抑郁症,需要进行治疗。又如,俞某某遗产清理案,俞某某本是天台县有名企业家,因经营失败背负上千万元债务,考虑到其债务复杂,债权人意见较大,天台法院并未受理其个人债务集中清理申请,2023 年俞某某因病去世。再如,洪某某个人债务集中清理案,洪某某系中学教师,负债原因为替丈夫经营担保,目前负债 70 余万元,因为债务利息过高,大部分收入都用于清偿利息,洪某某和儿子租住在廉租房中,仅仅 40 岁出头便满头白发,情绪非常不稳定。

6. 债务人死亡后遗产债务处理问题。该问题与普通民商事案件中因债务人死亡形成的遗产债务由继承人进行诉讼担当所引发的争议有密切关联,个人债务集中清理机制可以提供一个解决路径。但是,个人债务集中清理如何与民法典遗产管理人制度进行衔接也是一个需要探讨的问题。

如周某遗产清理案,被继承人周某死亡,其债权人起诉继承人要求在继承范围内清偿债务,被继承人在诉讼中提交放弃继承的声明,后案件转入个人债务集中清理程序,在清理过程中,管理人查明继承人在放弃继承前后均转移了被继承人财产。在该案中,管理人无法以自己的名义起诉追回财产。管见以为,遗产清理案件必须与民法典遗产管理人制度衔接,在继承人放弃继承进入个人债务集中清理程序后,由法院指定被继承人生前住所地民政部门或者村民委员会担任遗产管理人,再由其指定破产管理人进行具体工作。

(三)退出环节遇到的问题

1. 债务豁免难。在达成清理方案的 35 件案件中,除去 5 件适用表决规则批准外,其余案件本金清偿率均为 100%。对于负债远高于资产的案件,难以达成清理方案实质性豁免债务。债务豁免必须有法律依据,在个人破产制度尚未出台时,人民法院不得以个人债务集中清理之名行个人破产之实。

2. 债务人信用修复难。对于金融债务,由于缺少信用登记平台和信用修复规则,即使债务人按照清理方案履行完毕,但如果没有还本付息,其银行征信仍属于不良,故信用仍得不到恢复,不能申请新的贷款,难以真正实现“轻装前行”“东山再起”。

3. 诚信考验期的监管问题。在终结清理程序并终结执行程序后,对长达4~6年的诚信考验期的监管,要考虑监管的成本与效率。如果全部由管理人进行监管,管理人会超负荷工作。此外,实践中发现,许多达成债务整理计划的案件最终都会清理失败,因为这部分债务人为了获得暂时性"松绑",随意承诺高于自己还款能力的还款方案。例如,债务人胡某承诺5年内偿还本金,每年分2期清偿,债务人偿还第一期后,债权人同意解除债务人执行强制措施。在第一期履行后,债务人便一直推脱说工程款尚未结清,申请延期支付。

(四)其他问题

个人债务集中清理全面铺开,管理人履职工作起到决定性作用。当前,管理人队伍建设较为薄弱,管理人履职存在如下问题:一是选任不规范。2023年,天台法院出台《天台县人民法院个人债务集中清理管理人指定办法》,将全县有意向参与的律所纳入管理人名单,原则上采取轮候的模式选任管理人。但是在实践过程中,考虑到管理人的履职能力,会偏向于指定个别履职能力突出的管理人,存在廉政风险。二是管理人履职积极性低。管理人消极履职情况比较普遍,具体表现为需要法官催促才能推进案件工作,甚至个别管理人在收到案件后,便引导债务人自行撤回。这主要是因为个人债务集中清理办理难度大以及管理人报酬缺少保障。三是管理人报酬缺少保障。当前管理人报酬虽由破产援助资金支付,但报酬普遍偏低,基本在6000元左右,无法调动管理人的工作积极性。当前,天台法院援助资金已经使用完毕,仍在争取管理人报酬补助。

从长远来看,应探索管理人报酬市场化机制,并辅以建立国家财政补助制度。具体而言,应当设置公益管理人和市场化管理人,公益管理人报酬以债务人提前缴纳、援助资金兜底作为保障,原则上限定在6000元以内;市场化管理人报酬参照企业破产法有关规定,分为基础报酬和处置财产报酬。

三、进一步推进个人债务集中清理的对策建议

(一)个人债务集中清理的理念更新

1. 发挥个人债务集中清理"债务吸收"功能,引入司法确认制度减少潜在案件数。作为一种概括执行程序,完善的个人破产制度能够"一揽子"解决所有债

务,发挥分流大量诉讼、执行案件的作用。特别是针对债务尚未爆发的债务人,因启动个人债务集中清理程序,债务人所有债务归集于此。如果清理成功,便实质性减少了潜在案件数;如果难以清理成功,可参考《日本民事再生法》第 180 条规定的做法,[①]赋予无异议债权司法既判力。具言之,应以"立转破"为主,及时引导债务尚未爆发的债务人申请个人债务集中清理,将所有无异议债权确认在一份裁定书中,如果清理失败,债权人可凭该裁定书申请集中执行。

2. 加强个人债务集中清理诚信甄别功能,构建诚信认定程序,让诚信被"看见"。有学者认为:"个人破产的案件很简单,也不怎么耗费司法资源,其复杂性在于必须用某种方法将诚实而不幸的债务人和滥用破产程序的人区分开来。"[②]在当前实践中,执行程序和个人破产程序都有财产调查,但均无法准确认定。因为诚信作为一个道德标准,难以精确量化。因此,为准确甄别诚信,需要建立一个专门的诚信认定程序。

3. 淡化个人债务集中清理债务豁免功能,采取分类表决规则最大限度给予债务人保护。追溯个人破产制度的历史,早期的个人破产制度的目的是公平分配债务人财产,并不包含免责程序。鉴于个人债务集中清理没有强制免责功能,促成全体债权人达成清理方案的成功率较低,故不应过分追求免责,而是采取分类表决规则,最大限度给予诚信债务人司法保护。一言以蔽之,将债务清理方案拆分成《分配方案》《信用修复方案》《免责方案》,即使债权人不同意《免责方案》,人民法院也可以依据清理情况批准《分配方案》《信用修复方案》。

(二)个人债务集中清理的优化路径

1. 创新受理机制:创新"立破衔接"受理模式,有效打破程序空转

(1)倡导宽进理念,降低受理门槛。除债务人的身份资格条件及非法债务外,明确财产不足以清偿全部债务或明显缺乏清偿能力的自然人、有字号的个体

① 《日本民事再生法》第 180 条规定:再生计划批准的裁定确定生效后,法院书记员应当把再生计划的条款记载到再生债权人表上。前款情形,基于再生债权再生计划中认可的权利记载于再生债权人表后,对再生债务人、再生债权人以及为再生负担债务或者提供担保的人具有确定判决相同的效力。第一款情形,享有前款规定的权利中的金钱债权和其他给付请求的人,可以依据再生债权人表的记载内容向再生债务人以及其他为再生负担债务的人提起强制执行。

② [美]道格拉斯·G. 贝尔德:《美国破产法精要》,徐阳光、武诗敏译,法律出版社 2020 年版,第 34 页。

工商户、个人独资企业、合伙企业均可申请进行债务清理，不受其他条件限制，不以债务必须经诉讼、执行程序为前提，让债务危机刚爆发的债务人有机会直接通过个人债务集中清理程序获得救济。

(2)坚持能动履职，把握工作主动。审查端口前移，在立案窗口设立个人债务集中清理受理专窗，组织全体执行干警筛选案件，变“被动受理”为“主动审查”。引进常驻管理人，设立债务咨询制度，指定临时管理人为潜在申请人提供破产咨询、材料辅导等“一对一”服务。

(3)引入司法确认，实现程序闭环。引入“一站式”“集约化”司法确认机制，将经债权人会议确认无异议的债权，通过整体打包的方式进行司法确认，赋予强制执行效力。如果个人债务集中清理失败，具有强制执行效力的整体债权可以不经过分散诉讼直接进入执行程序，形成个人债务集中清理案件“立—破(失败)—执”的程序闭环，有效减少常规“执转破”程序中的诉讼、执行程序空转。

2. 创新审理机制：构建“分层递进”审查机制，精准揭开债务人“诚信”面纱

(1)树立以“诚信审查”为核心的办案理念。聚焦个人债务集中清理功能定位，深化办案理念创新，确立以债务人诚信识别为核心的办案理念，将办案重点由传统的调查、处置财产、实现债权转变为甄别诚信债务人、拯救诚信债务人、打击逃废债。避免个人债务集中清理审理陷入与执行查控同质化的倾向，陷入“无产可破”即失败的僵局。

(2)构建以“财产申报”为核心的诚信筛查机制。规范财产申报制度，对财产申报作扩张解释，债务人既要如实、全面、完整申报个人债务规模、形成过程、形成原因并附具体依据，还要申报债务形成以来家庭财产变动情况、生产经营和消费情况等。将债务人申报情况与管理人、法院财产调查情况，债权人提供线索情况进行“对抗式”数据碰撞。数据碰撞的目的不是发现债务人可供处置的财产，而是通过申报过程检验债务人的诚信情况，一旦发现债务人有故意漏项申报、不如实陈述、有无法解释的收入或消费行为的，都将被认定为不诚信。

(3)创新以代表委员为核心的诚信听证机制(见图5)。对于债权人提供的债务不诚信行为线索，经管理人、法院核实后仍无法确认债务人存在不诚信行为的，主动对接县人大、县政协搭建“代表联络站＋政协议事堂＋个人债务集中清理”诚信听证机制，邀请代表委员、村居干部、地方乡贤参与债务人诚信度公开听证。从负债原因、清偿意愿、偿债能力、社会评价四个维度搭建债务人诚信评分

模型,对债务人诚信度进行评分,根据听证结果确定债务人是否诚信,解决债务人诚信评价难、评价结果权威性不足问题,让民声"听得见"、诚信"看得见",充分释放"民主"与"法治"的叠加效应。

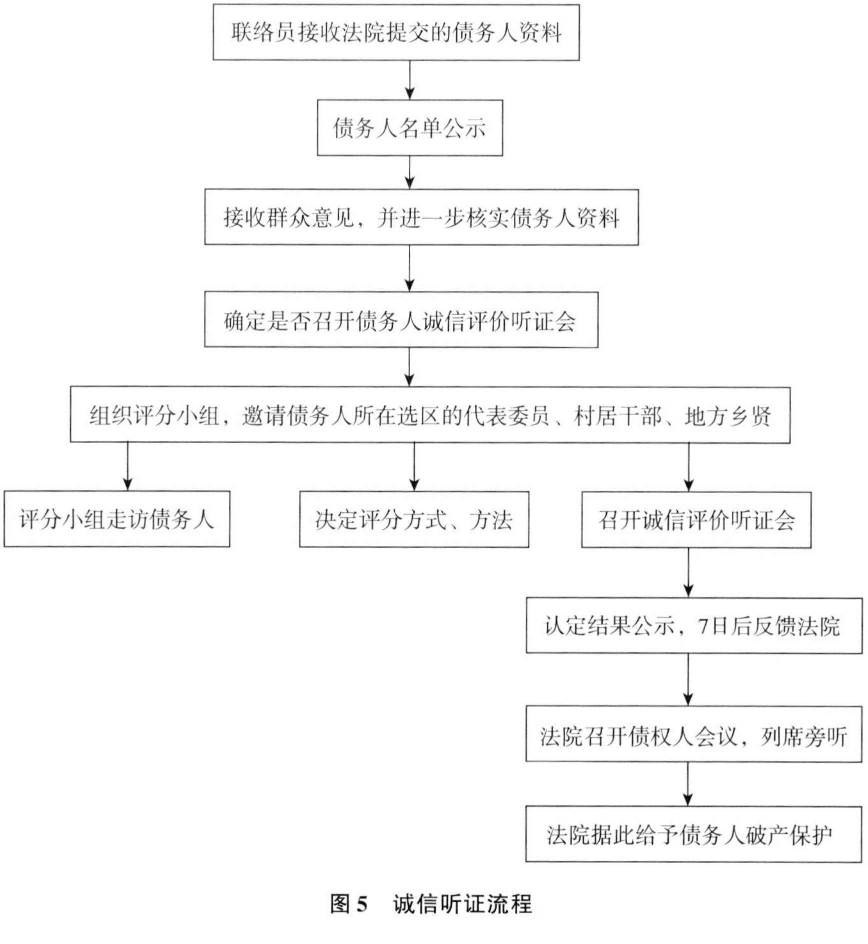

图5 诚信听证流程

3. 创新退出机制:畅通"执行不能"退出机制,重塑执行终本管理模式

(1)创造条件褒奖诚信。对于通过个人债务集中清理整理方案的,执行部门可以对债务人的执行案件进行终结,并解除其相应强制措施。即使无法达成债务清理方案,只要认定债务人诚信,便给予最大限度的破产保护,解除债务人的执行强制措施,给予债务人宽松的生活创业环境。例如,在符合设置了行为考察期、认定其诚信度高、附条件终结执行的条件下,执行部门可以终结执行程序。

（2）坚持失信必惩原则。明确“惩”是个人债务集中清理必不可少的环节，“奖”诚信建立在“惩”失信的基础上，对不诚信债务人利用个人债务进行清理“逃废债”进行严厉惩处，是让全社会接受个人破产的关键环节。既要处罚个人债务集中清理中债务人不配合的行为，以解决“软对抗”现象，又要处罚不诚信的结果，只要被认定为不诚信的，都要进行处罚。

（3）建立诚信债务人名录。执行部门建立诚信债务人名录，将以未来收入偿还债务或设置考察期的诚信债务人纳入集中管理，并向社会各界公开。在集中管理期间，债务人除遵守部分行为限制外，还应每半年向管理人提交家庭收入、报告财产状况等情况，报告日期为每年的6月和12月前。管理人在审查核实后及时向债权人披露，并报告人民法院。该名录既公布诚信者成功典型案例，又公布失信者惩戒典型案例，努力让全社会更加客观全面认识个人债务集中清理，打消“逃废债”疑虑。

附件：

个人债务集中清理法律文书样式

个人债务集中清理申请书

申请人：姓名，性别，身份证号，住址，手机号。

申请事项

请求贵院对本人进行个人债务集中清理。

事实与理由

（第一段写明负债情况）申请人现共负债×元，共有×个债权人，目前有×个案件进入执行程序，案号分别为×××。

（第二段载明破产原因、经过说明）

综上，申请人认为申请人不能清偿到期债务且明显缺乏清偿能力，故参照《中华人民共和国企业破产法》第二条第一款、第三条、第七条，《浙江法院个人债务集中清理（类个人破产）工作指引（试行）》第六条之规定，特向贵院申请个人债务集中清理。

此致

天台县人民法院

××××年××月××日

申请人:

不进行高消费行为承诺书

我已了解并将严格遵守关于个人债务集中清理的相关规定,承诺不进行以下高消费及非生活和工作必需的消费行为:

1. 乘坐交通工具时,选择飞机商务舱、头等舱、列车软卧、轮船二等以上舱位、G字头高速动车组旅客列车二等及其他动车组一等以上座位;

2. 在三星级以上宾馆、酒店、夜总会、高尔夫球场等场所进行消费;

3. 购买不动产或者新建、扩建、高档装修房屋;

4. 租赁高档写字楼、宾馆、公寓等场所办公;

5. 购买非经营必需车辆;

6. 旅游、度假;

7. 子女就读高收费私立学校;

8. 支付高额保费购买保险理财产品;

9. 其他非生活和工作必需的消费行为。

本人已知悉,若不履行上述承诺,将承担由此产生的法律责任。

承诺人:

日期:

无不诚信行为承诺书

我已了解并将严格遵守关于个人债务集中清理的相关规定,承诺在清理程序中不进行以下行为:

1. 拒不配合或协助人民法院、管理人开展与个人债务集中清理程序有关的工作;

2. 提供虚假、变造资料,不能如实全面申报财产及负债状况,作虚假陈述或者误导性陈述;

3. 故意实施或协助实施隐匿、转移、毁损、不当处分财产、财产权益及财务凭证等资料物件,或者其他不当减少财产价值的行为;

4. 不配合分配方案、重整计划、和解协议的执行；

5. 以为他人债务提供保证、债务加入、在债务人资产上设定权利负担等方式恶意增加债务人的债务负担；

6. 在个人债务集中清理期间内、债务整理计划履行期间内、考察期内未经管理人同意对外借款超过 2 万元；

7. 其他无故妨害个人债务集中清理程序的行为。

如果存在上述行为，人民法院可以依据《中华人民共和国民事诉讼法》第一百一十四条有关规定，根据情节轻重予以罚款、拘留；构成犯罪的，依法追究刑事责任。

本人已知悉，若不履行上述承诺，将承担由此产生的法律责任。

承诺人：

日期：

个人债务集中清理财产申报表

一、申请人基本情况(包括本人及其配偶、未成年子女及其他共同生活的近亲属)

姓名	性别	出生日期	婚姻情况	家庭住址	联系电话

二、基本信息

1. 债务形成原因	
2. 负债总金额	
3. 收入状况	
4. 名下财产	
5. 是否已取得债权人附条件的债务免除承诺	

三、名下财产

(一)不动产(包括房屋、店面、厂房、土地使用权、宅基地等)

编号	地址	面积	取得方式	权属登记	估值

(二)动产(包括车辆及其他贵重物品)

编号	财产名称	购置时间	购置价	现价估值	财产持有情况及现状

(三)收入(需列明5年内的收入状况)

编号	工作名称	工作地点	工作内容	月收入

(四)银行存款(包括微信、支付宝、现金)

编号	存款人	开户银行	账号	账户余额

续表

编号	存款人	开户银行	账号	账户余额

(五)股票、基金等有价证券

编号	持有人	有价证券名称	账户	现值

(六)人身保险等保险类投资

编号	保险名称	投保日	到期日	退保险金价值

(七)对外投资

编号	企业名称	投资时间	投资金额	所占股份	现估值

(八)债权

编号	债务人	债权金额	发生时间	备注

(九)近2年内重大财产变动情况

1. 赠与、转让、出租财产	
2. 在财产上设立担保物权、地役权等权利负担	
3. 放弃债权或者延长债权清偿期限	
4. 一次性支出5万元以上大额资金	
5. 因离婚、继承而分割共同财产	
6. 提前清偿未到期债务	
7. 其他重大财产变动情况	

说明:1. 上述申报内容应当后附相关证据材料清单一式二份;
2. 如表格空间不够,可另附纸张;
3. 申请人需要同时申报其配偶、未成年子女以及其他共同生活的近亲属名下的财产。

债务清册

<table>
<tr><td rowspan="3">序号</td><td colspan="2">债权人</td><td colspan="4">债权</td></tr>
<tr><td rowspan="2">姓名</td><td rowspan="2">基本信息
(住所、电话)</td><td colspan="3">数额/元</td><td rowspan="2">债权
性质</td></tr>
<tr><td>本金</td><td>利息</td><td>总额</td></tr>
<tr><td>1</td><td></td><td></td><td></td><td></td><td></td><td></td></tr>
<tr><td colspan="7">借款用途:</td></tr>
<tr><td colspan="7">履行情况:</td></tr>
<tr><td>2</td><td></td><td></td><td></td><td></td><td></td><td></td></tr>
<tr><td colspan="7">借款用途:</td></tr>
<tr><td colspan="7">履行情况:</td></tr>
</table>

续表

<table>
<tr><td rowspan="3">序号</td><td colspan="2">债权人</td><td colspan="4">债权</td></tr>
<tr><td rowspan="2">姓名</td><td rowspan="2">基本信息
(住所、电话)</td><td colspan="3">数额/元</td><td rowspan="2">债权
性质</td></tr>
<tr><td>本金</td><td>利息</td><td>总额</td></tr>
<tr><td>3</td><td></td><td></td><td></td><td></td><td></td><td></td></tr>
<tr><td colspan="7">借款用途:</td></tr>
<tr><td colspan="7">履行情况:</td></tr>
<tr><td>4</td><td></td><td></td><td></td><td></td><td></td><td></td></tr>
<tr><td colspan="7">借款用途:</td></tr>
<tr><td colspan="7">履行情况:</td></tr>
<tr><td>5</td><td></td><td></td><td></td><td></td><td></td><td></td></tr>
<tr><td colspan="7">借款用途:</td></tr>
<tr><td colspan="7">履行情况:</td></tr>
</table>

填报说明:

1. 申请人需要如实全面填写,对于申请人知悉而未记载于债权债务清册的债务,该债务不予免除;

2. 债权性质包括担保债权、税收债权、职工债权、普通债权等;

3. 借款用途必须详细填写,说明该笔款项的使用情况,并附相应依据。例如:“2021 年向 A 借款 10 万元,购买了装修材料用于酒店装修。”

生活必需品清单

编号	财产名称	购置时间	购置价	现价估值	财产持有情况及现状

填报说明:生活必需品作为债务人的豁免财产,准予债务人保留,包括以下几种类型:(1)债务人及其所需要抚养、赡养和扶养的家庭成员生活、学习、医疗的必需品和合理费用;(2)因债务人职业发展需要必须保留的物品和合理费用;(3)对债务人有特殊纪念意义的物品;(4)无现金价值的人身保险;(5)勋章或者其他表彰荣誉的物品;(6)专属于债务人的人身损害赔偿金、社会保险金以及最低生活保障金;(7)根据法律规定或者基于公序良俗不应当用于清偿债务的其他财产。上述规定的财产,价值较大、不用于清偿债务明显违反公平原则的,不认定为生活必需品。

申请前债务辅导告知

申请人:

请您于　　年　　月　　日　　时　　分准时到达××××××××××××××参加个人债务集中清理申请前辅导(地址:××××)。

申请人请携带下列资料:

1. 本人身份证复印件;

2. 信息采集表:请双面打印,并参照模板提前全部填好,全部内容要求工整手写,不得删减、修改表格内容;

3. 债权债务清册、负债原因及经过、生活必需品清单;

4. 个人征信报告(可在各大银行 App 查询下载,或者登录中国人民银行征信中心官网下载打印,或者携带身份证前往人民银行个人信用报告自助查询机下载打印)。

被请申请人严格按照要求提前准备前述资料;资料准备不齐全、不完整的,不予参加当天辅导。

××××年××月××日

××××××

个人债务集中清理申请前辅导参加回执

天台县人民法院:

申请人×××(居民身份证号码)于××××年××月××日参加我单位组织的个人债务集中清理申请前辅导,按要求提交材料并参加了面谈。

辅导编号为:(××××)浙 1023 个债辅××号。

××××××××××

(业务章)

××××年××月××日

…………………申请人持回执联(骑缝章)…………………

辅导编号:(××××)浙 1023 个债辅××号

申请人姓名:________________

居民身份证号码:________________

参加申请前辅导日期:______年____月____日

浙江省天台县人民法院
民事裁定书

(××××)浙1023破××号

申请人:×××,性别×,××××年××月××日出生,公民身份号码×××,民族,住××××。

申请人×××以不能清偿到期债务和明显缺乏清偿能力为由,于××××年××月××日向本院申请进行个人债务集中清理。本院依法进行了审查。

申请人向本院提交了以下材料:(1)个人债务集中清理申请书;(2)不进行高消费行为承诺书;(3)无不诚信行为承诺书;(4)个人债务集中清理财产申报表;(5)债务清册;(6)生活必需品清单;(7)债务辅导证明……

本院查明,申请人系户籍在浙江省天台县的自然人(本院有申请人为被执行人的未履行完毕的执行案件)。根据申请人申报的情况,截至××××年××月××日,申请人的财产情况……,债务情况……,年收入为××元。

本院认为,申请人住所地在本院辖区内(且本院有×件以申请人作为被执行人的强制执行案件未履行完毕),故本院可以对其进行个人债务集中清理。根据现有证据,申请人不能清偿到期债务,并且资产不足以清偿全部债务/明显缺乏清偿能力(不予受理则说明不予受理的理由)。参照《中华人民共和国企业破产法》第二条第一款、第三条、第七条、第十二条(裁定驳回时需加上),裁定如下:

受理/驳回申请人×××的个人债务集中清理申请。

本裁定自即日起生效。

审判员　×××

××××年××月××日

书记员　×××

浙江省天台县人民法院
民事裁定书

(××××)浙1023破××号

申请人:×××

申请人×××以债务人×××(被继承人的基本信息)不能清偿到期债务和明显缺乏清偿能力为由,申请对×××进行个人债务清理。

本院查明,×××的法定继承人之一为×××。×××于2023年死亡,因其生前对外举债,债权人向法院提起诉讼,目前已有×××为被执行人的案件进入本院终结本次执行程序。×××已明确表示放弃对×××的遗产继承权。本院认为,×××的遗产不足以支付其所负债务,已构成破产原因,故申请人×××的申请理由成立。参照《中华人民共和国企业破产法》第二条第一款、第三条、第七条,裁定如下:

受理×××对×××的个人债务清理申请。

本裁定自即日起生效。

审判员 ×××

××××年××月××日

书记员 ×××

浙江省天台县人民法院
决定书

(××××)浙1023破××号

本院根据×××(申请人姓名或名称)的申请,于××××年××月××日裁定受理×××(债务人名称)个人债务集中清理一案。参照《中华人民共和国企业破产法》第十三条,《最高人民法院关于审理企业破产案件指定管理人的规定》第二十七条之规定,指定×××担任×××(债务人名称)的管理人。

管理人应当勤勉尽责,忠实执行职务,参照《中华人民共和国企业破产法》规定,履行管理人的各项职责,向人民法院报告工作,并接受债权人会议和债权人委员会的监督。管理人职责如下:

1. 接管债务人的财产、印章和账簿、文书等资料;

2. 调查债务人财产状况，制作财产状况报告；

3. 决定债务人的内部管理事务；

4. 决定债务人的日常开支和其他必要开支；

5. 在第一次债权人会议召开之前，决定继续或者停止债务人的营业；

6. 管理和处分债务人的财产；

7. 代表债务人参加诉讼、仲裁或者其他法律程序；

8. 提议召开债权人会议；

9. 本院认为管理人应当履行的其他职责。

××××年××月××日

浙江省天台县人民法院

函

（××××）浙1023破××号

×××公安局：

本院于××××年××月××日受理债务人×××个人债务集中清理一案后，依法指定×××担任×××（债务人名称）管理人。根据《最高人民法院关于审理破产案件指定管理人的规定》第二十九条之规定“管理人凭指定管理人决定书按照国家有关规定刻制印章，并交人民法院封样备案后使用”，现特请给予刻制×××（债务人名称）管理人的印章。

此致

××××年××月××日

浙江省天台县人民法院

公告

（××××）浙1023破××号

本院根据申请人×××的申请，裁定受理×××（债务人名称）（债务人居民身份证号码）个人债务集中清理一案，并于××××年××月××日指定×××为管理人。你（或你单位）应在××××年××月××日前向×××（债务人名称）管理人（通信地址：________________；联系人：________，固定电话，移动电话）申报债权。未申报债权的，不得参照《中华人民共和国企业破产法》规定的程序行使权利。×××(债务人名称)的债务人或财产持有人应当向×××(债务人名称)管理人清偿债务或交付财产。

本院定于××××年××月××日××时在本院××法庭召开第一次债权人会议,依法申报债权的债权人有权参加债权人会议。参加会议的债权人系法人或其他组织的,应提交营业执照、法定代表人或负责人身份证明,参加会议的债权人系自然人的,应提交居民身份证或其他身份证明;如委托代理人出席会议,应提交授权委托书、委托代理人的身份证件,委托代理人是律师的还应提交律师事务所的指派函及律师执业证。

特此公告

××××年××月××日

浙江省天台县人民法院
通知书

(××××)浙1023破××号

本院根据申请人×××的申请,裁定受理×××(债务人名称)(债务人居民身份证号码)个人债务集中清理一案,并于××××年××月××日指定×××为管理人。你(或你单位)应在××××年××月××日前向×××(债务人名称)管理人(通信地址:________________;联系人:________,固定电话,移动电话)申报债权。未申报债权的,不得参照《中华人民共和国企业破产法》规定的程序行使权利。×××(债务人名称)的债务人或财产持有人应当向×××(债务人名称)管理人清偿债务或交付财产。

本院定于××××年××月××日××时在本院××法庭召开第一次债权人会议,依法申报债权的债权人有权参加债权人会议。参加会议的债权人系法人或其他组织的,应提交营业执照、法定代表人或负责人身份证明,参加会议的债权人系自然人的,应提交居民身份证或其他身份证明;如委托代理人出席会议,应提交授权委托书、委托代理人的身份证件,委托代理人是律师的还应提交律师事务所的指派函及律师执业证。

特此通知

××××年××月××日

浙江省天台县人民法院
通知书

（××××）浙1023破××号

××××银行股份有限公司：

本院受理×××（债务人名称）个人债务集中清理一案需开立管理人银行账户，决定指定你行为本案管理人账户开户行，请你行及时给予办理管理人账户开立手续。

承办法官：×××

联系电话：固定电话________________

××××年××月××日

浙江省天台县人民法院
调查令

（××××）浙1023破××号

××××：

本院已受理×××（债务人名称）债务清理一案，管理人因无法取得有关×××（债务人名称）（债务人居民身份证号码）名下（调查内容）等，为查明案件事实，根据《中华人民共和国民事诉讼法》的相关规定，本院审查决定，现指定×××（××律师事务所律师，律师执业证号×××）、×××（××律师事务所律师，律师执业证号×××）来你处调查收集如下证据：

1.

2.

3.

请你（单位）对律师调查令、持令律师的执业证及共同参与调查人员的身份证件（律师执业证、实习律师证等）核对无误后，根据调查令制定的调查事项及时提供上述证据材料并填写回执。当场提供证据有困难的，一般在收到调查令之日起5个工作日内提供。有特殊情况的，一般不得超过15个工作日，在提供的证据材料上注明与原件核对无异，加盖起证明作用的单位骑缝印章。在回执上注明材料数量、页码、时间，并签名或者盖章。证据材料系电子数据的除外。

你(单位)认为调查的证据及信息可能涉及商业秘密、个人隐私或者不宜由律师直接阅看的,可以密封调查证据并在回执上注明,由持令律师转交本院,或者直接提交本院。

你(单位)对律师调查令调查内容有异议的,应当及时与本院联系核实。核实后仍有异议的,应当在调查令回执上说明具体原因。

调查令所列证据具体范围不明或者使用概括式表述,或者违反《浙江省高级人民法院关于规范律师调查令制度的办法》范围的,你(单位)有权拒绝提供,但应当在调查令回执上注明。对本调查令指定调查内容以外的事项和证据材料,你(单位)有权拒绝向持令律师提供。

你(单位)依据律师调查令提供证据,证据所涉及的当事人提出异议的,你(单位)可告知其向我院提出,并向其提供调查令复印件或者其他信息。

依据法律和司法解释规定,你(单位)应当积极协助持令律师收集、调查证据。你(单位)认为持令律师及共同参与调查人员滥用律师调查令的,应当及时向本院反馈、无正当理由拒不协助调查,会收到本院限期纠正告知书,逾期未回复或者未纠正的,本院可以根据情节轻重,依照《中华人民共和国民事诉讼法》第一百一十七条、第一百一十八条等规定予以处理,并向你(单位)上级部门或者主管部门通报情况。

本调查令有效期限为:××××年××月××日至××××年××月××日。

(承办人的姓名及联系电话:×××,固定电话)

此令。

××××年××月××日

浙江省天台县人民法院调查令(回执)

(××××)浙1023破××号

浙江省天台县人民法院:

你院受理的×××(债务人名称)破产清算一案调查令已于×月×日收悉。根据你院的要求,现提供如下证明材料:

1.

2.

3.

以上材料共×页。

不能提供调查令所列第××项证明材料,原因是:

律师调查令原件已留存/未留存。

经办人:(签字)

××××年××月××日

(协助调查人印章或者捺印)

联系方式:

(此联由持令律师交还本院附卷)

调查令使用须知

1. 持令律师应当在调查令载明的有效期限内完成调查取证事项。期限届满,调查令自动失效。持令律师有正当理由不能在有效期限内完成调查取证的,或者需要变更调查令有关内容的,可以重新申请调查令一次。

2. 律师持令调查时,应当主动出示律师调查令和执业证、共同参与调查人员身份证件(律师执业证、实习律师证等)。

3. 持令律师调取证据后,应当在5个工作日内将调查收集的全部证据和调查令回执提交签发法院。协助调查人未提供证据的,持令律师应当在调查令回执上注明缘由,与共同参与调查人员签字确认。

4. 协助调查人未留存律师调查令原件的,持令律师应当在调查结束后5个工作日内将律师调查令提交签发法院。

5. 因故未使用调查令或者协助调查人未提供证据的,持令律师应当在调查令载明的有效期限届满后5个工作日内,将调查令原件和回执提交签发法院。

6. 持令调查获得的证据及信息,持令律师及共同参与调查人员应当保密,并仅限于本案诉讼目的,不得在其他事务中使用或者泄露。

7. 持令律师及共同参与调查人员存在滥用调查令或者滥用调查证据等情况的,人民法院2年内不再向其签发律师调查令,违反《中华人民共和国律师法》第四十八条、第四十九条等规定的,人民法院应当向司法行政机关或者律师协会提出予以行政处罚或者行业处分的司法建议;情节严重的,人民法院可依法予以训诫、罚款或者司法拘留,司法行政机关依法吊销其律师执业证书;构成犯罪的,依法追究其刑事责任。

8.未取得律师执业资格的共同参与调查人员妨害民事诉讼的,依照《中华人民共和国民事诉讼法》及相关规定予以处罚;构成犯罪的,依法追究刑事责任。

9.持令律师及共同参与调查人员滥用调查令或者滥用调查的证据,侵害他人合法权益的,依法承担相应的赔偿责任。

10.律师事务所存在疏于管理、审核不严、违规出具公函等情形,导致滥用律师调查令的,人民法院可向司法行政机关或者律师协会提出予以行政处罚或者行业处分的司法建议。司法行政机关经调查核实后,可依据《中华人民共和国律师法》第五十条、《律师和律师事务所违法行为处罚办法》第三十条等规定予以处理。

(一式两份,一份由持令律师、共同参与调查人员签字后存档,一份交由持令律师使用)

浙江省天台县人民法院

民事裁定书

(××××)浙××××诉前调确××号

申请人:×××,统一社会信用代码×××,住所地×××。

法定代表人:×××。

委托诉讼代理人:×××。

申请人:×××,性别,××××年××月××日出生,居民身份证号码×××,民族××,住×××。

申请人:×××,性别,××××年××月××日出生,居民身份证号码×××,民族××,住×××。

申请人因请求确认人民调解协议效力,于××××年××月××日经天台县人民调解委员会诉调对接工作室主持调解,达成调解协议如下:

一、×××(债务人名称)应偿还×××(债权人名称)借款本金×××元及利息(利息从××××年××月××日起按照合同约定利率计算至款项付清之日止),款于法院裁定终结×××(债务人名称)个人债务集中清理程序之日起五日内付清;

…… ……

三、若×××（债务人名称）未按上述约定按期足额履行还款义务，则原告可就未归还本金及利息一并向法院申请强制执行。债权人均同意任一债权人都可代表全体债权人就债务人未履行部分一并向人民法院申请强制执行。

本院经审查认为，申请人达成的调解协议，符合司法确认调解协议的法定条件。依照《中华人民共和国民事诉讼法》第二百零五条规定，裁定如下：

申请人×××（债务人名称）与×××（债权人名称）于××××年××月××日经天台县人民调解委员会诉调对接工作室主持调解达成的调解协议有效。

审判员　×××

××××年××月××日

书记员　×××

浙江省天台县人民法院
民事裁定书

（××××）浙1023破××号

本院于××××年××月××日裁定受理×××（债务人名称）个人债务集中清理一案，并指定×××所担任×××（债务人名称）的管理人。管理人向本院提请确认《无异议债权清单》记载的债权。

本院查明，管理人将编制的债权表寄送给债权人、债务人核查，债权人、债务人对债权表中记载的债权均无异议。现管理人将无异议的债权提交本院确认。

本院认为，经债权人会议核查，债权人、债务人对上述《无异议债权清单》所记载的债权均无异议，现×××（债务人名称）管理人申请本院对该债权表记载的债权进行确认，符合法律规定。参照《中华人民共和国企业破产法》第五十八条第二款之规定，裁定如下：

确认×××等×名债权人债权（详见附件）。

本裁定自即日起生效。

附件：×××（债务人名称）无异议债权清单（无正文）

审判员　×××

××××年××月××日

书记员　×××

浙江省天台县人民法院
民事裁定书

(××××)浙 1023 破×号

申请人:×××(债务人名称)管理人。

××××年××月××日,×××(债务人名称)管理人向本院提出申请,称其拟订的《×××(债务人名称)财产分配方案》已经第×次债权人会议表决通过,请求本院裁定认可。

本院查明,(管理人召开债权人会议及表决通过财产分配方案的事实情况)________________。经债权人会议核查,各债权人表决通过了《×××个人债务集中清理案财产分配方案》(表决情况)。

本院认为,……(写明认可或不认可的理由)。参照《中华人民共和国企业破产法》第一百一十五条之规定,裁定如下:对第×次债权人会议通过的《×××(债务人名称)财产分配方案》(详见附件),本院予以认可。

本裁定自即日起生效。

附件:×××财产分配方案

审判员 ×××

××××年××月××日

书记员 ×××

说明:本文书根据分类表决规则,单独裁定财产分配方案。针对不申报的债权,对其分配额予以提存,若重整计划规定的执行期限届满一年后仍未补充申报债权的,债务人可申请退回未申报债权的留存款。

附件:

×××财产分配方案

一、确认债权金额

总确认债权:×××元;

提存债权:因×××未申报债权,故×××在本整理计划按管理人预计的债权本金×××元进行预留。

二、可供分配的财产

因考虑到×××的实际情况,并结合其偿还能力,最终债权清偿金额确定为×××元。

三、分配方式

结合×××偿还能力及其本人承诺的还款计划制定清偿方案如下:

1. 债务人拟自××××年起于每年××月××日前分期按比例偿还各债权人本息(先本后息)。每年还款××万元,共还款××年。

2. 因债权人×××未申报债权,如×××后续申报,则以天台县人民法院最终裁定确认的债权金额参与分配。若×××在重整计划规定的执行期限届满1年后仍未补充申报债权的,债务人可申请退回未申报债权的留存款。

如债务人被天台县人民法院裁定终止执行债务整理计划,则×××的已提存金额由×××人民法院执行。

3. 若债务人清偿能力增强,则债务人有权提前清偿债务。

四、分配顺序及分配比例

序号	债权人	分配比例	
		本金	利息
1			
2			
3			
4			
5			
6			
7			
8			

注:1. 本金分配比例:经管理人确认的债权本金/经管理人确认的债权本金总额;2. 利息分配比例:经管理人确认的债权利息/经管理人确认的债权利息总额;3. 前述两项比例最终以法院裁定确认债权为准,如后续分配发生变化,另行通知各位债权人;4. 因部分债权人利息金额过小,故利息分配比例保留两位小数;5. 因债权人××撤回对利息部分的债权申报,故债权人××不参与×××整理计划履行期间的利息分配;6. 分配顺序:先本后息,即先按本金分配比例偿还本金,待本金全部得到清偿后,再按利息分配比例偿还利息;7. ×××补充申报后的本金分配比例:(经法院裁定确定的债权本金-债权人已分配到的本金数额)÷(经法院裁定确定的债权本金总额-债权人已分配到的本金总额);利息分配比例:(经法院裁定确定的债权利息-债权人已分配到的利息数额)÷(经法院裁定确定的债权利息总额-债权人已分配到的利息总额)。

五、分配账户

序号	债权人	户名	开户行	账号

注:请各债权人仔细核查银行卡户名、开户支行以及账号是否准确,如有错误,请于收到本分配方案之日起15日内告知管理人。

浙江省天台县人民法院
民事裁定书

(××××)浙1023破×号

申请人:×××(债务人名称)管理人。

××××年××月××日,×××(债务人名称)管理人向本院提出申请,称其拟订的《×××(债务人名称)信用修复方案》已经第×次债权人会议表决通过,请求本院裁定认可。

本院查明,________________(管理人召开债权人会议及表决通过信用修复方案的事实情况)。经债权人会议核查,各债权人表决通过了《×××个人债务集中清理案信用修复方案》(表决情况)。

本院认为,……(写明认可或不认可的理由)。参照《中华人民共和国企业破产法》第一百一十五条之规定,裁定如下:

对第×次债权人会议通过的《×××(债务人名称)信用修复方案》(详见附件),本院予以认可。

本裁定自即日起生效。

附件:信用修复方案

审判员　×××

××××年××月××日

书记员　×××

说明:本文书根据分类表决规则,单独裁定认可信用修复方案。针对不申报的债权,对其分配额予以提存,若重整计划规定的执行期限届满1年后仍未补充申报债权的,债务人可申请退回未申报债权的留存款。

附件:

×××信用修复方案

一、银行账户的解冻

申请执行的债权人同意解除对债务人×××银行卡(户名:×××,账号:×××)以及微信支付(微信号:×××)的强制措施。债务人有权据此申请天台县人民法院解除对其的强制措施。

二、其他强制措施的解除

债务人按期履行第一期的付款义务后,已申请执行的债权人同意解除对债务人的全部强制措施(包括但不限于失信、限制高消费、限制出入境、解除冻结银行卡等)。债务人有权据此申请×××人民法院解除对其的强制措施。

三、重整期间的保护

债权人在重整期间不再向执行法院申请执行,不得干扰债务人正常生产经营活动。

重整期间内,执行法院不得对债务人采取罚款、拘留、限制高消费。

四、执行案件的终结

若申请执行人同意免责方案,则视为双方达成执行和解协议,执行法院可据此对债务人的执行案件进行终结。

五、重整计划履行完毕

债务人履行完本重整计划,已申请执行的债权人,同意执行法院取消对债务人的全部执行措施,并同意执行法院以终结执行方式或以执行完毕方式结案。

浙江省天台县人民法院
民事裁定书

(××××)浙1023破×号

申请人:×××(债务人名称)管理人。

××××年××月××日,×××(债务人名称)管理人向本院提出申请,称其拟订的《×××(债务人名称)财重整计划履行保障方案》已经第×次债权人会议表决通过,请求本院裁定认可。

本院查明,________________(管理人召开债权人会议及表决通过信用修复方案的事实情况)。经债权人会议核查,各债权人表决通过了《×××(债务人名称)财重整计划履行保障方案》(表决情况)。

本院认为,……(写明认可或不认可的理由)。参照《中华人民共和国企业破产法》第一百一十五条之规定,裁定如下:

对第×次债权人会议通过的《×××(债务人名称)财重整计划履行保障方案》(详见附件),本院予以认可。

本裁定自即日起生效。

附件:×××重整计划履行保障方案

审判员　×××

××××年××月××日

书记员　×××

说明:本文书根据分类表决规则,单独裁定重整计划履行保障方案。针对重整计划的变更、撤销、监管作出详细规定,以期实现重整计划的顺利实施以及履行失败后程序有序衔接。

附件：

×××重整计划履行保障方案

一、整理计划的变更

批准整理计划的裁定作出后，因不可抗力等事由需要变更整理计划规定的事项的，在整理计划执行完毕前，经债务人、管理人、已申报的债权人等申请，变更整理计划。

依照前款规定提出的整理计划的变更申请有不利于债权人利益的，适用整理计划提出时的表决规则进行表决。不受整理计划变更影响的债权人不享有表决权。

二、整理计划的撤销

如债务人连续2个月未按整理计划还款、累计5个月未按整理计划还款或者最后1个月未按整理计划还款，债权人有权申请终止执行债务整理计划，则债务人除需偿还上述债务本息外，还需偿还清偿期内产生的债务利息，直至债务本息还清之日止；且已经法院裁判的债权人有权申请法院恢复对债务人的强制执行措施；未经法院裁判的债权人有权向法院提起诉讼。

三、整理计划的监管

1. 为方便监管，债务人同意只使用一张银行卡（开户行：×××银行；户名：×××；账号：××××××××××），其余银行卡均由法院继续冻结至本整理计划履行完毕之日止；网络支付（不包括使用前述银行卡进行支付的情形）：债务人只能通过微信（微信号：×××）进行支付。

2. 债务人应每年向管理人报告财产状况（包括但不限于收入及支出情况），报告日期为每年12月31日前，如经管理人通知后，债务人未如期向管理人提交书面报告，则管理人申请法院恢复对债务人的执行措施，并将本个人债务集中清理案件退回法院。

3. 在本清理计划通过后，若债务人未按照计划执行或者存在转移隐匿财产等不诚信等行为，则债务人已支付款项中的10%将作为违约金予以扣除，而非用于债务借款本息，并且法院将恢复对债务人的执行措施。

4. 个人债务集中清理适用的对象是诚实而不幸的债务人，如果发现债务人存在破产欺诈行为,则天台县人民法院可以依法对债务人进行处罚,包括但不限于罚款、拘留、追究相应刑事责任。

前款所称的破产欺诈行为,是指下列行为:(1)不如实申报财产、转移隐匿财产的行为;(2)不配合清理工作的行为;(3)整理期间内不如时申报财产的行为;(4)整理期间内,获得他人信用借款达 2 万元时,未向对方披露自己处于个人债务整理期间内或未向管理人报告的行为;(5)人民法院认为属于破产欺诈的其他行为。

浙江省天台县人民法院

民事裁定书

(××××)浙 1023 破×号

申请人:×××(债务人名称)管理人。

××××年××月××日,×××(债务人名称)管理人向本院提出申请,称其拟订的《×××(债务人名称)免责方案》已经第×次债权人会议表决通过,请求本院裁定认可。

本院查明,________________(管理人召开债权人会议及表决通过免责的事实情况)。经债权人会议核查,各债权人表决通过了《×××个人债务集中清理案免责方案》(表决情况)。

本院认为,……(写明认可或不认可的理由)。参照《中华人民共和国企业破产法》第一百一十五条之规定,裁定如下:

对第×次债权人会议通过的《×××(债务人名称)免责方案》(详见附件,无正文),本院予以认可。

本裁定自即日起生效。

审判员 ×××

××××年××月××日

书记员 ×××

说明:本文书根据分类表决规则,单独裁定免责方案。将分配方案与免责方案分开表决的好处,在于即使债权人不同意免责,但仍能将债务人财产进行分配,避免程序空转。针对债务人来说,即使个别债权人不同意免责,但是同意部分的债务仍能可以得到解决。

浙江省天台县人民法院
民事裁定书

（××××）浙1023破×号

申请人：×××管理人。

被申请人：……（写明名称等基本情况）。

被申请人：……（写明名称等基本情况）。

××××年××月××日，本院裁定受理×××公司破产××一案，并指定×××为该公司管理人；××××年××月××日，本院裁定受理×××个人债务集中清理一案，并指定×××为管理人。申请人×××管理人向本院提出申请，称×××在×××公司担任×××职务。因×××原因，×××对×××公司债务需承担连带责任，且存在财产高度混同、区分财产成本过高、严重损害债权人利益的情形，故请求裁定×××与×××公司实质合并清理。

本院认为，《全国法院破产审判工作会议纪要》（法〔2018〕53号）第三十二条规定，企业破产类案件的审理应当尊重法人人格的独立性，但当关联企业成员之间存在法人人格高度混同，区分各关联企业成员财产的成本过高，可例外适用关联企业实质合并破产方式进行审理。参照该条标准，本案×××对×××公司债务需承担连带责任，且存在财产高度混同、区分财产成本过高、严重损害债权人利益的情形，可以进行实质合并清理。参照《中华人民共和国企业破产法》第二条第一款、第三条、第四条，《中华人民共和国民事诉讼法》第一百五十七条第一款第十一项规定，裁定如下：

对×××、×××公司进行实质合并清理（×××进行个人债务集中清理，×××公司进行破产重整）。

如不服本裁定，利害关系人可自本裁定书送达之日起十五日内向浙江省××市中级人民法院申请复议。复议期间不停止裁定的执行。

审判员　×××

××××年××月××日

书记员　×××

说明：鉴于企业破产和个人债务集中清理实质合并会损害个别债权人利益，应作为兜底手段审慎适用，启动条件可参照《全国法院破产审判工作会议纪要》

第32条关于关联企业合并破产的认定标准,以企业家为企业债务承担连带责任为前提,以人格高度混同、为债权人带来更大清偿利益作为企业家与公司实质合并破产的条件,审理模式为个人与企业债权债务互相涤除,合并为一个偿债主体,同时向全体债权人清偿。

浙江省天台县人民法院

民事裁定书

(××××)浙××××破××号

申请人:×××(债务人名称)管理人。

本院于××××年××月××日裁定受理×××(债务人名称)个人债务集中清理案件,并指定×××担任债务人×××(债务人名称)的管理人。现×××(债务人名称)管理人向本院提交终止债务清理程序的报告。

本院查明,管理人调查了债务人×××(债务人名称)的存款、社保、不动产、家庭婚姻及共同财产、动产占有、对第三人是否享有债权等情况,现债务人×××(债务人名称)所提出的清偿方案与债权人的要求差距悬殊,至今未能达成一致的清偿方案。故此,管理人请求本院裁定终止。

本院认为,本院受理×××(债务人名称)的个人债务集中清理申请后,依法指定管理人对×××(债务人名称)的财产状况进行了全面调查,因×××(债务人名称)债权人未对表决规则达成一致意见,且根据债务人本人的清偿能力所提出的清偿方案,各债权人均未能同意。管理人对债务人的诚信度进行全面核查,亦无法认定×××(债务人名称)为诚信债务人,个人债务集中清理程序已无法继续推进,管理人请求本院裁定终止。本院认为债务人×××(债务人名称)系不诚信债务人,应终止债务清理程序。参照《中华人民共和国企业破产法》第一百二十条之规定,裁定如下:

终止对×××(债务人名称)的个人债务集中清理程序,并恢复对债务人×××(债务人名称)的强制执行。

本裁定自即日起生效。

审判员　×××

××××年××月××日

书记员　×××

浙江省天台县人民法院
民事裁定书

（××××）浙××××破××号

申请人：×××（债务人名称）管理人。

本院于××××年××月××日裁定受理×××（债务人名称）个人债务集中清理一案，并指定×××担任×××（债务人名称）的管理人。××××年××月××日，×××（债务人名称）管理人以债务整理方案经债权人会议通过为由，请求本院批准债务整理方案并终结个人债务集中清理程序。

本院查明，×××（债务人名称）申请称，现共负债××万元，共有××名债权人，目前有××个案件进入执行程序。其债务形成原因（债务人破产原因）。

关于债权人债权。根据债权人申报并经管理人核实，截至裁定受理日，债务人×××（债务人名称）尚欠×××、×××等××名债权人××笔债权，共计×××元，其中本金为×××元、利息为×××元。

关于债务人财产。根据债务人申报并经管理人核实，债务人×××（债务人名称）现从事职业________，年收入约××万元。债务人名下（财产情况及处置情况）________。

管理人对×××（债务人名称）的财产状况及个人诚信度进行了全面调查，×××（债务人名称）在个人债务集中清理程序期间如实申报财产及收入状况，积极履行债务人义务。债权人未提交明确证据证明债务人存在不诚信行为，并通过了“人大基层单元＋政协议事堂”诚信度认可，视为债务人诚信度高。

××××年××月××日，管理人召开了×××（债务人名称）个人债务集中清理第一次债权人会议，并对《债权人会议议事规则》《债权人会议书面表决办法的报告》《债权核查报告》《×××（债务人名称）诚信度》《×××（债务人名称）财产分配方案》《×××（债务人名称）信用修复方案》《×××（债务人名称）财重整计划履行保障方案》。

《×××（债务人名称）免责方案》等进行表决。经确认，有表决权的债权人共××名，对应债权××笔，债权性质均为普通债权，所代表的债权额占无财产担保债权额的××％。表决结果如下：

1.《债权人会议议事规则》《债权人会议书面表决办法的报告》表决通过率

为××%;

2.《×××(债务人名称)诚信度》表决通过率为××%(或通过债务人诚信评价听证);

3.《债权核查报告》的表决人数占××%、所代表的债权额占无财产担保债权额的××%;

4.《×××(债务人名称)财产分配方案》的表决人数占××%、所代表的债权额占无财产担保债权额的××%;

5.《×××(债务人名称)信用修复方案》的表决人数占××%、所代表的债权额占无财产担保债权额的××%;

6.《×××(债务人名称)财重整计划履行保障方案》的表决人数占××%、所代表的债权额占无财产担保债权额的××%;

7.《×××(债务人名称)免责方案》的表决人数占××%、所代表的债权额占无财产担保债权额的××%。

根据《债权人会议议事规则》第××条载明,债权人会议的决议,由出席会议的有表决权的债权人过半数通过,并且其所代表的债权额占无财产担保债权总额的1/2以上;个人债务整理计划由出席会议的有表决权的债权人过半数通过,并且其所代表的债权额占无财产担保债权总额的1/2以上。故本次会议表决的七项议程全部通过。

本院认为,本院受理×××(债务人名称)的个人债务集中清理申请后,依法指定×××担任×××(债务人名称)的管理人,管理人对×××(债务人名称)的财产状况及个人诚信度进行了全面调查,现管理人提交债权人表决的《债权人会议议事规则》《债权人会议书面表决办法的报告》《债权核查报告》《×××(债务人名称)诚信度》《×××(债务人名称)财产分配方案》《×××(债务人名称)信用修复方案》《×××(债务人名称)财重整计划履行保障方案》《×××(债务人名称)免责方案》等八项议程均已通过,且符合债权人会议议事规则和表决办法的约定,本院予以批准。参照《中华人民共和国企业破产法》第八十六条第二款之规定,裁定如下:

终结对×××(债务人名称)的个人债务集中清理程序。

本裁定自即日起生效。

审判员　×××

××××年××月××日

书记员　×××

个人债务集中清理执破衔接函

×××执行局：

本庭于××××年××月××日裁定受理×××(债务人名称)个人债务集中清理一案，×××(债务人名称)管理人于××××年××月××日向本庭提交×××(债务人名称)的个人债务整理计划，本庭于××××年××月××日裁定批准×××(债务人名称)债务整理方案并终结对×××(债务人名称)的个人债务集中清理程序。×××(债务人名称)现已提前履行第一期清偿义务，×××(债务人名称)管理人向本院申请解除本院对×××(债务人名称)的执行强制措施。本庭认为，×××(债务人名称)已按个人债务整理计划积极履行第一期还款义务，按其约定，应当解除其执行强制措施，现商请贵局解除(××××)浙××××执××××号案件中被执行人×××(债务人名称)的失信、限高、银行卡冻结等强制措施。

××庭

××××年××月××日

×××(债务人名称)诚信评价听证会
公告

为落实天台法院个人债务集中清理对债务人诚信评价工作的需要，×××(债务人名称)管理人拟对(××××)浙1023破××号债务人×××(债务人名称)召开诚信评价听证会。现将有关事项公告如下：

一、会议时间

××××年××月××日××时

二、会议地点

×××人大联络站

三、参会人员

××人大代表，×××(债务人名称)村村委会主任、副主任，×××(债务人

名称)管理人,×××(债务人名称)

四、会议流程

1. 预备阶段:询问核实被评价人身份信息、介绍评价小组人员组成信息、宣布会场纪律、注意事项。

2. 调查阶段:被评价人情况自述、评价小组问询。

3. 评分阶段:评价小组打分、宣布评分结果。

4. 结束阶段:主持人宣布结束,与会及记录人员在《诚信评价听证会会议记录》上签字。

特此公告

×××(债务人名称)管理人

××××年××月××日

×××(债务人名称)诚信评价听证会评议结果公示

根据天台法院个人债务集中清理对债务人诚信评价工作的要求,×××(债务人名称)管理人于××××年××月××日××在×××人大联络站召开了×××(债务人名称)诚信评价听证会,现将评议结果公示如下:

此次参与×××(债务人名称)诚信评价听证会的人数为×人;评分小组成员为:××人大代表,×××(债务人名称)村村委会主任、副主任;评议结果为:认定×××(债务人名称)诚信度较高。

如对此次评议结果存有异议,请于公示期内当面、书面或电话向×××(债务人名称)管理人反映。

公示期:××××年××月××日—××××年××月××日(7日)

联系电话:×××(债务人名称)管理人联系电话

附:诚信评价听证会会议记录,诚信评分表评分情况

×××(债务人名称)管理人

××××年××月××日

×××(债务人名称)诚信评价听证会会议记录

时间:××××年××月××日××时

地点：×××人大联络站

主持人：×××（债务人名称）管理人

一、预备阶段

×××（债务人名称）管理人应个人债务集中清理×××（债务人名称）申请，召开×××（债务人名称）诚信评价听证会。

下面宣布会议纪律：

（1）参加会议人员应当遵守会议秩序，未经许可不得录音、录像；不得随意走动，不得进入审判区；会议期间未经主持人许可不得发言、提问；不得鼓掌、喧哗、哄闹和实施其他妨碍会议秩序的行为。如对会议内容有意见，可以在会议结束后以书面形式向管理人提出。

（2）参加会议人员不准吸烟、随地吐痰。

（3）参加会议人员应关闭移动电话等通信工具。

下面介绍案件情况：案件受理情况、管理人指定情况。

下面介绍评分小组成员情况：

本次诚信评价听证会应当对所议事项制作会议记录。

二、调查阶段

下面请被评价人×××（债务人名称）自述个人情况：

管理人介绍履职情况：

下面请评价小组问询：

三、评分阶段

主持人宣布评分方式、方法，评价小组评分，宣布评分结果。

四、结束阶段

主持人宣布结束，与会及记录人员在会议记录上签字。

到会人员签字页：

2020 年度全省法院重点调研课题子课题：完善申报一体化审查深化执行数字化转型

——个人债务集中清理中财产申报制度调研*

建德市人民法院课题组**

自2019年以来，最高人民法院在《最高人民法院关于深化人民法院司法体制综合配套改革的意见—人民法院第五个五年改革纲要（2019—2023）》《最高人民法院关于深化执行改革健全解决执行难长效机制的意见—人民法院执行工作纲要（2019—2023）》等多项文件中，明确指出开展与个人破产制度功能相当的试点工作，为建立个人破产制度打下实践基础。浙江省高级人民法院依据最高人民法院文件精神，率先在温州、台州、丽水等地区开展具有个人破产制度功能的个人债务集中清理试点，为提升省内营商环境，激发省内市场主体活力发挥了有利作用。

---

* 本文为浙江省高级人民法院2020年度全省法院重点调研课题“关于深化破产审判及个人债务集中清理体制机制改革的调研”子课题的调研成果。

** 课题组成员：仇盛、鲁军、廖明军、张津。

一、财产申报制度现状

(一)制度概况

与公务员、官员财产申报制度不同,被执行人财产申报制度,是被执行人在不能全部或部分履行财产给付义务时,必须根据执行法院通知要求全面客观地申报自己的财产状况,以证明自己没有或暂时没有履行能力,否则应承担相应法律后果的制度。

早在《中华人民共和国民事诉讼法》2007年修正时,其第217条就明确规定,被执行人未按执行通知履行法律文书确定的义务,应当报告当前以及收到执行通知之日前一年的财产情况。但被执行人的财产报告制度在司法实践中并未有效执行。究其原因:一方面,民事诉讼法对被执行人应当报告财产的范围、财产变动的告知义务等的规定不明确,司法实践中不易操作;另一方面,各级法院案多人少在执行阶段仍普遍存在,执行人员在繁重的执行工作中难以细致核查,且因拒不申报财产或者不如实报告财产而对被执行人采取拘留、罚款的惩戒措施较为少见,也在一定程度上造成财产报告制度流于形式。此外,申请执行人不易知晓被执行人生产生活的实际状况,因信息不对称等无法对被执行人报告的财产实施有效监督,更不易提供被执行人的准确财产线索,执行人员对被执行人的实际财产状况核查难度较大。

因此,最高人民法院在2017年5月1日起施行的《最高人民法院关于民事执行中财产调查若干问题的规定》第5条第1款再次规定,被执行人应在限期内向执行法院书面申报财产情况,同时明确了申报财产范围含现金、有价证券、动产、不动产、财产性权利等在内所有应当报告的财产。该规定既强调报告财产令必须用,也强调被执行人必须填报财产情况,还要求执行法院必须调查核实报告情况。2019年4月浙江省高级人民法院出台《关于进一步强化执行措施的若干意见(试行)》的通知,对被执行人财产报告义务作出规定,对拒不申报、报告不实的,处以罚款、拘留。

多年来困扰我国民事诉讼制度的执行难问题在最高人民法院各项破解执行难的大力举措下得到了一定程度的解决,但法院生效判决执行难问题毫无疑问仍然会是未来法院工作难题之一。所谓“巧妇难为无米之炊”,执行难主要难在没有财产线索。可以说,解决了财产线索问题,也就基本解决了执行难问题。执行中财产申报制度的目的和意义正是发现被执行人的财产线索,保证强制执行的有效进行。

(二)建德法院实施现状

以2019~2020年5月建德市人民法院(以下简称建德法院)执行财产申报情况作为调研样本开展实证研究,财产申报制度实践尚存在一些问题。

1. 申报配合率低

在样本期间内,建德法院共计发出报告财产令3244份,其中收到被执行人财产报告507份,申报配合率仅约为15.63%;拒不报告数2397份,拒不报告率约为73.89%(见图1)。

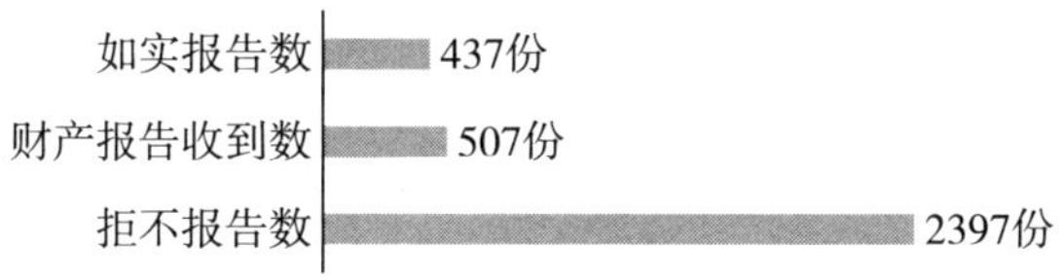

图1 样本期间建德法院执行财产申报数统计

2. 申报有效率低

在样本期间内,建德法院共计发出报告财产令3244份,其中如实报告的财产申报书437分,申报有效率仅约为13.47%(见图1)。

3. 惩治手段局限

在样本期间内,建德法院对拒不申报的被执行人依法处罚,其中纳入失信名单1503人次,限制出入境15人次,拘留676人次,罚款608人次(见图2)。当前法院能对被执行人采取的惩治手段有限,虽然在法律框架内对被执行人产生威慑,但未能通过行政协同等方式,因被执行人情况不同而采取更具有威慑力的惩治手段。

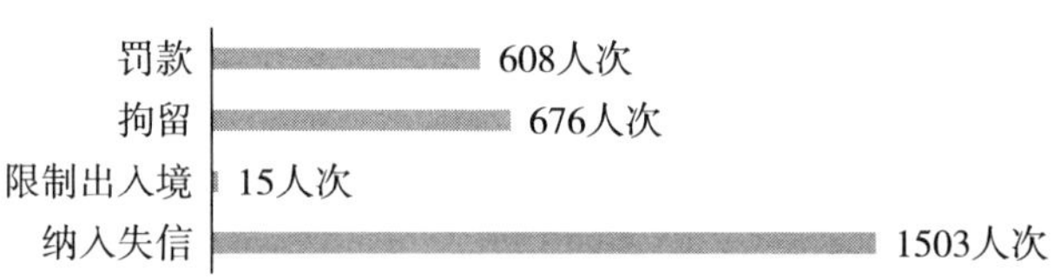

图2 样本期间建德法院执行拒不申报财产惩处统计

4. 罚款、拘留到位率低

在样本期间,建德法院对拒不报告的被执行人共计作出罚款 271.5 万元,拘留 676 人次,实际执行到位罚款仅 12.3 万元,实际拘留到位人数为 141 人次(见图 3、图 4)。

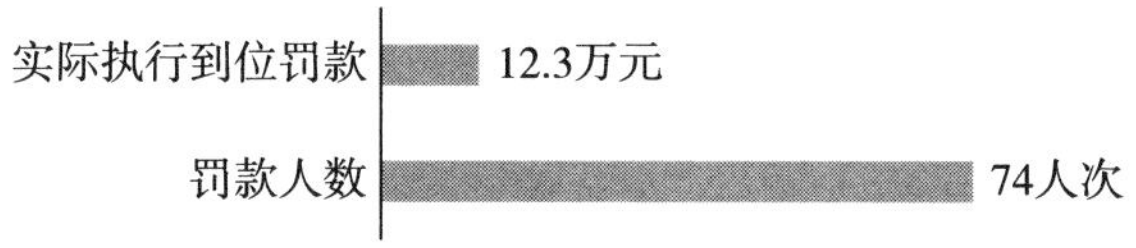

图 3　样本期间建德法院执行拒不申报财产罚款统计

图 4　样本期间建德法院执行拒不申报财产拘留统计

二、问 题 分 析

(一)财产状况复杂

财产状况本身具有复杂性,而个人财产相较于法人组织或者其他组织更加复杂多变,其主要表现为:一是个人财产不易被发现,资本的逐利性与个人投资的私密性导致债务人对外投资及其收益盈亏较为隐蔽。二是个人财产易与他人财产混合,如合伙人资不抵债时,其财产与合伙财产相混合;家庭成员资不抵债时,其财产与家庭成员、配偶的财产相混合,增加了分割难度。三是个人财产更易于转移、隐藏,个人财产具有私密性,外界一般无从查实,多靠道听途说或口口相传,信息来源的可信度不高。即使是商自然人,其经营行为和资产管理亦存在较大的随意性,对实际经营状况无从调查。四是个人财产类型更复杂多变,随着信息化和数字经济时代发展,个人财产从传统现金、股票等财产形式发展至比特币等更加难以被审查的财产形式。

(二)法治意识淡薄

出于人类趋利避害的本性,申请人常常会心存侥幸,利用信息不对称等实际状况选择逃废债,以规避债务清偿的责任,而非以遵纪守法作为行为准则。这种做法给执行法院调查、锁定并核实债务人的真实财产状况带来了巨大压力和挑战。如申请执行人黄某花与被执行人杨某华民间借贷纠纷案[(2020)浙0381执622号之一],被执行人申请个人债务集中清理后依然违反财产申报制度规定,未在规定期限内向执行法院申报财产情况,其行为揭示了大多数被执行人"只想享受权利,不想履行义务"的错误心态,背后透露的是被执行人法治意识淡薄。

(三)亲属配合度低

实践证明执行法院在调查被执行人的相关财产时,大部分亲属不愿意配合,间接隐藏了原本可以被执行的债务人共有财产。我国亲亲相隐传统观念在公民心中根深蒂固,亲属大多采取包庇方式袒护被执行人,即便清晰被执行人真实财产情况,甚至持有或代管被执行人财产,也往往拒绝提供该财产线索。

(四)审查手段有限

信息化时代,公民生活方式发生巨大改变,电子支付等信息化时代工具帮助公民更方便也更快速转移或处分自己的财产。被执行人上一秒还持有的财产,下一秒就可以转移给千里之外的多个不同主体。执行法院一方面受执行法官人数与办案精力的限制,另一方面受审查工具和手段的限制。如何快速查询被执行人财产,如何快速查封,如何实施动态报警,如何实现无人值守监督财产,如何实现快速审查财产申报,这些问题都暴露了当前执行法官在信息化时代捉襟见肘的窘迫境地。

(五)惩处缺少分级

现行规定给予执行法院罚款、拘留等惩处手段,情形严重的,甚至会被追究刑事责任。但目前重处罚规定详细,轻惩治却略显不足。如果能通过轻惩治,实现日常中的"婆婆嘴",在公民行为即将超出边界时,就能给予一定轻惩处,敲打提醒被执行人,一是可以防止其小病拖成大病,小错酿成大错;二是在公民拥有财产和幸福生活的时候,惩戒会取得较好的教育效果,当其身负巨债时,心态往往变成自暴自弃,对放弃生活希望的人,任何处罚都很难起到好的教育效果。惩罚不是法律的根本目的。

三、对策建议

（一）构建财产申报审查一体化平台

财产申报审查集约化工作是执行工作信息化建设的重要目标，推动全国个人债务集中清理财产申报审查一体化，有利于防范化解财产转移风险，保障当事人胜诉利益实现，从源头助力解决"执行难"，也有利于提高执行法院审查效率，解放执行人员精力，解决执行法院案多人少现实矛盾。

探索执行信息化改革和"财产申报"信息平台融合，加强"财产申报"数据协同和"申报+审查"服务联动。尝试在浙江省内实现财产申报审查一网通，有效贯通申报和审查流程，实现申报一键提交、被动补充、主动申报，加强与行政数据共享和业务协同，全面推动财产申报接入政府服务事项网上办理，由法院开发一体化平台，接入不动产登记系统、税务登记系统、银行账户系统等财产数据，实现财产申报人一键获取本人财产信息，补充登记后上传，系统自动审查对比财产信息标注，执行法院具体核实差异财产信息。

（二）完善个人财产申报制度

1. 明确亲属配合申报义务边界

近亲属、财产管理人或者其他利害关系人对于债务人的财产、收入及业务状况更为了解，前述人员配合执行法院更有利于执行工作开展。应当明确亲属配合申报义务边界，如亲属与应当申报人共有财产时，亲属应当在知道或应当知道申报人申报义务时主动向执行法院申报该共有财产及申报人所占份额，否则应当承担一定的法律责任。

2. 完善财产申报范围

个人对自己所有财产必须如实详尽申报，申报的财产种类包括有形资产、无形资产、各类债权及投资收益。当前法规采取的"概括+列举"方式在一定程度上满足了全面申报财产的要求，但也给申报人与执行法院在实际执行过程留下了一定的难题。对于如何完善财产申报制度，一方面，财产申报范围需积极回应时代发展和财产形式的变化；另一方面，需尽可能详尽列举。这可以进一步协助申报人申报财产，也帮助执行法院严格开展审查工作。例如，可以规定申报人如实申报本人及配偶、未成年子女下列财产情况:(1)工资收入、劳务所得、银行存款、现金、微信和支付宝等第三方支付平台账户资金、住房公积金账户资金等现金类资产;(2)投资或者以其他方式持有股票、基金、投资型保险以及其他理财产品等情况;(3)投资境内外非上市股份有限公司、有限责任公司,注册个体工商户、个人独资企业、合伙企业等情况;(4)集体经济组织的分红、信托受益权、知识产权等财产权益;(5)所有或共有的土地使用权、房屋等不动产;(6)交通运输工具、机器设备、产品、原材料等动产;(7)文玩字画、个人收藏等贵重物品;(8)债务人基于继承、赠与、代持等依法享有的财产权益;(9)债务人有理由主张的财产权益;(10)债务人在个人债务集中处理受理前可期待的财产或者财产权益;(11)债务人在境外获得的前述规定的财产及财产权益;(12)其他具有处置价值的财产等。执行工作应当以担当和实干回应时代的呼唤。

3. 强化财产申报责任

应当强化申报人财产申报责任。个人财产申报首先要给予个人足够的申报时间厘清财产,设置自由灵活的申报方式,以及后续申报等程序规定。但是,要对申报人申报财产情况在个人债务集中清理程序中进行公开告示、接受监督,如有不详不实,利益相关人和公众可以提出异议并存档,对于查证属实的虚假申报,规定相应法律责任,震慑预防虚假申报个人债务集中处理,促使义务人积极配合个人财产申报。加强对个人财产申报的监督。财产申报涉及多方主体,要明确其职责,内外监督,保证司法人员公正司法、财产调查机构客观审核,行为不当的承担相应法律责任。

4. 保障债权人监督权

基于个人的经济活动并非孤立绝缘于他人,当个人发生资不抵债时,常常涉及的债权人人数较多,相较而言,执行程序中单个申请执行人对被执行人的监督能力弱化、参与度明显不足。个人进入债务集中清理程序后,在第一次申报财产时,可以挖掘和整合单一债权人的个体信息,加大债权人会议对债务人申报财产的监督和核查力度,赋予债权人查阅债务人财产变动和大额资金流向的权利。给予债权人知情权,就债务人申报的财产及大额财产变动情况向债权人公布,公开听取债权人的意见。必要时,管理人可申请人民法院出具调查令查询债务人财产的变动情况并组织召开听证会,将债务人在相当长期限内的资金往来、财产变动情况及权利负担等信息提交债权人审议,有利于债权人了解债务人真实财务状况并及时发现是否存在逃废债的相关线索,有利于让诚实而不幸的债务人获得债权人的认可。

(三)加强数字化支撑保障执行工作

加强数字化支撑保障执行工作,深化财产申报审查依托个人征信体系,实现个人征信体系和个人财产申报制度互相促进、共同发展。浙江省于 2020 年建立全行业"数字信用档案",杭州市于 2020 年 5 月 5 日起施行《杭州市信用档案管理办法》,这一方面,说明建立健全个人信用账户体系和信用档案势在必行;另一方面,展示浙江省在开展财产申报与个人征信联动的天然基因,数字化不但推动城市发展,也支撑保障各行各业工作。

个人拥有一定的财产数量在某种程度上是个人信用产生的物质基础,个人财产申报制度的建立是个人信用制度得以完善的前提之一。通过个人征信的完善,引导个人征信体系的市场化、规范化发展,让个人财产申报与登记制度与个人征信体系深度融合,进而改变个人债务的处理方式,促进经济社会进步和发展。

结合我国个人信用资料匮乏的现实国情,落实储蓄存款实名制,以每个人的身份证号为基础建立个人信用账户体系,并在此基础上建立准确、公正的个人信用档案。结合个人收入申报制等有关个人税收政策,使个人正常、非正常的收入状况、经济能力得到体现,使作为"立信"基础的货币资产具有真实的衡量标准,从而避免高估或低估个人的财产资信程度,为个人信用制度奠定良好的基础。在储蓄实名制的基础上,利用居民身份证编码系统,结合个人的社会保障号码、个人社会福利账号和个人所得税记录等,把个人有关的经济活动信息,特别是信用交易活动记录其中,形成内涵丰富的个人信用信息账户。如果能够做到"全国统一、一人一号",建立全国统一的信用代码制度,让每个个体拥有信用代码,无论是财产信息还是其他信用信息,都将得到有效整合,不诚信记录将很难"潜水"。

在实际联动过程中,若财产申报人拒不申报财产或申报不实,执行法院有权降低财产申报人信用评分,影响财产申报人工作、生活等一系列社会活动;若被执行人拒不履行,执行法院可以将失信数据实时更新至个人信用体系,形成信用评价回路,实现法治服务助力社会文明发展。

(四)建立多元协同惩治机制

根据被执行人失信行为严重程度建立不同等级的惩治机制,除限制高消费、罚款、拘留等形式外,完善轻惩治和重处罚相应规定。

执行法院在执行实践中,可以在申请执行阶段采取信用提醒、诚信约谈、单位劝诫等方式,必要时予以训诫,督促被执行人履行生效判决。如果被执行人依然拒不履行,执行法院再采取限制高消费、公开公示等方式予以惩戒;对于态度恶劣,存在主观恶意的被执行人,可以协同政府部门,对其进行额外的信用惩处,进一步降低其社会评价,必要时可以由政府禁止其参与政府采购等涉及公共安全领域业务。

在刑事法规上规定严重破产欺诈行为的刑事责任,对企图以非法手段牟取利益的当事人而言,具有相当的震慑力。例如,在刑法中规定当债务人存在严重妨害破产程序行为时将会追究其刑事责任。通过刑罚处罚,威慑债务人诚实履行报告财产义务,保障债权人的利益不被侵犯。如果当事人已经对债权人造成巨大经济损失,除追缴个人财产以赔偿债权人外,还应追究其刑事责任。立法上规定破产犯罪的目的在于预防和惩罚债务人滥用破产程序,以逃避巨额债务,确保破产程序公平和顺利进行。强化对破产犯罪的惩罚,是现代各国破产法表现出来的一大趋势。我国现行企业破产法对破产犯罪未作系统规定。在个人破产制度体系的构筑中,破产犯罪尤为重要。

四、结　　语

构建个人破产制度是一项系统工程,既要与现行的其他法律制度顺畅衔接,又要能回应时代呼唤,切实解决当前司法问题。最高人民法院以个人债务集中清理为契机,探索个人破产制度,能建立更适合我国当前司法环境的特色制度。

2020 年度全省法院重点调研课题子课题：个人债务重整制度的实践探索*

丽水市中级人民法院、遂昌县人民法院课题组**

2018 年 10 月 24 日，时任最高人民法院院长周强在十三届全国人大常委会第六次会议上所作的《关于人民法院解决"执行难"工作情况的报告》指出：推动个人破产制度，完善现行破产法，畅通"执行不能"案件依法退出路径。2019 年 2 月 27 日，最高人民法院提出要推动建立个人破产制度及相关配套机制，将其作为解决针对个人执行不能案件的重要举措列入"五五改革纲要"（2019—2023）之中。同年 6 月 3 日，最高人民法院出台《人民法院执行工作纲要》（2019—2023），明确指出要开展与个人破产制度功能相当的试点工作，为建立个人破产制度打下实践基础。2019 年 7 月 14 日，中央全面依法治国委员会印发了《关于加强综合治理从源头切实解决执行难问题的意见》，将加快社会信用体系建设和完善市场退出工作制度机制作为强化执行难源头治理制度建设的举措。2019 年 6 月 22 日，国家发展和改革委员会、最

---

* 本文为浙江省高级人民法院 2020 年度全省法院重点调研课题"关于深化破产审判及个人债务集中清理体制机制改革的调研"子课题的调研成果。

** 课题组成员：叶晓生、杨婷、洪晓、陈裕琨、张晓法、张建华。

高人民法院等13个部门联合印发《加快完善市场主体退出制度改革方案》,指出要研究建立个人破产制度,重点解决企业破产产生的自然人连带责任担保债务问题;明确自然人因担保等原因而承担与生产经营活动相关的负债可依法合理免责;逐步推进建立自然人符合条件的消费负债可依法合理免责。自2019年9月以来,遂昌县人民法院(以下简称遂昌法院)积极响应上级号召,落实文件精神,将个人破产制度探索与执行工作相结合,对个人破产进行充分调研论证,探索出了一套独具一格的个人破产制度——"个人债务重整",该制度的设立与实践,为个人债务集中清理提供了新的样本和经验。

一、分析论述

(一)个人债务重整制度的概念介绍

遂昌法院所构建的个人债务重整制度是完全由市场主导的"司法外"的个人破产制度,是指在现有法律框架(执行和解、执行债权转让等)内,通过一系列制度设计和引入第三方战略投资者对债务人进行融资,债权人在实现其利益最大化的基础上,自愿接受债务人诚信提出的债务重整方案而免除债务人的剩余债务,从而实现债权人、债务人、战略投资者及相关利益共同体的整体共赢。

该制度的突出特点,是利用债务人的未来预期收入或其他难以变现的资产来引入第三方战略投资人的融资,从而使债务人恢复履行能力,让债权人得到即时的清偿,最终彻底化解债务人与债权人之间的纠纷。

(二)个人债务重整与个人债务清算的区别

与个人债务清算的概念不同,个人债务重整体现的是多方当事人之间谈判与协商的过程,侧重于个人的债务整理,债务人通过履行重整协议的方式有限地清偿债务,获得免责,以达到摆脱债务困境的目的。而个人债务清算遵循着传统破产程序中"法定准则""司法主导"的特征,侧重于对债务人破产财产的彻底清算,更容易发生恶意逃废债等道德风险事件,进而引发债权人的不满,造成当事人上访、闹访。两种制度相较而言,重整制度更具有激励、教育和强调责任的功能,能在激励债务人积极清偿、诚实信用得履行债务重整协议、实现自救的同时,解决恶意逃废债问题,更好地保护债权人的合法权益。

(三)个人债务重整对个人债务集中清理的意义

个人债务重整是在我国个人破产正式立法前的司法实践,这是一种以所有债权人同意为限的"法院外和解型"个人破产模式。该模式实际上是我国在真正实现法定强制免责的个人债务集中清理制度之前,必须要经过的一个过渡阶段。这个过渡阶段有以下两点意义:

一是通过拯救一批具有重整价值的"诚实而不幸"的债务人,为个人债务集中清理提供"重整"样本,构建适格破产债务人甄别体系,进而达到严格防范恶意"逃废债"的效果。

二是这种有限同意的个人债务重整的司法实践,让个人破产的理念逐渐在社会上生根发芽,让社会大众理解通过法定程序,给予竞争失败的主体(组织和个人)重新开始的机会的必要性,最终达到星星之火,可以燎原的目的。

二、具体做法

个人债务重整是基于现有执行查控措施基础上的特别和解程序。区别于国外的个人破产制度,我国现有的执行制度已经涵盖了国外个人破产程序中诸如财产申报、法院财产查控、执行分配等诸多环节。因此,现阶段的个人债务重整是以终结本次执行程序为适用前提,在"终结本次执行程序"的基础上,以债务人申请承诺的方式,经过债权人深度了解债务人债务成因的前提下,引入第三方战略投资人,多方当事人经过协商,达成重整协议。

以遂昌法院终本库中的被执行人蔡某宝个人债务重整案为例,个人债务重整的具体做法如下(见图 1)。一是提出申请。5 年前,蔡某宝因前妻经商失败欠下巨额债务,总标的额达 235.6 万余元,共涉及 6 件执行案件。法院穷尽执行措施后,仅执行到位 16.9 万元,其他均因无财产可执行而程序终结。2019 年 11 月,蔡某宝主动向法院提出书面申请,并重新申报个人财产。二是资格审查。法院受理蔡某宝的债务重整申请后,对其涉诉涉执案件进行全面核定,确定其在诉讼、执行程序中没有规避执行行为后,将蔡某宝申请债务重整的相关情况通知各债权人。三是启动个人债务重整程序。在债权人接受蔡某宝的债务重整申请后,个人债务重整程序启动。蔡某宝与各债权人达成初步重整方案,即 2 名亲友债权人免除其全部债务,另4名债权人要求蔡某宝归还剩余本金的50%计40.8万元。四是引入第三方融资。由第三方对蔡某宝的信用及未来预期收入进行评估,其中与法院签订"重整贷"合作协议的稠州银行为蔡某宝融资30万元,蔡某宝的亲友为其融资10.8万元。五是召开债权人会议。由债权人会议自行评估风险并自主决定是否接受蔡某宝提出的债务重整方案。六是债务人签署诚信协

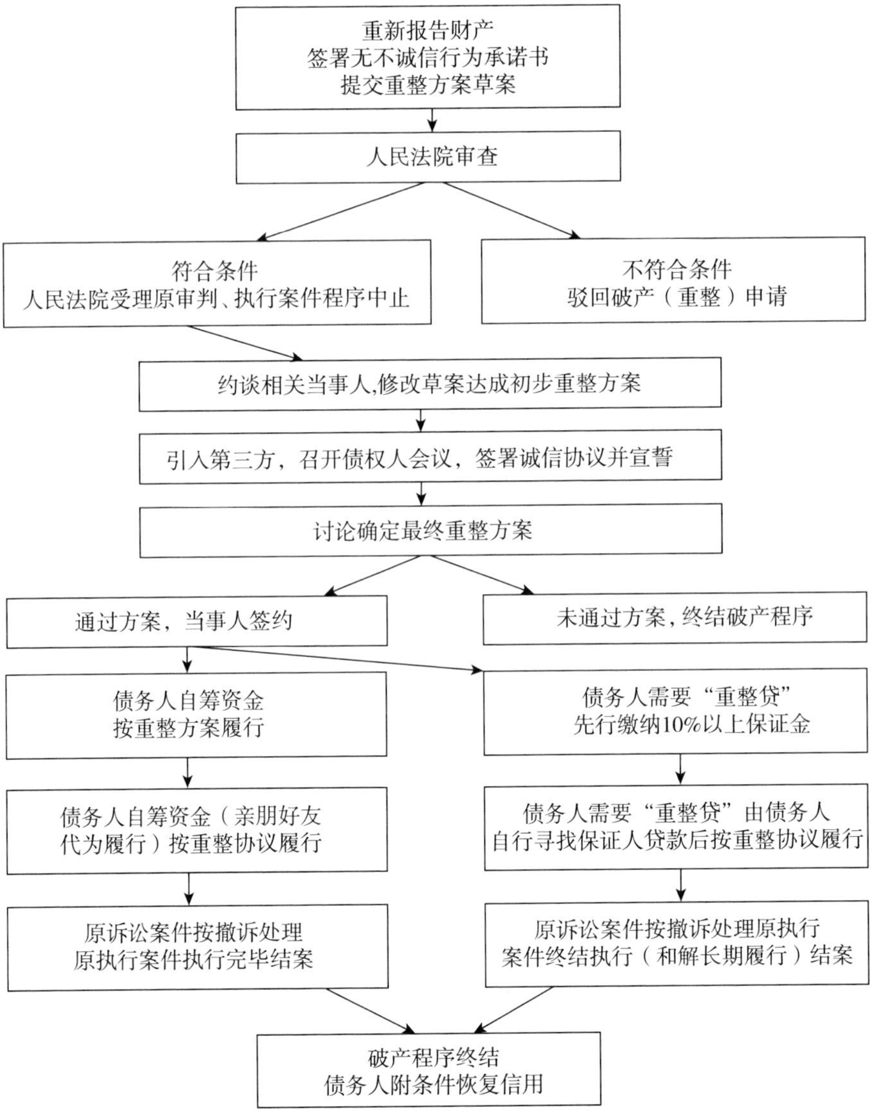

图1 个人债务重整的具体做法

议。在法院充分警示失信后果后,蔡某宝当众宣誓承诺:若违反诚信协议,将终止重整程序并接受相应的民事违约责任和刑事责任制裁。七是签订重整协议。经债权人会议一致同意后,蔡某宝与债权人、第三方正式签订重整协议。蔡某宝将融资所得一次性清偿 4 名债权人,其余债权无偿让予给稠州银行。八是信用修复和惩戒。若蔡某宝按约履行协议,经过协议约定的 5 年信用限制期,法院即可对信用进行修复;若发现蔡某宝存在虚假申报、规避执行或违反协议约定等行为,债权人和第三方均有权申请恢复原执行案件的执行,并由法院根据情节依法采取罚款、拘留等措施,直至追究刑事责任。最终,债务人蔡某宝通过个人债务重整制度摆脱了债务僵局,恢复了即时履行债务的能力,清偿率约为 24.46%,本金清偿率约为 44.35%(见表 1),豁免了其 178 万元的债务。

表 1　蔡某宝债务清偿情况

债权人	债务本金/元	债务利息/元	履行金额/元	清偿率/%	本金清偿率/%
姜某荣	200,000	284,788.04	114,998.36	约 23.72	约 57.50
唐某财	200,000	255,418.7	29,996.73	约 6.59	约 15.00
黄某华	43,000	67,739.65	24,635.78	约 22.25	约 57.29
蔡某	171,000	43,126.07	25,646.34	约 11.98	约 15.00
姜某凤	98,000	153,879.34	56,348.89	约 22.37	约 57.50
李某峰	587,100	251,987.44	324,559.94	约 38.68	约 55.28
合计	1,299,100	1,056,939.2	576,186.04	约 24.46	约 44.35

三、关键尝试

个人债务重整制度是遂昌法院首创的特别程序设计,是在现有法律框架内的有益尝试,具体如下。

(一)构建完全的市场选择机制

遂昌法院在个人债务重整制度中构建了完全的市场选择机制来挑选"资不抵债"的债务人(谁能通过个人债务重整而被免除部分债务获得拯救,完全取决于债权人和第三方战略投资者的自主选择,法院仅为各方提供协商谈判的机会和制度平台),通过第三方战略投资人的融资,多方当事人能以最小的成本获得“多赢”的效果。这项制度设计的关键在于引入了第三方为债务人重整提供融资渠道,进而大大增强债权人同意让步的可能性。这个举措得益于法院居中牵头,实现债务人、债权人、贷款人、担保人的权利义务一并予以调整。第三方的引入对债务人而言既是机遇也是压力,如果债务人不能按约向其清偿款项,债务人所豁免的债务将由第三方承接,债务人将重新回到被执行的老路上。

目前,遂昌法院已与作为第三方战略投资者的稠州银行丽水遂昌支行、遂昌农商银行签订服务合作协议,推出“重整贷”项目,为信用受限制的失信债务人重新开放信用而恢复其履行能力。个人债务重整制度中引入的第三方战略投资者并不仅限于银行,凡是对闲置在法院终本库中的债务人资产资源有需求的企业、投资机构、房产中介以及亲朋好友等都可以成为第三方战略投资者。因此,构建市场选择机制引入第三方战略投资者,不仅能够拯救“渴望重生”的债务人,而且在其市场运作下能够最大限度盘活债务人手中难以变现的“僵尸资产”。

(二)建立非必要破产管理人的运作模式

个人债务重整是基于执行案件有序退出的特别程序设计,重整债务人经过法院执行,其所有可变现的财产均已被法院通过执行程序进行了处置,其所有收入也在保留其维持基本生活水平的生活费用后,全部用于清偿债权人。对大部分渴望进行债务重整的债务人而言,高昂的破产管理人费用将限制重整案件的良性发展,加大了重整成功的难度。

事实上,在多方当事人达成债务重整协议后,债权人已得到了即时的分配清偿,剩余债权只有两个路径去处理。一是完全豁免,债权债务关系彻底解除,也不产生新的借贷关系;二是将剩余债权转让给第三方战略投资人,第三方战略投资人成为唯一的债权人,债务人通过按揭还款等方式履行债务。因此,达成重整协议后,法院将按照协议对破产财产进行分配,后续并不存在对债务人财产的保管、清理、估价和分配等事务性工作。同时,法院、获得清偿的债权人、第三方战略投资人、保证人乃至社会各界,都将从各自的利益点出发维持对债务人的监督,替代了破产管理人的监督职责。在此种情况下,聘请破产管理人实属“冠上加冠”,徒增债务人经济负担。

四、主 要 成 效

为推行该制度,遂昌法院成立了专门的工作小组,并在遂昌法院执行案件终本库中筛选案件进行首轮测试。截至 2020 年 9 月,遂昌法院共对 27 名债务人进行了个人债务重整,通过“执转破”“执转破附带审转破”的形式,共化解了 65 件执行案件和 3 件诉讼案件。其中,6 名债务人通过“重整贷”向金融机构融资 102 万元用于清偿债务,2 名债务人通过向房产中介融资 54 万元用于清偿债务,其他债务人通过向亲友融资 152.6 万元用于清偿债务。清偿标的额共448.8 万元(其中94.4 万元在执行程序中已清偿),共免除 27 名债务人债务本息 539.3 万元,平均清偿率45.41%,其中本金清偿率87.1%(见表2),64 名债权人得以实现债权。

表 2 25 件个人债务重整案件的融资和清偿情况

融资情况	清偿情况
向金融机构融资 102 万元	清偿标的额 448.8 万元
向亲友融资 152.6 万元	平均清偿率 45.41%
向房产中介融资 54 万元	本金清偿率 87.1%

从遂昌法院的实践情况看,完全由市场主导、引入第三方战略投资者的个人债务重整制度在破解人民法院执行难、推动个人债务集中清理制度构建、优化营商环境、促进资源优化配置、修复和增进市场诚信、维护市场经济健康运行等方面均显示出了明显实效。

第一,有效化解大批“执行不能”案件,畅通“执行不能”案件依法退出通道,为切实解决执行难提供新路径。以遂昌法院为例,每年可有效化解 300～400 件不涉及金融债权的终本案件,“终本案件同期化解率”(报告期内执行完毕或终结执行的终本案件数占报告期新增终本案件数的比例)可达到 30%～40%,从而实现终本案件增幅明显下降的良好效果。并且,个人债务重整制度在拯救因连带担保责任而陷入债务困境的公司股东的同时,进一步畅通了企业“执转破”的市场退出通道,从而实现了企业破产制度与个人破产制度的有效衔接,破解了股东承担连带责任导致企业名义上可以破产而实质上难以真正破产的难题,弥补了我国企业破产法的制度缺陷。

第二,推动我国个人债务集中清理的制度构建。首先,个人债务重整制度为我国个人破产立法破除了“欠债还钱、天经地义”的观念障碍,让债权人知道最大限度宽容债务人失败就是最大限度保护债权人自身利益。其次,该制度通过一系列“激励重整、严惩逃债”的制度设计,由市场(债权人和融资方)自主筛选出有履行意愿、渴望获得拯救但暂时缺乏履行能力的债务人,而排除那些试图逃废债务的老赖,从而为“个人债务集中清理”避免沦为“逃债法”提供了破解思路。最后,该制度为我国个人债务集中清理制度的构建提供了一个“个人破产重整”的样本和经验,进一步推动了立法进程。

第三,优化营商环境,助推社会经济发展。个人债务重整制度可以提供一种市场容错机制,通过宽容失败、拯救“不幸”和医治创业创伤来保护社会大众创新创业积极性,故对于优化营商环境、吸引和留住创新创业者具有显著作用。对那些在新冠疫情中陷入债务困境的“诚实而不幸”的人,个人债务重整制度亦可以及时施以援手,为其尽快摆脱困境“回归市场、复工复产”提供有力的司法服务和保障。

第四,盘活“僵尸资产”,优化资源配置,提高资源使用效率。对于第三方战略投资者而言,困在债务僵局(法院终本库)中的债务人并非一无所有,这些闲置在债务人手中的有市场需求的“僵尸资产”包括未来可持续获得的收入、订单、难以上市交易或变现但仍有投资价值的生产设备、不动产、知识产权、特种行业经营许可证以及债务人的特殊专业技能、各种劳动能力等,以及通过市场融资处置比通过执行拍卖更有利于实现债权人利益的查封财产。第三方战略投资者为债务人提供融资其实就是为了投资债务人手中的“僵尸资产”并通过最大限度地盘活这些资产的潜力来获取足够的收益和回报,进而在客观上促进了资源优化配置,提高了资源使用效率。遂昌法院办结的杨某清和潘某珠个人债务重整案,就是通过引入房产中介来盘活查封的房产,实现了多方利益的最大化。

第五,打开债务僵局,释放市场风险,维护市场经济的健康运行。个人债务重整制度通过引入第三方战略投资者,用市场化的方式打开了“互不相让”的债务僵局和“连环担保”的债务困局,债权债务双方以及相关联的利益共同体都能尽快地从债务的僵局和链条中解脱出来,重新回归到各自正常的生产、生活,从而既实现了整体“共赢”,又释放了市场风险,维护了市场经济的健康运行。并且,重整的对象必须是有履行意愿但暂时丧失履行和融资能力的仍有市场诚信度的债务人,故为避免将来因难以重整而陷入“债务僵局”,债权人就必须谨慎选择那些将来至少可以重整的对象进行放贷,故个人债务重整制度还能够倒逼债权人加强债务风险管理,从而规范民间借贷市场,引导民间借贷资本流向有市场诚信度、真正干事创业的创新创业市场。

第六,拯救不幸,严惩老赖,修复和增进市场诚信。在个人债务重整的制度框架下,债务人如果愿意诚信地选择债务重整,就有望获得债权人宽容而修复信用走出“债务泥潭”;否则,就会被视为“真正的老赖”而受到信用联合惩戒机制以及刑事责任的严厉惩戒。遂昌法院推行的个人债务重整制度让债务人知道,只有诚实而尽最大努力去偿债才能获得宽容和拯救,不诚实、不努力偿债不仅得不到宽容和拯救,而且会受到严惩,即“良币能获宽容、劣币必受严惩”。个人债务重整制度通过持续不断地“拯救不幸、严惩老赖”而不断地挤压“老赖”的生存空间,进而越来越多的债务人告别“老赖”而选择债务重整,从而产生“良币驱逐劣币”的制度效果,增进了市场诚信。

五、现存困难

遂昌法院首批办结的 25 件个人债务重整案件已经给个人债务集中清理提供了“重整”样本,在“采集”样本的过程中,仍存在以下困难:

一是在现行制度下,自然人的金融债务难以通过个人债务重整的程序进行豁免。现行有效的《中华人民共和国企业破产法》专门规定了企业重整与和解制度用于挽救债务人的企业,但是那些陷入债务和经营危机的民营企业老板,仍有较多选择“跑路”、跳楼去躲避债务,而不是通过破产制度来获得挽救。重要的原因之一,就是我国没有个人的破产制度。在遂昌法院的企业破产案件审理中,我们发现,民营企业在向金融机构贷款时,金融机构不仅要求企业提供抵押等物权担保,而且要求企业的老板、股东、亲属等相关自然人提供连带责任担保,如遂昌某家农业开发有限公司的 1 笔银行贷款就有 1 家公司和 10 个自然人提供连带责任担保。在这种情况下,当企业陷入破产危机时,即使通过破产重整程序进行挽救,也是救得了企业救不了老板,同时会牵连提供担保的其他自然人。在案件办理中,我们多次与地方金融机构债权人沟通,希望能通过让破产债务人承担相应份额的债务来豁免其剩余的保证责任,得到的答复是:“我们宁愿让这债权挂账挂着,一分钱拿不到也不能豁免债务人的保证责任,我们的金融机构的制度让我们没有权力作出这样的决定。”可见,由于地方金融机构无不良资产处置权,无法通过与债务人协商的方式直接豁免债务人的部分债务,这导致但凡涉一件金融债权的终本案件都无法通过个人债务重整制度予以化解。

二是仍有债务人企图通过个人债务重整来逃废债务。即使个人债务重整制度设计最大限度地避免了债务人恶意逃废债的可能,但由于地方金融机构的制度限制,现阶段的个人债务重整只能由无金融债务的债务人向法院申请。然而,此类债务人大多是因信用较差而无法通过正常渠道向银行融资的低收入人群,其中还有部分人是因严重透支消费、赌博等恶习而向社会人士借贷最终被法院执行,其主观上缺少努力归还债务的能动性和积极性,企图通过个人债务重整程序去逃废债务。拯救这样的债务人虽然能减少法院终本执行案件,但与探索设立个人破产制度的初衷相违背。

三是部分债权人难以接受个人破产制度的冲击。在一起案件办理中,一名债务人因前夫经商失败而欠下夫妻共同债务,金额高达100余万元,她在向法院申请个人债务重整后,愿意融资60万元归还50%的债务,剩余债务由债权人们向其前夫主张。在该案中,仅有1名年近古稀的债权人拒绝重整方案,要求债务人连本带息偿还所有债务,进而导致重整方案无法通过。在笔者看来,这名债权人想拿回原本属于自己的财产并无过错,然而其对破产制度的不理解导致了所有当事人要继续长期陷入诉讼、执行的泥沼。债务人企图对其进行单独受偿来通过重整方案,但这样的提议致使其他债权人愤愤不平而要求更高的清偿比例,造成当事人之间的利益博弈,最终满盘皆输。

六、优化对策

针对上述个人债务重整实践中发现的问题,本文提出三点对策对个人债务重整制度进行进一步的优化:

一是加强与金融机构的协调合作,开放金融机构金融坏账核销权。通过上级法院在国家和省级层面的协调,争取尽快开放地方金融机构对于个人不良贷款的重整处置权。在此之前,争取与金融机构不良资产的收购方合作,最大限度通过个人债务重整实现对涉金融债权的失信被执行人的拯救。

二是构建信用调查联动机制,加强信用惩戒威慑力。为防止债务人借助个人破产制度逃废债务,案件承办法官常常需要通过“登门临柜”式的调查方法进入债务人的生活、工作圈,对债务人的信用度、债务成因、家庭情况等进行全方位的了解。由于司法资源有限,亟须构建一种信用调查的联动机制。因此,可以借鉴“信用村”的模式,来探索和建立一种对基层乡镇静态熟人社会的失信被执行人具有足够威慑力的信用评级体系和联合惩戒机制,通过信用评级体系直观地了解债务人的实际情况,最终高效率在源头区分债务人是否存在企图逃废债务的主观想法。同时,依托最具有威慑力的信用惩戒措施及追责机制,从根本上降低债务人妄想滥用制度逃废债务的欲求度。

三是探索办理更多典型案例,建立宣传矩阵,持续输出扩大影响力。通过对“重整”样本的采集,及时对已办结的个人债务重整案件进行汇总和分类,逐次逐批地通过各种媒体和途径向社会公布。以更多经典的鲜活案例进行深入宣传教育,通过多渠道、多类型的宣传,做到“宣传再加强、声势再扩大、范围全覆盖”。同时,依托遂昌法院“个人债务重整体验中心”(计划再在建)的宣传力量,邀请当事人现场参观,让当事人能够直观感受到个人债务重整的共赢性和优越性,向其传递破产理念,使社会充分理解个人破产制度的重要意义。

四、工作部署

浙江省高级人民法院重点突破、全面推进个人债务集中清理工作实施方案

(2021年5月3日)

2018年底以来,以温州、台州、丽水遂昌为代表的浙江法院个人破产制度的探索逐步展开,去年12月2日,在总结前期各地实践经验的基础上,省高院出台《浙江法院个人债务集中清理(类个人破产)工作指引(试行)》,形成推动个人破产立法的“浙江模式”,受到省委、省政府、最高法院和社会各界的高度关注和肯定。为进一步稳妥有序开展个人债务集中清理工作,完善人民法院“立审执破”工作格局,为个人破产立法积累实践经验,制订工作推进实施方案。

1. 充分认识个人债务集中清理(类个人破产)工作的意义。浙江是中小企业、民营经济大省,是市场经济改革的先行省份,开展个人债务集中清理工作具有重要意义:(1)“诚实而不幸”的债务人保护功能,尤其是民营企业家,鼓励创业创新,给“诚实而不幸”的债务人一个脱离债务枷锁、东山再起的出路。(2)债权人公平清偿功能,破产程序是一个债权债务的集中清理程序,在“公平兼顾优先”的基础上平衡保护债权人的利益,实现债权人的公平清偿。(3)债权人教育和风险警示功能。市场经营总有风险,是否出借款项给债务人,风险的第一把控者

在于债权人自己,首先债权人要有这样的风险意识,就是债务人是有可能"破产"的,在出借款项的时候充分考虑、慎重把握;出现风险的时候承担相应责任。(4)促进市场体系健全运行功能,推动完善市场退出机制和社会诚信体系建立,提升社会治理体系和治理能力。个人破产制度为从事市场经营的自然人主体提供规范化的市场退出通道;也能为普通的市场消费主体提供债权债务集中清理的制度平台,促进人力资源要素作用充分发挥,推动整个市场经济体系规则更为健全、运转更为顺畅。从人民法院工作来讲,开展个人债务集中清理工作对于进一步推动形成"立审执破"全新工作格局,全面深入推进破产审判工作和切实解决执行难,也具有重要意义。我们要从提升社会治理体系和治理能力、争创社会主义现代化先行省的高度来认识和推进这项工作。

2. 准确把握工作定位。要以深化企业破产审判工作为主体,开展个人债务集中清理(类个人破产)工作为突破口,全面深入推进全省法院破产审判工作。企业破产审判工作绝对不能放松,要继续坚持"市场化、法治化、常态化、专业化、简易化和信息化"的工作方针纵深推进,常抓不懈,这是破产审判工作的主体。与此同时,以个人债务集中清理工作为突破口,在紧紧抓住企业破产审判工作不松劲的基础上,在全省稳妥有序全面推进个人债务集中清理工作。

3. 确定重点突破法院。结合个人债务集中清理工作前期开展的情况和各地实际,研究确定"2+10"法院,作为个人债务集中清理(类个人破产)工作重点推进法院。2个地区为:温州地区、台州地区,这两个地区要求全域推进。10家基层法院为:建德市人民法院、宁海县人民法院、桐乡市人民法院、长兴县人民法院、绍兴市柯桥区人民法院、新昌县人民法院、永康市人民法院、衢州市柯城区人民法院、龙游县人民法院、遂昌县人民法院。

4. 明确工作要求和内容。确定为重点突破的"2+10"法院,具体的工作要求是:(1)10家基层法院2021年全年至少受理并办结10件以上个人债务集中清理案件。温州地区、台州地区因具备较好的工作基础,具体案件数量上不以此为限,应当在2020年工作基础上确保受理办结案件量的总体上升态势。(2)工作总结提升,2021年底2022年初向所在辖区中院提交个人债务集中清理工作总结和典型案例,由中院汇总辖区法院总体情况后形成辖区法院专题工作报告报我院。

确定为重点工作的法院,可以着重在以下方面进一步探索,但不限于以下方面:(1)重点探索企业破产案件的受理法院开展与企业破产案件相关的债务人企业实际控制人、股东或者为债务人企业提供担保的自然人的个人债务集中清理工作。也鼓励开展其他情形的个人债务集中清理工作,如经营失败的自然人等。(2)通过联合合议庭等形式,加强执行部门与破产审判部门的工作沟通,协力推进个人债务集中清理工作。(3)加强对个人债务集中清理(类个人破产)工作流程的规范化改造,研究制定个人债务集中清理中的申请书、财产申报表、限制行为令、终结执行的民事裁定书等格式化法律文书样式。(4)加强典型案例的宣传引导,要重点向社会发布"诚信免债"的正面引导案例和"不诚信受罚"的反面典型案例。(5)加强个人债务集中清理工作的府院联动,包括争取专项资金支持、保障和推动管理人履职或者公职管理人、财产调查等。(6)具体案件办理中可以结合个案的具体情况,在债权人表决机制、债务豁免、信用修复等方面加大探索力度。

5. 要求全省法院全面开展个人债务集中清理工作。确定重点突破法院,不意味着其他法院不需要开展这项工作。相反,要求全省其他法院结合自身工作实际,全面推进个人债务集中清理工作。鼓励条件成熟的法院提出比重点突破法院更高的要求,对于工作成绩突出的法院要进行奖励:(1)财政经费奖补,办结的个人债务集中清理案件,将与企业破产案件享受同等待遇,作为按照《浙江省财政厅浙江省高级人民法院关于建立浙江省企业破产援助奖补机制的通知》确定的奖补依据。(2)业绩考核,执行案件移送个人债务集中清理的,将个人债务集中清理工作与八个排头兵指标体系中的执转破工作相挂钩,对个人债务集中清理工作开展较好的法院,在评先评优中予以优先考虑。对于办理个人债务集中清理案件的法官,鼓励各法院根据具体情况按照一定的比例折算办案量,强化法官的绩效考核激励。(3)对外宣传,高院将汇总全省法院个人债务集中清理工作情况,年底分别形成《浙江法院企业破产审判工作报告》和《浙江法院个人债务集中清理工作报告》,挑选典型案例并向社会公开发布。

关于扩大重点突破法院范围继续稳妥有序推进个人债务集中清理工作的通知

本省各级人民法院、宁波海事法院：

个人破产制度是破产法的重要内容，也应是共同富裕的保障性制度。全省法院推进的个人债务集中清理（类个人破产）工作，正是探索个人破产制度，促进社会治理体系和治理能力提升、营商环境优化的重要司法举措。2020 年 12 月高院出台《浙江法院个人债务集中清理（类个人破产）工作指引（试行）》以来，全省法院坚持稳妥有序推进的工作步调，妥善审理个人债务集中清理案件，成效良好，不仅给诚实而不幸的债务人东山再起的机会，向社会传递正确的破产保护理念，也积极推动切实解决执行难，促进人民法院“立审执破”一体化工作格局的构建，还为个人破产制度立法提供实践素材和浙江样本，为浙江建设“重要窗口”贡献司法力量，获得全国人大常委会、最高人民法院、省委、省政府和社会各界的关注和肯定。下一步，就总结前期经验扩大重点突破法院范围，继续稳妥有序推进个人债务集中清理工作相关事项通知如下：

一、全省重点突破法院2021年个人债务集中清理工作情况通报

去年5月高院印发《重点突破、全面推进个人债务集中清理工作实施方案》，“2+10”重点突破法院真抓实干，总体上超额完成了去年年初既定的目标任务，全年“2+10”重点突破法院共受理个人债务集中清理案件500件，共审结371件，完成度分别为158%与163%（见表1），成效显著。

表1　2021年重点突破法院个人债务集中清理工作情况汇总

重点突破法院	受理指标/件	受理/件	受理完成度/%	审结指标/件	审结/件	审结完成度/%
温州地区	80	164	205	42	110	262
台州地区	137	199	145	86	133	155
建德	10	13	130	10	15	150
宁海	10	14	140	10	13	130
桐乡	10	12	120	10	11	110
长兴	10	11	110	10	10	100
柯桥	10	17	170	10	17	170
新昌	10	10	100	10	10	100
永康	10	11	110	10	4	40
柯城	10	13	130	10	12	120
龙游	10	16	160	10	16	160
遂昌	10	20	200	10	20	200
总计	317	500	158	228	371	163

从各院的具体情况来看，温州、台州全辖区受理案件量较多，其中台州地区案件受理近200件，审结量133件，均约占重点突破法院的40%。温州地区受理审结量相比上一年取得较大增幅，受理、审结完成度均超200%。10家重点突破

基层法院中,遂昌、柯桥、龙游法院排名前三,成效突出。全部完成了受理指标,但永康法院审结量未完成且与指标相差较大。我院已将个人债务集中清理工作情况列入浙江法院“八个排头兵”考核指标。2021 年的破产援助资金分配方案中,已将个债清理案件量纳入总案件量进行资金分配。

二、2022 年度扩大重点突破法院范围及工作任务

1. 新增 10 家形成“2 + 20”重点突破法院

综合考量个人债务集中清理工作前期开展情况、2021 年完成工作任务的情况及各地实际等因素,在前期调研基础上 2022 年度确定新增 10 家基层法院:杭州市临安区人民法院、杭州市余杭区人民法院、宁波市奉化区人民法院、象山县人民法院、海宁市人民法院、湖州市吴兴区人民法院、绍兴市上虞区人民法院、常山县人民法院、丽水市莲都区人民法院、缙云县人民法院。与去年确定的第一批重点突破法院(建德市人民法院、宁海县人民法院、桐乡市人民法院、长兴县人民法院、绍兴市柯桥区人民法院、新昌县人民法院、永康市人民法院、衢州市柯城区人民法院、龙游县人民法院、遂昌县人民法院)一起形成个人债务集中清理工作重点突破“2 + 20”法院。

鼓励未列入“2 + 20”范围的法院积极开展个人债务集中清理工作,高院将结合工作开展的情况,适时对列入“2 + 20”重点突破法院进行动态调整。

2. 具体工作要求

确定为重点突破的“2 + 20”法院,具体的工作要求为:(1)20 家基层法院 2022 年全年至少受理并办结 10 件以上个人债务集中清理案件。温州地区、台州地区因具备较好的工作基础,应当在 2021 年工作基础上确保受理办结案件量的总体上升态势。(2)工作动态更新。各院确定一名联系人,每月初在“个债联络群”中报送上月受理、审结案件数量,针对个债案件办理过程中遇到的问题,及时沟通交流。(3)工作总结。2022 年底 2023 年初向所在辖区中院提交个人债务集中清理工作总结和典型案例,由中院汇总辖区法院总体情况后形成辖区法院专题工作报告报我院。

三、守正创新，坚持稳妥有序的工作步调推进个人债务集中清理工作

1. 更高站位充分认识个人债务集中清理（类个人破产）工作的意义，全面推进个债清理工作

开展个人债务集中清理（类个人破产）工作不但能够为“诚实而不幸”的债务人提供保护，为债权人公平清偿提供助益，还能对债权人起到教育和风险警示作用，促进市场体系健全运行。浙江是民营经济、中小企业大省，具备较好的破产审判工作基础，初步具备财产登记、信用体系建设等配套制度，社会层面对个人破产的接受度比较高，需求更加迫切，从省域范围来讲对全国也具有较强的可复制性。因此，全省法院要有更高站位，将个债清理工作放在共同富裕示范区建设和社会治理体系和治理能力提升的视野中谋划推进；要有更加积极的担当作为，“2+20”重点突破法院要在个债案件审理过程中提高审判质效，推进诉源治理，发掘更多有代表性的案例；要有更扎实的工作举措，内引外联，全面深入推进个债清理工作。

2. 守正创新、协同联动，加大个案探索力度，完善内外部工作机制

确定为重点突破的法院，可以着重在以下方面进一步探索：(1) 继续重点探索企业破产案件的受理法院开展与企业破产案件相关的债务人企业实际控制人、股东或者为债务人企业提供担保的自然人的个人债务集中清理工作。也鼓励开展其他情形的个人债务集中清理工作，如经营失败的自然人等。(2) 在司法实践中坚持法治思维法治方式的同时加大个案探索力度。具体案件办理中，在确定债务人“诚实而不幸”的基础上，可以结合个案具体情况在债权人表决机制、债务豁免、信用修复、终结执行等方面可加大探索力度、创新方式方法。(3) 加强执行和个人债务集中清理程序衔接。严格落实高院《关于关联案件集中执行工作的指引（试行）》要求，发现自然人被执行人符合《浙江法院个人债务集中清理（类个人破产）工作指引（试行）》规定的个人债务清理条件的，应引导自然人被执行人提出个人债务集中清理申请。例如天台法院探索重点对执行中拟处置被执行人唯一房产的执行案件，在资产处置后由执行法官引导进入个人债务集中清理程序，应予肯定。(4) 通过破产审判府院联席会议等方式推动配套制度完

善。要将个债清理工作与企业破产审判工作紧密结合起来,积极推动自然人财产登记和调查、信用体系建设、债务人监管、高消费和任职等行为限制、打击逃废债、公职管理人等相关配套制度的建立健全完善。(5)积极引导管理人工作。各级法院要在工作中对管理人进行积极引导,适时开展培训,充分发挥管理人的财产调查核实、与债权人债务人沟通协调等方面的积极作用。

3. 加强监督考核,保障个债清理工作稳妥有序推进

(1)财政经费奖补。办结的个人债务集中清理案件,将继续与企业破产案件同等对待,作为按照《浙江省财政厅浙江省高级人民法院关于建立浙江省企业破产援助奖补机制的通知》确定奖补的依据。(2)业绩考核加分。鼓励探索对办理个人债务集中清理案件业绩突出的法官以适当形式进行奖励。个人债务集中清理工作继续列入八个排头兵指标体系,对个人债务集中清理案件受理、审结案件数量较多且办理情况良好的,进行加分。对个人债务集中清理工作开展较好的法院,在评先评优中予以优先考虑。结合工作开展情况适时对“2+20”重点突破法院进行动态调整。(3)稳妥对外宣传。我院年底将汇总全省法院个人债务集中清理工作情况,形成《浙江法院个人债务集中清理工作报告》和典型案例以适当形式向社会公开发布。

实践中遇有问题,请及时报告我院民五庭、执行局。

浙江省高级人民法院

2022年5月7日

关于调整重点突破法院范围进一步积极稳妥推进个人债务集中清理工作的通知

本省各级人民法院、宁波海事法院：

我省自2018年起在全国率先试点探索具备个人破产制度功能的个人债务集中清理工作，出台《浙江法院个人债务集中清理（类个人破产）工作指引（试行）》，2021年、2022年先后下发专题通知，形成重点突破法院工作格局，总体推进情况较好。现就总结前期经验调整重点突破法院范围，进一步积极推进个人债务集中清理工作相关事项通知如下：

一、全省重点突破法院2022年个人债务集中清理工作情况通报

去年5月高院印发《关于扩大重点突破法院范围继续稳妥有序推进个人债务集中清理工作的通知》，“2+20”重点突破法院真抓实干，总体上超额完成了去年年初既定的目标任务，全年“2+20”重点突破法院共受理个人债务集中清理案件677件，审结546件，完成度分别为120%与123%（见表1），成效显著。

表1 2022年重点突破法院个人债务集中清理工作情况汇总

重点突破法院	受理指标/件	受理/件	受理完成度/%	审结指标/件	审结/件	审结完成度/%	成功清理案件量/件
温州地区	164	164	100	110	130	约118	32
台州地区	199	275	138	133	192	144	46
建德	10	10	100	10	11	110	11
宁海	10	10	100	10	12	120	1
桐乡	10	11	110	10	11	110	1
长兴	10	15	150	10	15	150	6
柯桥	10	2	20	10	2	20	0
新昌	10	2	20	10	1	10	0
永康	10	12	120	10	11	110	7
柯城	10	12	120	10	12	120	4
龙游	10	10	100	10	9	90	1
遂昌	10	21	210	10	20	200	12
临安	10	15	150	10	14	140	5
余杭	10	11	110	10	10	100	3
奉化	10	8	80	10	8	80	2
象山	10	4	40	10	10	100	1
海宁	10	11	110	10	10	100	0
吴兴	10	15	150	10	19	190	0
上虞	10	15	150	10	12	120	2
常山	10	12	120	10	12	120	2
莲都	10	20	200	10	3	30	0
缙云	10	22	220	10	22	220	21
总计	563	677	120	443	546	123	157

从具体情况来看,台州、温州全辖区受理案件量较多,台州、温州全辖区的案件受理、审结总量约占重点突破法院的60%。20家重点突破基层法院中,缙云、遂昌、莲都法院受理量排名前三,分别为22、21、20件,缙云、遂昌、吴兴法院审结

量排名前三,分别为22、20、19件。值得关注的是,受理、审结前三的法院大多为丽水辖区,这说明丽水地区个人债务集中清理工作整体推进较快,开展较好。台州天台法院坚持“宽进严出”,以受理100件位列全省法院第一,24名诚信债务人与债权人达成重整协议后退出强制执行程序获得“重生”;余杭、瑞安等地法院探索设立以“个人债务集中清理”为主题的特色共享法庭。衢州、湖州、杭州地区的个人债务集中清理工作举措多,成效好,如湖州中院下发《关于个人债务集中清理工作的任务分解通知》,将受理、审结量纳入月度通报;衢州中院下发《关于深化“执转破”“个人债务集中清理”等工作进一步优化法治化营商环境的通知》,要求重点突破法院受理、审结量达到15件。

二、2023年度动态调整重点突破法院范围及工作任务

1. 淘汰2家,增加1地区及3家法院,形成“3+17”重点突破法院格局。综合考量个人债务集中清理工作前期开展情况、2022年度完成工作任务的情况及各地实际等因素,在前期调研基础上2023年度淘汰工作明显不达标的绍兴柯桥、新昌2家基层法院。新增1地区即丽水全域,新增2家前期虽未列入重点突破法院范围但已切实开展工作的基层法院,即湖州市南浔区人民法院、东阳市人民法院,总体形成个人债务集中清理工作“3+17”重点突破法院。继续鼓励未列入“3+17”范围的法院积极开展个人债务集中清理工作,高院将结合工作开展的情况,对列入“3+17”重点突破法院进行动态调整。

2. 具体工作要求。确定为重点突破的“3+17”法院,具体的工作要求为:(1)17家基层法院2023年全年至少受理并办结10件以上个人债务集中清理案件。温州地区、台州地区、丽水地区因具备较好的工作基础,应当在2022年工作基础上确保受理办结案件量的总体上升态势。(2)工作动态更新。各院确定一名联系人,每月初在“个债联络群”中报送上月受理、审结案件数量,针对个债案件办理过程中遇到的问题,及时沟通交流。(3)工作总结。2023年底2024年初向所在辖区中院提交个人债务集中清理工作总结和典型案例,由中院汇总辖区法院总体情况后形成辖区法院专题工作报告报我院。

三、守正创新、配套赋能,坚持积极稳妥有序的工作步调推进个人债务集中清理工作

1. 充分认识个人债务集中清理(类个人破产)工作的意义。个人破产制度是破产法律制度的重要内容,也是共同富裕的保障性制度,与社会治理体系完善、治理能力提升、营商环境优化等都密切相关。探索个人破产制度对于构建高水平社会主义市场经济体制促进经济高质量发展具有重大意义。推进个人债务集中清理工作,给予因为经营失败或其他原因承担债务又确实没有履行能力的"诚实而不幸"的债务人一个相对宽容的制度出路,是优化营商环境的重要内容。浙江是民营经济中小企业大省,在我省推进个人债务集中清理工作对于维护企业法人有限责任制度、防范金融风险、鼓励创业创新、稳定家庭、社会乃至保障债务人的生存权均具有重要的现实意义,可以为争取全国人大在浙江开展个人破产立法试点提供理论储备和实践样本。我们要从提升社会治理体系和治理能力、加快打造全国营商环境最优省和破产保护领先地、建设共同富裕示范区奋力推进"两个先行"的高度来认识和推进这项工作。

2. 加强内部机制建设,继续推进"立审执破"一体化格局。确定为重点突破的法院,可将个人债务集中清理与诉源治理、实质性纠纷化解等相结合,提升司法整体效能。对于同一被执行人的多个执行案件要落实我院《关于关联案件集中执行工作的指引(试行)》的要求,加强执行、破产两个程序在个人债务集中清理工作中的衔接及成果运用,积极探索执行条线和破产条线在办案人员、强制措施、管理人、援助资金等方面的资源整合。继续加大企业破产与个人债务集中清理的程序互联及合并处理力度。加强法院与管理人的工作流程、文书制作等的规范化建设。

3. 推动配套机制完善,持续营造"鼓励创业创新、宽容失败"社会氛围。重点突破法院要积极选育个债清理精品案例,加大政策指引和案例宣传力度,提升人民群众对个人债务清理工作的认知度和接受度,营造良好的外部环境。积极推动完善政府相关部门对个债清理管理人进行财产调查核实等的履职保障,推动个债清理费用、管理人履职报酬等的财政支持,鼓励重点突破法院在债务人财产调查核实、金融债权实质豁免、信用平台建设等重点问题上与相关政府部门沟通

协作,先行先试,积极推动个人破产立法的地方探索。

4. 加强奖补考核,保障个债清理工作积极稳妥有序推进。(1)财政经费奖补。办结的个人债务集中清理案件,将继续与企业破产案件同等对待,作为按照《关于建立浙江省企业破产援助奖补机制的通知》确定奖补的依据。(2)业绩考核加分。鼓励探索对办理个人债务集中清理案件业绩突出的法官以适当形式进行奖励。我院已将个人债务集中清理工作情况列入浙江法院"八个排头兵"指标体系评估考核中,对个人债务集中清理工作开展较好的法院,在评先评优中予以优先考虑。(3)动态调整,根据工作开展的情况对重点突破法院进行动态调整,奖优汰劣。

实践中遇有问题,请及时报告我院民五庭、执行局。

浙江省高级人民法院

2023 年 5 月 12 日

关于调整重点突破法院范围继续稳妥有序推进个人债务集中清理工作的通知

本省各级人民法院、宁波海事法院：

个人破产制度对于优化法治化营商环境、激发社会创新创造活力具有重要意义。近年来，我省法院认真贯彻中央部署，在全国率先探索具备个人破产制度功能的个人债务集中清理工作，总结实践经验出台《浙江法院个人债务集中清理（类个人破产）工作指引（试行）》等规范性文件，让依法经营、诚实守信的债务人可以"从头再来"，总体推进情况较好。1 月 26 日，省第十四届人民代表大会通过《浙江省优化营商环境条例》，系全国首次在地方性法规中明确规定个人债务集中清理（类个人破产）制度，为这项工作的开展提供了更加坚实的制度基础。经省高院执破融合工作小组研究，现就总结前期经验调整重点突破法院范围，进一步积极推进个人债务集中清理工作相关事项通知如下：

一、全省重点突破法院 2023 年个人债务集中清理工作情况通报

去年 5 月高院印发《关于调整重点突破法院范围进一步积极稳妥推进个人债务集中清理工作的通知》，"3 + 17"重点突破法院真抓实干，总体上超额完成了去

年的目标任务，全年“3 + 17”重点突破法院共受理个人债务集中清理案件1049件，审结957件，完成度分别为149%与170%（见表1），成效显著。

表1 2023年重点突破法院个人债务集中清理工作情况汇总

重点突破法院	受理指标/件	受理/件	受理完成度/%	审结指标/件	审结/件	审结完成度/%
台州地区	275	367	133	192	377	196
温州地区	164	295	180	130	226	174
丽水地区	95	150	158	71	136	192
余杭	10	20	200	10	12	120
吴兴	10	18	180	10	19	190
南浔	10	17	170	10	17	170
东阳	10	17	170	10	12	120
长兴	10	16	160	10	16	160
柯城	10	16	160	10	16	160
常山	10	15	150	10	15	150
桐乡	10	15	150	10	13	130
龙游	10	15	150	10	12	120
海宁	10	15	150	10	10	100
永康	10	13	130	10	16	160
建德	10	11	110	10	11	110
宁海	10	11	110	10	10	100
上虞	10	10	100	10	13	130
临安	10	10	100	10	12	120
象山	10	10	100	10	6	60
奉化	10	8	80	10	8	80
总计	704	1049	149	563	957	170

从具体情况来看，重点突破法院在2023年共受理个人债务集中清理案件1049件，占全省总量的82%，审结957件，占全省总量的85%。其中，台州、温

州、丽水全辖区受理案件量较多,台州、温州、丽水全辖区的案件受理、审结总量约占重点突破法院的80%。17家重点突破基层法院中,余杭、吴兴、南浔、东阳、长兴、柯城受理量排名前列,吴兴、南浔、长兴、柯城、常山审结量排名前列。值得关注的是,受理、审结排名前列的法院大多为湖州、衢州辖区,这说明湖州、衢州地区个人债务集中清理工作整体推进较快,开展较好。另外,台州天台法院将个人债务清理作为与民商事审判、执行同样重要的一项基础性工作来谋划,系统探索推进个人债务清理工作,2023年全年共受理个债清理案件120件,审结131件,位列全省法院第一,成功清理29件,高效化解债务纠纷。但是,宁波地区的象山、奉化并未完成相应工作任务,需要引起注意并在今年加大工作力度。如今年仍未完成工作任务,将予以调整。

二、2024年度动态调整重点突破法院范围及工作任务

1. 增加1地区及1家法院,形成"4+15"重点突破法院格局。综合考量个人债务集中清理工作前期开展情况、2023年度完成工作任务的情况及各地实际等因素,在前期调研基础上2024年新增1地区即湖州全域,新增1家前期已切实开展工作的基层法院,即绍兴地区的嵊州市人民法院,总体形成个人债务集中清理工作"4+15"重点突破法院。

继续鼓励未列入"4+15"范围的法院积极开展个人债务集中清理工作,高院将结合工作开展的情况,对列入"4+15"重点突破法院进行动态调整。

2. 具体工作要求。确定为重点突破的"4+15"法院,具体的工作要求为:(1)15家基层法院2024年全年至少受理并办结10件以上个人债务集中清理案件。温州地区、台州地区、丽水地区、湖州地区因具备较好的工作基础,应当在2023年工作基础上确保受理办结案件量的总体上升态势。(2)工作动态更新。各院确定一名联系人,每月初在"个债联络群"中报送上月受理、审结案件数量,针对个债案件办理过程中遇到的问题,及时沟通交流。(3)工作总结。2024年底2025年初向所在辖区中院提交个人债务集中清理工作总结和典型案例,由中院汇总辖区法院总体情况后形成专题工作报告报我院。

三、攻坚克难、扩面增量，稳妥有序深入推进个人债务集中清理工作

1. 充分认识个人债务集中清理（类个人破产）工作的意义。个人破产制度是社会主义市场经济体系的一项重要法律制度，不仅能够让依法经营、诚实守信的债务人东山再起，还能促进债权人公平受偿，助力优化法治化营商环境。浙江是中小企业、民营经济大省，在我省推进个人债务集中清理工作，对于鼓励创业创新、优化营商环境和建设共同富裕示范区具有更为积极和重大的意义。"4 + 15"重点突破法院要通过个债案件的审理，积累个人债务集中清理工作经验，为个人破产立法的出台提供浙江经验和浙江方案，为推进创新深化、改革攻坚、开放提升提供有力司法保障。

2. 切实加大案件受理力度，通过内部执破融合，外部府院联动的方式深入推进个债清理工作。要准确定位执行与破产的制度功能，围绕"当事人一件事"改革，将个人债务清理与诉源治理、实质性纠纷化解等工作相结合，全面提升司法整体效能。要进一步推动落实府院联动机制，建立完善各部门间的常态化联络，推动个案协调向制度化转变。要积极在债务人财产调查核实、金融债权实质豁免、信用平台建设等重点问题上与相关政府部门加强沟通协作。要加大中小微企业破产与个债集中清理相结合的工作力度，重点探索合并审理企业破产案件及与之相关的债务人企业实际控制人、股东或者为债务人企业提供担保的自然人的个人债务集中清理工作。具体案件审理中，在确定债务人"诚实而不幸"的基础上，结合个案具体情况可以在债权人会议表决机制、债务豁免、信用修复、终结执行等方面加大探索力度，创新方式方法。

3. 切实奖优罚劣，保障个债清理工作稳妥有序推进。（1）财政经费奖补。《优化营商环境条例》第22条第二款明确企业破产启动援助资金可以用于个人债务集中清理（类个人破产）的启动援助，允许个人债务集中清理相关资金纳入原各地企业破产援助资金使用范围，在原资金规模内统筹安排。通过增用途、调结构的方式，支持个人债务集中清理工作，提升各地企业破产援助资金使用绩效和社会效益。（2）业绩考核加分。鼓励探索对办理个人债务集中清理案件业绩突出的法官以适当形式进行奖励。我院已将个人债务集中清理工作情况列入全

省法院破产审判评估指标体系考核,对个人债务集中清理工作开展较好的法院,在评先评优中予以赋分并优先考虑。(3)动态调整,根据工作开展的情况对重点突破法院进行动态调整,奖优汰劣。

实践中遇有问题,请及时报告我院民五庭、执行局。

浙江省高级人民法院

2024 年 4 月 17 日

五、个人债务集中清理管理人优秀履职案例

创新公积金偿债，公职人员重获“新生”

——陈某个人债务集中清理案

【**案例索引**】（2023）浙 0381 执清 24 号

【**审理法院**】瑞安市人民法院

【**管理人机构**】浙江信泰律师事务所

【**关键词**】公职人员重获“新生”　创新公积金偿债　所有金融债权一致豁免　89 天达成清理方案

一、案 情 简 介

债务人陈某是在职公务员，因向银行借款负债，陷入债务危机。随着债权人诉至法院并申请强制执行，陈某成为被执行人，银行账户被冻结。雪上加霜的是，陈某家中还有年仅 1 岁的幼女需养育，妻子全职在家照顾女儿，整个家庭的所有生活费用仅靠陈某每月的固定工资。但因陈某工资账户被冻结，家庭丧失生活经费来源，陈某强烈希望走出债务泥潭。

后经法院引导，陈某于 2023 年 8 月 17 日至瑞安市人民法院（以下简称瑞安法院）个人债务集中清理共享法庭（浙江信泰律师事务所服务站）咨询债务清理事宜，并于 2023 年 8 月 21 日通过共享法庭向法院提交个人债务集中清理申请。

瑞安法院于 2023 年 8 月 23 日作出（2023）浙 0381

执清24号裁定书,受理陈某个人债务集中清理案;并于2023年8月25日作出(2023)浙0381执清24号决定书,指定浙江信泰律师事务所担任管理人。

2023年11月21日,瑞安法院裁定认可陈某个人债务集中清理方案。本案债权合计627,396.52元,清偿528,309.47元,清偿比例高达84%,金融债权实质豁免近10万元。此时,距离法院指定管理人仅89天!

2023年12月14日,瑞安法院裁定终结陈某个人债务集中清理程序,因债权人全部同意对陈某不设行为考察期,瑞安法院遂对其进行信用修复,陈某彻底"松绑",轻装上阵重回正常生活。

二、重难点问题

(一)缺乏偿债资金来源,公积金偿债无先例

陈某每月固定工资系家中唯一的经济来源,但因工资账户被冻结,导致家庭丧失生活来源。而作为公职人员的陈某,公积金系其主要资产,但公积金可否用于个人债务集中清理在瑞安没有先例,在现行法律框架下开创公积金用于个人债务集中清理的先河是本案重点,也是难点之一。

(二)以金融机构债权人为主,债务豁免难

本案债权3户6笔,债权总额共627,396.52元,均为金融债权。金融债权的实质性豁免亦是本案的难点之一。

三、案件特点

(一)创新公积金偿债,为瑞安首例以公积金作为偿债资金的成功个人债务集中清理案例

针对陈某提出的是否可以用公积金在个人债务集中清理程序中清偿个人债务的做法,瑞安并无先例。管理人面对现状没有气馁,花费大量时间检索了大量法规、案例。经过深入研析后,管理人认为:首先,根据《住房公积金管理条例》第3条的规定,住房公积金属于公民个人财产。其次,从立法上看,住房公积金具有可执行性。《中华人民共和国民事诉讼法》第253条明确规定,人民法院有权根

据不同情形冻结、划拨被执行人的财产。从法律效力来讲,民事诉讼法属于法律是上位法,《住房公积金管理条例》属于行政法规是下位法,住房公积金管理部门不能依据《住房公积金管理条例》将住房公积金排除在强制执行的财产范围之外。再结合温州市中级人民法院与市住房公积金管理中心出台的《关于建立协作联动机制的若干意见(试行)》“小额申请执行标的案件,经强制执行提取住房公积金账户余额即可案结事了的”之规定,若债权人、债务人能够就公积金偿债达成清理方案,达到案结事了目的,则公积金应当允许划扣。管理人遂向法院提交了相关检索报告并与经办法官多次沟通、对接执行局、公积金中心,最终确认在本案中允许划扣陈某35万元公积金余额用于个人债务集中清理。

(二)温州市中级人民法院《关于个人债务集中清理的实施意见》鼓励金融机构一致行动,为该意见推出后所有金融债权一致豁免的成功清理案例

金融债权的实质性豁免一直是困扰个人债务集中清理的痛点、难点。在本案中,管理人迎难而上,积极寻求多方共赢,与3户金融机构债权人沟通清理方案,晓之以理、动之以情,最终促成3户金融机构债权人一致同意豁免部分金融借款利息债权。

(三)借助共享法庭89天达成清理方案,不设行为考察期

本案债务人经法院引导至瑞安法院个人债务集中清理共享法庭咨询债务清理事宜,并通过该共享法庭向法院提交个人债务集中清理申请,为在个人债务集中清理程序中,如何借助“共享法庭”实现司法资源的共建共享增添了鲜活素材与实践经验。本案89天达成清理方案,不设行为考察期,让公职人员陈某重获“新生”,使法治价值与情理价值融合统一。

四、案件办理所取得的评价

本案获评“浙江省个人债务集中清理十大优秀履职案例”,在没有先例的情况下,创新适用公积金偿债模式,提高了清偿率。同时,管理人、法院与各金融机构债权人积极磋商、对接,促成所有金融债权人一致豁免部分债权,成功达成清理方案,并不设行为考察期,给予“诚实而不幸”的债务人一个东山再起的机会,亦帮助债权人快速回收资产,达到了“案结事了人和”的效果。

严抓债务人诚信，维护法律权威

——徐某平、徐某华个人债务集中清理案

【案例索引】(2021)浙0109执清1、2号

【审理法院】桐庐县人民法院

【管理人机构】浙江凯麦律师事务所

【关键词】申报和解齐头进　提前清偿保程序　债务人诚信　法律权威

一、案情简介

徐某平与徐某华夫妻2人自2001年起在桐庐开办制衣厂，该厂主营服装加工。由于经营状况不佳，为维持该厂经营，2人陆续开始借款，但因借款利息较高且制衣厂经营一直不理想，债务进一步扩大，自2013年起陆续有债权人起诉并申请法院强制，2人先后被法院限高且被纳入失信被执行人。为躲避债务，2人于2009年上半年用借款结清工人工资并彻底关闭制衣厂前往上海松江，靠打零工及修补衣物维持生计，并于2021年9月起开始经营位于上海某大学城附近租的某服装店，销售服装及体育用品、修补衣物等。针对被法院强制执行的债务，除了2人的退休工资被执行，无其他款项归还债务。

随着年纪的增大，2人越来越希望能回到桐庐生活养老，其女儿表示愿意代2人归还部分债务，故向法院申

请个人债务集中清理。因2人未执行完毕的16件民间借贷类案件的借款事实均发生于2人婚姻关系存续期间,且部分债权人为该2人共同的债权人,故桐庐县人民法院(以下简称桐庐法院)将2人的债务作为夫妻共同债务一并进行清理。

管理人接受指定后积极核查2人财产情况,并与各债权人逐一进行沟通,力争高效快捷推进个人债务集中清理程序(以下简称个清程序)。但管理人在核查中发现,债务人未如实向人民法院及管理人申报财产情况,并在管理人多次对债务人进行询问及释明后,仍对核查工作较不配合,拒绝向管理人提供未进入诉讼程序的债权人信息等。管理人认为,针对债务人的不诚信行为,继续推进程序将不符合个人债务集中清理"帮助诚实而不幸的债务人摆脱债务枷锁、重回正常生活"的宗旨,故在进一步收集证据后及时向桐庐法院申请终止个清程序,并劝导债务人积极履行判决,促成终止个清程序与恢复执行程序的有效衔接。

二、重难点问题

(一)债务人未如实申报财产,调查陷入困局

夫妻2人财产类型多样,在未如实申报的情况下,给管理人的调查取证等工作造成了巨大的困难。但管理人积极应对困难,针对不同的财产类型采取不同调查策略和方向,通过实地走访、笔录问询、借助法院、街道等力量在行政登记部门、金融部门等多方的协助配合下,最终仍然较为全面地梳理了债务人的财产情况。

1. 股权及分红款。管理人调查到徐某某自1994年11月4日起持有桐庐某市场1.1215%股权。经管理人多次询问,徐某某才告知该股权每年会有股权分红款,但自2009年起未向该市场领取过股权分红款,并辩称其自2009年离开桐庐后未曾联系过该市场相关人员,因早已忘记该股权故未向法院和管理人告知该股权情况。此外,其以无联系方式为由拒绝向管理人提供该市场相关人员的联系方式。

管理人多次和该市场负责人联系沟通,并两次走访该市场,该市场确认应付未付徐某某股权分红款约计96,000余元。管理人将上述核查情况汇报桐庐法院后,桐庐法院执行局于2023年2月20日出具协助执行通知书,通知该市场将相应款项划转至执行局账户。

2. 店铺经营收支。根据两债务人自述及管理人实地走访,其于2021年9月从其女儿朋友处受让经营了位于上海市松江区某服饰店,店铺主要经营服装、电子烟、体育用品以及修补衣物等。租金每月1万元,物业费每月380元。债务人自述因受疫情影响,该服装店收支基本持平没有利润。

但经现场查勘,店铺内摆放的用于收款的微信、支付宝均为两债务人女儿名下账号。管理人要求债务人提供店铺经营相关的收支明细,并书面说明店铺经营情况。但截至个清程序终止申请之日2023年2月22日,债务人仅提供了店铺收款的微信、支付宝及对应的绑定的银行账户明细,未对店铺收支盈亏及库存价值等作出具体说明。管理人根据债务人提供的银行明细判断,店铺年利润仍有数万元,并非如其陈述的没有利润。

3. 核查债务人进入个清程序前2年内资产负债变动情况。管理人在接受指定后,要求债务人配合提供实际使用的支付宝、微信、银行账户进入个清程序前2年内的明细。

根据债务人提供的明细,管理人发现债务人在开始经营服装店后,合计转账给其女儿3.3万元,其中1.3万元用于归还女儿早年支援的生活费,2万元用于支付其进入个清程序的40万元保证金,与债务人陈述该40万元保证金系其女儿自有资金相悖。

(二)债权人配合度低,抵触情绪大

本案债权类型主要系民间借贷,债权数额少则数万元,多则数10万元。债权人基本是两债务人的亲友,年纪偏大,对个清程序了解不足,且案件牵扯面较广,故在程序上的配合度不高。管理人经评估后,采用实地上门的策略,全面充分地向各债权人解释个清程序,指导债权人进行债权申报。

另外,针对民间借贷债权人对两债务人的抵触情绪,管理人充分引导,如实告知财产调查情况,积极接收债权人的举报线索,对调查工作再次进行复盘和查漏补缺。

三、案件特点

(一)提前收取部分清偿款,为顺利启动个清程序提供了保障

经桐庐法院执行局的沟通与协调,债务人在申请个清程序前先行向执行局支付了40万元作为清偿款的一部分,该举措不但保证债权人在进入个清程序后及时收到首期清偿款,也为管理人后续说服债权人同意进入个清程序打下良好基础,为完善执行不能案件有序退出机制衔接个人清程序提供了新的解决思路和实施路径。

(二)多维度高效推进个清程序

为高效推动个清程序,管理人说服债权人在申报债权时签署确认书同意表决规则,以期能先行全票通过该表决规则。管理人站在债权人立场为其分析利弊并多次耐心沟通与劝导,经过努力,大部分债权人同意表决规则并降低其预期清偿金额。有3户债权人虽然签署了同意表决规则的确认书,但口头提出,若无法达到其期望的清偿金额的,届时其将书面申请撤回参加个清程序。管理人表示认可。

(三)严抓债务人诚信,有效维护个清程序的法律权威

个清程序仅保护"诚信而不幸"的个人债务人获得重生,债务人诚信为个清程序启动的基石。为保证本案能起到良好的社会效果,宣扬诚信的债务人即使遭到失败,仍有制度安排让自然人有"重生"的机会和可能的法治精神,营造和形成鼓励创新创业、宽容失败、惩罚失信的良好社会氛围,管理人在接受指定后,通过实地走访、询问债务人及其亲友、大数据检索、到相关部门及单位调阅等多种方式全面调查债务人财产线索。

管理人在发现债务人存在未如实申报的其他收入及财产后,多次对债务人进行询问及释明,但债务人对核查工作仍较不配合。管理人认为,针对债务人的前述行为,继续推进程序将不符合"帮助诚实而不幸的债务人摆脱债务枷锁、重回正常生活"的宗旨,故在进一步收集相关证据后,及时汇报桐庐法院终止个清程序。

考虑到债务人可能会对本次终止程序有不满情绪,管理人在收到法院终止裁定后,第一时间与债务人和各债权人进行了沟通与解释,并告知债务人,管理人在个清程序中的居中协调已为双方后续继续在执行程序中的和解打下了一定基础,部分债权人还是愿意获得清偿部分款项后和解。经过管理人的沟通,债务人和执行法官取得了有效对接。

四、案件办理所取得的评价

本案债务人在经过管理人多次询问及释明后,对核查工作仍不予配合,且故意隐瞒财产情况。债务人的此种情况并不符合个清程序“帮助诚实而不幸的债务人摆脱债务枷锁、重回正常生活”的宗旨,因而管理人及时向法院汇报并终止了个清程序,有效地阻止了债务人利用个清程序逃避债务。

通过本案的办理,管理人真切地感受到,个清程序是符合社会诚信价值体系建设的个人债务困境解决途径。只有符合诚信条件的债务人,才能经过个清程序实现债务豁免,向社会传达“守信激励、失信惩罚”的司法政策导向,为自然人、企业起到正向的引导和警示作用,有利于助推社会诚信体系建设。

结合“重整贷”解决跨省执行案件合并清理

——徐某某个人债务集中清理案

【案例索引】(2023)浙1124执清4号

【受理法院】松阳县人民法院

【管理人名称】浙江嘉瑞成律师事务所

【关键词】引入第三方融资　分类分时清偿　外省执行案件

一、案 情 简 介

债务人徐某某因替人担保且主债务人并无履行能力,而在多地被起诉,涉及的执行案件范围较广,其中包括松阳县人民法院(以下简称松阳法院)、遂昌县人民法院及浙江省外泉州地区法院。2023年4月20日,债务人因不能清偿到期债务且明显缺乏偿债能力向松阳法院申请个人债务集中清理。

二、重难点问题

(一)债务人自有资金不足,引入重整贷

松阳法院通过引入第三方金融机构,对债务人信用

能力以及未来偿债能力进行分析,向债务人授信发放"重整贷"商业贷款用于清偿债务,为债务人提供了新的筹款渠道,提升一次性履行能力。

(二)存在未诉和已诉两类债权人,存在天然对立面

结合债务人后期的相对稳定的收入,本案采取分类分时清偿的特殊清偿分配方案,将已执行债权人及未起诉债权人的分配方式进行适当分离,已执行债权人以约定清偿比例获得一次性清偿,未起诉债权人则先第一期获得部分清偿,之后由债务人自行在 5 年内,补足至相同清偿比例。

(三)存在浙江省外案件,申报通知和最终结案处理存在沟通认可难度

本案涉及浙江省外法院执行案件,浙江省外法院无法认可《浙江法院个人债务集中清理(类个人破产)工作指引(试行)》的规定内容,经沟通协商,补充相关手续后,由当地法院协助解除执行措施。

三、案件特点

(一)列入债务集中清理的范围

在案件办理中,管理人与债务人进行充分沟通,明确告知披露真实债权人以及债权金额的必要性,以及隐瞒的后果等,债务人充分理解在案件办理过程中重诚信与配合的必要性。通过债务人自行披露,借助执行信息公开网,以及法院系统的案件检索,掌握债权人的情况。

根据债务人的披露情况,本案除存在多个被执行案件外,仍有部分案件未起诉。管理人在向法院汇报后,将清理债务的范围从执行案件扩大到所有的包括未诉讼、已诉讼未生效的案件。

(二)双重表决——第一重表决时点前置

根据《浙江法院个人债务集中清理(类个人破产)工作指引(试行)》第 40 条的规定,"债权人会议可以探索采用双重表决规则等方式,即首先由全体债权人一致同意通过一项表决规则,然后再根据通过的表决规则对财产分配方案等事项进行表决,以有效推进清理程序"。在本案中,为了提高办案效率管理人将双

重表决规则提前至债权申报时表决。这一方式极大地提高了清理方案的通过率,在一定程度上避免了部分债权人拒不同意清理方案导致方案无法通过,避免了在目前法律框架下全体一致决困境。

(三)重整贷——预先协调相关贷款框架合同

鉴于本案债务人偿债资金不足,受限于被法院执行且被列入失信人员名单,无法通过借款等方式获得清理方案必要的清偿资金,而民间借贷或小贷公司的利率非常高昂,容易导致新的债务危机。根据《浙江法院个人债务集中清理(类个人破产)工作指引(试行)》第53条的规定,“债务人或者管理人可以引入金融机构等第三人作为投资人参加个人债务集中清理程序,采用向第三人融资的方式清偿原有债务。第三人可以要求债务人提供相应的担保”。综合考察洽谈多家机构后,通过法院协调本地农商行,洽谈贷款条件,管理人与银行进行详细沟通,由对口银行对债务人信用能力以及未来偿债能力进行分析,向债务人授信发放“重整贷”商业贷款用于清偿债务,为债务人提供了新的筹款渠道,提升一次性履行能力。

(四)分时分类清偿——平衡已执行案件债权人的利益

在前述重整贷基础上,结合债务人后期相对稳定的收入,本案采取分类分时清偿的特殊清偿分配方案,将已诉讼执行的债权人及未起诉债权人的分配方式进行适当区分,已执行债权人以约定清偿比例获得一次性清偿,未起诉债权人则先第一期获得部分清偿,之后由债务人自行在5年内,补足至相同清偿比例,该方式最大限度地提高实际清偿率。区分还款顺位的方案,更容易获得已执行的债权人同意,通过5年期的约定减少了债务人一次性偿债的金额,减少了债务人的初期负担。通过“重整贷”,债务清偿后债务人征信得以恢复,再以正常经营活动偿付“重整贷”,形成良性循环。

(五)异地法院的执行案件纳入清理——探索目前法律框架下跨省案件办理

在清理方案通过后,由合作银行与债务人签订必要的贷款合同,贷款发放至管理人账户,由管理人统一按照清理方案约定的金额向债权人支付清理方案履行款。

《浙江法院个人债务集中清理(类个人破产)工作指引(试行)》第12条规定:“债务人申请个人债务集中清理属于主动纠正失信行为,人民法院裁定受理个人债务集中清理申请的,可以依照《最高人民法院关于公布失信被执行人名单信息的若干规定》决定提前删除失信信息。”第56条规定:“人民法院裁定终结个人债务集中清理程序后,对于同意免除债务人剩余债务的执行案件,以《中华人民共和国民事诉讼法》第二百五十七条第六项为由终结对债务人的执行。对于不同意免除债务人剩余债务的执行案件,在符合设置了五年行为考察期等条件的情况下,可以裁定终结执行。”因此,在本案履行完毕后,管理人向法院报告结案以及结案后的善后事项,包括取消执行措施等。

本案涉及浙江省外法院执行案件。浙江省外法院认可债权人的自愿行为,原则上需要涉案债权人自行出具履行说明,经沟通,结合案件办理中债权人申报以及表决的材料副本,由松阳法院出具协助执行通知书,当地法院依照相关内容协助解除执行措施。

四、案件办理所取得的评价

对于此类陷入债务危机的有继续收入能力的债务人,个人债务集中清理程序能够帮助债务人重回“无债”可能性,既打破债权人在执行程序中无法获得清偿的僵局,又让债务人有更为努力工作履行债务的信心和动力,同时对缓和社会矛盾有极大的益处。依据《浙江法院个人债务集中清理(类个人破产)工作指引(试行)》,本案在推进中将债务人浙江省外执行案件纳入清理范围,成功化解省外执行案件清理难题,对于跨省案件的办理提供成功样本。此外,本案创新性地将未诉讼的债权在征得申请执行人的同意下纳入清理范围,极大地保障了各债权人及债务人的权益,消除了清理方案执行的障碍。

探索个债化债之举，重塑个人信誉之路
——施某某个人债务集中清理案

【案例索引】（2022）浙 0781 破 36 号
【审理法院】兰溪市人民法院
【管理人机构】浙江泽鉴律师事务所
【关键词】和解协议　全程监管　诚实而不幸

一、案情简介

施某某原本系高中教师，拥有高级教师资格证，原本工作收入可观，家庭幸福。但因投资的项目经营不善而无法归还欠款。自 2019 年以来，各债权人因其无法按时归还欠款，将其诉至法院，随着各个案件到了执行阶段，其名下财产，如房子、存款都被拍卖、划扣，即便现有的所有财产都用来抵债，依然还欠了 200 余万元的债务。其本人也因此上了法院的限高和失信名单。为此，施某某夫妻离婚，家庭破裂，工作也从原来薪资高的省一级重点高中被调到了乡下的普通初中，担任非一线教学工作，收入锐减。

管理人接受法院指定后立即针对本案的特殊情况，组建了管理人团队，分工协作履行管理人职责。管理人积极查明债务人的财产情况，所有的不动产、动产都已经处置。但其有固定的工作收入，并且有 1 笔公积金在账户中但不能提取。

在本案中,债权人共申报债权19笔,债权金额260万元。通过管理人的尽责调查和债权人的申报,发现本案难度巨大。在第一次债权人会议中,管理人组织各债权人投票通过了《债权人会议组织及表决方式方案》《财产管理和变价方案》《施某某生活必需品(财产豁免)清单》等。最终,管理人结合本案实际情况,以及与各债权人反复沟通协商以投票方式高比例通过了《施某某个人债务集中清理和解协议草案》,协议大致内容为,将现有确认债权本金按8年时间分配,并全程由管理人严格监管执行。

在管理人的勤勉履职下,本案实现了债权人债权本金100%清偿,获得了所有债权人的一致好评。

二、重难点问题

(一)个人清算案件较少,相关债权人存在重重顾虑,金融债权人反对态度坚决

因个人债务集中清理(以下简称个债清理)尚处于起步探索阶段,故对于刚刚接触个债清理的债权人而言,有不放心的想法也在情理之中。尤其是已经处于执行阶段的债权人,因为可以每年参与分配法院的执行款,所以在他们看来,是否进行个债清理并无所谓,甚至认为这会减损他们的利益。特别是金融机构的债权人受限于自身机制的约束,对于个债清理持观望和反对的态度明显。实际上,通过管理人的勤勉履职调查,能够更好地知晓债务人的财产状况,在制定分配方案时也能够让所有债权人知晓并参与投票。

(二)因当地并无实践先例,通过"重生贷"或招募第三方投资人的方式无法实现

管理人初接本案时,拟定了几种方案,如通过将所有债权作为一个资产包的方式打折出售给第三方,再由债务人直接向第三人一人清偿所有债务;通过银行发放"重生贷"的方式,为债务人再发放一笔贷款用于偿还之前债务等。但是本案大部分债权都是国有银行以及各金融机构所有,在管理人长期、多次、逐一沟通后,他们态度非常统一,不愿意降低其债权金额,也因为从来没有人向本地银

行贷过“重生贷”这类贷款，银行不愿开此先例。

（三）因个债清理的规程和机制尚不完善，管理人需寻求创设性的工作思路

管理人在整个个债清理过程中，主要依据的是《浙江法院个人债务集中清理（类个人破产）工作指引（试行）》，并参照企业破产法规定的程序，但因未有具体的个债清理法律法规出台，许多事项并没有明确规定。有关单位不清楚什么是个债清理，不愿意配合调查；银行等机构不清楚什么是个债清理，不愿意降低债权额；第三方投资人不清楚什么是个债清理，认为风险不可控不愿意入资。这些都需要管理人一遍又一遍，一个又一个地去解释，去说服。管理人既要让债务人通过个债清理，实现人生自我救赎的目的，也要找出方案，让债权人能通过个债清理使得其可获得利益最大化。

三、案 件 特 点

（一）采用“和解程序”“管理人全程监管”的方式

债务人债务金额共计260万元，管理人曾试图通过招募投资人或尝试“重生贷”，一次性解决所有债务。但因本地各家银行都不愿意做第一个吃螃蟹的人，许多银行认为擅自同意降低债权金额有涉嫌国有资产流失的风险，也不同意降低债权金额让第三人入资收购债权。在此情况下，管理人在逐个约谈债权人，商讨分配方案后，决定采用《和解协议》的方式，在现有条件下，尽可能满足各债权人对于债务清偿的期望，同时还要做到公平、公正、公开的分配原则。

但债权人也担心，在《和解协议》如此长的履行期间内，债务人是否会有新的债务产生，又或者发生已有资金的转移等情形。管理人设身处地地考虑和询问了所有债权人的不安和困扰，决定采用“全程监管”的方式来保障债权人权益。案结事不结，即个债程序虽然完结，但管理人的工作并不完结。施某某的收入账号由管理人全程监管、控制。

（二）以对认定近亲属的债权暂不予分配的模式，提高债权人的认可度

债务人施某某的两位亲姐姐，在债权申报期间都申报了1笔债权，经管理人

核实并询问调查对2笔债权的真实性予以认定。但在协商和制定方案过程中管理人发现,若是2笔债权不参与分配,则其余债权人可以在和解履行期后,加快实现债权本金的100%受偿。为此,管理人多次上门做工作,最终得到了两位亲属债权人的同意。

四、案件办理所取得的评价

对债务人而言,通过个债清理,给因陷入财务危机的“诚实而不幸”的债务人提供了一个退出“债务泥潭”的途径,债务人获得人道主义的救赎;还激发市场主体创新和工作热情,让其有更好、更高的收入去更快、更早地归还所欠债务。

对司法机关而言,个债清理有利于缓解本地法院管辖范围内大量的个人债务案件因执行不能而产生的矛盾与困境,为完善执行不能案件有序退出机制提供新的路径;有利于为建立个人破产制度打下司法实践基础;有利于与强制执行制度配合形成一个“惩罚失信债务人、宽容诚信债务人”的债务处理新模式,从而有效化解久拖不决的债务纠纷对社会所造成的风险和隐患,维护稳定的社会关系。

对社会而言,通过个债清理,有利于向社会宣传一种诚信信号,只要自始至终做诚信的债务人,即使遇到失败,仍然有一个制度安排,可以让自然人有重生的机会和可能;有利于警示债权人在市场经济活动中可能面临的风险和代价,防止纵容债务人过度负债的情况发生;有利于倒逼有关政府部门和社会机构加强社会信用体系建设;有利于营造和形成鼓励创新创业、宽容失败、惩罚失信的良好社会氛围。

夫妻债务合并清理，有效节约司法资源

——厉某某、项某某个人债务集中清理案

【案例索引】(2023)浙1023破15、16号

【审理法院】天台县人民法院

【管理人机构】浙江众安律师事务所

【关键词】抵押债权　合并清理　节约司法资源　担保责任　清偿率100%

一、案情简介

债务人厉某某、项某某系夫妻关系，2人在宁波经营两家浴室。2020~2022年，受新冠疫情的影响，2人经营浴室逐渐亏损，陆续向亲属和银行借款，以维持日常经营。由于疫情原因，浴室一直处于亏损状态，现银行贷款即将到期，债务人无力偿还。夫妻共负债180万元左右，债权人11名，目前暂无诉讼案件。据厉某某、项某某的申请，天台县人民法院于2023年3月12日分别裁定受理厉某某、项某某个人债务集中清理案，案号为(2023)浙1023破15号、(2023)浙1023破16号，并于2023年4月4日指定浙江众安律师事务所为管理人。

据管理人调查债务人的财产状况，两债务人在农村有1套住宅，厉某某名下有1辆奔驰牌小型汽车，该车被抵押给平安银行台州分行。两债务人在宁波经营两家浴

场,一家工商登记显示厉某某占股100%,而据管理人调查,该浴场实际为合伙经营,厉某某只占股10%。另外一家浴场无2人的工商登记信息,厉某某主动向管理人提交了浴场的股份转让协议,其实际占股50%。本案夫妻双方的债权人共11名,厉某某有11名债权人、项某某有8名债权人,共负债180万元左右。2023年6月,4名债权人因与两债务人为亲属关系,经债务人与债权人充分协商并经管理人释明后,4名债权人均同意减免债务且不参与本案的财产分配,且在本案的履行期内不另行起诉,并向管理人书面撤回对2人的债权申报共计550,000元。

平安银行台州分行对债务人厉某某有3笔债权,其中1笔11万元为奔驰汽车的抵押债权。2023年8月,因债务人在其他银行的贷款即将到期,债务人称本案不及时处理,不仅会对其本身造成影响还会连累担保人。为了尽早处理本案,管理人、厉某某与平安银行台州分行进行协商后,平安银行台州分行表示银行总部有车辆抵押贷款的内部处置方案。内部处置方案申请后,平安银行台州分行就该奔驰汽车进行价格评估后便立即征求债务人同意。经厉某某确认该评估价格后,双方在管理人的组织下达成车辆的变价方案。整个流程在两周内完成,平安银行台州分行优先受偿车辆的抵押债权82,000元,剩余2万余元作为普通债权。此后,厉某某剩余未清偿金额便只有1,058,754.62元,项某某剩余未清偿金额695,571.31元,7名债权人均为银行,债权性质均为普通债权,其中夫妻共同债务643,387.37元,夫妻对外总债务1,110,938.56元。

厉某某、项某某表示目前疫情已得到控制,在正常经营下,两家浴室年分红能达到20余万元。其愿意将每年的20万元收入以每年18.3%的比例清偿各债权人,清偿期限约5.4年,清偿期内的债务利息由各债权人自行同意是否减免后与债务人进行确认,且本金和利息1年结算1次。本案普通债权清偿率达到100%。上述清理方案7位债权人均书面表决同意,天台县人民法院于2023年12月11日裁定通过该债务清理方案。

二、重难点问题

1.本案的两位债务人存在夫妻共同债务和各自的个人债务,而夫妻收入是共同经营的两家浴室,若分开清理则难度较大。因此,管理人征求了各债权人同意后,合并进行债务清理。

2. 起初,债务人提出拟将每年的 20 万元收入按比例清偿各债权人,请求各债权人减免清偿期内的债务利息。因各债权人均为银行,银行请求减免利息的审批需要经过严格的审查,因此刚开始各银行均不同意减免利息,本案清理难度较大。在管理人和法院与债权人积极沟通下,部分银行同意对债务人减免利息,具体利息则由各债权人与债务人重新协商确认减免后每年底自行结算,不作统一免除利息的处理。

三、案件特点

1. 夫妻共同债务和个人债务合并清理。本案的 2 位债务人因共同经营而存在夫妻共同债务和个人债务,夫妻收入则是共同经营的两家浴室,若分开清理则难度较大。因此,管理人征求了各债权人和法院的同意后,将 2 人的债务进行合并清理。即分别进行财产申报,财产调查,但制作和解方案、召开债权人会议、财产分配等环节合并进行,特别是各债权人同意在财产分配时不加以区分夫妻共同债务和个人债务。

2. 亲属债权人均书面撤回债权申报。本案的债务人遇到资不抵债时希望首先解决银行到期贷款,避免进入失信被执行人员名单。因此,债务人主动找到 4 名亲属债权人协商,承诺会在经营取得一定盈利后再另行处理。该 4 名债权人作为亲属相信债务人的经营能力和诚实守信的品质,均书面撤回债权申报,同意减免债务并表示在本案的履行期内不另行起诉,减轻了其还款压力。

3. 高效处理车辆抵押债权。在遵循双方平等协商的基础上,债务人与债权人在两周之内便达成了变价方案。

4. 银行同意不会立即追究担保人的责任。个人债务集中清理程序并不能限制银行追究保证人的权利,而本案在管理人、法院与银行充分沟通后,银行表示若债务人能够按时履行清理方案,则不会立即追究担保人的责任。

5. 银行表决通过难,管理人采取让债务人与各银行分别达成利息是否减免的约定的方案。本案债权人均为银行,未能全体通过表决规则。因每个银行的制度不同,有些银行同意减免利息,有些则不同意减免。因此,管理人通过由各银行债权人分别与债务人达成利息是否减免的方式,不作统一免除利息的处理,且利息1年结算1次,该清理方案全票通过。

四、案件办理所取得的评价

通过个人债务集中清理程序,本案债务人的利息支付由1月1次结算变为1年1次,且部分得到减免。若能按计划执行,不仅债务人能够继续正常经营浴室且不会被列入失信被执行人名单,也能够有效避免债务人进行执行程序影响经营,从而降低债权人的受偿金额。同时,法院也将减少十几个诉讼案件。另外,银行也表示若债务人能够按时履行清理方案,则不会立即追究担保人的责任。本案管理人、法院、债务人以及各银行之间充分沟通协调、积极配合,实现债务清理的"四赢"。

创新金融债权清理模式，有效化解金融机构表决困境

——俞某某个人债务集中清理案

【**案例索引**】(2022)浙0112执清12号

【**审理法院**】杭州市临安区人民法院

【**管理人机构**】浙江京衡律师事务所

【**关键词**】债务人诚信识别模型　“四位一体”综合调查法　创新金融债权清理模式

一、案情简介

俞某某，1971年出生，现为临安某单位在职员工，已离婚，有一女儿念大学需供读，79岁父亲需要赡养，可自由支配年收入约16万元。俞某某及其设立的公司为第三方担保的债务出现逾期，拖累公司陷入经营危机，俞某某遂通过民间借贷偿还部分债务，最终背负670余万元巨额债务而陷入债务困境。经俞某某申请，杭州市临安区人民法院（以下简称临安法院）于2022年9月裁定受理，并指定浙江京衡律师事务所担任管理人。

管理人接受指定后，立即组建专业团队开展工作，全面调查债务人的资产负债状况，通知债权人申报债权并审查，与债权人多次沟通与协商方案。在各方共同努力下，2022年10月第一次债权人会议一致表决通过“双过

半”表决规则,11 月第二次债权人会议高票表决通过《债务人财产分配方案》并获法院裁定认可。管理人持续跟进外地执行法院资产解封,并顺利删除债务人限高失信信息,圆满办结本案。

二、重难点问题

(一)债务减免同意难,金融机构审批难

目前个人债务集中清理(以下简称个债清理)还处于探索阶段,“个人破产”的概念刚刚提出,无论是机构还是个人,对于自然人的债务减免接受度还比较低。本案在前期沟通中,俞某某的各家债权人均表示利息减免可以考虑,但本金减免基本不可能。金融机构还表示,目前浙江省主要是各地法院出台一些个债清理的试行规定,尚无明确立法,金融机构对债务减免缺少法律依据,可能会造成国有资产流失,银行内部审批很难通过。经过多次沟通协商,管理人设计附条件的金融机构债务减免方案,最终取得多家金融机构对方案的同意票。

(二)外地法院协调解除强制执行措施难

在本案中,俞某某所涉执行案件共 9 件,执行法院除了个债清理受理法院临安法院,还有绍兴市新昌县人民法院、安徽省黄山市歙县人民法院。管理人不仅要向临安法院申请解除俞某某的强制执行措施,还要向浙江省内其他地市人民法院,甚至浙江省外法院申请解除。而外地法院还没有个债清理的相关规定,管理人需向其作大量释明工作,并提供相关文件,申请外地法院解除俞某某的限制高消费、删除失信信息等强制执行措施。管理人经过多次联系与沟通,寄送案件相关资料,最终俞某某的工资卡查封冻结,以及限高、失信等强制执行措施得以顺利解除。

三、案 件 特 点

(一)创新开发债务人诚信评分识别模型

针对“诚实而不幸”的债务人识别难问题,管理人与临安法院共同创新开发一套债务人诚信评分识别模型。从债务原因、个人意愿、资产情况、其他清偿能

力、负债情况五个主客观方面,综合研判影响个债清理成功率因素,并设置扣分项目,科学设计62道选择题及相应答题选项,借鉴类似成熟评分模型,为每个问题及选项精准赋分和确定权重系数,生成一套完整的债务人诚信评分识别模型。债务人提交个债清理申请的,应同时扫码(“债务人诚信识别码”目前正在开发中,前期采用电子问卷)进入小程序答题,并随卷生成答案及分数一并提交临时管理人预审,将“诚实而不幸”的主观标准客观化。临时管理人结合其他调取资料进行预审后,交由执行局、个债清理承办部门依次审核,依靠“三重”审查机制,有效提升“诚实而不幸”的债务人识别准确率。

(二)探索“四位一体”的综合方法高效调查债务人状况

浙江省高级人民法院发布的《浙江法院个人债务集中清理(类个人破产)工作指引(试行)》第29条列举了17项需要管理人调查的事项。面对大量需要调查的事项,管理人如何高效开展?在本案办理过程中,管理人探索出“债务人提供+执行局调查+相关部门调查+阿里智能数据平台”四位一体的综合调查方法,高效开展各项调查工作。为此,管理人制作了一套需债务人提供信息清单及查询操作指引手册,债务人可以通过支付宝、浙里办等App自查的,在管理人指导和监督下进行查询,并将查询结果提供给管理人;同时管理人向受理法院申请借助“点对点”执行查控系统,协助调查债务人的资产状况并将查询结果书面反馈给管理人;对于前两种途径尚未获取的资料,管理人再根据需要向相关部门申请调取;此外,管理人借助阿里破产管理平台个债清理模块,经债务人授权后,可以调取多个部门的相关信息,且可直接生成线索数据报告,作为辅助调查资料,以便更加全面地调查债务人的状况。

(三)创新清理模式化解金融债权表决困境

在本案中,最大的债权人为金融机构,债权额为415.56万元,占比达61.67%,即便在第一次债权人会议上已表决通过“双过半”表决规则,本案若要想清理成功,清理方案仍必须取得该金融机构的同意,而金融机构受目前审批流程所限,往往无法主动豁免债务。为此,管理人与该金融机构多次沟通,了解其内部审批流程并协商其可接受的清偿方案,最终形成本案清理方案:俞某某以其未来10年工资收入,每年提供10万元,共计100万元偿债资金。对于10年后的剩余债务,如为金融机构债权,届时若国家出台新的个人破产规定,金融机构债权人同意按照新的个人破产相关规定执行,如可免除,则债务人不再支付;如无法免除,则由债权人与债务人另行签署还款协议(按照退休后每月还款1000元),债务人不配合的,债权人可以另行起诉。如为非金融机构债权,债权人同意免除剩余债务,届时债务人可视自身综合还款能力,适当向债权人提供部分偿债资金。本案针对金融机构表决困境,通过设置附条件的债务减免承诺,有效规避了金融机构表决风险,获得了金融机构的认可与支持,同时为非金融机构债权人也留有余地和希望,最终第二次债权人会议高票表决通过了《债务人财产分配方案》。

四、案件办理所取得的评价

本案的顺利办理,大幅减少甚至消除各债权人和债务人之间的纷争,使债权债务关系得到妥善安排与处理,各债权人的本金清偿率为22.56%,大幅提升债权人的债权回收比例。同时,管理人通过不断沟通协调,成功解除债务人强制执行措施,删除限高与失信,使债务人重获"新生",重燃生活希望。另外,本案为金融债权表决困境作出有利的探索,管理人在现有的法律体系内,另辟蹊径,创新设置金融债权附条件清理方案,为金融债权的化解清理提供新的路径。本案办理过程中的创新开发的"债务人诚信评分识别模型",探索的四位一体综合调查方法等亦可供其他个债清理案件借鉴。

渐冻家庭重生之路

——魏某个人债务集中清理案

【**案例索引**】(2021)浙0683执清2号

【**审理法院**】嵊州市人民法院

【**管理人机构**】浙江世纪方正律师事务所

【**关键词**】渐冻症　清偿率　意思自治

一、案情简介

魏某,离异,无固定工作,多年来一直单独抚养其身患渐冻症的未成年儿子,还要供其女儿读大学。然而,生活异常艰苦的同时,因其前夫10多年前经营失败负债累累,债务人魏某替前夫陈某借款及担保欠下债务240余万元。债权人均已就上述债务起诉、申请执行,但均因魏某名下仅有的1套农村房产无法执行而终结程序。

2021年,魏某名下农村房产因“城中村”改造被拆迁,其名下拆迁款也因债权人起诉或恢复执行被嵊州市人民法院(以下简称嵊州法院)依法冻结。为了还债,为了生活,更为了孩子的未来,2021年9月8日,魏某向嵊州法院申请进行个人债务集中清理。嵊州法院于2021年9月10日裁定受理,并指定浙江世纪方正律师事务所为管理人。

管理人接受指定后,立即组建工作小组,并在嵊州法院指导下依法开展清理工作:(1)对债务人情况进行调查。经调查,债务人魏某无业,离异,离婚协议约定一子一女均由债务人抚养,坐落于某某村416号房屋归债务人所有。女儿已成年,大学在读;儿子未成年,患有渐冻症,辍学在家且生活不能自理。债务人与其前夫共同照顾子女,前夫的母亲也与债务人同住。债务人的主要资产仅为某某村416号房屋的拆迁补偿款1,119,396.67元。(2)通知债权申报及审核债权。2021年10月11日,嵊州法院通知执行案件中全部债权人申报债权,管理人高效完成债权人的申报登记工作。截至2021年11月3日的债权申报期内,共有26家债权人申报债权,申报的债权总额为人民币6,773,860.68元,均为普通债权。经管理人审核,对上述26家债权均予以确认,确认债权总额为人民币6,362,927.88元,均为普通债权。(3)对债务人财产分配方案进行表决。在2022年2月10日第二次债权人会议上,经管理人的充分沟通协商,最终债权人表决通过了债务人财产分配方案。2022年5月18日,在管理人向债权人付清债权分配款后,嵊州法院依法裁定终结魏某的个人债务集中清理。

二、重难点问题

(一)本案是否与债务人前夫陈某个人债务集中清理案合并处理

债务人魏某的前夫陈某个人债务集中清理案也同时由嵊州法院受理,该案中共有债权109家111笔,审查确认总额为人民币19,377,736.05元,陈某现有资产仅有拆迁补偿款100万元。因魏某及陈某在部分债务中系连带债务人,相关债权人在两案中均申报债权,故两案中重合债权有13笔,重合债权额为6,072,674.58元。同时,在陈某个人债务集中清理案中,有大量债权人反映两案中的债务实为夫妻共同债务,要求对两案进行合并处理。

考虑两案合并处理必然使魏某案的债权人清偿率大幅降低,且无证据印证夫妻共同债务,是否合并处理应先征求魏某案债权人的意见。经第二次债权人会议上表决,魏某的债权人最终未表决通过两案合并处理。

(二)债权人豁免魏某的剩余债务难

虽然债权人表决通过了债务人财产分配方案,但对免除魏某剩余债务仍心存芥蒂。债权人对个人债务集中清理程序有误解,觉得这就是“赤裸裸地逃债”。对此,法院和管理人花费大量工作和时间对债权人进行普法、沟通和劝解,取得了债权人的理解和支持,最终促成全体债权人豁免了魏某的剩余债务。

三、案件特点

(一)法院和管理人深度协作,共同推进成功清理

在本案中,无论是在债权申报还是在尽职调查以及后续的相关工作中,嵊州法院给予管理人极大的帮助,并且法院和管理人建立了工作会议机制,对案件疑难复杂问题进行共同探讨,商定解决方案,最终促成了本案的成功。

(二)尊重债权人意思自治,对比法促债权人利益最大化

关于是否将本案与陈某个人债务集中清理案进行合并处理,管理人测算了合并处理与不合并处理的清偿率并形成报告征求本案债权人意见,促使债权人选择最有利的方案,最终债权人经表决通过本案继续单独处理,为本案的高清偿率打下了基础。

(三)以本金参与分配,兼顾公平性和清偿率

在设计债务人财产分配方案时,管理人借鉴了法院执行分配的常规操作,即“先以本金参与分配的模式”,既保障了各债权人参与分配的债权基数之公平性,也最终达成了本案45.91%的高清偿率。

四、案件办理所取得的评价

个人债务集中清理程序系依照浙江省高级人民法院《浙江法院个人债务集中清理(类个人破产)工作指引(试行)》对“诚实而不幸”的债务人的债务进行集中清理,促使债权人豁免或有条件豁免债务,令债务人获得“重生”机会的司法救济程序。就本案而言,关于债务人魏某是否“诚信”,经管理人联合法院对其全方面调查及审核,认定其长期拖欠债务正是由于“不幸”所致。一方面,在于魏某的家庭十分不幸,其本人离异,还需单独抚养身患渐冻症的孩子;另一方面,在于魏

某长期拖欠高额外债并非其主观原因所致,其本身无稳定的收入来源,还需维持母子3人的生活花销,且在其儿子治病医疗方面尚需高额支出,已无能力还债。最终本案能顺利结案,关键之处在于,通过管理人及法院的共同努力,对债务人魏某的财产情况、债务情况、家庭情况等进行了全面调查,及时锁定魏某的拆迁款,并保障了债权人的知情权,全面披露调查情况,获得了债权人的理解和支持。

本案的成功办结,既帮助债务人从债务的泥潭中挣脱,重新积极面对生活,拯救了债务人不幸的"渐冻症"家庭,也保障了债权人获得公平公正公开受偿,实现了法律效果和社会效果的统一。

借助金融机构“重整贷”，探索个人债务重整新路径

——王某个人债务集中清理案

【**案例索引**】(2021)浙0113执清1号

【**审理法院**】杭州市临平区人民法院

【**管理人机构**】浙江智仁律师事务所

【**关键词**】个人债务重整　金融机构“重整贷”

一、案 情 简 介

债务人王某前夫2016年至2019年共经营4家健身房，但因经营不善均发生亏损。债务人为帮助前夫筹措创业及经营资金而对外借款，主要用于健身房的租金、装修、健身器材的购置等，其间债务人前夫父亲罹患重病，医疗费花费几十万元，最终资金缺口越来越大，对外负债金额越来越高。债权人诉至杭州市临平区人民法院(以下简称临平法院)并申请执行，王某被法院列为失信被执行人并限制高消费，工作及生活难以维系，不能清偿到期债务。王某在看到浙江省对个人破产制度进行地区试点的相关新闻报道后，向临平法院提出了个人债务集中清理的申请，并申报了财产、债务情况，签署如实申报承诺书。临平法院审查认定王某符合个人债务集中清理条件后，于2021年10月11日裁定受理，并指定浙江智仁律

师事务所担任管理人。

经管理人调查,王某名下除了少量工资余额,无其他资产,债权人共19户,分别为10户金融机构债权人与9户个人债权人,债务规模约403万元。考虑到王某具备稳定的收入与其强烈的偿债意愿,本案预备使用“重整贷”帮助王某“重生”。在临平法院牵头下,管理人与某商业银行迅速对接,某商业银行高度重视,根据王某的收入情况及信用评级,拟提供“重整贷”150万元,贷款期限15年。该案另设5年的行为考察期,考察期内王某的行为受法院、管理人及所有债权人的监督,对于5年考察内王某的收入扣减归还贷款及基本生活费用结余部分以及王某公积金等余额中按照相关政策可提取的部分,将在5年考察期满后进行再次分配。至此,王某个人债务集中清理案基本落定。

二、重难点问题

面对此案债权人人数较多、债权规模较大的实际情况,经过与债权人的反复沟通与对方案的不断修正调整,管理人制定了王某个人债务集中清理暨债务人财产分配方案,并在创新表决机制和表决方法上寻找突破。管理人制订了“两步走”表决计划,先后通过《议事机制和表决规则》《个人债务清理暨债务人财产分配方案》。在表决债务人财产分配方案时,通过预表决机制锁定表决结果,即先将债务人财产分配方案提交各债权人预表决,尽可能留出协商空间促成表决方案通过,再通过正式债权人会议追认预表决效力。

寻找合适的重整贷金融机构是本案的重中之重。对于金融机构来说,个人“重整贷”属于新型借贷业务,须经过机构内部严格的审核,也须与管理人、债务人详细对接具体细节,沟通明确设定出合理的贷款利率,还款期限等,实现双方利益的平衡。某商业银行及时向王某提供“重整贷”,加之工资余额及其他部分,偿债资金总计155万余元,首次分配清偿率达到38%以上。

三、案件特点

(一)对有职业发展前景的债务人开展个人债务重整

本案采用债务合并思路通过办理“重整贷”,将该案原来的十几个债权人压缩为一个金融债权人，债务人在重整贷期间仅需按贷款协议约定定时还款，虽然还款时间延长，但贷款利率合理，面临的债权人数量单一，极大地减轻了债务人面对多个债权人催讨的经济和精神压力。实践中，这种债务合并的模式也可以是除重整贷外的其他第三方融资（如亲友、聘用者等第三方给予债务人的融资），具有复制的可行性，对在坚持市场化、法治化理念清理债务的基础上充分发挥第三方作用的路径提供了参考。

（二）债务人财产分配方案具有开放性

据调查，本案债务人公积金账户余额较多。但根据目前的公积金提取相关政策，个人债务集中清理程序尚不能直接提取公积金用于偿债。故管理人制定了开放性的方案，即5年行为考察期内公积金可提取的部分纳入追加分配的偿债资金。

四、案件办理所取得的评价

虽然目前浙江省个人债务集中清理程序中并没有严格区分清算、和解、重整等程序，但鼓励探索个人债务集中清理的重整模式，对有未来预期收入及良好发展前景的债务人，以债务重整实现债务人新生，同时更好地保障了债权人的利益，为许多“诚实而不幸”的债务人重获新生提供了一种路径与可能。

双轨运行，逆向助推破解执行难

——朱某个人债务集中清理案

【**案例索引**】(2022)浙0503破26号

【**审理法院**】湖州市南浔区人民法院

【**管理人机构**】浙江泽大(湖州)律师事务所

【**关键词**】双轨运行法　逆向破解执行难　节约司法资源

一、案情简介

朱某原经营1家服装厂，由于资金链断裂，结欠多户加工费无法清偿，服装厂也随之倒闭关停，涉及多起诉讼执行案件。由于朱某名下财产仅1处宅基地和1辆近10年的旧汽车，资产难以处置且价值不高，案件无法执行到位。执行过程中同时查明，朱某在服装厂关停后入职某公司工作，取得相对稳定的工资收入，且有意愿在保障基本生活的基础上，将工资收入用于逐步清偿债务。湖州市南浔区人民法院(以下简称南浔法院)认为，朱某符合申请个人债务集中清理(以下简称个债清理)的条件，遂引导朱某提出申请。2022年8月18日，南浔法院受理本案。

二、重难点问题

管理人因案制宜地制定了以和解谈判推动个债清理的总体办理思路,并在案件受理后,调查债务人涉诉涉执信息时即邀请执行员加入由破产案件合议庭、管理人共同组成的联合调解组。在详尽核查债务人财产负债、未来收入等情况的基础上,第一时间约谈债务人锁定和解意向,同时在接受债权申报时联合调解组即合理利用前期执行程序中的成果组织债务人、债权人充分沟通清偿方案。经管理人调查发现,债务人另负若干未诉小额金融债务。金融债权人由于政策依据不足、试点层级不够、内部审批权限限制、上级银行不理解不支持等因素,投反对票或弃权票,方案表决无法通过,清理工作受阻。但通过多方调解工作,管理人仍顺利推动在第一次债权人会议前形成了包含全部已诉债权的整体清偿方案,并经相关各方签署确认。

本案办理难点主要体现在两个方面:一是债务人财产规模过小或难以变价偿债,在原执行程序中,案件办理效果不理想。因此,管理人在确立和解谈判的基本工作方针后,利用个债清理机制作为协商平台,通过贯穿个债清理全程的协商谈判,与全体已诉债权人达成"一揽子"和解协议,取得了在原执行程序中未能达成的和解效果。二是金融债权人户数较多,金融债权人投反对票或弃权票,导致方案表决无法通过,清理工作受阻。管理人在个债整体清理因该些未诉债权未能最终成功的情况下,跳出框架惯性思维,将个债清理程序中取得的协商成果转换为执行程序中的和解协议,使执行程序与个债清理程序实现了双向衔接。

三、案件特点

本案最终虽因未能与金融机构债权人达成和解,经债务人撤回申请后终止了个债清理程序,但针对已签署清偿方案的全部已诉债权,经管理人充分释明沟通,债权人、债务人均同意确认方案效力并继续履行,顺利将案件办理前期的会商成果转化为执行和解协议,全部执行案件和解结案,极大地节约了司法资源,也促成债务人继续创业创新,激励债务人努力偿债。

本案将执行程序与个债清理程序进行双向衔接,在办理个债清理案件的同时,逆向助推破解执行难。在个人债务未完全清理时,将会商成果及与债权人签订的清偿方案移交执行法官,待恢复执行程序后,将前期的会商结果经各方同意,直接转化为执行和解协议,逆向助推执行案件的执结,避免了司法资源的浪费,大大提升了办案质效,实现了一案双轨,一举两得。

四、案件办理所取得的评价

目前,我国尚未制定出台个人破产法。现实中,一部分“诚实而不幸”的债务人陷入困境,丧失再融资、再创业能力,在一定程度上遏制了社会投资活力,阻碍了社会经济发展。个人破产制度能够为陷入严重财务困境但诚实守信的自然人提供债务重组的机会,有利于债务人的“新生”。

本案管理人在南浔法院指导下探索个债清理“双轨运行法”,办理个债清理案件的同时,逆向助推破解执行难,取得了良好效果。双向衔接模式优势在于,通过管理人财产调查有效弥补执行程序在查找被执行人财产方面存在的不足,有效甄别债务人是否“诚实而不幸”。同时为大量的“执行不能”案件提供一个制度性退出路径,与强制执行制度配合形成一个“惩罚失信债务人、宽容诚实债务人”的债务处理新模式,从而有效化解久拖不决的债务纠纷对社会所造成的风险和隐患,达到一举“多赢”的效果。

通过充分释明引导争取债权人的理解和支持,在个债清理程序因撤回终止的情况下,将各方签署的清偿方案移交执行部门,“一揽子”化解全部执行案件,激励债务人努力偿债,避免了前期会商成果的浪费,节约了司法资源和债权人实现债权的成本。本案为个人破产制度立法提供实践素材,助推社会治理体系和治理能力现代化。

多个关联债务人联动清理，挽救青年女教师

——孙某依个人债务集中清理案

【案例索引】(2021)浙0784破19号

【审理法院】永康市人民法院

【管理人机构】浙江京衡律师事务所

【关键词】联动清理　核查逃废债　灵活调整方案

一、案情简介

孙某依，女，1991年出生，系永康某小学的英语老师，已离异，独自抚养一个6岁的女儿，债务总额为438.04万元。与本案联动清理的债务人应某，男，1990年出生，系孙某依的前夫，某保险公司查勘定损员，债务总额为84.88万元。与本案联动清理的债务人孙某威，男，1995年出生，未婚，系孙某依的弟弟，因家庭变故，大学肄业，某机械装配厂工人，债务总额为628.58万元。孙某依、孙某威、应某陷入债务困境的主要原因是3人为孙某依父母的工厂债务提供担保，或借款用于工厂经营，后孙某依父亲患脑溢血，瘫痪在床，工厂倒闭而资不抵债。孙某依、应某因债务纠纷产生家庭矛盾而离婚，孙某威为挽救父母工厂而放弃大学学业。3人的收入均较为有限，面对巨额债务，缺乏偿债能力，均陷入债务困境。经

债务人申请,永康市人民法院(以下简称永康法院)于2021年6月分别裁定受理孙某依个人债务集中清理案,以及孙某威个人债务集中清理案。后因应某为孙某依、孙某威均有提供担保,存有共同债务,根据案件需要永康法院于2021年11月裁定受理应某个人债务集中清理案。

管理人接受指定后,立即组建专业团队开展工作,全面调查债务人的资产状况,通知债权人申报债权并进行债权审查,与债权人多次沟通与协商方案,设计灵活偿债方案,鼓励债务人及家人积极乐观面对生活。本案经过法院、管理人、债务人和各债权人等多方共同的努力,2022年1月20日,全体债权人一致表决同意《债务人财产分配方案》;2022年1月28日,债务人孙某依已按照《债务人财产分配方案》的约定,履行完毕第一期的付款义务。2022年1月30日,永康法院已裁定终结孙某依的个人债务集中清理程序,本案已顺利结案。与本案联动清理的应某个人债务集中清理案、孙某威个人债务集中清理案也已先后顺利办结。

二、重难点问题

(一)债权人对逃废债存疑,反对意见大

在本案办理过程中,债权人存在不少的质疑和反对意见:由于孙某依父母曾购有1套房屋,后将该房屋出售,部分债权人对房屋出售款700多万元的去向存疑;孙某威工作的工厂是其同学开设,经营范围与其父母原工厂经营范围相近,质疑孙某威可能是隐名股东等。对此,管理人展开专项调查,要求孙某依配合提供其父母银行账户流水,对房屋处置款的流入和流出进行全面梳理并整理成表格;实地走访孙某威工作的工厂(仅有零星的几台机器),孙某依父母现居住地(仅有零星的几件家具,非常简陋)等,基本可以排除逃废债的可能,并将相关调查结果向债权人公示,以获取债权人的信任与支持。

(二)债权人对债务减免同意难,金融机构审批难

各债权人对债务减免同意难。金融机构还表示,目前浙江省主要是各地法院出台一些个人债务集中清理的试行规定,还没有明确的立法,金融机构对债务减免缺少足够的法律依据,各家银行内部审批很难通过,这也大大增加了管理人办理案件的难度。管理人采取了多种措施,有效降低各债权人的心理预期。经

过多次沟通与协商,包括报请法院召开协调会等,最终各债权人表决同意本案的清理方案。

三、案件特点

(一)多个关联债务人联动清理,对债务进行合理分割

鉴于本案债务人孙某依的偿债能力和偿债资金均非常有限,而孙某依其中2笔金融机构债权与前夫应某重合,为共同债务,管理人在与法院、债务人孙某依和应某进行充分沟通后,根据实际情况需要,法院受理应某个人债务集中清理案,将两案联动清理。同时,孙某依与弟弟孙某威有1笔民间借贷债权存在重合,也可将两案联动清理。

鉴于孙某依和应某各自的债务总额、偿债能力等实际情况,经过各方多次的沟通协商,最终确定应某与孙某依重合的2笔金融机构债权,由应某承担其中的2/3,孙某依承担其中的1/3,进行合理分割。同时,考虑到孙某依与弟弟孙某威的现实情况,对2人共同为父母提供担保的民间借贷债权按照各自承担1/2的份额进行合理分割。将孙某依、孙某威、应某3人的债务进行合理分割后,3人的债务总额均有所下调,有利于个人债务集中清理案件的有效推进。同时充分利用前期被执行局冻结的各债务人银行卡余额,以及向第三方筹措资金,最大限度地增加各债务人的偿债资金。

(二)对特殊情况灵活调整,分配方案获表决通过或裁定认可

本案管理人协同法院,多次召开债权人协调会,以及单家债权人的单独协商会,最终确定各债权人对本案债务人孙某依的所有债务利息进行豁免,本金按照1/3的金额,分5年进行清偿的财产分配方案,该方案经债权人表决一致通过。

但与本案联动清理的应某案,经管理人多次沟通协商,其中1家金融机构仍担心存在国有资产流失风险,银行内部无法审批通过减免债务,无法同意债务人财产分配方案。对此,管理人调整债务人财产分配方案,针对同意和不同意减免债务的债权人制定两种分配方案:若同意减免债务,则按照本金的2/3分5年清偿,同时豁免利息;若不同意减免债务,则按照比例分配原则进行清偿,即按债务人应某每年可供偿债资金2.2万元(年收入7.6万元扣减生活必需品每年5.4万元),

乘以该家债权人的债权额占债权总额的比例进行清偿,直至清偿完毕,该方案获得法院裁定认可。

四、案件办理所取得的评价

本案的顺利办理,使债权债务关系得到妥善安排与处理,有效化解担保债务纠纷,根据债务人实际清偿能力,合理分割债务,解开个人被套入互保圈债务的枷锁。经过各方不懈努力,各债权人自愿对债务人的利息和其他债权进行豁免,债务人得到了喘息的空间,大大减轻了债务压力,从而激发债务人还款的积极性,债权人也提升了债权回收的效能。

在本案受理初期,债务人孙某依曾向管理人倾诉"自己真的很想把这些债务解决掉,自己现在才30岁,是人生美好刚刚开始的阶段,可是自己的人生就这样戛然而止了,看不到一点希望,而且自己女儿还这么小,不想她的人生也一片黑暗"。通过本案的顺利办理,孙某依的限高和失信已解除,通过个人未来的收入进行偿债,已重燃生活希望,开启了全新的生活。

在本案办理过程中,央视《今日说法》栏目到访永康,对本案债务人孙某依、承办法官以及管理人等进行了采访。2022年1月18日,央视《今日说法》进行《债务缠身》专题报道,其中就包含对本案的采访介绍,本案在一定程度上有效推动了个人债务集中清理(类个人破产)相关理念在广大民众中的宣传和推广。个人债务集中清理可以给诚实而不幸的债务人一个重生的机会,有利于促进社会的和谐与稳定。

“枫桥经验”再创新，市场化融资促个人“重生”

——章某个人债务重整案

【案例索引】（2021）浙0681执清3号

【审理法院】诸暨市人民法院

【管理人机构】浙江浣纱律师事务所

【关键词】债务纠纷多元化解　金融债权　市场化融资　重整贷款

一、案情简介

章某系诸暨市某局在职公务员。2015年至2017年前后，债务人因故多次向朋友举债周转，后向多家金融机构借支消费贷、信用卡等，无法清偿到期债务。部分债权人起诉后，债务人账户被法院冻结，且其亦被列入失信、限高名单。2021年8月3日，诸暨市人民法院（以下简称诸暨法院）根据债务人章某申请受理对其个人债务集中清理程序，并指定浙江浣纱律师事务所担任管理人。

接受指定后，管理人主要开展了以下工作：（1）核查并通知已知债权人申报债权。经管理人统计已知债权人共15户，包括多户金融债权以及部分具备特定身份关系的债权，如赡养费、抚养费以及亲戚借贷等。经债权人对债务人的充分了解，并经管理人释明、沟通，9位债权人同意放弃本次清偿,待章某个人债务重整完毕后,再与其协商债务清偿方案。其余6位债权人则同意减免部分债务。(2)进行详尽资产核查。经调查,除债务人申报财产外,其公积金账户内余额合计182,325.94元(被其他行政机关查控状态),经诸暨法院与绍兴市住房公积金中心诸暨分中心多次沟通,通过执行划扣方式将上述款项划付至诸暨法院。(3)引入投资人进行"重生贷"融资,并协商由保证人提供担保。考虑到债务人系在职公务员,有稳定的收入来源,可以进行个人债务重整,且债务人亦渴望通过重整融资偿债摆脱债务困境,早日恢复正常生活。管理人在诸暨法院指导下与多家金融机构联系"重生贷"贷款事宜,最终确定浙江稠州商业银行绍兴分行作为投资人参与债务人重整程序,并由该金融机构提供不超出20万元额度的重整融资。

二、重难点问题

(一)金融债权处置难

一是债权申报通知难。因债务人债务主要涉及信用卡、消费贷,很多业务均为手机或线上直接办理,债务人并不知道贷款银行或具体处理部门,管理人无法精确通知。在本案中,管理人根据个人征信查询邮寄通知,大部分邮寄文件因无具体的收件人或者收件电话而退回。二是案情告知沟通难。因为个人债务集中清理程序相对而言还是新生事物,金融机构大都对该程序不太了解,导致主观上通过该程序清收意愿不强。三是银行主动减免债务难。在本案中,因经执行程序无其他款项可供分配,实际上债权银行内部均已停息核销。但在个人债务集中清理程序中,金融机构基于多种因素考虑申报债权时对利息、罚息、费用(甚至包括迟延履行债务利息)等债权基本都计算至实际还款日止,这对债务人来说是沉重的负担。四是管理人与银行协商减免债务难。信用卡和网贷债务,协商过程中管理人发现金融机构并不乐意与管理人协商债务减免事宜,债务人自行与银行联系,反而可以免去全部或者部分利息。执行程序中债务人自行与金融机构协商可以达成执行和解协议(实现利息减免及止息),而在个人债务集中清理程序中所有的本息甚至包括迟延履行债务利息部分金融机构都不同意减免。五是表决同意难。有两家金融机构,无论法院、管理人如何沟通,一直不同意表决规则的方案,其同意的前提为本息计算至实际受偿日全部获得清偿。

(二)市场化融资难

法院、管理人曾先后与多家金融机构对接，以解决债务人的融资问题。但金融机构大都以债务人是被执行人，系失信、限高身份，且不是化解本银行而是化解其他银行风险为由，不提供贷款业务。

三、案 件 特 点

(一)部分债权人作劣后清偿承诺，促使债务纠纷多元化解

因债务人章某出现债务的原因主要是投资失利、资金管理不当，属于"诚实而不幸"的债务人。为保证章某能够尽快脱离债务困境，归还金融债权款项，实现个人"重生"，在债权申报的过程中，经释明、沟通，债务人章某前妻的抚养费债权、其父母的赡养费债权以及其多名亲属的借贷债权，均向管理人书面承诺，"在金融机构重整融资、金融债权未获清偿之前，不向债务人章某主张权利"。正是该分批清偿及债权放弃的承诺，使本案中重整融资能够顺利发放，相关金额债权的清偿率大幅度提升，章某个人债务重整顺利完成。

(二)多渠道筹措资金，并引入市场化融资方式

经管理人申请，诸暨法院充分发挥"府院联动"机制作用，依据协作规定划扣债务人的公积金，降低债务人的偿债资金压力。诸暨法院还积极搭建协商平台，将章某能否申请"重整贷"，交由债务人、担保人、融资方自行评估判断。最终，在融资方充分了解债务人情况后，由第三人为债务人重整融资提供连带保证，投资人确定提供不低于20万元的重整融资。2022年12月31日，诸暨法院与稠州银行达成战略协议，明确稠州银行有序为诸暨法院办理的个人债务集中清理案件债务人提供"重整贷"服务。

(三)第三人担保及管理人有效监管，确保重整融资投资人权益

为保障金融机构重整融资债权，本案在债务人与金融机构签订重整融资协议的同时，管理人也同时与金融机构签订四方协议，监督重整融资款项的发放、分配、偿还等一系列事宜。第三人为该笔融资提供连带保证。上述多种举措均

可以保障投资人权益的实现。

四、案件办理所取得的评价

在本案中,管理人在诸暨法院指导下,通过分析债务人身份、收入水平、债权组成、重整模式等多个因素后,最终确定了一条"多元化解、分批清偿、多措筹资、有效监管"的重整道路。本案是绍兴地区首例通过重整融资实现债务人"重生"的个人债务重整案件,金融机构债权本息均获得全额清偿,实现了债务人、债权人以及投资人的多方共赢。

创新机制探索个债清理的多重保护

——沈某某个人债务集中清理案

【案例索引】(2021)浙0522破33号

【审理法院】长兴县人民法院

【管理人机构】浙江浙杭(湖州)律师事务所

【关键词】制定表决规则方案　豁免债务　预留份额　和解协议

一、案 情 简 介

2011年9月,沈某某和妻子向外借款投资开家具店。但家具店经营未足1年就倒闭,亏损50多万元。其采取向他人借款以新账还旧账的方式,导致其债台高筑,陷入困境。因沈某某所涉民间借贷、金融机构贷款过多,债务金额持续累积上升,无力归还借款,多位债权人诉至法院。据统计,沈某某在长兴县人民法院(以下简称长兴法院)就有11起执行案件,涉及14位债权人,债务金额高达232万余元。

沈某某以不能清偿到期债务且资产不足以清偿全部债务为由向长兴法院申请个人债务集中清理,长兴法院于2021年8月23日裁定受理,并指定浙江浙杭(湖州)律师事务所担任管理人。2021年9月27日第一次债权人会议一致通过《和解协议(草案)》。次日,长兴法院裁定认可《和解协议》并终结清理程序。

二、重难点问题

(一)已知债权人拒绝参与清理程序

本案经调查共涉及债权人17户,经多次沟通,仍有已申请法院执行但未向管理人申报债权的债权人,明确拒绝参与清理程序,对于该部分债权人,管理人采取邮寄债权申报资料及电话、短信沟通等方式履行告知义务。该部分债权人除表示不参与清理程序外,仍给法院的执行施加压力。经管理人与法院协商,在和解协议中为该部分债权人预留份额,以平衡各方主体的利益。

(二)金融机构债权人拒绝和解

本案涉及金融机构债权人多且金额大,金融机构债权人起初均表示不愿意参与和解程序。究其原因,在于债务人是自然人,与企业破产清算后的主体注销不同。同时,债务核销存有政策障碍。管理人联合长兴法院的承办法官,在充分释明个人债务集中清理程序的政策及机制之后,金融机构债权人最终同意和解协议。

(三)债权人拒绝豁免

本案的普通债权清偿率为21.45%,其余债务均予以豁免。针对债权人的质疑,管理人对债务人的所有现有财产、收入来源、应收账款、对外投资等进行了尽职调查,出具了详尽的财产调查报告,并进行了分析说明。最终全体债权人表示理解,一致同意债务人如按《和解协议》履行,其余债务给予豁免。

三、案件特点

(一)巧用表决规则,高效推进程序

管理人依据《浙江法院个人债务集中清理(类个人破产)工作指引(试行)》的规定,参考企业破产法等相关法律法规的规定,在长兴法院指导下,制定《表决规则方案》。在债权申报期间,经管理人充分释明,债权人全部同意《表决规则方

案》,简化后续流程,提供办案依据支撑,办案效率得到显著提高。

(二)预留偿债份额,有效化解不申报难题

管理人在执行职务过程中,发现有部分由人民法院生效法律文书确认并申请执行的债权人不愿意向管理人申报债权,管理人积极同该部分债权人沟通,做引导工作,对仍未申报的债权人,在和解协议草案中设置相应方案予以平衡,实现公平清偿的核心要义。

(三)有效沟通,推动金融机构主动参与

在本案中,债务人已经退休,退休时仅有20余万元住房公积金和退休工资可供分配,其提出用住房公积金全额及7年的退休工资清偿全部债务,其余债务要求豁免,让其安度晚年。本案涉及4家金融机构债权人,由于对豁免自然人债务人的部分债务存在疑虑,管理人积极同金融机构债权人沟通,使其明晰个人债务集中清理程序相较于执行程序有更高的清偿率和更快的执行力;也让其认识到通过个人债务集中清理程序,金融机构从被动接受内部免债机制的私力救济过渡到主动选择参与个人债务集中清理程序的公力救济,这既是改革创新,亦是大势所趋。

(四)引入和解机制,实现多方"共赢"

在与债权人、债务人多次沟通的前提下,管理人提出以和解的方式清理结案,实现个人债务集中清理案件依法高效审结,减轻了债权人的损失,缓解了法院执行工作的压力,使诚信债务人能够经济重生,实现多方利益共赢的局面。

四、案件办理所取得的评价

本案是湖州市首例成功顺利办结的个人债务集中清理案件,是探索个人破产制度在司法实践中迈出的重要一步,用时仅37天。管理人在充分梳理债务人债权债务的情况下,提出在清理程序中以和解的方式结案。经与债权人充分沟通,对于仍未申报债权的债权人,管理人在和解协议中为其预留分配份额,既保证未申报的债权人能够得到清偿,又缓解了法院执行的压力。申报债权的债权人中,金融机构申报的债权金额,在本案中达100余万元,占总债权金额的43.2%,经多方沟通,金融机构参与本案和解程序,是和解协议能够全体债权人一致通过的关键。最终本案和解协议将债务人的现有财产及未来收入纳入分配,清偿比例21.45%。

通过个人债务集中清理程序,一方面,平等对待现有已知各债权人,将已诉、未诉债权人均纳入清理范围,为已申请执行但不申报债权的债权人预留财产分配份额,灵活创设预留份额的方案,使各方债权人的利益均得以保障。同时,法院、管理人、全体债权人对债务人履行和解协议进行监督,最大限度保障债权人合法权益的实现。另一方面,帮助"诚信而不幸"的债务人沈某某走出"失信阴霾",获得"重生"机会。

协商分配财产，集中清理债务

——王某某个人债务重整案

【案件索引】(2021)浙1123执清12号

【受理法院】遂昌县人民法院

【管理人】浙江开弘律师事务所

【关键词】协商分配财产　偏颇清偿债务　金融债务部分豁免

一、案情简介

债务人王某某原是遂昌县教育系统的职工。20世纪90年代下海经商，因市场变化和经营不善欠下众多债务，包括金融机构的借款。自2001年起，陆续有债权人向人民法院起诉。由于负债过多，1997年其妻子提出离婚，年幼的女儿随母亲生活。王某某有一姐姐，在王某某成婚前已出嫁。自2002年起，王某某母亲生病瘫痪在床，父亲年事已高，无独立生活能力，王某某只能一边照顾父母，一边打工维持生活，根本无力清偿巨额债务。2015年6月，法院将王某某纳入失信被执行人名单。由于债务多、金额大，尤其是逾期利息逐年增加，债权人经常上门追讨，王某某不得不四处逃避，无法安心挣钱还债；债权人因申请执行未果，误认为法院执行不力而不断信访、上访。且王某某的债权人中，有多名被执行人，由于王某某无力清偿债务,该多名被执行人也不能清偿债务,形成“三角债”。王某某的父母拥有1处房产,2016年和2018年王某某的父母先后死亡后,王某某与其姐姐共同继承了该房产。截至2020年,对王某某的执行案件有12件,在执行过程中,人民法院未发现被执行人王某某有可供执行的财产。2021年4月,王某某和其姐姐共有的该处房产因城市更新改造被征收,王某某希望通过个人债务重整“一揽子”解决债务,向法院提交了个人债务重整申请书。遂昌县人民法院经审查后,认为符合受理条件,于2021年4月22日裁定受理,并指定浙江开弘律师事务所为管理人。

管理人调查发现王某某的债务远不止生效法律文书所确定的12笔,根据王某某提供的债务清单,管理人通知所有债权人进行了债权申报,并认真核对了相关债权,最终认定35笔共355.55万元。管理人对债务人王某某提交的财产清单进行了认真核对,没有发现债务人有隐匿财产的行为。由于各债权人的经济状况和债权实现的期望值有所不同,如果对所有财产按债权比例平均分配,各债权人本金的清偿率仅为65%左右,其分配方案难以获债权人会议通过。为此,管理人根据各债权人的不同情况分别协商清偿数额。经过不懈努力,全部债权人均与债务人达成还款协议,最高的清偿比例为本金的100%,最低的清偿比例也达到42.74%。债务人与债权人正式达成《个人债务重整协议》,由人民法院作出民事裁定,批准《个人债务重整协议》,终结个人债务重整程序,解除对王某某的所有强制执行措施。

二、重难点问题

本案系一起执行转破产案件,债务人负债的事实及可供执行的财产都清楚明了,在被执行人无完全履行能力的情况下,如何让所有的债权人能息诉息访,终结执行案件,是管理人面临的重大任务。如果简单地进行按比例平均分配,有众多债权人不同意分配方案。因此,管理人采用了个别协商的方式,使分配方案得到债权人的一致同意。本案的另一难点,在于以协商方式减免金融债务没有先例,且难以得到批准。对此,管理人事先反复与金融债权人沟通,使其通过内部审批得到授权,减免部分债务(实际获得清偿比平均分配略高),最终得到金融债权人的支持。

三、案件特点

1. 本案没有采用由债权人会议一致决的方式审议财产分配方案,而是在管理人的主持下由每个债权人与债务人分别协商确定金额,实行不同比例的部分清偿,债权人豁免部分债务的方式,实现债权人与债务人达成《个人债务重整协议》。由于每个债权人对自己希望获得清偿额的心理满足程度不一致,且个人债务重整涉及的多数债务是亲朋好友之间的民间借贷,这给个别协商创造了条件。

2. 本案探索了金融债务协议豁免。在本案的处理过程中,管理人与人民法院建议金融机构从实际出发,以获得高于平均分配清偿比例的金额与债务人协商,这既使金融机构实现了部分债权,也实现了全部债权人一致同意财产分配方案的目标。本案终结后,该金融机构也希望以此案为起点,依托个人债务重整制度,采取灵活多样的方法,最大限度实现其不良贷款回收,加快资金的周转利用,帮助更多债务人摆脱危机,过上正常生活。

四、案件办理所取得的评价

本案的审结,使人民法院36件终本案件得以终结结案。债权人获得部分清偿款后,权利得以实现。同时解决了个别以债权人为被执行人的长期未结执行案件,带动了其他案件的执行终结。个人债务重整后,债务人本人也轻装上阵,开始了新的生活。自2022年起,债务人王某某在其姐姐帮助和支持下,到遂昌县山区承包了200多亩的农田,从事农产品种养殖业,不仅自己的生活有了相对稳定的收入来源,也带动了当地农业生产发展和农村劳动力就业。

“一揽子”化解纠纷，助力破产一件事构建

——傅某个人债务集中清理案

【案例索引】(2021)浙0226破17号

【审理法院】宁海县人民法院

【管理人机构】浙江合创律师事务所

【关键词】“一揽子”化解纠纷　金融债权分离处理　债权转让

一、案情简介

傅某在2005年开办了1家橡塑模具厂，为了扩大生产规模，傅某从2008年开始对外借款，因融资成本较高，最终资金链断裂，无法清偿借款本息，橡塑模具厂也倒闭关停。之后，傅某及配偶外出打工。2021年4月27日，傅某向宁海县人民法院提交个人债务集中清理申请，宁海县人民法院审查后于2021年6月28日裁定受理，并指定浙江合创律师事务所为管理人。

管理人接受指定后，经财产调查，查明债务人名下所有财产：(1)房屋1处、宅基地1处，该处房产尚欠购房款30余万元未支付；(2)拆迁安置所得14余万元。债务人傅某经营农产品销售店，妻子袁某在某药材公司打工，家庭收入与日常经营、开支、信用卡还款等基本持平。除此

之外，傅某名下另有其他土地和房屋，部分系挂名、部分早已出售用于归还债务，债权人对挂名、出售情况无异议。债务人傅某家有母亲需要赡养，有儿子大学尚未毕业。

在规定的申报期限内管理人共计接受32个债权人申报债权，申报金额为5,013,846.75元。2021年8月31日，宁海县人民法院主持召开第一次债权人会议，会上管理人向债权人会议通报了债务人的财产状况、管理人财产调查状况、债权申报状况以及债务人的家庭、工作等情况。鉴于所申报债权均为自然人借贷债权且仅有1个债权经过诉讼程序确认，同时债权申报阶段债权人对债务人不满、抵触情绪严重，为缓和矛盾，在第一次债权人会议召开时，管理人仅就债权申报情况进行通报，听取债权人意见。会后经管理人审核确认债权为27家，确认债权总金额为3,522,725.14元。

2021年10月15日，在宁海县人民法院召开第二次债权人会议，会上管理人就债权审核结果进行了通报，并向债权人会议宣读了基于申请人实际履行能力而制定的个人债务集中清理方案，主要内容为：以实际欠款本金为清偿金额，分期履行，首期款以处置名下不动产及拆迁款，优先清偿购房款后按照审核确认债权金额比例进行清偿，在该清偿比例基础上，债务人承诺于5年内将清偿比例提高10%并最终清偿比例不低于35%。该清偿方案获得95%以上债权人的同意，但有个别债权人不同意该清偿方案，要求清偿比例不低于50%。清理程序陷入僵局。

债权人会议后，经过管理人多次沟通，分析利弊后，同意清偿方案的其他债权人提出自愿以债权转让方式受让不同意清偿方案的债权人的债权。至此，清偿方案终于获得全体债权人一致通过，并经法院裁定确认。

二、重难点问题

(一)自然人债权人对债务人信任度较低

该案债权性质均为民间借贷，债权人均为债务人的同学、朋友，此前碍于情面未进行催讨，而今却需要在人情和利益两者之间作出选择。此前，债务人对于债务清偿不积极，并且拒绝与债权人进行联系，导致债权人积怨较深，丧失对债务人的同情和信任。加上债权人对个人债务集中清理程序并不了解，为最终达成清偿方案增加了难度。

(二)债权人对管理人的身份不理解导致对管理人信任度较低

在本案中,共计32个债权人申报债权,最终确认27家,仅有1个债权人的债权经过法院判决并进入执行程序,余下26个债权均未经司法程序确认。债权人普遍认为,管理人是债务人的代理人,因此对管理人审核确认的债权的认可度较低,异议较大。

(三)全体表决难以取得一致决

实践中,自然人债权人的家庭情况、收入情况、文化水平各不相同,对清偿比例的心理预期、接受能力均不同,从而对债务人的谅解程度及豁免尺度亦不尽相同。而清偿方案要求全体债权人一致决。本因个别债权人对清偿比例的异议,而一度陷入僵局。

(四)金融机构债权分离处理

金融机构对债务豁免往往持反对意见,从而导致债务人通过清偿方案豁免债务成为不可能。经与债务人协商后,对现经营过程中产生的金融机构债权进行分离处理,由债务人经营收入进行清偿,从而在表决上减少了障碍。

三、案 件 特 点

(一)以债权收购化解一致决难题

《浙江法院个人债务集中清理(类个人破产)工作指引(试行)》明确,免除剩余债务的清偿方案应当经全体参与个人债务集中清理程序的无财产担保债权人的同意。本案的债权人均为自然人且文化水平各不相同,部分债权人对个人债务集中清理程序充满疑虑,对债务人缺乏信任,故而提出反对意见。而债务人傅某所提出的清偿方案相较于通过诉讼执行程序获得清偿路径而言,不仅大大提升了全体债权人的清偿比例,而且缩短了清偿期限。为此,管理人通过对同意清偿方案债权人的排摸,最终制定了债权收购的路径,通过利弊分析,同意方案债权人自愿收购反对清偿方案债权人的债权,从而促成全体债权人表决同意清偿方案,达到一致决。

(二)金融债权剥离化解免债难题

金融机构对于债务的豁免有着严格的审批制度,而目前个人债务集中清理程序与企业破产程序不同,前者尚无法律明确规定,无法通过债权人会议的表决机制达到金融机构即使反对也能通过豁免方案之目的。为"一揽子"化解纠纷,在本案中,管理人经与债务人傅某及其配偶沟通,最终确定将金融机构债权予以剥离,不参与本次个人债务集中清理制定的清偿方案分配的模式,从而促成本案免债方清偿方案通过,不仅化解了金融机构免债难题,而且提高了自然人债权人的清偿率,实现了各方"共赢"。

四、案件办理所取得的评价

通过两次债权人会议现场问答释疑,债务清偿方案获得95%以上债权人的同意。会后经管理人对诉讼执行程序可能获得的清偿比例与债务人现阶段提出的清偿方案进行利弊分析后,清偿方案的受偿比例优势凸显,促使同意清偿方案的债权人自愿以债权转让方式受让不同意清偿方案的债权人的债权,从而达到全体债权人一致决,清偿方案获得通过。通过对傅某个人债务集中清理程序"一揽子"化解纠纷,减少诉讼、执行案件64件,不仅大大提高了债权人的清偿率,也促成了债务人重启生活,真正实现了个人债务集中清理的目的。

有效化解个人债务执行难，助推社会诚信体系建设

——汤某个人债务集中清理案

【**案例索引**】(2021)浙0109执清2号

【**审理法院**】杭州市萧山区人民法院

【**管理人机构**】浙江凯麦律师事务所

【**关键词**】差异清偿率　化解个人债务执行难　社会诚信体系建设

一、案情简介

汤某原系杭州龙山化工有限公司工人，工作期间开始与他人合作向赌博人员发放高利贷，2005～2008年，其先后用积蓄、借款、买断工龄的补偿金等，通过他人向赌博人员放高利贷。后因其未能收回放贷本息，其自身对外借款本息无法及时清偿，负债日益增多。从2009年开始，汤某陆续被债权人起诉、执行。又因汤某于2007年从杭州龙山化工有限公司离职后无固定收入，名下亦无资产，加之身患疾病，无力赚钱还债，最终彻底陷入债务困境。

管理人接受指定后，立即组建管理人工作团队。编制已知债权人清册，通知6户已知债权人。根据本案债权特点和法律规定，制定《债权审查标准》并提交杭州市

萧山区人民法院(以下简称萧山法院)备案。在收到债权申报材料后,管理人对每笔申报债权逐一登记造册,并同步开展债权审查工作,根据审查意见编制《汤某个人债务集中清理案债权表》提交债权人会议核查。经债权人会议核查,债务人、债权人均未提出任何异议。经管理人申请,萧山法院于2021年11月12日裁定确认6户债权人的债权合计人民币458,854元。

经管理人调查,汤某目前无业,也无稳定收入,靠其兄接济;其也未申领过养老金,养老保险、医疗保险处于终止参保状态;其名下的公积金于2009年9月18日全部清结提取完毕后未有缴纳及支付记录;自2016年1月1日起至今无出入境记录。根据上述调查情况,管理人编制了《债务人财产状况报告》,并制作《汤某生活必需品清单审查意见表》提交第一次债权人会议审议。

为尽最大努力促成本案清理成功,管理人与债权人积极沟通,了解债权构成背景,交流和解意愿等。管理人了解到各债权人的真实意愿后,又及时和债务人及其哥哥进行沟通交流,积极促成双方达成清偿和解预案。根据同各方沟通的结果,管理人制作了《汤某财产分配方案》提交第一次债权人会议表决。

2021年11月12日,召开第一次债权人会议,会议核查了全部债权,并审议表决通过了《汤某生活必需品清单的报告》《汤某财产分配方案》。2021年11月17日,根据第一次债权人会议审议结果,经管理人申请,萧山法院裁定认可《汤某财产分配方案》。2021年11月18日,管理人通过网银转账支付的方式分别向6户债权人支付了相应清偿款合计人民币299,830元。2021年11月19日,管理人向萧山法院书面报告汤某财产分配方案执行情况,并提请萧山法院裁定终结汤某个人债务集中清理程序。

二、重难点问题

(一)债权人对个人债务集中清理程序欠缺认识

本案大部分债权人的年纪相对较大、文化水平不一,对“个人债务集中清理”及相关程序的理解与认知较低。大部分债权人对债务人充满怨愤,认为个人债务集中清理是在帮助债务人逃避债务,对管理人协助债务人进行债务清理的行为存在质疑及抵触情绪。

(二)债权人对债务清偿预期较高

本案所涉债权虽笔数不多,但每笔债权存在背景差异,积欠时间较久,大部分债权人对债务人多年积欠行为不满。此外,大部分债权人认为债务人哥哥名下的老家拆迁房部分权属归债务人、相应拆迁款应用于清偿债务等,导致清偿诉求较高。

(三)固定清偿率的常规做法难以通过

本案债务人自身无资产可清偿,清偿款源于债务人的哥哥。根据管理人初步了解到的情况,若采用常规的固定清偿率进行分配的做法,债权人和清偿人之间难以就清偿率达成一致意见,分配方案难以通过,也难以说服债务人的哥哥提供较高金额的清偿款。

三、案件特点

(一)债权申报与和解方案同步推进,助推清理顺利进行

管理人采取逐一上门服务方式,指导债权人进行债权申报并以笔录方式向债权人了解债权构成背景、债权人对债务人的了解程度以及态度、和解意愿等。管理人也站在全案高度,有意识地引导债权人确定合适的和解清偿金额。通过面对面的沟通与交流,不仅大大提高了债权申报及审核效率,也获得了广大债权人的认可,为后续分配方案的制定扫清障碍。

(二)差异清偿率代替固定清偿率,有效促成清偿分配方案

为尽最大努力高效促成清偿分配方案,一方面,管理人先说服并固定债务人哥哥愿意提供清偿款的最高额度;另一方面,又根据每个债权人的不同情况给其分析利弊,从情、理、法各方面做沟通工作。最终在债务人哥哥愿意提供的清偿款范围内,根据每个债权人的实际情况确定了每个债权人的具体清偿分配金额,虽未采用固定清偿率进行清偿,但各债权人清偿率的差距又控制在一定范围内,避免出现因清偿率差距过大而债权人不满的情况。

（三）历时 38 天解决 10 余年历史积债，取得良好社会效果

本案于 2021 年 10 月 14 日开始由管理人接管，于 2021 年 11 月 12 日表决通过分配方案，于 2021 年 11 月 18 日支付完毕分配款，于 2021 年 11 月 19 日获得终结本案清理程序裁定，历时仅 38 天，高效豁免债权金额约计 16 万元，一次性终结 6 个执行案件，彻底解决了积欠 12 年左右的历史债务本金约计 46 万元。

四、案件办理所取得的评价

在本案中，管理人全面详尽调查资产，有效加持债务人诚信，为确实无财产可供执行的历史积案的化解提供了一个新的途径，为债务人走出债务僵局提供了可能性。对“诚实而不幸”的债务人，给予一个不同于强制执行的出路，给予一个相对宽容的、可沟通的、可发展的债务清理机会。对债务人的“诚信”给予一定的肯定，不仅符合社会主义核心价值观，也符合当下优化营商环境、鼓励创新创业、鼓励实现个人价值的社会导向，对债权人和债务人来说是“双赢”的结果。对于符合诚信条件债务人，经过清理程序的债务豁免，也向社会传达“守信激励、失信惩罚”的司法政策导向，有利于助推社会诚信体系建设。